THE BARBOUR COLLECTION OF CONNECTICUT TOWN VITAL RECORDS

THE BARBOUR COLLECTION
OF CONNECTICUT TOWN
VITAL RECORDS

KILLINGWORTH 1667–1850

LEDYARD 1836–1855

LISBON 1786–1850

Compiled by
Marsha Wilson Carbaugh

General Editor
Lorraine Cook White

Copyright © 1999
Genealogical Publishing Co., Inc.
Baltimore, Maryland
All Rights Reserved
Library of Congress Catalogue Card Number 94-76197
International Standard Book Number 0-8063-1598-9
Made in the United States of America

INTRODUCTION

As early as 1640 the Connecticut Court of Election ordered all magistrates to keep a record of the marriages they performed. In 1644 the registration of births and marriages became the official responsibility of town clerks and registrars, with deaths added to their duties in 1650. From 1660 until the close of the Revolutionary War these vital records of birth, marriage, and death were generally well kept, but then for a period of about two generations until the mid-nineteenth century, the faithful recording of vital records declined in some towns.

General Lucius Barnes Barbour was the Connecticut Examiner of Public Records from 1911 to 1934 and in that capacity directed a project in which the vital records kept by the towns up to about 1850 were copied and abstracted. Barbour previously had directed the publication of the Bolton and Vernon vital records for the Connecticut Historical Society. For this new project he hired several individuals who were experienced in copying old records and familiar with the old script.

Barbour presented the completed transcriptions of town vital records to the Connecticut State Library where the information was typed onto printed forms. The form sheets were then cut, producing twelve small slips from each sheet. The slips for most towns were then alphabetized and the information was then typed a second time on large sheets of rag paper, which were subsequently bound into separate volumes for each town. The slips for all towns were then interfiled, forming a statewide alphabetized slip index for most surviving town vital records.

The dates of coverage vary from town to town, and of course the records of some towns are more complete than others. There are many cases in which an entry may appear two or three times, apparently because that entry was entered by one or more persons. Altogether the entire Barbour Collection--one of the great genealogical manuscript collections and one of the last to be published--covers 137 towns and comprises 14,333 typed pages.

TABLE OF CONTENTS

KILLINGWORTH   1

LEDYARD   155

LISBON   183

ABBREVIATIONS

ae	age
b.	born, both
bd.	buried
B.G.	burying ground
bp.	baptized
d.	died, day, or daughter
decd.	deceased
f.	father
h.	hour
J.P.	Justice of Peace
Inten. Pub.	Intention Published (an announcement of marriage)
m.	married or month
res.	resident
s.	son
st. b.	stillborn
w.	wife
wid.	widow
wk.	week
y.	year

THE BARBOUR COLLECTION OF CONNECTICUT TOWN VITAL RECORDS

KILLINGWORTH VITAL RECORDS
1667 – 1850

	Vol.	Page
ALLEN, Ebenezer, [s. Gideon & Patience], b. Mar. 30, 1756	2	109
Gideon, s. Gideon & Lediah, b. Feb. 21, 1729/30	2	182
Gideon, Jr., m. Patience **BROOKER**, Feb. 10, 1752	2	120
Gideon, s. Gideon & Patience, b. May 25, 1765	2	109
John, s. Gideon & Patience, b. Dec. 21. 1753	2	109
Lydia, [d. Gideon & Patience], b. May 15, 1758	2	109
Mary, d. Gideon & Lediah, b. Jan. 5, 1716/17	2	182
Mary, d. Gideon & Patience, b. Dec. 6, 1752; d. 16th of said month	2	109
Mary, [d. Gideon & Patience], b. Apr. 19, 1763	2	109
Sarah, [d. Gideon & Patience], b. Apr. 9, 1761	2	109
ANDREWS, Eliza, [d. Rev. Josiah Bishop & Mary], b. Jan. 14, 1808	2	67
Josiah Bissell, s. Rev. Josiah Bishop & Mary, b. July 24, 1804	2	67
Solomon, [s. Rev. Josiah Bishop & Mary], b. Feb. 15, 1806	2	67
William, [s. Rev. Josiah Bishop & Mary], b. July 20, 1810	2	67
ARNELL, ARNEL, Abygel, m. John **CHATFIELD**, Nov. 4, 1720	2	193
Elizabeth, m. Joseph **WILLCOCK**, Mar. 22, 1732	2	191
Hana, m. Ephraim **PARMELE**, Jan. 31, 1744/5	2	119
Huldah, m. John **FRANKLIN**, Oct. 9, 1737	2	145
AYRES, J. A., of Hartford, m. Sarah M. **WILLCOX**, of Killingworth, Oct. 1, 1840, by Rev. E. Swift	3	399
BACON, William, m. Julia **BARROWS**, b. of Killingworth, Dec. 25, 1836, by Rev. John H. Baker	3	394
BAILEY, BALEY, BALLY, BALY, BAYLEY, Alanson, m. Hepsibah **KELSEY**, Aug. 28, 1831, by Asa King	3	382
Daniel, s. Daniel & Mary, b. June 9, 1746	2	126
David, m. Nancy **TIBBELS**, of Haddam, Dec. 8, 1831, by Asa King	3	381
Elizabeth, w. of John, d. Mar. 29, 1728/9	1	79
Elizabeth, [d. John & Marcy], b. Nov. 17, 1752	2	152
Hannah, [d. John & Marcy], b. Sept. 15, 1756	2	152
Hannah, [d. Samuel & Mary], b. Oct. 6, 1777	2	83
James, s. John & Elizabeth, b. Aug. 11, 1716	2	181
James, s. John & Marcy, b. Feb. 8, 1743/4	2	152
Jesse, s. John & Marcy, b. Apr. 22, 1750	2	152
Joel, s. John & Marcy, b. June 1, 1746	2	152
John, m. Elizabeth **PLATZ**, Dec. 17, 1713	2	192
John, s. John & Elizabeth, b. June 24, 1715	2	181
John, m. Hannah **SITHERN**, Nov. 3, 1730	2	191
John, m. Marcy **FFARNUM**, Dec. 29, 1737	2	145
John, s. John & Marcy, b. June 9, 1741	2	152
John, d. Oct. 17, 1750	2	68
John, d. Jan. 4, 1757	2	70
John, s. Samuel & Mary, b. Aug. 29, 1771	2	83
Marcy, d. John & Marcy, b. May 22, 1739	2	152
Marcy, m. James **STEVENS**, 3rd, Mar. 20, 1760	2	117
Mary, d. James & Mary, d. Aug. 10, 1683, ae 10 y. 5*m. 4 d. (* correction (1) handwritten on original manuscript)	1	79
Mary, w. of Rev. James, d. Oct. 28, 1688	1	79

	Vol.	Page
BAILEY, BALEY, BALLY, BALY, BAYLEY, (cont.)		
Mary, [d. Samuel & Mary], b. Mar. 16, 1775	2	83
Peter, s. John & Marcy, b. Nov. 24, 1748; d. Dec. 30, 1748	2	152
Samuel, m. Mercy CARTER, Nov. 15, 1770	2	74
Samuel, [s. Samuel & Mary], b. Mar. 9, 1773	2	83
Sarah, d. James & Mary, b. Sept. 3, 1683	1	76
Sarah, d. Sept. 25, 1683, ae 22 d.	1	79
Sibbel, d. Daniel & Mary, b. Feb. 4, 1744	2	127
William, [s. Samuel & Mary], b. Mar. 29, 1779	2	83
-----, wid., of Haddam, m. [ ] GLADWIN, Oct. 20, 1824, by Asa King	3	369
BALDWIN, Aaron, m. Julia FARRILL, Sept. 25, 1822, by Charles Atwater, North Branford	3	364
Abigail, d. Josiah & Mary, b. June 15, 1716, at Darbe	2	184
Abigail, m. Joseph WATEROUS, July 6, 1741	2	146
Barbara, [d. Caleb & Jerusha], b. Oct. 9, 1769	2	95
Caleb, s. Josiah & Mary, b. May 2, 1723	2	184
Caleb, m. Jerusha PARMELE, Apr. 16, 1761	2	118
Caleb, [s. Caleb & Jerusha], b. Aug. 9, 1776	2	95
Cynthia, d. David & Anne, b. Sept. 15, 1808	2	156
Dan, s. Josiah & Mary, b. Sept. 12, 1720	2	184
Dan, [s. Caleb & Jerusha], b. Oct. 23, 1767	2	95
David, m. Anne SNOW, Apr. 2, 1807	2	42
David, m. Mrs. Flora HILL, Sept. 12, 1860, by Rev. Hiram Bell	3	417
Eliazer, s. Josiah & Mary, b. Aug. 31, 1718	2	184
Elezeir, m. Experience BUELL, Oct. 3, 1744	2	146
Eleazer, s. Caleb & Jerusha, b. Oct. 21, 1764	2	95
Eleazer, m. Jane REDFIELD, May 8, 1785	2	38
Erastus, [s. Eleazer & Jane], b. May 2, 1790	2	82
Ezra, [s. Caleb & Jerusha], b. Sept. 5, 1771	2	95
Fred[e]rick, s. Eleazer & Experience, b. Jan. 20, 1747/8	2	127
Hezekiah, s. Josiah & Mary, b. Jan. 15, 1710, at Darbe	2	184
Hezekia[h], s. Josiah & Mary, b. Nov. 12, 1725	2	182
Jared, s. Josiah & Mary, b. Mar. 23, 1706/7 at Darbe	2	184
Jared, s. Eleazer & Experience, b. June 30, 1745	2	127
Jemima, [d. Caleb & Jerusha], b. Sept. [ ], 1780	2	95
Jerusha, [d. Caleb & Jerusha], b. July 6, 1774	2	95
Joel, [s. Eleazer & Experience], b. June 13, 1752	2	127
Josiah, s. Josiah & Mary, b. Sept. 6, 1701, at Darbe	2	184
Josiah, m. Elizabeth CRANE, Jan. 29, 1729/30	2	191
Josiah, s. Josiah & Elizabeth, b. Feb. 27, 1736	2	182
Loise, d. Caleb & Jerusha, b. Feb. 1, 1763	2	95
Lois, m. Ambrose REDFIELD, June 12, 1782	2	75
Marcy, m. Phillip CHATFIELD, Aug. 19, 1736	2	145
Mary, d. Josiah & Mary, b. Jan. 10, 1714, at Darbe	2	184
Mary, w. of Josiah, Jr., d. July 25, 1726	1	81
Mary, d. Josiah & Elizabeth, b. July 11, 1731	2	182
Mary, d. Eleazer & Experience, b. Apr. 20, 1750	2	127
Mary, w. of Joseph, d. July 18, 1752	2	69
Mary, m. Isaac TURNER, Sept. 14, 1758	2	120
Philander, [s. Eleazer & Jane], b. Aug. 31, 1792	2	82
Philemon, [s. Caleb & Jerusha], b. Oct. 29, 1778	2	95
Remember, d. Josiah & Mary, b. Aug. 20, 1708, at Darbe	2	184

	Vol.	Page
BALDWIN, (cont.)		
Remember, m. Thomas STEEVENS, Feb. 3, 1731/2	2	191
Wooster, s. Eleazer & Jane, b. Nov. 29, 1785	2	82
BANGS, W[illia]m, of Middletown, m. Lois STEVENS, of		
Killingworth, [Nov. 26, 1829], by Rev. David Smith, of		
Durham	3	379
BARBER, Abagale, m. Edward RUTTY, Jan. 18, 1709/10	2	192
Deabrah, m. Abraham CHALKER, Nov. 19, 1691	1	67
Elizabeth, d. William, b. Apr. 26, 1666	1	70
George, s. William, b. Aug. 24, 1668	1	70
William, s. William & Ruth, b. Feb. 10, 1686/7	1	70
William, m. Martha NETTLETON, Nov. 15, 1711	2	192
BARNUM, Aaron Stevens, [s. Luther & Mabel STEVENS], b. May 23,		
1807	2	45
Clarinda, M., [d. Luther & Mabel STEVENS], b. Apr. 4, 1813	2	45
Clarinda M., of Killingworth, m. George MARSH, of New Hartford,		
May 30, 1837, by Rev. E. Swift	3	395
Cordelia, m. Washington E. GRISWOLD, b. of Killingworth, Oct.		
4, [1854], by Rev. Hiram Bell	3	412
Henry, m. Huldah GRISWOLD, b. of Killingworth, Sept. 16, 1835,		
by Rev. E. Swift	3	388
Henry P., [s. Luther & Mabel STEVENS], b. May 3, 1810	2	45
Luther, m. Mabel STEEVENS (her 2nd marriage), Sept. 22, 1803	2	43
Nathaniel Edwards, s. Luther & Mabel STEVENS, b. Mar. 16 1805	2	45
BARROWS, [see also BURROWS], Julia, m. William BACON, b. of		
Killingworth, Dec. 25, 1836, by Rev. John H. Baker	3	394
BARTHOLOMEW, William, of Wallingford, m. Lydia TYLER, of		
Killingworth, Aug. 27, 1835, by Rev. E. Swift	3	387
BARTLET[T], Judeth, m. John BOYD, Mar. 28, 1676/7	1	67
BARY, Anna, m. Elnathan HURD, 2d, Feb. 12, 1778	2	73
BATTES, Patience, m. Jedediah GRISWOLD, Apr. 19, 1758	2	117
BEACH, Beniamin, s. Ezariah, b. Jan. 14, 1682	1	74
Boliver, m. Rachel Florilla KELCEY, Apr. 4, 1821, by Asa King,		
V.D.M.	3	360
Mary, m. Elisha WILLCOCKS, Nov. 8, 1733	2	145
Richard, s. Ezariah, b. Oct. 19, 1677	1	74
Thomas, s. Ezariah, b. Oct. 5, 1679	1	74
BEEBE, BEBEE, Alpha M., m. Russell S. FAIRCHILD, Dec. 10, 1849,		
by Rev. E. Swift	3	408
William, m. Urana DAVIS, Sept. 29, 1828, by Asa King	3	377
BELDEN, Ezra, of Mereden, m. Mary Ann REDFIELD, of Killingworth,		
Nov. 27, 1828, by Benjamin R. Skinner	3	377
BEMAN, Carlile, m. Lovia CLARK, of Saybrook, Sept. 15, 1822, by A.		
King	3	364
BEMIS, Mary, m. John GRISWOLD, Nov. 28, 1672	1	66
BEMOT, Elijah, [s. Jedediah & Ireny RUTTY], b. June 7, 1749	2	121
Jedediah, m. Ireny RUTTY, Mar. 27, 1747	2	120
John, s. Jedediah & Ireny, b. Oct. 1, 1747	2	121
Mercy, [d. Jedediah & Ireny], b. Dec. 11, 1751	2	121
BENNETT, BENIT, BENNIT, Jane, m. Nehemia[h] STEEVENS, Nov.		
25, 1736	2	145
Mary, m. Robort CARTER, Nov. 27, 1734	2	145

	Vol.	Page
BENNETT, BENIT, BENNIT, (cont.)		
Sarah, m. Nathaniel **CARTER**, Nov. 8, 1739	2	145
Thankfull, m. Elnathan **WILLCOX**, June 17, 1761	2	73
BENTON, Elizabeth, m. Samuel **BEUELL**, Jan. 26, 1736/7	2	145
BISHOP, Achsah, [s. Thalmon & Mary], b. May 29, 1788	2	102
Elizabeth, m. Eliazer **ISBELL**, Jan. 6, 1730/1	2	191
Hanna[h], m. Nathaniel **NOTT**, July 2, 1726	2	193
Justin, s. Thalmon & Mary, b. Mar. 14, 1785	2	102
Lois, [d. Thalmon & Mary], b. Nov. 18, 1790	2	102
Mariah, [d. Thalmon & Mary], b. Sept. 13, 1786	2	102
BLACKLEY, [see also **BLATCHLEY**], Ada, d. David & Lydia, b. Sept. 17, 1758	2	110
Daniel, s. David & Lydia, b. Oct. 9, 1760	2	110
Daniel, m. Elizabeth **HUBBARD**, Apr. 9, 1795	2	41
David, m. Lucy **WRIGHT**, May 20, 1752	2	120
David, m. Lydia **MEIGGES**, May 2, 1754	2	117
Dency, [d. John & Charity], b. May 18, 1803	2	87
Jana, [child of David & Lydia], b. June 18, 1766	2	110
Jena, [d. David & Lydia], b. Mar. 21, 1769	2	110
John, [s. David & Lydia], b. Aug. 19, 1764	2	110
Leeman, [s. David & Lydia], b. Nov. 23, 1773	2	110
Lucy, d. David & Lydia, b. Feb. 6, 1755	2	110
Lydia, w. of David, d. Feb. 9, 1801	2	77
Olive, d. John & Charity, b. Sept. 30, 1800	2	87
Sarah, m. Samuel **HIGGINS**, Jan. 9, 1769	2	73
Stephen, s. David & Lydia, b. Sept. 3, 1756	2	110
Stephen, d. Apr. 5, 1778	2	72
Susannah, m. Eliphalet **STEEVENS**, Jan. 21, 1762	2	118
Temperance, m. Jeremiah **PARMELE**, May 2, 1754	2	117
BLANCHARD, Ruth, m. William **WILLCOCKS**, Feb. 3, 1728/9	2	191
BLATCHLEY, [see also **BLACKLEY**], Adaline C., of Haddam, m. Joseph B. SEARS, of Middletown, Sept. 15, 1851, by Rev. Geo[rge] L. Fuller	3	409
Angeline, m. Coleman **CLARK**, May 18, 1859, by Rev. H. Scofield	3	416
Betsey Goodrich, d. Daniel & Elizabeth, b. Jan. 21, 1798	2	183
Clarinda, m. Harris R. **BURR**, Apr. 28, 1844, by E. Swift	3	403
Daniel, m. Rebina **STEEVENS**, Jan. 27, 1780	2	38
Daniel, [s. Daniel & Rebina], b. Feb. 4, 1791	2	183
Daniel Watson, [s. Parde & Experience], b. Nov. 8, 1814	2	149
David, [s. Daniel & Elizabeth], b. Apr. 19, 1799	2	183
Jane, m. Frederick **CHITTENDEN**, June 1, 1845, by Rev. David Baldwin	3	403
John Ellsworth, [s. Parde & Experience], b. Jan. 31, 1811	2	149
Leander Rockwell, [twin with Roxanna Redfield], s. Parde & Experience, b. May 28, 1807	2	149
Parde, [s. Daniel & Rebina], b. Mar. 16, 1783	2	183
Parde, m. Experience **LANE**, Oct. 27, 1806	2	43
Polly, [d. Daniel & Rebina], b. Mar. 31, 1785	2	183
Rebina, [d. Daniel & Rebina], b. Jan. 1, 1793	2	183
Rebina, m. Edward **RUTTY**, Feb. 15, 1832, by Asa King	3	382
Rebinah Steevens, [d. Parde & Experience], b. June 15, 1812	2	149
Roxanna Redfield, [twin with Leander Rockwell], d. [Parde & Experience], b. May 28, 1807	2	149

KILLINGWORTH VITAL RECORDS 5

	Vol.	Page
BLATCHLEY, (Cont.)		
Sally, m. Frederick **FARNHAM**, Oct. 2, 1826, by Asa King	3	373
Samuel S., of Madison, m. Mary Ann **ROBINSON**, of Durham, Dec. 23, 1827, by Rev. Peter G. Clark	3	375
Stephen, [s. Daniel & Rebina], b. Dec. 24, 1786	2	183
William S., m. Zeruiah E. **LANE**, Nov.15, 1848, by Rev. E. G. Swift	3	407
Zada, d. Daniel & Rebina, b. Oct. 30, 1780	2	183
BLIN[N], Deborah, d. Ephraim & Hannah, b. Oct. 16, 1741	2	181
Ephraim, m. Hannah **WILLCOCKS**, Oct. 30, 1740	2	146
BLISS, Eunice, m. Dr. Richard **ELY**, Sept. 4, 1791	2	39
Frances A., m. Cynthia **KELSEY**, Sept. 16, 1849, by Rev. E. Swift	3	408
BOARDMAN, Alderkin, of Lryden, N.Y., m. Clarissa **GRISWOLD**, of Killingworth, Sept. 17, last [1821], by Neh[emiah] B. Beardsley, Saybrook	3	361
BOLLES, Asa M., m. Eliza **RUTTY**, May 28, 1828, by Rev. David Baldwin	3	391
BOOKER, Jacob, s. Jacob & Judeth, b. Apr. 28, 1744; d. [ ] (Probably "**BROOKER**")	2	147
BOWERS, Jesse, [s. Zephaniah & Elizabeth], b. Aug. 23, 1782	2	107
J[o]anna, [d. Zephaniah & Elizabeth], b. Sept. 6, 1788	2	107
John, [s. Zephaniah & Elizabeth], b. Aug. 15, 1790	2	107
Julius, [s. Zephaniah & Elizabeth], b. Nov. 30, 1784	2	107
Luther, [s. Zephaniah & Elizabeth], b. Oct. 1, 1786	2	107
Nathan, [s. Zephaniah & Elizabeth], b. May 17, 1792	2	107
Zephaniah, s. Zephaniah & Elizabeth, b. Feb. 5, 1781	2	107
BOYD, John, m. Judeth **BARTLET[T]**, Mar. 28, 1676/7	1	67
BOYSE, Dorothy, m. Richard **CARR**, Feb. 10, 1684	1	67
BRADLEY, Elizabeth A., of Killingworth, m. James H. **HALL**, of Guilford, [Jan.] 8, [1829], by Peter Crocker	3	377
James H., of Madison, m. Olive **KELSEY**, of Killingworth, Nov. 24, 1842, by Rev. E. Swift	3	401
John, m. Melinda **BUELL**, of Killingworth, Sept. 4, 1824, by Rev. Pierpont Brocket	3	367
Lois, m. Job **BUELL**, Sept. 10, 1751	2	120
Noah, of Madison, m. Mary A. **BUELL**, of Killingworth, Oct. 21, 1827, by Rev. Pierpont Brockett	3	375
Sarah M., m. Josiah F. **LEET**, May 12, 1850, by Rev. E. Swift	3	408
BRAINARD, Deborah H., m. Asa **WILLCOX**, Nov. 12, 1799	2	40
Mary, m. Robert **HURD**, Aug. 20, 1807	2	42
William F., of Haddam, m. Rebecca M. **WILCOX**, of Killingworth, July 4, 1855, by Rev. Hiram Bell	3	413
BRAY, John E., m. Esther **PARMELE[E]**, b. of Killingworth, Jan. 10, 1821, by Hart Talcott	3	359
BRISTOL, Abiel, m. James **PIERSON**, Jan 18, 1732/3	2	191
Ame, d. Bazeliel & Eunis, b. Apr. 1, 1745	2	144
Bazeliel, s. Bazeliel & Eunis, b. Mar. 30, 1742	2	144
Bezabell, m. Eunis **DUDLEY**, June 13, 1742	2	146
Bezeleel, d. Sept. 8, 1753	2	70
Charles, of North Madison, m. Mary A. **PARMALEE**, of Killingworth, Nov. 26, [1854], by Rev. Hiram Bell	3	412
Est[h]er, m. John **KELCEY**, Feb. 18, 1729/30	2	191
Esther, m. Nathaniel **HULL**, July 1, 1736	2	145
Eunis, d. Bazeliel & Eunis, b. Mar. 12, 1743	2	144

	Vol.	Page
BRISTOL, (cont.)		
[E]unice, w. of Bazaleel, d. May 18, 1755	2	70
Eunice M., m. Chauncey **DUDLEY**, Mar. 27, 1842 by Rev. E. Swift	3	400
Harriet, m. Samuel **BUELL**, b. of Killingworth, Jan. 21, 1828, by Peter G. Clark, Pastor	3	376
Harriet, of Killingworth, m. Amos **TOOLEY**, of Madison, Nov. 2, 1828, by Rev. Peter G. Clark	3	377
Isaac, m. wid. Betsey **LANE**, Dec. 14, 1825, by Asa King	3	371
Jemima, m. John **ROSSETER**, June 21, 1739	2	145
Loes, d. Bazeliel & Eunis, b. July 4, 1747	2	144
Polly C., m. Leonard **KELSEY**, b. of Killingworth, Apr. 21, 1856, by Rev. Lyman Leffingwell	3	413
BROOKER, BOOKER, Abraham, s. Abraham & Mary, b. Aug. 17, 1736	2	152
Abraham, d. Apr. 14, 1739	1	89
C[h]loe, [d. Isaac & Tamor], b. Feb. 29, 1767	2	83
Elizabeth, d. Abraham & Mary, b. Oct. 7, 1738	2	152
Jacob, s. Jacob & Judeth, b. Apr. 28, 1744; d. [ ]	2	147
John, m. Sara[h] **GRINNELL**, Apr. 29, 1717	2	192
John, d. Oct. 8, 1742	1	88
Judeth, w. of Jacob, d. Nov. 28, 1744	1	88
Mary, m. Mat[t]hew **MACURE**, Apr. 15, 1740	2	145
Patience, m. Gideon **ALLEN**, Jr., Feb. 10, 1752	2	120
Salla, d. Isaac & Tamor, b. June 3, 1764	2	83
Tamor, [d. Isaac & Tamor], b. July 15, 1769	2	83
BROOKS, Hezekiah C., m. Content **NORTON**, Dec. 15, 1830, by Asa King	3	379
Mary, m. John **NETTLETON**, Dec. 26, 1720	2	193
Mary R., m. Frederic W. **KELSEY**, b. of Killingworth, Nov. 28, 1855, by Rev. N. Tibbles	3	413
Orville W., m. Rachel **KELSEY**, b. of Killingworth, Nov. 28, 1855, by Rev. N. Tibbals	3	413
BROWN, BROWNE, John Elder, d. Apr. 29, 1708	1	81
Samuel, s. John, b. Apr. 16, 1700	1	76
Zebulon, s. Thomas Brown & Elizabeth **KELCEY**, b. Dec. 5, 1732	2	155
BRUNSON, Irena, m. Robert **HULL**, Jr., Dec. 6, 1809	2	42
BUD[D]INGTON, Grace, m. Noah **LANE**, Mar. 3, 1762	2	118
BUEL, BEUELL, BEWELL, BUELL, Aaron, s. Daniel & Elizabeth, b. Sept. 21, 1730	2	185
Aaron, m. Hannah **POST**, Dec. 26, 1754	2	117
Aaron, [s. Aaron & Hannah], b. Mar. 21, 1767	2	101
Abel, s. John & Abigail, b. Feb. 1, 1742	2	151
Abiga[i]l, d. Samuel & Abiga[i]l, b. Mar. 26, 1718	2	194
Abiga[i]ll, w. of Samuell, d. Nov. 6, 1735	1	80
Abigail, m. Nathaniel **STEEVENS**, Feb. 17, 1737	2	145
Abigail, d. Samuel & Lidea, b. Jan. 9, 1737/8	2	161
Abigail, d. John & Abigail, b. June 3, 1749	2	151
Abiga[i]l, w. of Hiel, d. May 11, 1767, in the 42nd y. of her age	2	71
Abigail, [d. Job & Lois], b. Dec. 21, 1769	2	109
Abigail, m. John H. **FINLEY**, b. of Killingworth, Nov. 13, 1831, by Rev. Luke Wood	3	381
Abigail R., of Killingworth, m. Elizur **HILLS**, of East Hartford, Oct. 12, 1840, by Rev. E. Swift	3	399
Abraham, s. Daniel & Est[h]er, b. Aug. 1, 1753	2	141
Achilles, [s. Jedediah & Esther], b. Oct. 1, 1787	2	132

KILLINGWORTH VITAL RECORDS 7

	Vol.	Page
BUEL, BEUELL, BEWELL, BUELL (cont.)		
Adeline, m. Elias CRANE of Killingworth, Mar. 14, 1827, by Peter Crocker	3	374
Almira, m. John GRISWOLD, b. of Killingworth, Mar. 30, 1836, by E. Swift, Pastor	3	392
Amanda, d. Nathan & Thankfull, b. Sept. 11, 1757	2	108
Amanda, m. Constant SPEEDFIELD, Apr. 9, 1778	2	73
Ann, [d. David & Mary] b. Sept. 17, 1784	2	83
Arty, [s. Job & Ruth], b. Nov. 12, 1788	2	60
Asa, [s. Nathan & Thankfull], b. Jan. 10, 1760	2	108
Asa, m. Mercy PORTER, Dec. 30, 1784	2	75
Asa Porter, [s. Asa & Mercy], b. Jan. 27, 1790	2	122
Azariah, s. Samuel & Abiga[i]ll, b. Oct. 11, 1729	2	194
Azariah, s. Ens. Sam[ue]ll, d. Oct. 11, 1742	1	88
Azariah, s. R[e]uben & Hannah, b. Jan. 21, 1743/4	2	127
Bela, s. Samuel & Abigail, b. Aug. 14, 1740; d. Aug. 26, 1740	2	194
Belea, [child of Jeremiah & Metteniah], b. May 1, 1747	2	106
Beniamin, twin with Mary, s. Beniamin & Hannah, b. Apr. 4, 1722	2	195
Beniamin, d. Feb. 18, 1723/4	1	80
Benjamin, [s. Job & Lois], b. Dec. 4, 1763	2	109
Benjamin, [s. William & Lucia], b. Dec. 4, 1792	2	87
Benjamin, [s. Job & Ruth], b. Apr. 14, 1798	2	60
Betsey, m. Martin L. FIELD, Nov. 24, 1830, by Rev. David Baldwin	3	391
Betsey, of Killingworth, m. George STANNARD, 2d, of Saybrook, Sept. 30, 1835, by Rev. Lewis Foster	3	389
Caroline, m. Luke C. WOOD, b. of Killingworth, Sept. 15, 1834, by Rev. Luke Wood	3	384
Charles, [s. Job & Ruth], b. Sept. 28, 1781	2	60
Charles, 2d, [s. Job & Ruth], b. July 14, 1793	2	60
Clarinda, [d. Asa & Mercy], b. July 25, 1794	2	122
Clarre, [d. William & Lucia], b. Dec. 10, 1790	2	87
Daniell, s. Samuell, Jr., b. June 19, 1698	1	77
Daniel, m. Elizabeth POST, Sept. 21, 1720	2	193
Daniel, s. Daniel & Elizabeth, b. Jan. 23, 1721/2	2	185
Daniel, Jr., m. Est[h]er PARKER, Jan. 4, 1743/4	2	146
Daniel, s. Daniel & Lester, b. Nov. 27, 1757	2	141
Daniel, Dea., d. May 9, 1782	2	72
Daniel, [s. Asa & Mercy], b. Apr. 4, 1787	2	122
Daniel Willcox, [s. William & Lucia], b. July 28, 1789	2	87
David (see Javais) (handwritten in margin of original manuscript)		
David, m. Phebe FFEN[N]ER, May 11, 1701	2	192
David, s. Jedediah & Deborah, b. Mar. 27, 1737	2	162
David, m. Mary HURD, Jan. 4, 1760	2	74
David, s. David & Mary, b. Aug. 16, 1761	2	83
David, Jr. m. Cynthia CARTER, b. of Killingworth, Oct. 5, 1823, by Asa Wilcox, Elder	3	365
David, m. Clarissa BURGUIDT, b. of Killingworth, Sept. 24, 1837, by Rev. Anson F. Beach	3	395
Deborah, d. Sam[eu]l, b. Oct. 18, 1665	1	68
Deborah, d. Samuell, Jr., b. Jan. 24, 1693	1	77
Debora[h], d. Beniamin & Hannah, b. Feb. 16, 1714/15	2	195
Deborah, w. of Samuell, d. Jan.*, 7, 1717/8 (*corrected to Feb.)	1	80
Deborah, d. Nathaniel & Deborah, b. Apr. 18, 1726	2	185

	Vol.	Page
BUEL, BEUELL, BEWELL, BUELL (cont.)		
Deborah, m. Peter WARD, Apr. 13, 1733	2	191
Deborah, d. John & Abigail, b. Apr. 19, 1753	2	151
Deborah, d. Jedediah & Esther, b. Aug. 29, 1770	2	132
Deborah, m. Rufus KELCEY, Dec. 25, 1791	2	39
Delia A., m. William H. BUELL, b. of Killingworth, Nov. 10, 1830, by Sylvester Selden	3	379
Dinah, [d. Jeremiah, 2d, & Dinah], b. Dec. 13, 1789	2	130
Dolly, [d. David & Mary], b. Oct. 8, 1770	2	83
Ebenezer, [s. David & Mary], b. Mar. 7, 1776	2	83
Eber, [s. Jedediah & Esther], b. May 29, 1778	2	132
Ebine, m. Mehitable KELSEY, b. of Killingworth, Nov. 1, 1823, by Hart Talcott	3	366
Eliphalet, s. Nathaniel & Deborah, b. July 23, 1724	2	185
Eliphalet, s. Nathaniel & Deborah, b. July 2, 1728	2	185
Eliza, of Killingworth, m. Capt. John R. MASON, of New Bedford, Mass., [Jan.] 17, [1828], by Peter Crocker	3	379
Elizabeth, d. Daniel & Elizabeth, b. Nov. 25, 1723	2	185
Elizabeth, m. Josiah HULL, Dec. 1, 1743	2	146
Elizabeth, w. of Ens. Samuel, d. May 14, 1748	1	93
Elizabeth, [d. R[e]uben & Hannah], b. Oct. 21, 1748	2	127
Elizabeth, d. R[e]uben, d. Sept. 25, 1751	2	68
Elizabeth, d. Aaron & Hannah, b. Nov. 26, 1755	2	101
Elizabeth, [d. Hiel] & Abigail], b. Mar. 25, 1767	2	111
Elizabeth, [d. Josiah & Elizabeth], b. Apr. 28, 1767	2	102
Elizabeth, [d. Asa & Mercy], b. Sept. 6, 1788	2	122
Ely, [s. Josiah & Elizabeth], b. Jan. 31, 1768	2	102
Emela, m. Washington BUELL, b. of Killingworth, Oct. 4, 1826, by Peter Crocker	3	373
Esther, d. Daniel & Est[h]er, b. Dec. 2, 1746; d. Jan. 5, 1746/7	2	141
Est[h]er, d. Daniel & Est[h]er, b. Aug. 15, 1749	2	141
Easther, [d. Jedediah & Esther], b. Oct. 1, 1775	2	132
Esther, m. Jebi PARMELE, Mar. 13, 1799	2	42
Eunice, d. William & Lucia, b. June 22, 1786	2	87
Experience, d. Beniamin & Hannah, b. Sept. 5, 1724	2	195
Experience, m. Elezeir BALDWIN, Oct. 3, 1744	2	146
Fanny, [s. Job & Ruth], b. May 9, 1784	2	60
Fanny M., m. Linus L. WILCOX, Oct. 5, 1858, by Rev. Henry Scofield	3	415
Frederick, [s. Job & Ruth], b. Feb. 11, 1800	2	60
Gideon*, d. Apr. 6, 1745 *(correction (Gurdon) handwritten in margin of original manuscript	1	93
Gideon, [s. Roswell & Hannah], b. Jan. 8, 1763	2	115
Grover, s. Nathaniel & Deborah, b. Apr. 4, 1732	2	185
Gurdon, s. Daniel & Elizabeth, b. Feb. 1, 1725/6	2	185
Gurdon, d. Apr. 6, 1745 (see Gideon)		
Gurdon, s. Nathan & Thankfull, b. Feb. 21, 1752	2	108
Hannah, d. Sam[ue]ll, b. Sept. 6, 1667	1	68
Hannah, d. Samu[e]ll, b. May 4, 1674	1	68
Hannah, d. Beniamin & Hannah, b. Dec. 7, 1711	2	195
Hannah, m. Daniel WILLCOCKS, Apr. 1, 1731	2	191
Hannah, d. John & Abigail, b. Oct. 29, 1746	2	151
Hannah, d. Hiel & Hannah, b. July 22, 1749	2	187
Hannah, w. of Hiel, d. June 28, 1758	2	71

KILLINGWORTH VITAL RECORDS 9

	Vol.	Page
BUEL, BEUELL, BEWELL, BUELL, (cont.)		
Hannah, d. Roswell & Hannah, b. May 12, 1762	2	115
Hannah, [d. Aaron & Hannah], b. Apr. 4, 1769	2	101
Hannah, w. of Aaron, d. Nov. 2, 1771	2	71
Hannah, m. Eben CRANE, Oct. 30, 1776	2	73
Harriet G., m. Hiram L. DART, b. of Killingworth, Mar. 29, 1835, by Orlando Starr	3	387
Heman Alden, [s. Asa & Mercy], b. July 30, 1800	2	122
Henrietta, m. Calvin KELSEY, b. of Killingworth, Sept 8, 1833, by Rev. Luke Wood	3	383
Henry A., m. Lydia A. STANNARD, b. of Killingworth, Apr. 2, 1838, by Lewis Foster	3	396
Hiell, s. Josiah & Martha, b. Apr. 28, 1724	2	187
Hiel, m. Hannah WILLARD, Feb. 17, 1745/6	2	119
Hiel, s. Hiel & Abigail, b. Mar. 23, 1764	2	111
Horace, m. Polly KELSEY, b. of Killingworth, [Oct.] 16, [1828], by Peter Crocker	3	377
Hulda[h], d. Samuel & Abiga[i]ll, b. Jan. 1, 1737/8	2	194
James, [s. R[e]uben & Hannah], b. May 9, 1757	2	127
James, m. Susannah PORTER, Apr. 8, 1783	2	75
James Francis, s. John & Lois, b. Jan. 26, 1797	2	92
Jared, [s. Josiah & Elizabeth], b. June 20, 1771	2	102
Javais*, s. Samu[e]ll, b. Feb. 15, 1678 *(correction (David) handwritten in margin of original manuscript)	1	68
Jedediah, m. Deborah SHETHER, May 6, 1736	2	145
Jedediah, s. Jedediah & Deborah, b. Sept. 2, 1739	2	162
Jedediah, Jr., m. Esther WILLCOX, Nov. 29, 1769	2	73
Jedediah, s. Jedediah & Esther, b. May 23, 1783	2	132
Jemima, d. Samuel & Lidea, b. Oct. 26, 1735	2	161
Jemima, m. Ebben GRIFFEN, b. of Killingworth, Nov. 10, 1833, by Rev. Aaron Dutton, of Guilford	3	383
Jeremiah, s. Samuel & Abiga[i]ll, b. Jan. 7, 1715/16	2	194
Jeremiah, m. Meteniah WARD, May 7, 1741	2	146
Jeremiah, s. Jeremiah & Matteniah, b. July 4, 1742	2	106
Jeremiah, s. Jeremiah & Metani[ah], b. July 24, 1742	2	144
Jeremiah, Jr., m. Dinah KELCEY, Dec. 4, 1766	2	39
Jeremiah, [s. Jeremiah, 2d, & Dinah], b. Aug. 5, 1786	2	130
Jeremiah Griffen, [s. Asa & Mercy], b. Jan. 1, 1798	2	122
Jerusha, [d. Jeremiah, 2d, & Dinah], b. May 14, 1777	2	130
Jerusha, of Killingworth, m. John CHITTENDEN, of Saybrook, Sept. 23, 1824, by Peter Crocker	3	368
Jesse, s. Job & Ruth, b. Nov. 20, 1779	2	60
Job, s. Samuel & Abiga[i]ll, b. Feb. 10, 1724/5	2	194
Job, m. Lois BRADLEY, Sept. 10, 1751	2	120
Job, [s. Job & Lois], b. Apr. 9, 1758	2	109
Job, Sr., d. Mar. 2, 1791, ae 66	2	76
John, s. Samuell, b. Feb. 17, 1671	1	68
John, s. Beniamin & Hannah, b. June 17, 1717	2	195
John, m. Abigail CHATFIELD, July 4, 1739	2	145
John, s. John & Abigail, b. June 9, 1740	2	151
John, s. John & Abiael, d. Apr. 19, 1743	1	89
John, s. John & Abigail, b. Aug. 12, 1744	2	161
John, d. Nov. 13, 1752	2	69

	Vol.	Page
BUEL, BEUELL, BEWELL, BUELL, (cont.)		
John, s. Aaron & Hannah, b. May 31, 1764	2	101
John, [s. Jeremiah, 2d, & Dinah], b. Nov. 19, 1771	2	130
Jonathan, s. Jedediah & Deborah, b. Mar. 7, 1745	2	162
Joseph, s. Lieut. Samuell, b. Aug. 24, 1710	1	72
Joseph, m. Anna COLTON, Apr. 10, 1733	2	191
Joseph, s. Joseph & Anna, b. Sept. 1, 1738	2	159
Joseph, [s. R[e]uben & Hannah], b. Feb. 7, 1751	2	127
Joseph, [s. R[e]uben], d. Sept. 21, 1751	2	68
Joseph, [s. David & Mary], b. Feb. 16, 1763	2	83
Josiah, s. Samuell, b. Mar. 17, 1680	1	68
Josiah, s. Samuell, Jr., b. Mar. 7, 1691/2	1	77
Josiah, m. Martha SESSEN, June 20, 1716	2	192
Josiah, Ens., d. Nov. 11, 1732	1	80
Josiah, s. Samuel & Abiga[i]ll, b. Dec. 4, 1732	2	194
Josiah, s. Hiel & Hannah, b. June 11, 1747	2	187
Josiah, s. Hiel & Hannah, d. Nov. 18, 1751	2	69
Josiah, s. Josiah & Elizabeth, b. Nov. 14, 1755	2	102
Josiah, s. Aaron & Hannah, b. Jan. 17, 1758; d. same day	2	101
Josiah, [s. Job & Lois], b. Feb. 14, 1760	2	109
Josiah, [s. Josiah & Elizabeth], b. Oct. [ ]	2	102
Judadah, s. David & Phebe, b. Dec. 2, 1704	2	194
Judeth, d. Nathaniel & Deborah, b. Mar. 6, 1729/30	2	185
Judeth, w. of Capt. Samuell, d. Oct. 31, 1732	1	80
Jule, [d. Jedediah & Esther], b. Nov. 25, 1772	2	132
Julia, m. Philo MILLS, Jan. 30, 1805	2	42
Julia E., of Killingworth, m. George D. WHITING, of Whitneyville, May 9, 1841, by Rev. E. Swift	3	400
Juliana, d. Hiel & Hannah, b. Sept. 5, 1756	2	187
Julius, m. Huldah PARMELEE, June 7, 1846, by Rev. E. Swift	3	405
Laura, of Killingworth, m. Charles E. STOCKES, of Westbrook, Sept. 18, 1851, by Rev. Hiram Bell	3	409
Lester, d. June 7, 1762	2	71
Levi, [s. Job & Lois], b. July 22, 1756	2	109
Levi, [s. David & Mary], b. July 26, 1774	2	83
Lois, w. of Jobe, d. Jan. 1, 1753	2	69
Lois, [d. Jeremiah, 2d, & Dinah], b. Mar. 24, 1774	2	130
Lois, m. Chauncey RUSSEL[L], Jan. 18, 1846, by Rev. E. Swift	3	404
Loue, d. Daniel & Elizabeth, b. Oct. 28, 1737	2	185
Love, m. Jeremiah NETTLETON, Jr., Nov. 19, 1760	2	118
Lucia, d. David & Phebe, b. Feb. 13, 1712/13	2	194
Lucretia, [d. Asa & Mercy], b. Oct. 6, 1792	2	122
Luci, d. Sam[ue]ll, Jr., b. May 25, 1708	1	72
Luce, d. Sam[ue]ll, Jr., d. Aug. 8, 1708	1	80
Luce, d. Daniel & Elizabeth, b. May 1, 1735	2	185
Lucy, m. John HULL, Dec. 23, 1736	2	145
Lucey, m. Abner PARMELE, Mar. 20, 1757	2	117
Lucy, [d. Job & Lois], b. Mar. 5, 1762	2	109
Lydiah, d. Samuell, b. Mar. 9, 1702/3	1	77
Ledia, d. Samuel & Abiga[i]ll, b. Oct. 27, 1722	2	194
Lidea, d. Samuel & Lidea, b. Apr. 19, 1740	2	161
Lidea, m. Ebenezer HULL, Oct. 29, 1746	2	119
Lydia, [d. Daniel & Est[h]er, b. Mar. 13, 1756	2	141
Marcy, d. Samuell, b. May 17, 1696	1	77

BUEL, BEUELL, BEWELL, BUELL (cont.)	Vol.	Page
Marcy, m. Josiah PARMELE, 2d, Dec. 8, 1773	2	73
Margaret, m. Leander NORTON, Nov. 29, 1830, by Asa King	3	380
Margere, d. Aaron & Hannah, b. July 30, 1759	2	101
Martha, d. Josiah & Martha, b. Mar. 2, 1728/9	2	187
Martha, d. Josiah & Martha, b. Oct. 17, 1732	2	187
Martha, m. Benjamin MERRITT, June 18, 1733	2	191
Martha, [d. Hiel & Hannah], b. Dec. 27, 1750	2	187
Martin, [s. Josiah & Elizabeth], b. June 1, 175[ ]	2	102
Mary, d. Samuel, b. Nov. 27*, 1669 *(corrected to (28))	1	68
Mary, m. Joseph WATEROUS, Feb. 3, 1713/14	2	192
Mary, twin with Beniamin, d. Beniamin & Hannah, b. Apr. 4, 1722	2	195
Mary, m. Theophilus REDFIELD, Sept. 4, 1740	2	146
Mary, [d. Jeremiah & Metteniah], b. July 7, 1754	2	106
Mary, d. Nathan & Thankfull, b. Aug. 8, 1755	2	108
Mary, d. Nathan & Hannah, b. Sept. 8, 1792	2	93
Mary A., of Killingworth, m. Noah BRADLEY, of Madison, Oct. 21, 1827, by Pierpont Brockett, Pastor	3	375
Mary C., m. Nathan KELSEY, b. of Killingworth, Apr. 11, 1838, by Rev. Lewis Foster	3	396
Matilda, of Killingworth, m. Giles H. ROBINSON, of Durham, [Mar. 12, 1829], by Rev. David Smith, of Durham	3	379
Matthew, s. Joseph & Anna, b. Mar. 10, 1733/4	2	159
Matty, [d. Jeremiah, 2d, & Dinah], b. Mar. 29, 1782	2	130
Mehitabel, d. Samuell, b. Aug. 22, 1682	1	68
Mahetable, d. Samuell, b. May 8, 1705	1	77
Mehetable, m. Elnathan SMITH, Feb. 18, 1729/30	2	191
Melinda, m. John BRADLEY, Sept. 4, 1824, by Rev. Pierpont Brocket	3	367
Meriam R., m. Stephen W. ROSE, May 28, 1846, by Rev. E. Swift	3	405
Metteniah, [d. Jeremiah & Metteniah], b. Dec. 26, 1752	2	106
Matteniah, m. John NETTLETON, June 29, 1780	2	42
Mindwell, d. Daniel & Elizabeth, b. Oct. 7, 1732	2	185
Mindwell, d. Daniel, d. Oct. 30, 1742	1	88
Mindwell, d. Daniel & Est[h]er, b. Apr. 19, 1745	2	141
Molly, [d. David & Mary], b. Dec. 1, 1766	2	83
Molly, [d. Samuel & Rachel], b. Apr. 27, 1787	2	105
Nathan, s. Daniel & Elizabeth, b. Sept. 24, 1728	2	185
Nathan, [s. Nathan & Thankfull], b. Apr. 13, 1763	2	108
Nathan, d. June 12, 1770	2	71
Nathan, m. Hannah TURNER, Jan. 23, 1792	2	39
Nathaniell, s. Samuell, b. Sept. 29, 1700	1	77
Nathaniel, m. Deborah HORTON, Nov. 14, 1721	2	193
Nathaniel, s. Nathaniel & Deborah, b. Oct. 26, 1734	2	185
Nathaniel, [s. Josiah & Elizabeth], b. July 10, 1763	2	102
Olive, d. Job & Lois, b. Dec. 23, 1752	2	109
Oliver, s. James & Susanna, b. Jan. 18, 1785	2	114
Petter, s. Samuell, b. Dec. 3, 1684	1	68
Phebe, d. David & Phebe, b. Apr. 7, 1702	2	194
Phebe, m. Josiah HURD, Sept. 1, 1726	2	191
Phebe, d. Hiel & Hannah, b. Sept. 23, 1762	2	187
Polly, [d. Jeremiah, 2d, & Dinah], b. Oct. 18, 1779	2	130
Polly, [d. Job & Ruth], b. July 4, 1786	2	60

BUEL, BEUELL, BEWELL, BUELL, (cont.)

	Vol.	Page
Polly E., m. Jeremiah H. LANE, Oct. 28, 1846, by Rev. E. Swift	3	405
Rachel, [d. David & Mary], b. June 18, 1779	2	83
Rachel, [d. Samuel & Rachel], b. Feb. 11, 1783; d. May 14, 1784	2	105
Rachel, [d. Samuel & Rachel], b. Apr. 10, 1785	2	105
R[e]uben, s. Samuel & Abiga[i]l, b. Aug. 24, 1720	2	194
R[e]uben, m. Hannah YOUNG, June 13, 1743	2	146
R[e]uben, s. R[e]uben & Hannah, b. May 26, 1746	2	127
R[e]uben, s. R[e]uben, d. Sept. 19, 1751	2	68
R[e]uben, [s. R[e]uben & Hannah, b. Oct. 7, 1752	2	127
Rhode, d. Nathaniel & Deborah, b. Sept. 18, 1722	2	185
Rossel, s. Jedediah & Deborah, b. Aug. 10, 1742	2	162
Roswell, [s. Roswell & Hannah], b. Nov. 16, 1765; d. Dec. 2, 1769	2	115
Roswel[l], [s. David & Mary], b. Aug. 27, 1772	2	83
Ruth, wid. of Job, d. Nov. 6, 1839	2	66
Samuell, s. Samuell, Jr., b. May 29, 1687	1	77
Samuell, s. Samuell, Jr., d. June 15, 1688	1	80
Samuel, 2d, s. Samuel, Jr., b. Mar. 18, 1689/90	1	77
Samuell, m. Abigaill CHITTENDEN, May 3, 1711	2	192
Samuel, s. Samuell & Abiga[i]ll, b. June 22, 1713	2	194
Samuell, d. July 11, 1720	1	80
Samuel, Capt., d. Nov. 2, 1732	1	80
Samuel, m. Ledia WILLCOCKS, Jan. 1, 1734/5	2	145
Samuel, m. Elizabeth BENTON, Jan. 26, 1736/7	2	145
Samuel, [s. Jeremiah & Metteniah], b. Nov. 7, 1750; d. Sept. 19, [ ]	2	106
Samuel, Ens., d. Nov. 8, 1750	2	68
Samuel, [s. Jeremiah & Metteniah], b. July 1, 1757	2	106
Samuel, [s. Job & Lois], b. Mar. 20, 1768	2	109
Samuel, m. Rachel WILLCOX, Sept. 28, 1780	2	75
Samuel, m. Harriet BRISTOL, b. of Killingworth, Jan. 21, 1828, by Peter G. Clark, Pastor	3	376
Sarah, d. David & Phebe, b. Feb. 28, 1709/10	2	194
Sarah, [d. Job & Lois], b. Apr. 19, 1754	2	109
Sarah, [d. David & Mary], b. Jan. 2, 1765	2	83
Sarah, m. Samuel SMITH, Aug. 12, 1776	2	42
Sarah A., m. Edgar PERKINS, Nov. 15, 1836, by Lewis Foster	3	394
Sherman, m. Mary LANE, b. of Killingworth, Nov. 22, 1820, by Hart Talcott. Int. Pub.	3	358
Sherman J., m. Frances J. HULL, b. of Killingworth, Sept. 12, 1852, by Rev. Hiram Bell	3	410
Siba, d. Nathan & Thankfull, b. Apr. 5, 1763* (*Perhaps 1762)	2	108
Simon, s. Nathaniel & Deborah, b. June 18, 1740	2	185
Simon, s. Aaron & Hannah, b. Aug. 29, 1761	2	101
Submit, d. Beniamin & Hannah, b. May 16, 1720	2	195
Submit, m. James WRIGHT, Nov. 7, 1743	2	119
Submit, [child of Jeremiah, 2d, & Dinah], b. Oct. 30, 1769	2	130
Thankfull, d. Samuel & Abiga[i]ll, b. June 2, 1727	2	194
Thankfull, d. Joseph & Anna, b. Mar. 20, 1736	2	159
Thankfull, d. Ens. Samuell, d. Aug. 26, 1742	1	88
Thankfull, d. Jeremiah & Metteniah, b. Apr. 6, 1744	2	106
Thankfull, m. William NETTLETON, Oct. 28, 1766	2	74
Thankful, d. Jeremiah, 2d, & Dinah, b. Dec. 12, 1767	2	130
Thankfull, [d. Aaron & Hannah], b. June 25, 1771	2	101
Thankfull, d. [Aaron], d. Dec. 12, 1771	2	71

	Vol.	Page
BUEL, BEUELL, BEWELL, BUELL, (cont.)		
Thankfull, d. Asa & Mercy, b. Jan. 22, 1786	2	122
Thankful, Mrs., d. Jan. 16, 1816	2	78
Thankful M., of Killingworth, m. James N. BURR, of Haddam, Feb. 11, 1857, by Rev. Richard D. Kirby	3	415
Timothy, [s. David & Mary], b. Oct. 10, 1768	2	83
Warren, [s. William & Lucia], b. Dec. 22, 1787	2	87
Washington, m. Emela BUELL, b. of Killingworth, Oct. 4, 1826, by Peter Crocker	3	373
Weltha, [d. David & Mary], b. Sept. 22, 1782	2	83
William, s. Samu[e]ll, b. Oct. 18, 1676	1	68
William, [s. Job & Lois], b. Oct. 1, 1765	2	109
William, m. Lidia WILLCOX, Aug. 9, 1784	2	39
William, [s. William & Lucia], b. Dec. 4, 1795	2	87
William, [s. Job & Ruth], b. Mar. 20, 1796	2	60
William, m. Eliza A. CHATFIELD, b. of Killingworth, Oct. 14, 1838, by Rev. E. Swift	3	397
William A., m. Laura CHATFIELD, Dec. 27, 1821, by A. King	3	362
William H., m. Delia A. BUELL, b. of Killingworth, Nov. 10, 1830, by Sylvester Selden	3	379
Wyllys, [s. Asa & Mercy], b. Mar. 30, 1796	2	122
Zilpha, d. Samuel & Rachel, b. July 3, 1781	2	105
Zina, m. Pamela WILCOX, b. of Killingworth, [Dec.] 23, [1828], by Peter Crocker	3	377
BURDICK, Christoper, of R.I., m. Elizabeth GRINNELL, of Killingworth, Aug. 12, 1821, by Hart Talcott	3	361
BURGUIDT, Clarissa, m. David BUELL, b. of Killingworth, Sept. 24, 1837, by Rev. Anson F. Beach	3	395
BURLINGHAM, Hezekiah, of Essex Borough, m. Amelia WATERHOUSE, of Killingworth, Jan. 25, 1826, by Rev. Pierpont Brocket	3	372
BURR, Andrew W., m. Mary J. RUTTY, Sept. 29, 1841, by Rev. E. Swift	3	400
Bela, of Haddam, m. Hannah RUTTY, of Killingworth, Nov. 7, 1836, by Rev. E. Swift	3	393
Clarrissa M., Mrs., m. William SPENCER, May 20, 1861, by Rev. Henry Gidman	3	418
Cordelia J., m. Joseph Philander LANE, b. of Killingworth, Nov. 29, [1854], by Rev. Hiram Bell	3	412
Diodate, of Haddam, m. Elizabeth Ann KELSEY, of Killingworth, Oct. 14, 1846, by Rev. Ebenezer D. Beers	3	405
Harris R., m. Clarinda BLATCHLEY, Apr. 28, 1844, by E. Swift	3	403
James N., of Haddam, m. Thankful M. BUELL, of Killingworth, Feb. 11, 1857, by Rev. Richard D. Kirby	3	415
John K., m. Emeline B. NORTON, May 3, 1846, by Rev. E. Swift	3	404
Levi H., m. Jennie FOOT, Oct. 11, 1859, by Rev. Hiram Bell	3	417
Linus, m. Betsey KELSEY, Nov. 12, 1824, by A. King	3	369
Linus, m. Betsey KELSEY, Nov. 12, 1824, by A. King	3	372
Lyman, m. Fanny KELSEY, Aug. 15, 1824, by Asa King	3	368
Nathan D., of Haddam, m. Eliza Ann GAYLORD, of Killingworth, July 4, 1838, by Rev. E. Swift	3	397
Noah, of Haddam, m. Polly KELSEY, of Killingworth, Apr. 12, 1846, by Rev. George F. Kettell	3	404
BURROWS, BURRUS, [see also **BARROWS**], Ethalinda, of Killingworth, m. Josiah DIBBELL of Saybrook, May 14, 1837,		

	Vol.	Page
BURROWS, BURRUS, (cont.)		
by Lewis Foster	3	394
Hannah, m. Elnathan **STEEVENS**, Nov. 27, 1766	2	75
Hannah, m. James **WRIGHT**, Nov. 19, 1779	2	75
BUSHNELL, Charity, m. Zebulon **PARMELE**, Oct. 17, 1754	2	117
Hannah, m. Joseph **NETTLETON**, Feb. 18, 1712/13	2	192
Hannah, m. Isaac **KELCEY**, Mar. 5, 1752	2	120
Jemima, m. Ezra **PARMELE**, Feb. 22, 1737/8	2	145
Mary, m. Daniel **GRISWOLD**, Oct. 22, 1750	2	120
Rebeckah, m. Benj[amin] **MERREL**, Sr., July 30, 1761	2	118
Sibel, m. Abraham **TOWNER**, Feb. 2, 1763	2	118
BUTLER, Betsey, d. Stephen & Phebe, b. Oct. 30, 1785	2	147
Charlotte, [d. Stephen & Phebe], b. Dec. 31, 1787	2	147
Haug[h]ton, m. Martha **SMITH**, Feb. 25, 1770	2	75
Hou[gh]ton, d. Feb. 23, 1798	2	77
Henry Willaby, [s. Stephen & Phebe], b. Aug. 19, 1794	2	147
Houghton, see under Haughton	2	
Martha, d. Hou[gh]ton, & Martha, b. May 3, 1775	2	114
Martha, d. [Hou[gh]ton], d. Nov. 5, 1787	2	77
Martha, wid., d. Feb. 16, 1814	2	78
Polly, w. of Russel[l], d. Aug. 6, 1825	2	78
Russell, s. Hou[gh]ton & Martha, b. Jan. 15, 1769	2	114
Russell, m. Mary **KELCEY**, Apr. 15, 1798	2	40
Russell, m. Temperance **KELSEY**, [Sept.] 21, [1826], by A. King	3	373
Ruth, Mrs., of Killingworth, m. [ ] **WILLARD**, of Madison, April. 26, 1847*, by Rev. E. Swift (*Arnold Copy has "1747")	3	406
Stephen, m. Phebe **GRAVES**, Jan. 27, 1785	2	75
Stephen Wyllys, [s. Stephen & Phebe], b. Nov. 4, 1790	2	147
Silvester, s. Hou[gh]ton & Martha, b. Feb. 21, 1777 (Sylvester)	2	114
CAHOON, Hugh, m. Hannah **HURD**, b. of Killingworth, Feb. 7, 1821, by Hart Talcott	3	360
CALANDER, Warren, of Hartford, m. Emily **GRAVES**, of Killingworth, Aug. 20, 1838, by Rev. E. Swift	3	397
CALHOUN, Adaline A., m. Daniel W. **MILLER**, b. of Killingworth, Nov. 1, 1840, by Rev. E. Swift	3	399
CAMP, Sarah, of Durham, m. Abraham **PIERSON**, Apr. 16, 1815	2	43
CAMPBELL, Charles, m. Electa **RUTTY**, Oct. 15, 1823, by Asa King	3	365
Charles L., of West Springfield, Mass., m. Eliza **KELSEY**, of Killingworth, Dec. 11, 1853, by Rev. David Nash	3	411
Gould, m. Alma **GAYLORD**, Mar. 11, 1829, by Asa King	3	378
CANFIELD, Henry, m. Adeline **LORD**, Apr. 11, 1843, by E. Swift	3	401
CARR, Hannah, m. William **CARTER**, Dec. 7, 1809	2	43
Richard, m. Dorothy **BOYSE**, Feb. 10, 1684	1	67
CARTER, CARTTER, Abigail, d. Benjamin & Jane, b. May 24, 1731	2	155
Abigail, d. Benjamin & Jane, b. May 24, 1731	2	156
Abigail, m. Elnathan **HURD**, Jan. 10, 1753	2	117
Abigail, of Killingworth, m. Nathaniel **POST**, of Norway, N.Y., Oct. 15, 1826, by Rev. Pierpont Brocket	3	373
Alanson, [s. George & Jerusha], b. July 13, 1818	2	112
Albert A., m. Polly **WRIGHT**, Sept. 28, 1833, by David Wright, J.P.	3	385
Alexander, [s. George & Jerusha], b. Apr. 24, 1813	2	112
Anna, [d. John & Mary], b. Apr. 27, 1771	2	121
Benjamin, m. Jane **KELCEY**, Jan. 18, 1727/8	2	191
Benjamin, s. Benjamin & Jane, b. Sept. 10, 1737	2	155

KILLINGWORTH VITAL RECORDS 15

	Vol.	Page
CARTER, CARTTER, (cont.)		
Benj[ami]n, Dea., d. Aug. 21, 1759	2	70
Benj[ami]n, m. Phebe SPENCER, Feb. 23, 1761	2	118
Benj[ami]n, [s. Benj[ami]n & Phebe], b. July 6, 1765	2	133
Benjamin, Dea., d. Feb. 26, 1832, ae 94 y.	2	66
Betsey, d. Joseph & Abigail, b. Aug. 24, 1734	2	160
Catharine, [w. of William], d. Mar. 21, 1809	2	43
Cynthia, m. David BUELL, Jr., b. of Killingworth, Oct. 5, 1823, by Asa Wilcox, Elder	3	365
Dan, [s. Daniel & Sarah], b. Mar. 6, 1774	2	81
Daniel, s. John & Sarah, b. Jan. 23, 1724/5	2	183
Daniel, m. Rebeckah CHITTENDEN, May 14, 1746	2	119
Daniel, s. Daniel & Rebecca, b. Sept. 13, 1747	2	126
Daniel, d. Oct. 1, 1751	2	70
Daniel, m. Malinda KELSEY, b. of Killingworth, Nov. 28, 1824, by Peter G. Clark	3	369
Daniel Comfort, [s. Daniel & Sarah], b. Aug. 19, 1776	2	81
David, [s. Jared & Polly], b. Apr. 10, 1821	2	100
Deborah, [d. Benj[ami]n & Phebe], b. May 28, 1769	2	133
Edward, [s. George & Jerusha], b. Sept. 26, 1806	2	112
Elisha, [s. John & Mary], b. Jan. 11, 1775	2	121
Elizabeth, d. Samuel & Elizabeth, b. Nov. 15, 1724	2	186
Elizabeth, w. of Sam[ue]ll, d. Aug. 28, 1738	1	89
Elizabeth, d. Nathan[ie]ll & Sarah, b. Aug. 28, 1754	2	148
Est[h]er, d. Samuel & Elizabeth, b. June 2, 1732	2	186
Eunice E., m. David DIBBELL, Jr., b. of Killingworth, Feb. 12, 1824, by Hart Talcott	3	367
George, m. Jerusha CRANE, Oct. 10, 1801	2	42
George, s. George & Jerusha, b. Oct. 24, 1802	2	112
Gideon, [s. John & Mary], b. May 8, 1766	2	121
Giles, s. W[illia]m & Hannah, b. May 10, 1811	2	125
Hannah had d. Ledia WRIGHT, b. Sept. 17, 1725; father James WRIGHT	2	155
Hannah, d. Sam[ue]ll & Elizabeth, b. Apr. 18, 1746	2	186
Henry, [s. Benj[ami]n & Phebe], b. Aug. 31, 1771	2	133
Henry, s. William & Catharine, b. Sept. 20, 1801; d. Oct. 4, 1801	2	125
Henry Crane, [s. George & Jerusha], b. Oct. 10, 1804	2	112
Henry Crane, d. Oct. 2, 1831, ae 27 y.	1	66
Hezekiah, s. Samuel & Elizabeth, b. Feb. 1, 1729/30	2	186
Horace, m. Cyntha N. POST, Sept. 21, 1831, by Asa King	3	381
Hubel, s. Daniel, b. May 29, 1750	2	126
Jabesh, [s. John & Judeth], b. Apr. 2, 1752	2	121
Jane, d. Benjamin & Jane, b. Aug. 31, 1729	2	155
Jane, w. of Dea. Benj[ami]n, d. Feb. 10, 1762	2	71
Jane, d. Benj[ami]n & Phebe, b. June 12, 1763	2	133
Jane Jerusha, [d. George & Jerusha], b. Sept. 21, 1808; d. Dec. 24, 1819	2	112
Jared, s. William & Polly, b. Oct. 7, 1797	2	125
Jared, m. Polly DIBBELL, Nov. 5, 1818	2	43
Jemima, d. Nathaniel & Sarah, b. May 2, 1742	2	148
Jennett Electta, [d. George & Jerusha], b. Nov. 9, 1815	2	112
Jerusha, d. Josiah & Sarah, b. Oct. 21, 1764	2	92
John, m. Sarah NETTLETON, Sept. 10, 1719	2	193
John, s. John & Sarah, b. May 12, 1720	2	183

BARBOUR COLLECTION

	Vol.	Page
CARTER, CARTTER, (cont.)		
John, Jr., m. Judeth **DeWOLFF,** Dec. 18, 1746	2	117
John, s. John & Judeth, b. Oct. 18, 1754	2	121
John, Jr., m. Mary **PENDOR,** Apr. [ ], 1759	2	118
John, s. John & Mary, b. June 16, 1760	2	121
John, Jr., m. Sarah **WATEROUS,** Nov. 25, 1760	2	118
Jonah, [s. John & Mary], b. Dec. 10, 1763; (*m. Dec. 24, 1787, Charlotte Mary DeANGELIS, of Saybrook; d. Feb. 15, 1839, in Paris, Portage Co., Ohio) *handwritten on original manuscript	2	121
Joseph, m. Abigail **NETTLETON,** May 23, 1732	2	191
Josiah, s. Samuel & Elizabeth, b. Mar. 14, 1738	2	186
Josiah, m. Sarah **KELCEY,** Mar. 10, 1763	2	118
Juda, s. John & Judeth, b. Feb. 5, 1757	2	121
Katharine, d. Benjamin & Jane, b. Dec. 18, 1733	2	155
Katharine, m. Peter **KELCEY,** Apr. 12, 1757	2	118
Lovice, d. Daniel & Sarah, b. Feb. 7, 1770	2	81
Lucas, s. Samuel & Elizabeth, b. Apr. 8, 1736	2	186
Marcy, [d. John & Mary], b. Apr. 19, 1777	2	121
Martha, d. Samuel & Elizabeth, b. Sept. 24, 1728	2	186
Mary, d. John & Sarah, b. May 20, 1728	2	183
Mary, d. Nathaniel & Sarah, b. July 13, 1744	2	148
Mary Jane, [d. George & Jerusha], b. Dec. 5, 1820	2	112
Mercy, m. Samuel **BALLY,** Nov. 15, 1770	2	74
Meriam, m. Robert **ISBLE,** June 15, 1698	2	192
Molle, [d. John & Mary], b. Nov. 9, 1761	2	121
Nathaniel, s. Robart & Hannah, b. Apr. 27, 1707	2	182
Nathaniel, m. Sarah **BENIT,** Nov. 8, 1739	2	145
Nathaniel, s. Nathaniel & Sarah, b. Apr. 16, 1748	2	148
Phebe, d. Benj[ami]n & Phebe, b. Oct. 12, 1761	2	133
Phebe L., m. Elder Sidney S. **CARTER,** b. of Killingworth, Sept. 18, 1836, by Rev. Erastus Denison	3	393
Phebe Mehetable, [d. George & Jerusha], b. Nov. 21, 1810	2	112
Polly, [w. of William], d. Nov. 12, 1797	2	43
Polly, d. Jared & Polly, b. Aug. 26, 1819	2	100
Rebecka, [d. John & Mary], b. Nov. 2, 1768	2	121
Rebecca, [d. Daniel & Sarah], b. Feb. 29, 1772	2	81
Robort, m. Mary **BENNIT,** Nov. 27, 1734	2	145
Robert, Mrs., d. Nov. 7, 1751	2	70
Samuel, m. Elizabeth **NETTLETON,** Mar. 19, 1722	2	193
Samuell, s. Samuel & Elizabeth, b. Apr. 26, 1723	2	186
Sam[ue]ll, s. Samuel & Elizabeth, b. Aug. 12, 1748	2	186
Sarah, m. John **NETTLETON,** Apr. 8, 1725	2	193
Sarah, d. Samuel & Elizabeth, b. Apr. 7, 1727	2	186
Sarah, [d. Nathaniel & Sarah], b. Dec. 22, 1750	2	148
Sarah, d. John & Judeth, b. Mar. 29, 1751	2	121
Sarah, w. of John, d. Feb. 2, 1755	2	70
Sidney S., Elder, m. Phebe L. **CARTER,** b. of Killingworth, Sept. 18, 1836, by Rev. Erastus Denison	3	393
Stephen, [s. Benj[ami]n & Phebe], b. July 2, 1767	2	133
William, [s. Benj[ami]n & Phebe], b. Oct. 10, 1773	2	133
William, m. Polly **WILLCOX,** June 22, 1797	2	43
William, m. Catharine **RUTTY,** June 11, 1798	2	43
William, [s. William & Catharine], b. Dec. 7, 1802	2	125
William, m. Hannah **CARR,** b. Dec. 7, 1809	2	43

KILLINGWORTH VITAL RECORDS 17

	Vol.	Page
CASE, Antoinette, G., m. Benjamin LORD, Aug. 25, 1850, by Rev. William Case.	3	409
CHALKER, Abraham, m. Deabrah BARBER, Nov. 19, 1691	1	67
CHAMPION, Deborah, m. Henry CRANE, Sr., Dec. 26, 1709	2	192
CHAPMAN, Howd, [s. John & Patty], b. Feb. 28, 1804	2	149
John, m. Patty HOWD, Oct. 22, 1797	2	42
John, d. Nov. 19, 1809, in New York	2	78
Lusilla, m. Elias STEEVENS, Jan. 24, 1787	2	38
Margaret, m. Daniel CLARK, Oct. 7, 1740	2	146
Martha, m. Benjamin TURNER, Mar. 31, 1720	2	193
Noah, s. John & Patty, b. Mar. 16, 1798	2	149
Philo, [s. John & Patty], b. Mar. 11, 1799	2	149
Polly, [d. John & Patty], b. Apr. 29, 1806	2	149
Sylvina, [d. John & Patty], b. Sept. 19, 1800	2	149
Ulissus, [s. John & Patty], b. Mar. 31, 1808	2	149
-----, [s. John & Patty], b. July 6, 1802; d. July 7, 1802	2	149
CHATFIELD, CHATFIEALD, CHATFEAID, Abigail, m. Mamaduke POTTER, Jan. 18, 1671	1	66
Abiga[i]ll, d. George, b. Aug. 9, 1698	1	75
Abigail, m. Charles HAZELTON, Oct. 11, 1714/15	2	192
Abigail, d. John & Abigail, b. Mar. 14, 1721	2	188
Abigail, m. John BUELL, July 4, 1739	2	145
Abigail, d. Philip & Marcy, b. June 21, 1741	2	154
Albert, s. Michael & Sarah, b. Nov. 23, 1806	2	157
Ann, d. John & Abigail, b. Apr. 1, 1727	2	188
Ann, m. John KELCEY, Jan. 6, 1746/7	2	119
Barbery, [d. Josiah & Sarah], b. Apr. 2, 1764	2	115
Benjamin, s. John & Abigail, b. Aug. 5, 1740	2	188
Caroline, d. Elihu & Polly, b. Apr. 13, 1807	2	195
Charity, [d. Cornelius & Martha], b. Oct. 15, 1751	2	161
Charity, m. Roswell HULL, Nov. 18, 1774	2	75
Charlotte, m. Amasa G. GRISWOLD, Nov. 14, 1823, by A. King	3	365
Cornelius, s. George, b. June 3, 1706	1	71
Cornelius, m. Martha KELCEY, Oct. 31, 1735	2	145
Cornelius, s. Cornelius & Martha, b. Jan. 18, 1739	2	161
David, s. Josiah & Mary, b. Dec. 29, 1740	2	188
Eliazer, s. Philip & Marcy, b. Jan. 7, 1740; d. Jan. 21, 1740	2	154
Elihu, [s. Josiah & Rebinah], b. Aug. 5, 1768	2	103
Elihu, m. Polly GRINNELL, June 18, 1806	2	42
Eliza A., m. William BUELL, b. of Killingworth, Oct. 14, 1838, by Rev. E. Swift.	3	397
Elizabeth, d. John & Abigail, b. May 8, 1733	2	188
Elizabeth, d. Josiah & Rebinah, b. Aug. 26, 1755	2	103
Est[h]er, m. Daniel STEEVENS, Jan. 14, 1724/5	2	193
Est[h]er, d. John & Abigail, b. Mar. 9, 1724/5	2	188
Est[h]er, m. Gideon KELCEY, Apr. 18, 1744	2	146
Easther, d. Cornelius & Martha, b. June 14, 1749	2	161
Esther, m. Martin KELCEY, Dec. 5, 1771	2	73
George, s. George, b. Aug. 18, 1668	1	71
George, d. June 9, 1671	1	79
George, m. Hester HULL, Feb. 10, 1691/2	1	67
George, s. George, b. Dec. 15, 1693	1	75
George, m. Silence WILLCOCKS, Oct. 30, 1713	2	192
George, s. John & Abigail, b. Dec. 13, 1735	2	188

CHATFIELD, CHATFIEALD, CHATFEAID, (cont.)

	Vol.	Page
George, m. Sally EVARTS, [Oct.] 29, [1827], by Asa King	3	376
Hannah, d. Cornelius & Martha, b. Aug. 4, 1736	2	161
Hester, d. George, b. Nov. 10, 1692	1	75
Hister, d. George, d. Jan. 1, 1692	1	80
Hastar, d. George, Jr., b. Oct. 23, 1703	1	71
Hester, w. of George, d. Jan. 30, 1715/16	1	80
James L., m. Betsey HILL, b. of Killingworth, Sept. 6, 1837, by Rev. E. Swift	3	395
Jesse, s. Josiah & Mary, b. Sept. 17, 1732	2	188
Joel, s. Josiah & Susanna, b. Apr. 27, 1788	2	90
John, s. George, b. Mar. 5, 1695/6	1	75
John, m. Abygel ARNELL, Nov. 4, 1720	2	193
John, s. John & Abigail, b. Mar. 5, 1729/30	2	188
John, m. Sarah LAY, Mar. 4, 1780	2	75
Jonathan, s. Josiah & Mary, b. July 19, 1743	2	188
Jonathan, [s. Josiah & Rebinah], b. July 13, 1757	2	103
Joseph, s. John & Abigail, b. Feb. 21, 1738	2	188
Josiah, s. George, b. Jan. 7, 1700/1	1	75
Josiah, m. Mary HULL, May 1, 1724	2	193
Josiah, s. Josiah & Mary, b. Feb. 23, 1726/7	2	188
Josiah, m. Hannah NICHOLS, July 1, 1746	2	119
Josiah, m. Rebinah GRISWOLD, Oct. 17, 1754	2	117
Josiah, [s. Josiah & Rebinah], b. July 17, 1764	2	103
Josiah, Jr., m. Susanna HULL, Apr. 26, 1787	2	39
Josiah, [s. Josiah & Susanna], b. Mar. 4, 1790	2	90
Josiah, d. Mar. 8, 1790	2	76
Laura, m. William A. BUELL, Dec. 27, 1821, by A. King	3	362
Lucy, d. Josiah & Mary, b. Apr. 1, 1736	2	188
Lucey, d. Josiah & Hannah, b. Apr. 1, 1747	2	188
Ledia, d. Josiah & Mary, b. Apr. 15, 1725	2	188
Marcy, d. George, b. Apr. 26, 1671	1	71
Marcy, d. Josiah & Mary, b. Mar. 23, 1728/9	2	188
Martha, d. Cornelius & Martha, b. June 18, 1746	2	161
Mary, d. George & Est[h]er, b. Jan. 14, 1715/16	1	71
Mary, d. Josiah & Mary, b. Jan. 28, 1730/1	2	188
Mary, m. Ric[h]ard REDFIELD, June 23, 1735	2	145
Mary, w. of Joseph, d. Oct. 1, 1745* (*corrected to 1743 on original manuscript)	1	79
Mary, m. Giles GRISWOLD, Nov. 17, 1746	2	119
Michel, [s. Josiah & Rebinah], b. Apr. 16, 1773	2	103
Michael, m. Sarah HALL, Nov. 18, 1799	2	42
Naomie, d. George & Esther, b. July 28, 1709	1	71
Neomi, d. Josiah & Mary, b. May 15, 1734	2	188
Neomy, m. Thomas CONKLING, Mar. 3, 1734/5	2	145
Neomy, m. Daniel STEEVENS, Jr. May 15, 1754	2	117
Orren, [s. Josiah & Sarah], b. June 25, 1769	2	115
Philip, s. George & Est[h]er, b. Oct. 8, 1711	1	71
Phillip, m. Marcy BALDWIN, Aug. 19, 1736	2	145
Polly, d. Josiah & Susanna], b. Dec. 11, 1793	2	90
Rebeckah, d. Josiah & Sarah, b. Apr. 22, 1761	2	115
Rebina, d. Josiah & Mary, b. Apr. 4, 1742	2	188
Roxanna, m. Daniel NORTON, Dec. 13, 1858, by Rev. Hiram Bell	3	416
Sarah, d. Philip & Marcy, b. Oct. 8, 1737	2	154

	Vol.	Page
CHATFIELD, CHATFIEALD, CHATFEAID, (cont.)		
Solomon, s. Cornelius & Martha, b. May 15, 1743	2	161
Stephen, s. Philip & Marcy, b. Oct. 5, 1743	2	154
Stephen, m. Sophia WRIGHT, Nov. 28, 1845, by Rev. E. Swift	3	404
Susanna, d. John & Abigail, b. Mar. 15, 1723	2	188
Sylvia M. of Killingworth, m. Timothy S. ROSE, of Guilford, June 27, 1839, by Rev. E. Swift	3	398
Tryal, m. Moses PARMELE, b. of Killingworth, July 9, 1837, by Rev. E. Swift	3	395
William, s. Josiah & Hannah, b. July 10, 1748	2	188
William, [s. Elihu & Polly], b. Jan. 1, 1809	2	195
W[illia]m, m. Philena WELLMAN, b. of Killingworth, July 25, 1830, by Aaron Dutton	3	379
CHEMER (?), John, s. Eben & Hannah, b. May 10, 1778 (CRANE?)	2	92
CHIDSEY, Abraham B., of East Haven, m. Sylvia R. DAVIS, of Killingworth, Nov. 30, [1854], by Rev. Hiram Bell	3	412
CHILDS, James H., of Haddam, m. Amelia CRANE, of Killingworth, [Oct.] 28, [1828], by Rev. Benjamin R. Skinner	3	377
CHITTENDEN, CHETTENDEN, [see also CRITTENDON], Abigaill, m. Samuell BUELL, May 3, 1711	2	192
Abigail, m. Lemuel KELCEY, Feb. 5, 1789	2	39
Artemisia H., m. John R. FARNHAM, b. of Killingworth, Nov. 8, [1837], by Lewis Foster	3	395
Daniel, s. Nathaniel & Lucy, b. Aug. 27, 1729	2	156
Daniel, m. Grace WATEROUS, Dec. 1, 1751	2	117
David, twin with Jonathan, s. Daniel & Grace, b. Oct. 21, 1767	2	103
David, [s. Jonathan & Fanny], b. May 22, 1800	2	110
Diannah, m. Samuel TEEL, Nov. 3, 1756	2	117
Dina, d. Timothy & Dorothea, b. Jan. 8, 1723/4	2	190
Elizabeth, d. Nathaniel & Elizabeth, b. Mar. 7, 1698/9	1	69
Elizabeth, m. Robert HURD, June 2, 1719	2	193
Elizabeth, d. Timothy & Dorothea, b. Nov. 22, 1722	2	190
Elizabeth, w. of Nathaniell, d. Nov. 15, 1738	1	89
Elizabeth, m. John WRIGHT, Dec. 26, 1744	2	146
Elizabeth Ann, [d. Jonathan & Fanny], b. Jan. 26, 1798	2	110
Fanny Jerusha, d. Jonathan & Fanny, b. July 23, 1809	2	110
Frederick, m. Mabel KELSEY, Dec. 16, 1838, by Rev. David Baldwin	3	398
Frederick, m. Jane BLATCHLEY, June 1, 1845, by Rev. David Baldwin	3	403
Henry, [s. Jonathan & Fanny], b. Oct. 5, 1805	2	110
James Porter, m. Betsey B. KELSEY, b. of Westbrook Society, Aug. 22, [1827], by Rev. Henry Hatfield	3	375
John, of Saybrook, m. Jerusha BUELL, of Killingworth, Sept. 23, 1824, by Peter Crocker	3	368
Jonathan, twin with David, s. Daniel & Grace, b. Oct. 21, 1767	2	103
Jonathan, m. Fanny HOWD, Oct. 5, 1794	2	39
Jonathan, [s. Jonathan & Fanny], b. Aug. 19, 1802	2	110
Josiah, s. Daniel & Grace, b. May 6, 1752	2	103
Lucy, d. Nathaniel & Lucy, b. Apr. 25, 1736	2	156
Ledia, d. Nathaniel & Lucy, b. July 21, 1740	2	156
Lydia, m. Luke STEEVENS, Mar. 19, 1762	2	73
Nancy, d. Jonathan & Fanny, b. Jan. 1, 1796	2	110

	Vol.	Page
CHITTENDEN, CHETTENDEN, (cont.)		
Nathaniel, s. Nathaniel & Elizabeth, b. June 6, 1701	1	69
Nathaniel, m. Lucy NETTLETON, Jan. 6, 1724/5	2	193
Nathaniel, s. Nathaniel & Lucy, b. June 21, 1731	2	156
Phebe, d. Nathaniel & Elizabeth, b. Jan. 23, 1691	1	69
Phebe, m. William KELCEY, Mar. 16, 1724	2	193
Phebe, d. Timothy & Dorothea, b. Apr. 12, 1725	2	190
Rebeckah, d. Nathaniel & Lucy, b. Sept. 28, 1727	2	156
Rebeckah, m. Daniel CARTER, May 14, 1746	2	119
Rebeckah, d. Daniel & Grace, b. Feb. 5, 1754	2	103
Samuel, s. Daniel & Grace, b. July 5, 1755	2	103
Timothy, s. Nathaniel & Elizabeth, b. Aug. 19, 1694	1	69
Timothy, m. Dotheseas STEEVENS, Feb. 14, 1721/2	2	191
Timothy, d. June 2, 1767	2	72
CHURCH, Thomas, Jr., of Haddam, m. Sally Nancy PARMELEE, of Killingworth, Oct. 28, 1810	2	43
CLANNING, Lucinia, of Killingworth, m. Joel PARMELE, of Branford, Jan. 1, 1838, by Rev. A. F. Beach	3	396
CLARK, Abel, m. Mercy RUTTY, Sept. 20, 1769	2	73
Barsheba, d. Daniell & Barsheba, b. Sept. 25, 1719	2	194
Barsheba, m. James NETTLETON, Nov. 9, 1743	2	146
Bathsheba, w. of Daniel, d. Feb. [ ], 1753	2	70
Bathsheba, [d. Thomas & Mary], b. Aug. 16, 1764	2	99
Bathsheba, m. Abel WILLCOX, 2d, Feb. 9, 1786	2	75
Coleman, m. Angeline BLATCHLEY, May 18, 1859, by Rev. H. Scofield.	3	416
Daniell, s. Daniell, b. Feb. 3, 1683	1	76
Daniel, m. Barsheba GRISWOLD, Dec. 8, 1708	2	192
Daniel, s. Daniel & Barsheba, b. Sept. 26, 1711	2	194
Daniel, m. Margaret CHAPMAN, Oct. 7, 1740	2	146
Daniel, s. Daniel & Margaret, b. Sept. 13, 1741	2	129
Daniel, s. Daniel & Margaret, b. Sept. 13, 1741	2	157
Daniel, d. Nov. 17, 1751	2	68
Daniel, m. Katharine CRUTTENDEN, Jan. 8, 1779	2	74
Darius, s. Daniel & Margaret, b. Oct. 30, 1743	2	129
Elifelet, [s. Daniel & Margaret], b. Nov. 12, 1750	2	129
Eliphalet, [s. Daniel & Margaret], d. July 4, 1752	2	70
Hepsibah, of Saybrook, m. Jacob STANNARD, of Killingworth, Aug. 7, 1831, by Rev. Luke Wood	3	380
John, s. Daniel & Barsheba, b. Jan. 9, 1712/13	2	194
John, s. Daniell & Barsheba, d. Oct. 22, 1713	1	80
John, s. Daniell & Barsheba, b. Sept. 1, 1716	2	194
John, d. Oct. 10, 1762	2	71
Lemuel, s. [Daniel &] Margaret, b. July 16, 1753	2	129
Lovia, of Saybrook, m. Carlile BEMAN, Sept. 15, 1822, by A. King	3	364
Marcy, d. Daniell & Mary, b. Oct. 9, 1702	1	76
Margaret, d. Daniel & Margaret, b. Mar. 1, 1747	2	129
Mary, d. Daniel & Barsheba, b. Feb. 27, 1709	2	194
Mary, m. Ezra KELCEY, May 21, 1756	2	118
Mary, d. Thomas & Mary, b. June 18, 1757	2	99
Mary, d. Abel & Mary, b. Oct. 30, 1770	2	93
Mary, of Madison, m. Benjamin SPENCER, of Killingworth, "last evening" [Jan. 27, 1836], by Lewis Foster	3	390
Miriam, m. Nathan HOWEL, Dec. 16, 1794	2	42

KILLINGWORTH VITAL RECORDS 21

	Vol.	Page
CLARK, (cont.)		
Priscilla, m. Samuel SMITH, 3rd, Apr. 6, 1808	2	43
Ruth, d. Daniel & Barsheba, b. Dec. 19, 1725	2	194
Samuel, [s. Daniel & Margaret], b. May 7, 1748	2	129
Samuel, s. Daniel & Margaret, d. July 1, 1752	2	70
Samuel, s. Daniel & Margaret, b. July 16, 1753	2	157
Thomas, s. Daniell, b. Feb. 11, 1686	1	76
Thomas, s. Daniell & Barsheba, b. Apr. 25, 1718	2	194
Thomas, m. Mary DUDLEY, May 10, 1756	2	118
COAN, [see under CONE]		
COCKS, Lidea, d. Hezekiah Cocks & Elizabeth Kelcey, b. Feb. 12, 1734/5	2	155
COE, Thomas, Capt., of Madison, m. Sally STEVENS, of Killingworth, Oct. 24, 1837, by Lewis Foster	3	395
COLBORN, COLEBON, Hannah, m. Henry COOK, b. of Killingworth, Jan. 17, 1842, by Rev. E. G. Swift	3	400
Naomy, w. of William, d. Jan. 3, 1763	2	71
COLE, COOLE, [see also COWEL], Abiga[i]ll, m. John STEVENS, s. Sergt. Thomas, Apr. 29, 1684	1	67
Ira, of Cornwall, m. Abigail FIELD, of Killingworth, Jan. 18, 1824, by Rev. David Baldwin	3	366
COLLINS, Oliver, m. Hannah WILLCOCKS, Oct. 22, 1761	2	118
COLTON, Hannah, m. Ebenezer REDFIELD, Sept. 30, 1741	2	146
COMSTOCK, Marana, m. Elmira J. REDFIELD, Dec. 30, 1849, by Rev. E. Swift	3	408
CONE, COAN, Charles, of Hopkinton, R.I., m. Abigail HURD, of Killingworth, Mar. 19, 1828, by Rev. Aaron Dutton, of Guilford	3	376
Chauncey, m. Sally KELSEY, Feb. 14, 1824, by Asa King	3	367
Eleazer, [twin with Sally], s. [George & Tamza], b. July 7, 1794	2	154
Eugene, m. Abigail KIRTLAND, b. of Saybrook, Sept. 28, 1834, by Rev. Luke Wood	3	385
Ezra, [s. George & Tamza], b. June 17, 1792	2	154
Gaylord, b. Aug. 4, 1768, at Guilford	2	154
George, s. George & Tamza, b. Dec. 31, 1790	2	154
Heman, [s. George & Tamza], b. Apr. 10, 1799	2	154
John, [s. Joseph & Mary], b. [ ]	2	80
Joseph Hall, s. Joseph & Mary, b. Feb. 7, 1781	2	80
Judah, [child of Joseph & Mary], b. June 21, 1785	2	80
Mary Jemima, d. Gaylord & Lucretia, b. Aug. 12, 1819; d. Feb. [ ], 1843	2	154
Sally, [twin with Eleazer], d. [George & Tamza], b. July 7, 1794	2	154
Silvanus, [s. George & Tamza], b. May 10, 1797	2	154
Tamer, w. of Gaylord, d. Jan. 14, 1818	2	78
Titus, [s. George & Tamza], b. Feb. 13, 1801	2	154
CONKLING, Abigail, d. Thomas & Neomi, b. Feb. 27, 1733	2	161
Est[h]er, d. Thomas & Neomi, b. Oct. 9, 1735	2	161
Mary, d. Thomas & Neomi, b. July 10, 1738	2	161
Mary, m. Josiah KELCEY, Jan. 18, 1759	2	74
Thomas, m. Neomy CHATFIELD, Mar. 3, 1734/5	2	145
Thomas, s. Thomas & Neomi, b. July 16, 1740	2	161
COOK, Henry, m. Hannah COLBORN, b. of Killingworth, Jan. 17, 1842, by Rev. E. G. Swift	3	400

	Vol.	Page
COOK, (cont.)		
Leverett, of Wallingford, m. Thankfull STEVENS, d. of Jeremiah, of Killingworth, Dec. 29, 1830, by Samuel West	3	380
COOLE, [see under COLE]		
COTTER, Ambrose L., of Cornwall, m. Mary PRATT, of Killingworth, Nov. 21, 1821, by Asahel Nettleton	3	362
COTTON, Anna, m. Joseph BUELL, Apr. 10, 1733	2	191
COWEL, [see also [COLE], James, s. Joshua & Sarah, b. July 13, 1743	2	143
Sarah, d. Joshua & Sarah, b. Sept. 23, 1745	2	143
[COX], [see under COCKS]		
CRAMPTON, Samuel, m. Flora PARMELE, Nov. 19, 1837 by Rev. E. Swift	3	396
CRANE, Abe, s. Elisha & Elizabeth, b. Apr. 27, 1762	2	111
Abiga[i]ll, d. Henry, b. Apr. 3, 1676	1	73
Amelia, of Killingworth, m. James H. CHILDS, of Haddam, [Oct.] 28, [1828], by Rev. Benjamin R. Skinner	3	377
Ame, d. Nathaniel & Eunis, b. Dec. 26, 1730	2	196
Amy, m. James WARD, Feb. 6, 1754	2	120
Anna, d. Ebenezer & Anna, b. Aug. 26, 1732	2	187
Anna, d. Ebenezer & Anna, d. Oct. 27, 1732	1	80
Anne, twin with Elizabeth, [d. John & Hannah], b. Mar. 28, 1770	2	127
Augustus, [s. Elisha & Elizabeth], b. Feb. 27, 1764	2	111
Benj[ami]n, [s. Daniel & Elizabeth], b. July 26, 1768	2	101
Betsey, [d. Elisha, Jr. & Silvia], b. Apr. 15, 1789	2	126
Betsey, [d. Rufus & Tamor], b. Dec. 29, 1796	2	111
Charles Austin, [s. Rufus & Sabra], b. Sept. 23, 1833	2	32
Charlotte, m. Nathan W. MERRELLS, b. of Killingworth, July 18, 1821, by Hart Talcott	3	361
C[h]loe, [d. John & Hannah], b. Oct. 1, 1765	2	127
C[h]loe, [d. Daniel & Elizabeth], b. Sept. 16, 1766	2	101
Concurrence, w. of Capt. Henry, d. Oct. 9, 1708	1	80
Concurrance, d. John & Martha, b. June 4, 1709	1	78
Concurrance, m. Jeremiah STEEVENS, Mar. 9, 1731/2	2	191
Daniel, s. Ebenezer & Anna, b. Jan. 26, 1725/6	2	187
Daniel, m. Lydia PARKER, Oct. 25, 1752	2	120
Daniel, Jr., m. Hannah STEEVENS, July 24, 1754	2	73
Daniel, m. Mrs. Hannah STEEVENS, July 24, 1754	2	120
Daniel, s. Daniel & Hannah, b. May 15, 1756	2	101
Daniel, m. Elizabeth ISBELL, Dec. 20, 1759	2	73
Deborah, m. Richard TOWNER, Mar. 6, 1716	2	192
Eben, m. Hannah BUELL, Oct. 30, 1776	2	73
Ebenezer, s. John, b. May 19, 1702	1	78
Ebenezer, m. Anna WILLCOCKS, Sept. 6, 1723	2	193
Ebenezer, s. Ebenezer & Anna, b. Nov. 28, 1733; d. Mar. 14, 1733/4	2	187
Ebenezer, d. Apr. 13, 1736	1	80
Ebenezer, s. John & Phebe,b. July 3, 1750	2	85
Ebenezer, s. John & Phebe, b. July 3, 1750	2	123
Elias, [s. Daniel & Elizabeth], b. Oct. 15, 1761	2	101
Elias, m. Adeline BUELL, b. of Killingworth, Mar. 14,1827, by Peter Crocker	3	374
Elijah, see Elisa		
Elisa, s. John & Hannah, b. Aug. 26, 1743	2	127
Elisha, s. Nathaniel & Eunis, b. Aug. 28, 1728	2	196

KILLINGWORTH VITAL RECORDS 23

	Vol	Page
CRANE, (cont.)		
Elisha, m. Elizabeth STEEVENS, Sept. 26, 1754	2	117
Elisha, s. Elisha & Elizabeth, b. June 7, 1760	2	111
Elisha, Jr., m. Silvia NEWEL[L], Feb. 6, 1786	2	38
Elisha, [s. Rufus & Tamor], b. July 27, 1794	2	111
Eliza, see under Elisa		
Eliza Adelett, [d. Rufus & Sabra], b. Apr. 1, 1829	2	32
Elizabeth, d. Henery, d. Nov. 22, 1686	1	80
Elizabeth, d. Theophilus, b. Dec. 20, 1705	1	73
Elizabeth, m. Josiah BALDWIN, Jan. 29, 1729/30	2	191
Elizabeth, d. Nathaniel & Eunis, b. Apr. 2, 1742	2	196
Elizabeth, [d. John & Phebe], b. July 10, 1757	2	85
Elizabeth, [d. Daniel & Elizabeth], b. May 23, 1765	2	101
Elizabeth, twin with Anne, [d. John & Hannah], b. Mar. 28, 1770	2	127
Elizabeth, [d. Elisha & Elizabeth], b. June 6, 1770	2	111
Ellena, d. Capt. John, b. Aug. 25, 1711	1	78
Ellena, m. Peter HULL, Sept. 5, 1737	2	145
Enos, s. Henry, Sr., b. Jan. 25, 1704/5	1	78
Eunis, d. Nathaniel & Eunis, b. Apr. 15, 1739/40	2	196
Eunis, m. William GRIFFEN, Apr. 17, 1769	2	75
Ezra, s. Nathaniel & Eunis, b. Mar. 6, 1735	2	196
George, [s. Capt. Samuell & Mehitable], b. July 2, 1772; d. Nov. 18, 1773	2	130
Hannah, d. John, b. Aug. 28, 1697	1	78
Hannah, w. of Daniel, d. Sept. 21, 1758	2	70
Hannah, d. John & Hannah, b. Oct. 1, 1760	2	127
Hannah, [d. Daniel & Elizabeth], b. Oct. 13, 1763	2	101
Henry, s. Henry, b. Oct. 25, 1677	1	73
Henary, Jr., m. Abiga[i]ll FLOOD, Jan. 27, 1703/4	1	67
Henry, Sr., m. Deborah CHAMPION, Dec. 26, 1709	2	192
Henry, Capt., d. Apr. 22, 1711	1	80
Jane, d. John, b. Feb. 10, 1700/1	1	78
Jane, m. Isaac KELCEY, Apr. 21, 1723	2	193
Jane, w. [Capt. Sam[ue]ll], d. May 24, 1762	2	72
Jane, d. [Capt. Samuell & Mehitable], b. Nov. 14, 1770	2	130
Jared, s. Sam[ue]ll & Jane, b. Aug. 1, 1757	2	122
Jared, [s. Capt. Sam[ue]ll & Ruth], b. Aug. 1, 1757; d. Apr. 4, 1777	2	130
Jemima, d. Theophilus & Margaret, b. Apr. 23, 1713	1	73
Jemima, m. Daniel LANE, Jan. 8, 1735/6	2	145
Jemima, d. John & Hannah, b. Sept. 23, 1743	2	127
Jeremiah, [s. John & Phebe], b. Oct. 22, 1759	2	85
Jerusha, [d. Capt. Samuell & Mehitable], b. Apr. 4, 1780	2	130
Jerusha, m. George CARTER, Oct. 10, 1801	2	42
Joel, s. John & Hannah, b. May 24, 1758	2	127
John, m. Martha DAGGETT, May 28, 1694	1	67
John, s. John, b. Mar. 23, 1694/5	1	78
John, Capt., d. Oct. 18, 1711	1	80
John, s. Theophilus & Margaret, b. Mar. 21, 1720	1	73
John, d. Feb. 15, 1721/2	1	80
John, s. Ebenezer & Anna, b. July 6, 1724	2	187
John, m. Hannah GRISWOLD, Sept. 16, 1742	2	119
John, m. Phebe WHELLER, Dec. 10, 1747	2	119
John, [s. John & Hannah], b. Sept. 11, 1750	2	127

	Vol.	Page
CRANE, (cont.)		
John, [s. John & Phebe], b. Aug. 23, 1752	2	85
John, [s. John & Phebe], b. Aug. 23, 1752	2	123
John, s. Eben & Hannah, b. May 10, 1778 (Arnold has "Chemer")	2	92
John Nettleton, [s. Rufus & Sabra], b. Nov. 22, 1831	2	32
Lauren, [s. Rufus & Tamor], b. Apr. 6, 1799	2	111
Lydia, w. of Daniel, d. Oct. 6, 1753	2	70
Lydia, d. Daniel & Elizabeth, b. July 22, 1760	2	101
Marcy, (see Mary)		
Marcy, m. John **HOLDE**, Oct. 30, 1701	1	67
Marg[a]ret, d. Theophilus & Margaret, b. Sept. 26, 1710	1	73
Margaret, d. Nathaniel & Eunis, b. Dec. 26, 1725	2	196
Margaret, m. Daniel **REDFIELD**, Jr., Nov. 21, 1749	2	119
Maria L., m. Thomas A. **STEVENS**, Jan. 1, 1838, by Rev. E. Swift	3	396
Martha, d. Ebenezer & Anna, b. May 9, 1728	2	187
Martha, m. Phillip **GRAY**, Apr. 23, 1749	2	119
Martha, [d. John & Phebe], b. Apr. 29, 1769	2	85
Mary, d. Henry, b. Aug. 23, 1670	1	73
M~~ary~~*, d. Henry, b. June 21, 1680 (* correction (Marcy) handwritten in margin of original manuscript	1	73
Mary, d. Theophilus & Margaret, b. Mar. 4, 1707/8	1	73
Mary, d. Theophilus, d. May 1, 1714	1	80
Mary, [d. Elisha, Jr. & Silvia], b. Nov. 6, 1744	2	126
Mary, d. John & Hannah, b. Feb. 20, 1745/6; d. Nov. 2, 1750	2	127
Mary, [d. John & Hannah], b. Mar. 29, 1753	2	127
Mary, [d. John & Phebe], b. Sept. 9, 1765	2	85
Mary, 3rd w. of Capt. Sam[ue]ll, d. Mar. 27, 1769	2	72
Nathaniell, s. Henry, b. Aug. 7, 1682	1	73
Nathaniell, s. Henery, d. Nov. 17, 1683	1	79
Nathaniell, s. Theophilus, b. Jan. 18, 1700/1	1	73
Nathaniel, m. Euniss **KELCEY**, May 2, 1723	2	193
Nathaniel, s. Elisha & Elizabeth, b. Oct. 25, 1755	2	111
Pardon, s. Elisha & Elizabeth, b. Oct. 16, 1757	2	111
Pardon, s. Elisha, Jr., & Silvia, b. Nov. 22, 1786	2	126
Peleg, [s. John & Phebe], b. Nov. 21, 1755	2	123
Phebe, d. Henry, b. Dec. 24, 1672	1	73
Phebe, m. John **KELCEY**, June 22, 1697	1	67
Phebe, [d. John & Phebe], b. Nov. 21, 1755	2	85
Phebe, [d. John & Hannah], b. June 2, 1763	2	127
Phebe, m. Elihu **PARMELE**, Oct. 18, 1781	2	75
Polly, [d. Elisha, Jr. & Silvia], b. Sept. 11, 1791	2	126
Rufus, [s. Elisha & Elizabeth], b. June 19, 1767	2	111
Rufus, [s. Rufus & Tamor], b. Mar. 17, 1801	2	111
Rufus, m. Sabra **WILCOX**, Sept. 13, 1826, by A. King	3	373
Russel[l], s. Daniel & Hannah, b. Sept. 5, 1758	2	101
Russell, s. Daniel, d. Sept. 11, 1759	2	70
Russel[l], d. Sept. 15, 1759	2	72
Ruth, d. Ebenezer & Anna, b. Oct. 12, 1730	2	187
Ruth, m. Cornelius **HOLMES**, Sept. 23, 1749	2	119
Ruth, w. of Samuel, d. Sept. 6, 1750	2	68
Ruth, w. of Capt. Sam[ue]ll, d. Sept. 6, 1750	2	72
Ruth, [d. Capt. Samuell & Jane], b. Oct. 26, 1761	2	130
Sabra Dennett, [d. Rufus & Sabra], b. Mar. 21, 1835	2	32

	Vol.	Page
CRANE, (cont.)		
Sally, [d. Rufus & Tamor], b. Jan. 27, 1792	2	111
Sally, m. John **NETTLETON**, b. of Killingworth, Apr. 6, 1813, by Rev. Sylvester Selden	3	357
Sally Almira, d. Rufus & Sabra, b. Oct. 10, 1827	2	32
Samuel, s. Nathaniel & Eunis, b. Feb. 10, 1723/4	2	196
Samuel, Capt., m. Ruth **WELLMAN**, Sept. 8, 1749	2	73
Sam[ue]ll, m. Ruth **WELLMAN**, Sept. 28, 1749	2	119
Samuel, s. Sam[ue]ll, b. Sept. 4, 1750	2	122
Samuel, s. Capt. Sam[ue]ll & Ruth, b. Sept. 4, 1750	2	130
Samuel, Capt., m. Jane **REDFIELD**, Jan. 12, 1752	2	73
Samuel, m. Jane **REDFIELD**, Jan. 8, 1753	2	120
Samuel, Capt., m. Mercy **LAY**, Dec. 5, 1765	2	73
Samuel, Capt., m. Mehitabel **REDFIELD**, Feb. 23, 1770	2	73
Sarah A., of Killingworth, m. Henry E. **SCRANTON**, of Madison, Oct. 10, [1853], by Rev. Hiram Bell	3	411-12
Simeon, s. Nathaniel & Eunis, b. Apr. 12, 1737	2	196
Simeon, [s. John & Hannah], b. Sept. 18, 1755	2	127
Theophilus, s. Henry, b. Jan. 5, 1674	1	73
Theophilus, m. Maurgaurit **LANE**, Dec. 5, 1699	1	67
Theophilus, s. Theophilus, b. June 25, 1703	1	73
Theophilus, Sergt., d. Oct. 20, 1732	1	80
Theophilus, s. Nathaniel & Eunis, b. May 3, 1733	2	196
Timothy, [s. Daniel & Elizabeth], b. Sept. 14, 1770	2	101
Will[ia]m, s. [Capt. Samuell & Jane], b. June 26, 1760	2	130
William, s. Rufus & Tamor, b. Oct. 26, 1789	2	111
CRITTENDEN, CRUTTENDEN, CRUTTENTON, [see also **CHITTENDEN**], David, m. Lydia **WELLMAN**, Sept. 24, 1856, by Rev. Hiram Bell	3	414
Katharine, m. Daniel **CLARK**, Jan. 8, 1779	2	74
Lydia, m. Samuel **HAZELTON**, Nov. 27, 1746	2	119
CROCKER, Harriet M., m. William R. **GLADWIN**, Dec. 26, 1850, by William Case	3	409
CRUTTENDEN, [see under **CRITTENDEN**]		
CULVER, Aaron, of Wallingford, m. Rachel **HULL**, of Killingworth, Nov. 1, 1840, by Rev. E. Swift	3	399
Frederick D., of Rocky Hill, m. Emily Jane **JUDD**, of Watertown, Oct. 19, 1856, by Rev. Hiram Bell	3	414
CURTIS, Jonas P., of Bristol, m. Lana A. **STEVENS**, of Killingworth, Jan. 15, 1852, by Rev. Hiram Bell	3	410
Polly, m. Charles **STEVENS**, Feb. 22, 1835, by Rev. Lewis Foster	3	387
DAGGETT, Martha, m. John **CRANE**, May 28, 1694	1	67
DALTON, Kathren, m. Samuel **WILLCOCKS**, Apr. 25, 1734	2	191
DARROW, Charles B., m. Sylvia **PRATT**, Oct. 4, 1826, by Asa King	3	373
John*, m. Rebecka **MINTER**, June 16, 1674 (*Perhaps "DEMON")	1	66
DART, Hiram L., m. Harriet G. **BUELL**, b. of Killingworth, May 29, 1835, by Orlando Starr	3	387
DAVENPORT, Benjamin, of Lawville, N.Y., m. Adah **WILLCOX**, of Killingworth, Sept. 26, 1803, by J. B. Andrews	2	42
DAVIDSON, John, s. Peter & Sarah, b. Feb. 28, 1739	2	152
Marchant, s. Peter & Sarah, b. Mar. 1, 1740	2	152
DAVIS, Achsah, [s. Henry & Azuba], b. Sept. 11, 1792	2	130
Almira Clarissa, m. Abner **PARMELE**, Apr. 27, 1829, by Asa King	3	378

BARBOUR COLLECTION

	Vol.	Page
DAVIS, (cont.)		
Alvin, m. Julia **WRIGHT**, [Nov. 28, 1827], by Asa King	3	376
Arta, [s. Solomon & Hannah], b. Sept. 5, 1791	2	81
Asher, [s. James & Hannah], b. Jan. 9, 1782	2	103
Bonn Kelcey, [s. Sam[ue]ll & Elizabeth], b. Mar. 12, 1772	2	102
Canfield, [s. Lemuel & Jemima], b. Nov. 5, 1799	2	67
Catharine, d. Tharret & Polly, b. Jan. 4, 1844	2	67
Charity Eliza, d. Linus & Selina, b. Apr. [ ], 1823	2	111
Charles, [s. Samuel & Sarah], b. Mar. 23, 1805	2	98
Charles, m. Achsa **KELSEY**, Apr. 29, 1829, by Asa King	3	378
C[h]loe, d. Henry & Azuba, b. June 11, 1786	2	130
Clarinda, d. Henry & Azubah, b. Nov. 2, 1787	2	128
Clarinda, [d. Henry & Azuba], b. Nov. 2, 1787	2	130
Clarrissa Almira, [d. Samuel & Sarah], b. Dec. 4, 1809	2	98
Daniel, s. Solomon & Sibel, b. Sept. 13, 1756	2	125
Daniel, [s. James & Hannah], b. Feb. 23, 1776	2	103
Elane, [d. Lemuel & Jemima], b. Nov. 8, 1790; d. Dec. 8, 1790	2	67
Eliza, m. William E. **DICKINSON**, May 24, 1846, by Rev. E. Swift	3	404
Elizabeth, d. Samuel & Elizabeth, b. Feb. 22, 1753	2	102
Elizabeth, d. Samuel, Jr. & Rebina, b. May 3, 1784	2	98
Elizabeth, [d. Samuel, Jr. & Rebina], d. Feb. 5, 1788	2	98
Elizabeth, [d. Henry & Azuba], b. Mar. 16, 1794	2	130
Ellen S., m. Simon J. **PARMELEE**, Oct. 21, 1857, by Rev. Hiram Bell	3	415
Flora, [d. Lemuel & Jemima], b. Nov. 2, 1797	2	67
Frederick, m. Polly W. **RICHMOND**, Nov. 24, 1845, by Rev. E. Swift	3	404
Hannah, d. Solomon & Sarah, b. Sept. 23, 1716	2	181
Harlow, s. Samuel & Sarah, b. Mar. 14, 1800	2	98
Harlow A., m. Juliette **FRANKLIN**, b. of Killingworth, Nov. 3, 1851, by Rev. Hiram Bell	3	410
Hayton, s. Solomon & Sarah, b. Feb. 20, 1725/6	2	181
Henry, [s. Sam[ue]ll & Elizabeth], b. Nov. 17, 1763	2	102
Henry, m. Azuba **GRIFFIN**, Dec. 22, 1785	2	38
Henry B., m. Catharine **PARMELEE**, Apr. 12, 1846, by Rev. E. Swift	3	404
Henry D., m. Diantha **GRISWOLD**, Oct. 21, 1846, by Rev. E. Swift	3	405
James, s. Solomon & Sibel, b. Mar. 12, 1748	2	125
James, s. James & Hannah, b. Dec. 25, 1774	2	103
Jemima, [d. Lemuel & Jemima], b. Nov. 4, 1794	2	67
Jeremiah, s. Levi & Martha, b. Apr. 17, 1775	2	95
Joel, [s. Solomon & Hannah], b. Jan. 16, 1788	2	81
John, s. Sam[ue]ll & Elizabeth, b. Nov. 10, 1761	2	102
John, s. Nathaniel & Electa, b. Jan. 2, 1791	2	85
Jonah, [s. Solomon & Sibel], b. Sept. 27, 1765	2	125
Josiah, [s. Solomon & Sibel], b. Aug. 5, 1758	2	125
Jula, [d. Solomon & Hannah], b. Nov. 20, 1789	2	81
Lemuel, [s. Sam[ue]ll & Elizabeth], b. July 17, 1759	2	102
Lemuel, m. Jemimah **KELCEY**, Feb. 7, 1782	2	41
Leonard, [s. Henry & Azuba], b. Apr. 23, 1791	2	130
Levi, s. Solomon & Sibel, b. Mar. 17, 1750	2	125
Levi, m. Martha **KELCEY**, June 1, 1774	2	73
Levi, d. May 8, 1777	2	72

KILLINGWORTH VITAL RECORDS 27

	Vol.	Page
DAVIS, (cont.)		
Levi, [s. Levi & Martha], b. Sept. 9, 1777	2	95
Linus, [s. Samuel, Jr. & Rebina], b. Nov. 21, 1790	2	98
Linus, m. Selina WILLIAMS, Nov. 1, 1821, by Asa King	3	362
Lydia, [d. James & Hannah], b. June 30, 1779	2	103
Martha, d. Solomon & Sarah, b. Aug. 27, 1718	2	181
Martha, m. Abraham TURNER, Dec. 25, 1744	2	146
Martha, m. Ezra LANE, Feb. 7, 1828, by Asa King	3	376
Melinda, [d. Lemuel & Jemima], b. July 18, 1788	2	67
Nath[anie]ll, [s. Sam[ue]ll & Elizabeth], b. Feb. 16, 1766	2	102
Nathaniel, m. Electa PARMELE, Aug. 15, 1790	2	38
Norton Seward, [s. James & Hannah], b. Oct. 16, 1786	2	103
Peter, s. Solomon & Sarah, b. May 2, 1722	2	181
Peter, [s. Samuel & Elizabeth], b. Mar. 15, 1755	2	102
Peter, s. Lemuel & Jemima, b. Jan. 5, 1783; d. Apr. 16, 1785	2	67
Peter, [s. Lemuel & Jemima], b. Oct. 4, 1786	2	67
Polly, [d. Samuel, Jr. & Rebina], b. Aug. 3, 1787	2	98
Polly, m. Aaron HULL, Oct. 15, 1805	2	42
Rebeckah, [d. Solomon & Sibel], b. Jan. 11, 1763	2	125
Rebeckah, [d. Henry & Azuba], b. June 14, 1796	2	130
Roxanna, [d. Lemuel & Jemima], b. Mar. 15, 1792	2	67
Roxanna, m. John MERRELLS, Sept. 20, 1821, by David Smith	3	361
Russell, [s. James & Hannah], b. Sept. 25, 1784	2	103
Sally, m. Reuben H. HINCKLEY, b. of Killingworth, Feb. 23, 1823, by Hart Talcott	3	364
Samuel, s. Solomon & Sarah, b. Jan. 24, 1727/8	2	181
Samuel, Jr., m. Rebina REDFIELD, Dec. 14, 1780	2	75
Samuel, Jr., m. Sarah KELCEY, Apr. 25, 1799	2	43
Sarah, d. Solomon & Sarah, b. Apr. 15, 1712	2	181
Sarah, m. Josiah NETTLETON, July 12, 1733	2	191
Sarah, [d. Samuel, Jr. & Rebina], b. Oct. 28, 1785	2	98
Sarah, m. Stephen WILLCOX, Jan. 10, 1797	2	40
Sarah J., of Killingworth, m. W[illia]m F. WHEDEN, of Madison, Sept. 10, [1852], by Rev. Hiram Bell	3	411
Sarah S., m. Augustus W. STEVENS, Oct. 31, 1847, by E. Swift	3	406
Solomon, m. Sarah HAYTON, Dec. 28, 1709	2	192
Solomon, s. Solomon & Sarah, b. Mar. 14, 1720	2	181
Solomon, m. Sibel GRISWOLD, Jan. 14, 1746/7	2	119
Solomon, [s. Solomon & Sibel], b. Jan. 25, 1753	2	125
Solomon, s. Sam[ue]ll & Elizabeth, b. Feb 11, 1757	2	102
Solomon, Jr., m. Hannah PALMER, Jan. 31, 1786	2	38
Stephen, s. Solomon & Hannah, b. July 11, 1786	2	81
Stephen, of Killingworth, m. Anne M'PHERSON, of Saybrook, July 30, 1825, by Rev. Peter G. Clark	3	370
Sibel, [d. Solomon & Sibel], b. Aug. 29, 1760	2	125
Sibbel, m. Abel NETTLETON, Oct. 8, 1794	2	39
Sylvia R., of Killingworth, m. Abraham B. CHIDSEY, of East Haven, Nov. 30, [1854], by Rev. Hiram Bell	3	412
Urana, m. William BEEBE, Sept. 29, 1828, by Asa King	3	377
DEE, Sally, m. John H. GRIFFETH, b. of Killingworth, Mar. 5, 1837, by Rev. John H. Baker	3	394
DEMON*, John, m. Rebecka MINTER, June 16, 1674 (*DARROW?)	1	66

	Vol	Page
DEWEY, Solomon A., m. Fidelia **GAYLORD**, Oct. 22, 1846, by Rev. E. Swift	3	405
DeWOLF, DeWOLFF, Benjamin, [s. Elijah], b. Mar. 18, 1758	2	97
Daniel, [twin with Easther], [s. Elijah], b. Aug. 9, 1762	2	97
Elijah, s. Elijah, b. Sept. 16, 1756	2	97
Easther, [twin with Daniel, d. Elijah], b. Aug. 9, 1762	2	97
John, [s. Elijah], b. Mar. 26, 1767	2	97
Judeth, m. John **CARTER**, Jr., Dec. 18 1746	2	117
Ludy, [d. Elijah], b. Dec. 3, 1764	2	97
Phebe, [d. Elijah], b. Aug. 3, 1769	2	97
Sarah, m. Colens C. **SPENCER**, b. of Killingworth, Feb. 10, 1822, by Hart Talcott	3	363
Submit, [d. Elijah], b. Jan. 5, 1760	2	97
DIBBLE, DEBLE, DIBBELL, DIBLE, David, m. Elizabeth **LEWIS**, June 24, 1766	2	74
David, [s. David & Elizabeth], b. May 21, 1769	2	87
David, Jr., m. Eunice E. **CARTER**, b. of Killingworth, Feb. 12 1824, by Hart Talcott	3	367
Elizabeth, [d. David & Elizabeth], b. Sept. 10, 1771	2	87
Josiah, s. Israel, b. May 15, 1667	1	69
Josiah, of Saybrook, m. Ethalinda **BURROWS**, of Killingworth, May 14, 1837, by Lewis Foster	3	394
Phebe, d. David & Elizabeth, b. Aug. 15, 1767	2	87
Polly, [d. David & Elizabeth], b. July 30, 1774	2	87
Polly, m. Jared **CARTER**, Nov. 5, 1818	2	43
Samuel R., m. Mrs. Ann **WEST**, b. of Killingworth, Feb. 4, 1828, by Peter Crocker	3	376
DICKINSON, DICKENSON, Nathan T., m. Drusilla A. **TYLER**, of Haddam, Sept. 27, 1830, by Asa King	3	379
Rebecka, m. Abraham **KILBORN**, May 14, 1731	2	191
William E., m. Eliza **DAVIS**, May 24, 1846, by Rev. E. Swift	3	404
DIVOLL, Mary, m. Benjamin **WELLMAN**, Nov. 13, 1755	2	117
DOANE, Emeline, m. Richard **PRATT**, b. of Essex, Mar. 26, 1836, by Lewis Foster	3	391
Jason E. of Westbrook, m. Charlotte **MERRILL**, of Killingworth, Nov. 27, 1834, by Rev. Orlando Starr	3	385
DOOLITTLE, Abraham A., m. Adelia **STEVENS**, Dec. 13, 1837, by Rev. David Smith	3	396
DOWD, DOUD, Cornelius, m. Jane **HAND**, Feb. 4, 1766/7* (*corrected to (1706/7) on original manuscript)	1	66
Daniel Hurd, twin with Russell Blackley, s. Russell & Phebe, b. Nov. 12, 1794	2	180
Daniel Hurd, s. Russell R. & Eliza H., b. Jan. 22, 1820	2	18
Edward, [s. Peleg & Mereb], b. Apr. 6, 1769	2	108
Elizabeth Wright, [d. Russell B. & Eliza H.], b. Feb. 22, 1825	2	18
Eunice, [d. Russell & Phebe], b. Mar. 2, 1797	2	180
Grace V., of Madison, m. Frederick W. **TOOLEY**, of Killingworth, June 6, 1856, by Phinehas Blakeman, at North Madison	3	414
John, s. John & Rebec[c]a, b. Feb. 28, 1725/6	2	189
John, s. Peleg & Mereb, b. Sept. 22, 1756	2	108
Joseph, [s. Russell & Phebe], b. Mar. 7, 1801	2	180
Joseph, m. Almira **WILCOX**, b. of Killingworth, May 18, 1831, by, Rev. Mark Mead	3	380

KILLINGWORTH VITAL RECORDS

	Vol.	Page
DOWD, DOUD, (cont.)		
Katharine Blatchley, [d. Russell B. & Eliza H.], b. Oct. 18, 1821	2	18
Leucresha, d. Peleg & Mareb, b. Aug. 4, 1752	2	108
Merab, [d. Peleg & Mareb], b. Oct. 22, 1754	2	108
Nancy, [d. Russell & Phebe], b. Apr. 1, 1799	2	180
Nancy, m. Anson TRIBBLE, b. of Killingworth, Aug. 16, 1820, by Rev. Hart Talcott. Int. pub.	3	358
Peleg, m. Merab WARD, July 2, 1752	2	120
Peleg, [s. Peleg & Mereb], b. Dec. 30, 1764	2	108
Rebecca, m. Gideon WELLMAN, Feb. 13, 1741	2	146
Rebecka, [d. Peleg & Mereb], b. Dec. 2, 1767	2	108
Russell, m. Phebe HURD, Mar. 12, 1794	2	39
Russell Blackley, twin with Daniel Hurd, s. Russell & Phebe, b. Nov. 12, 1794	2	180
Tamor, s. Peleg & Mereb, b. July 22, 1762	2	108
Warren, [s. Peleg & Mereb], b. Jan. 6, 1760	2	108
DUDLEY, Benajah, m. Elizabeth REDFIELD, Aug. 23, 1786	2	75
Calvin, s. Phinehas & Ruth, b. May 21, 1772	2	131
Calvin, m. Milla REDFIELD, Nov. 8, 1797	2	40
Calvin Justin, [s. Calvin & Milla], b. Mar. 23, 1819	2	133
Chauncey, m. Eunice M. BRISTOL, Mar. 27, 1842, by Rev. E. Swift	3	400
Edwin, [s. Calvin & Milla], b. Sept. 3, 1809	2	133
Elvira, m. Leander GRISWOLD, Oct. 3, [1827], by Asa King	3	375
Elizabeth, [d. Calvin & Milla], b. Mar. 10, 1808	2	133
Emily Artemisia, [d. Linus & Mary], b. Dec. 3, 1833	2	79
Eunis, m. Bezabell BRISTOL, June 13, 1742	2	146
Fanny, [d. Phinehas & Ruth], b. Jan. 6, 1791	2	131
Hamlet, [s. Calvin & Milla], b. May 20, 1806	2	133
Hamlet, m. Louisa NETTLETON, June 31 (sic), 1828, by Asa King	3	376
Henry Clinton, [s. Linus & Mary], b. Aug. 4, 1832	2	79
Jeremy Redfield, s. Calvin & Milla, b. Aug. 22, 1798	2	133
Julius, [s. Phinehas & Ruth], b. Feb. 6, 1780	2	131
Julius, m. Jerusha STEEVENS, Oct. 15, 1829	2	24
Julius, m. Jerusha STEVENS, Oct. 15, 1829, by Asa King	3	378
Justin C., m. Elizabeth F. PARMELE, Dec. 13, 1837, by Rev. E. Swift	3	396
Lemuel Dowd, [s. Phinehas & Ruth], b. Sept. 25, 1777	2	131
Linus, s. Benajah & Elizabeth, b. Nov. 30, 1786	2	102
Lynus, [s. Calvin & Milla], b. Feb. 20, 1804	2	133
Linus, m. Mary NETTLETON, Oct. 20, 1828	2	79
Linus, m. Mary NETTLETON, Oct. 20, 1828, by Asa King	3	377
Lydia, m. Henry HULL, June 9, 1825, by A. King	3	370
Lydia Almira, [d. Calvin & Milla], b. Mar. 31, 1802	2	133
Mary, m. Thomas CLARK, May 10, 1756	2	118
Molly, [d. Phenehas & Ruth], b. July 10, 1775	2	131
Nathaniel, m. wid. [ ] PRATT, Oct. 17, 1830, by Asa King	3	379
Ogdon Haydon, s. Julius & Jerusha, b. Nov. 29, 1831	2	24
Phinehas, [s. Phinehas & Ruth], b. Jan. 15, 1785	2	131
Phinehas, d. Aug. 20, 1793, "at sea"	2	76
Phinehas Meigs [s. Calvin & Milla], b. Sept. 1, 1800	2	133
Rachel Philetta, [d. Julius & Jerusha], b. July 25, 1835	2	24
Ruth, b. Mar. 20, 1782; m. Moses PARMELEE, Nov. 21, 1803	2	20

	Vol.	Page
DUDLEY, (cont.)		
Ruth, [d. Phinehas & Ruth], b. Mar. 20, 1782	2	131
Sarah, m. Peleg **REDFIELD**, Apr. 25, 1744	2	146
Sherman, m. Cynthia M. **EVARTS**, Nov. 12, 1843, by Rev. E. Swift	3	402
Sibbel, [d. Phinehas & Ruth], b. June 3, 1793; d. July 31, 1793	2	131
Urania, [d. Phinehas & Ruth], b. Apr. 8, 1788	2	131
William, of Madison, m. Barbara **REDFIELD**, of Killingworth, June 17, 1838, by Rev. E. Swift	3	397
William G., m. Sylvia **GRISWOLD**, b. of Killingworth, July 6, 1836, by Rev. E. Swift	3	393
William Graves, [s. Calvin & Milla], b. Dec. 20, 1813	2	133
Wyllys, m. Mary L. **WILLCOX**, b. of Killingworth, Dec. 24, 1834, by Rev. Ephraim G. Swift	3	385
DUNCAN, Alexander, of Mereden, m. Calista A. **LANE**, of Killingworth, Sept. 18, 1853, by [probably Rev. David Nash]	3	411
DUNNIN: see under **LUNNIN** (pg. 78 of original manuscript)		
EARL, Elizabeth, m. Lemuel **HULL**, Dec. 24, 1729	2	191
Hannah, d. Henry & Hannah, b. Apr. 23, 1728	2	190
Henry, m. Hannah **ROSE**, Feb. 3, 1726/7	2	193
Henry, s. Henry & Hannah, b. Oct. 3, 1732	2	190
Jemimay, d. Henry & Hannah, b. July 10, 1729	2	190
John, s. Henry & Hannah, b. Sept. 11, 1734	2	190
Robert, s. Henry & Hannah, b. Dec. 1, 1730	2	190
Ruhamah, m. William **STEEVENS**, Aug. 26, 1734	2	191
EATON, Desire, d. Joseph & Hannah, b. Oct. 26, 1721, at Gloster	2	183
John, d. Aug. 4, 1728	1	79
Joseph, s. Joseph & Hannah, b. Aug. 11, 1723, at Windham	2	183
Joseph, d. Aug. 13, 1728	1	79
Kathren, m. Edward **RUT[T]Y**, Dec. 22, 1736	2	145
Marcy, d. Joseph & Hannah, b. Aug. 8, 1719, at Gloster	2	183
Merchant, s. Joseph & Hannah, b. Dec. 3, 1725, at Windham	2	183
EDGERTON, Experience, m. John **LANE**, Mar. 9, 1731/2	2	191
EDWARDS, Daniel, s. Daniel & Mary, b. Oct. 17, 1735	2	161
Lucy, d. Daniell, d. Feb. 2, 1734/5	1	81
ELDERKIN, Betsey, m. William B. **REDFIELD**, b. of Killingworth, Oct. 17, 1821, by Hart Talcott	3	362
Buckminster B., m. Fanny R. **TOWNER**, b. of Killingworth, June 20, 1824, by Rev. Pierpont Brocket	3	368
Daniel, s. James & Phebe, b. July 17, 1736	2	151
Elisha, s. James & Temperance, b. Dec. 2, 1754	2	122
Hipsabah, d. James & Phebe, b. Jan. 12, 1728/9	2	151
James, s. James & Phebe, b. Jan. 3, 1725	2	151
James, d. Sept. 17, 1738	1	89
James, [s. James & Temperance], b. Mar. 13, 1752	2	122
John, [twin with Temperance], s. James & Temperence, b. Apr. 16, 1757	2	122
Lucretia, d. James & Phebe, b. Aug. 30, 1731	2	151
Mary, d. James & Temperance, b. Dec. 29, 1749	2	122
Mary, of Killingworth, m. Justin **REDFIELD**, of New Haven, Mar. 21, 1824, by Rev. Pierpont Brocket	3	367
Molly, m. Hiel **FARNUM**, Mar. 22, 1772	2	40
Phebe, d. James & Phebe, b. Mar. 30, 1739	2	151
Sabre, d. James & Phebe, b. Feb. 14, 1727/8	2	151

	Vol.	Page
ELDERKIN, (cont.)		
Samuel, s. James & Phebe, b. Nov. 23, 1733	2	151
Temperance, [twin with John], d. James & Temperence, b. Apr. 16, 1757	2	122
Zirmaah, d. James & Phebe, b. Oct. 16, 1723	2	151
ELLIOTT, ELIOT, ELIOTT, Aaron, s. Jared & Hannah, b. Mar. 15, 1718	2	195
Aaron, m. Mrs. Mary WORTHINGTON, Feb. 14, 1744/5	2	119
Aaron, s. Aaron & Mary, b. May 15, 1757	2	129
Anna, [d. Jared & Elizabeth], b. July 28, 1770	2	92
Ashelles, [twin with Jerusha, s. George & Hannah], b. July 26, 1781	2	90
August, m. Mary LEWIS, Nov. 10, 1771	2	73
August, d. Mar. 31, 1774	2	72
Augustus, s. Jared & Hannah, b. June 18, 1720	2	195
Augustus, s. Joseph & Sarah, b. June 13, 1749	2	124
Augustus, [s. Jared & Elizabeth], b. Aug. 10, 1779	2	92
Benjamin, [twin with Elizabeth], s. Aaron & Mary, b. Dec. 9, 1762	2	129
Caroline Elizabeth, d. Jared & Clarissa, b. Mar. 17, 1796	2	92
Caroline Elizabeth, m. John STANTON, Mar. 29, 1825, by Rev. Pierpont Brocket	3	369
Elizabeth, d. Jared & Hannah, b. Oct. 20, 1711	2	195
Elizabeth, w. of Jared, Jr., d. May 3, 1739	2	71
Elizabeth, [twin with Benjamin], d. Aaron & Mary, b. Dec. 9, 1762	2	129
Elizabeth, [d. Jared & Elizabeth], b. Aug. 24, 1768	2	92
Elizabeth, m. Nathan WILLCOX, 2d, Oct. 15, 1787	2	38
Ely, [s. George & Hannah], b. Feb. 14, 1784	2	90
Ely Augustus, s. George, Jr. & Patience, b. Sept. 18, 1791	2	131
George, s. Jared & Hannah, b. Mar. 9, 1736	2	195
George, m. Hannah ELY, July 27, 1765	2	74
George, m. Mrs. Hannah ELY, July 27, 1766	2	118
George, s. George & Hannah, b. Jan. 27, 1767	2	90
George, Jr., m. Patience LANE, Dec. 23, 1790	2	41
George, d. May 1, 1810, ae 74	2	78
Hannah, d. Jared & Hannah, b. Oct. 15, 1713	2	195
Hannah, Mrs., m. Benjamin GALE, June 6, 1739	2	145
Hannah, d. Aaron & Mary, b. Aug. 31, 1746	2	129
Hannah, w. of Rev. Jared, d. Feb. 18, 1761	2	71
Hannah, [d. George & Hannah], b. May 30, 1777	2	90
Hannah, wid. of George, d. Jan. 7, 1819	2	78
Hester, [d. Jared & Elizabeth], b. June 17, 1775	2	92
Hetta, [d. Jared & Elizabeth], b. Feb. 1, 1777	2	92
Isaac, [s. Jared & Elizabeth], b. Apr. 17, 1763; d. July 27, 1763	2	92
Isaac, [s. George & Hannah], b. Sept. 8, 1771	2	90
Jared, m. Mrs. Hannah SMITHSON, Oct. 26, 1710	2	192
Jared, s. Jared & Hannah, b. Mar. 17, 1728	2	195
Jared, Jr., m. Elizabeth WALKER, May 10, 1757	2	117
Jared, m. Elizabeth LORD, Apr. 17, 1760	2	118
Jared, s. Jared & Elizabeth, b. Mar. 1, 1761	2	92
Jared, Rev., d. Apr. 22, 1763	2	71
Jared had negro Derry, s. Damsell, b. Jan. 15, 1782	2	92
Jared, 2d, m. Mrs. Clarissa LEWES, Jan. 30, 1785	2	75
Jennet Elizabeth Lord, d. Jared, 2d, & Clarrissa, b. Nov. 11, 1788; d. Mar. 23, 1789	2	91

	Vol.	Page
ELLIOTT, ELIOT, ELIOTT, (cont.)		
Jerusha, [twin with Ashelles, d. George & Hannah], b. July 26, 1781	2	90
John, s. Jared & Hannah, b. Dec. 2, 1732	2	195
John, [s. George & Hannah], b. May 24, 1768	2	90
Joseph, s. Jared & Hannah, b. Jan. 8, 1722/3	2	195
Joseph, m. Mrs. Sarah **WALKER**, June 7, 1748	2	119
Joseph, s. Aaron & Mary, b. Nov. 19, 1760	2	129
Joseph, d. Aug. 1, 1762	2	71
Joseph, s. Augustus & Mary, b. Aug. 22, 1772	2	81
Lewis, [s. Jared, 2d, & Clarrissa], b. Jan. 1, 1794; d. Mar. 22, 1794	2	91
Lucy, d. Nathan & Clerene, b. Sept. 17, 1755	2	112
Luke, s. Jared & Hannah, b. Aug. 1, 1730	2	195
Lynus, [s. Jared & Elizabeth], b. Mar. 7, 1766	2	92
Mary, [d. Aaron & Mary], b. July 11, 1751	2	129
Mary, d. Joseph & Sarah, b. Aug. 16, 1756; d. Aug. 20, 1756	2	124
Mary, w. of Col. Aaron, d. June 28, 1785	2	76
Mary, [d. Jared, 2d, & Clarrissa], b. Jan. 18, 1792	2	91
Nathan, s. Jared & Hannah, b. Apr. 13, 1725	2	195
Nathan, m. Clarina **GRISWOLD**, Oct. 22, 1754	2	117
Nathan, [s. Nathan & Clerene], b. Feb. 3, 1757; d. Apr. 28, 1757	2	112
Polly, [d. George & Hannah], b. Jan. 24, 1775	2	90
Richard, [s. Jared & Elizabeth], b. Apr. 17, 1762; d. June 10, following	2	92
Richard, [s. Jared & Elizabeth], b. June 3, 1764	2	92
Rufus, [s. Jared & Elizabeth], b. Dec. 2, 1772	2	92
Samuel, s. Jared & Hannah, b. Mar. 9, 1716	2	195
Samuel, [s. George & Hannah], b. Apr. 3, 1770	2	90
Samuel S., m. Margaret **WILLIAMS**, Mar. 18, 1779	2	73
Samuel Smithson, s. Aaron & Mary, b. July 2, 1753	2	129
Samuel Williams, s. Samuel & Margaret, b. Mar. 31, 1780	2	101
Sarah, d. Joseph & Sarah, b. July 24, 1751	2	124
Sarah, Mrs., m. Rev. Eliphalet **HUNTINGTON**, Apr. 24, 1766	2	74
Sarah, w. of Joseph, d. Nov. 19, 1769	2	71
Timothy, [s. George & Hannah], b. Mar. 20, 1773	2	90
William, [s. Aaron & Mary], b. June 26, 1755	2	129
Zip[p]orah Amelia, [d. Jared, 2d, & Clarrissa], b. Feb. 13, 1790	2	91
ELY, Eliza Maria, [d. Richard & Eunice], b. May 8, 1794	2	79
Hannah, m. George **ELIOT**, July 27, 1765	2	74
Hannah, Mrs., m. George **ELIOT**, July 27, 1766	2	118
Hannery, m. Abraham **TURNER**, Apr. 3, 1766	2	74
Joseph, m. Clarissa M. **PARMELEE**, July 19, 1846, by Rev. E. Swift	3	405
Katharine, d. Rev. Henry & Achsah, b. Oct. 28, 1782, at Wilbraham	2	79
Mary, d. Rev. Henry & Achsah, b. Nov. 30, 1784	2	79
Richard, Dr., m. Eunice **BLISS**, Sept. 4, 1791	2	39
William, s. Richard & Eunice, b. June 27, 1792	2	79
EVARTS, EVETS, Cynthia M., m. Sherman **DUDLEY**, Nov. 12, 1843, by Rev. E. Swift	3	402
David, s. Jehiel & Deborah, b. Aug. 4, 1748	2	125
David, s. Nathan & Tamar, b. Mar. 26, 1796	2	99
David, 2d, m. Densy **REDFIELD**, Nov. 18, 1822, by A. King	3	364
Deborah, d. Jehiel & Deborah, b. Jan. 11, 1756	2	125
Deborah, [d. Jehiel & Jerusha], b. May 5, 1781	2	115

KILLINGWORTH VITAL RECORDS 33

	Vol.	Page
EVARTS, EVETS, (cont.)		
Deborah, m. Amasa **HUBBARD**, July 18, 1822, by Asa King, V.D.M.	3	364
Eliza C., m. Lauren L. **NETTLETON**, Oct. 16, 1850, by Rev. E. G. Swift	3	409
Hannah, m. Thomas **STEVENS**, June 3, 1686	1	67
Hannah, [d. Jehiel & Deborah], b. Mar. 10, 1764	2	125
Hilday, d. Jehiel & Deborah, b. June 19, 1753	2	125
Huldah, m. Moses **GRISWOLD**, Mar. 31, 1790	2	38
James, s. Jehiel & Jerusha, b. Oct. 15, 1772	2	115
Jason, of Guilford, m. Rosetta **HULL**, of Killingworth, Oct. 21, 1838, by Rev. E. Swift	3	397
Jehiel, m. Jerusha **NETTLETON**, Dec. 11, 1771	2	73
Jehiel, s. Jehiel & Jerusha, b. May 4, 1776	2	115
Jeremiah, [s. Jehiel & Deborah], b. June 14, 1758	2	125
Jerusha, [d. Jehiel & Jerusha], b. Aug. 21, 1784	2	115
Joel, [s. Jehiel & Deborah], b. Nov. 17, 1761	2	125
Joel, m. Lydia **KELCEY**, Jan. 30, 1792	2	38
John, [twin with Joseph], s. Jehiel & Deborah, b. Jan. 20, 1751	2	125
Joseph, [twin with John], s. Jehiel & Deborah, b. Jan. 20, 1751	2	125
Julietta, [d. Jehiel & Julia], b. Mar. 28, 1807	2	16
Leonard, [s. Nathan & Tamar], b. Nov. 19, 1797	2	99
Leonard, m. Sabra **PARMELE**, May 28, 1823, by A. King	3	365
Lydia, [d. Nathan & Tamar], b. Feb. 28, 1802	2	99
Lydia, m. Eli **LEE**, of Guilford, Nov. 16, 1826, by Asa King	3	374
Lydia A., m. Alvord A. **STONE**, Oct. 16, 1850, by Rev. E. G. Swift	3	409
Mariah, [d. Nathan & Tamar], b. Apr. 1, 1800	2	99
Maria, m. Heman S. **FRANKLIN**, Jan. 7, 1824, by Asa King	3	366
Martha A., m. Leander **WATEROUS**, Nov. 24, 1859, by Rev. Hiram Bell	3	417
Nathan, [s. Jehiel & Deborah], b. June 10, 1767	2	125
Nathan, m. Tamor **KELCEY**, Jan. 18, 1795	2	39
Sabra A., m. Francis S. **WILCOX**, Nov. 24, 1859, by Rev. Hiram Bell	3	417
Sally, d. Jehiel & Julia, b. May 6, 1805	2	16
Sally, m. George **CHATFIELD**, [Oct.] 29, [1827], by Asa King	3	376
Washington L., m. Mary P. **WRIGHT**, Dec. 13, 1846, by Rev. David Baldwin	3	407
FAIRCHILD, Nancy, m. Dr. Samuel **REDFIELD**, May 18, 1782	2	40
Russell S., m. Alpha M. **BEBEE**, Dec. 10, 1849, by Rev. E. Swift	3	408
Samuel, of Middletown, m. Maria **PRATT**, of North Killingworth, Feb. 20, 1835, by Rev. Lewis Foster	3	386
FARNUM, FFARNUM, FARNHAM, FARNHUM, Aaron, S. Peter & Marcy, b. May 28, 1725	2	195
Aaron, [s. Abner & Elisabeth], b. July 25, 1774	2	97
Abner, m. Elizabeth **WILLCOCKS**, Jan. 8, 1719	2	117
Abner, s. Peter & Marcy, b. Dec. 13, 1735	2	195
Abner, [s. Abner & Elisabeth], b. Nov. 28, 1766	2	97
Abner, m. Grace **LANE**, Feb. 24, 1794	2	43
Abner, m. Rebeckah **REDFIELD**, July 7, 1801	2	43
Abner Smith, [s. Abner & Grace], b. Oct. 17, 1796	2	112
Amanda, d. Abner & Elisabeth, b. Jan. 19, 1761	2	97
Amanda, m. John **HURD**, Nov. 18, 1779	2	75

	Vol.	Page
FARNUM, FFARNUM, FARNHAM, FARNHUM, (cont.)		
Bazaleel, s. Peter & Marcy, b. July 19, 1723	2	195
Bazaleel, [s. Bazaleel & Phebe], b. Feb. 1, 1759	2	108
Bezeleel, m. Phebe KIRTLAND, Nov. 16, 1759	2	120
Bela, [s. Joseph, Jr. & Elizabeth], b. Nov. 15, 1802	2	101
Charles Augustus, [s. Abner & Grace], b. July 21, 1818	2	112
Charles Nelson, [s. James & Anna], b. Dec. 28, 1805	2	88
Eben, [s. Peter & Lydia], b. Mar. 26, 1752	2	129
Eber, s. Peter & Lydia, b. Apr. 29, 1748	2	129
Elias, s. Nathaniel & Jerusha, b. Feb. 29, 1748	2	188
Elias, [s. Hiel & Molly], b. Jan. 10, 1778	2	168
Elizabeth, [d. Bazaleel & Phebe], b. May 26, 1754	2	108
Elizabeth, [d. Abner & Elisabeth], b. Apr. 3, 1771	2	97
Est[h]er, [d. Abner & Elisabeth], b. Sept. 20, 1763	2	97
Esther, m. Constant PARMELE , Aug. 28, 1783	2	75
Frederic, [s. Joseph, Jr. & Elizabeth], b. May 17, 1795	2	101
Frederick, m. Sally BLATCHLEY, Oct. 2, 1826, by Asa King	3	373
George Wilcox, [s. Abner & Grace], b. June 3, 1803	2	112
Grace, [w. of Abner], d. Aug. 23, 1798	2	43
Hannah, d. Petter, b. Aug. 23, 1691	1	77
Hannah, m. John GRAVES, May 30, 1710	2	192
Hannah, d. Peter & Rebeckah, b. Oct. 31, 1713	2	195
Harvey Linley, [s. Joseph, Jr. & Elizabeth], b. Sept. 6, 1792	2	101
Henry, [s. Hiel & Molly], b. June 2, 1775	2	168
Henry, d. Nov. 6, 1789	2	77
Herman K., m. Wealthy Ann WILLIAMS, Jan. 20, 1813	2	43
Herman Kelcey, s. Joseph, Jr. & Elizabeth, b. Apr. 13, 1791	2	101
Hiel, s. Nathaniel & Jerusha, b. Apr. 21, 1745	2	188
Hiel, m. Molly ELDERKIN, Mar. 22, 1772	2	40
James, [s. Hiel & Molly], b. Oct. 10, 1780	2	168
Jane, [d. Hiel & Molly], b. Dec. 6, 1783	2	168
Jerusha, see Prudence Farnum		
Joanna, d. Petter, b. Sept. 17, 1687	1	77
Joannah, w. of Henry, d. Aug. 22*, 1689 (* corrected to (11))	1	79
John, s. Petter, b. Nov. 30, 1702	1	77
John, s. Peter & Marcy, b. Sept. 9, 1733	2	195
John, s. Peter, d. Apr. 5, 1758	2	70
John Clayton, [s. Joseph, Jr. & Elizabeth], b. Mar. 17, 1797	2	101
John R., m. Artemisia H. CHITTENDEN, b. of Killingworth, Nov. 8, [1837], by Lewis Foster	3	395
John Redfield, s. Abner & Grace], b. June 8, 1810	2	112
Joseph, s. Peter & Marcy, b. Jan. 17, 1727/8	2	195
Joseph, m. Patience ROGERS, Feb. 14, 1754	2	120
Joseph, m. Mindwell WILLCOCKS, Sept. 27, 1755	2	117
Joseph, [s. Joseph & Mindwell], b. Apr. 5, 1764	2	104
Joseph, Jr., m. Elizabeth KELCEY, Dec. 17, 1789	2	39
Joseph, d. Dec. 3, 1801	2	77
Josiah, s. Petter, b. July 6, 1698	1	77
Loies, [twin with Mary], d. Joseph & Mindwell, b. July 22, 1756	2	104
Lydia, m. Joseph GRISWOLD, May 22, 1754	2	73
Ledia, m. Joseph GRISWOLD, Jr., May 22, 1754	2	117
Marcy, d. Peter & Rebeckah, b. Feb. 5, 1718/19	2	195
Marcy, m. John BAYLEY, Dec. 29, 1737	2	145

KILLINGWORTH VITAL RECORDS 35

	Vol.	Page
FARNUM, FFARNUM, FARNHAM, FARNHUM, (cont.)		
Martha, [d. Abner & Grace], b. Mar. 21, 1807	2	112
Mary, [twin with Loies], d. Joseph & Mindwell, b. July 22, 1756	2	104
Mary Elizabeth, [d. Abner & Grace], b. Aug. 9, 1813	2	112
Mercy, [d. Bazaleel & Phebe], b. June 13, 1757	2	108
Meriam, d. Bazaleel & Phebe, b. Jan. 31, 1761	2	108
Mindwell, d. Joseph & Mindwell, b. June 22, 1759	2	104
Molly, [d. Hiel & Molly], b. Nov. 6, 1788	2	168
Nathaniell, s. Petter, b. Feb. 27, 1695/6	1	77
Nathaniel, m. Sarah TALLMAGE, Sept. 23, 1724	2	193
Nathaniel, m. Jerusha WILLARD, July 18, 1739	2	145
Nathaniel, [s. Hiel & Molly], b. Mar. 2, 1777	2	168
Nelson, m. Jane HURD, b. of Killingworth, Dec. 3, 1835, by Lewis Foster	3	390
Noah, [s. Abner & Grace], b. July 7, 1802; d. Sept. 1, 1802	2	112
Noah Lane, s. Abner & Grace, b. Mar. 30, 1795	2	112
Ones, s. Nathaniel & Jerusha, b. May 6, 1743	2	188
Onesemus, s. Nathaniel & Sarah, b. Aug. 8, 1725	2	188
Patience, d. Joseph & Patience, b. Jan. 1, 1755	2	104
Patience, w. of Joseph, d. Jan. 1, 1755	2	70
Patience, m. Hiel PARMELE, 2d, July 27, 1775	2	75
Peter, m. Hannah WILLCOCKSON, Dec. 8, 1686	1	67
Petter, s. Petter, b. Aug. 29, 1689	1	77
Petter, Sr., d. Feb. 14, 1703/4	1	80
Peter, m. Rebecca RUTTE[Y], May 21, 1712	2	192
Peter, m. Marcy WRIGHT, Mar. 27, 1717	2	192
Peter, s. Peter & Marcy, b. Jan. 12, 1720/1	2	195
Peter, m. Lidia GRAVES, Feb. 28, 1744/5	2	146
Peter, s. Bazaleel & Phebe, b. Feb. 7, 1755	2	108
Phebe, d. Peter, b. Oct. 29, 1700	1	77
Phebe, m. Loftis NEWELL, Sept. 24, 1730	2	191
Phebe, d. Bazaleel & Phebe, b. Oct. 19, 1752	2	108
Prudence, afterwards called Jerusha, d. Nathaniel & Jerusha, b. July 9, 1741	2	188
Rachel, d. Abner & Elisabeth, b. Sept. 25, 1759	2	97
Rachel, d. Abner & Eliisabeth, b. Sept. 25, 1759; d. Mar. 4, 1760	2	97
Rebeckah, d. Peter & Rebeckah, b. Feb. 12, 1714/15	2	195
Rebecca, w. of Petter, Jr., d. Apr. 28, 1715	1	80
Rebecca, m. Abraham STEEVENS, Feb. 3, 1737	2	145
Richard Augustus, s. James & Anna, b. July 22, 1804	2	88
Roger, s. Peter & Lydia, b. Apr. 6, 1746	2	129
Ruana, d. Peter & Lydia, b. July 29, 1750	2	129
Sarah, d. Nathaniel & Sarah, b. June 2, 1727	2	188
Sarah, w. of Nathaniell, d. Nov. 16, 1728	1	80
Sarah, d. Hiel & Molly, b. Aug. 25, 1772	2	168
Sarah, d. June 1, 1794	2	77
FARRILL, Julia, m. Aaron BALDWIN, Sept. 25, 1822, by Charles Atwater, North Branford	3	364
FFEN[N]ER, Phebe, m. David BUELL, May 11, 1701	2	192
FIELD, Abigail, of Killingworth, m. Ira COLE, of Cornwall, Jan. 18, 1824, by Rev. David Baldwin	3	366
Hannah, m. Samuel TEEL, Jan. 13, 1757	2	117
John, s. Daniel & Bursheba, b. Jan. 19, 1766	2	91

BARBOUR COLLECTION

	Vol.	Page
FIELD, (cont.)		
Lodah H., d. Martin, of Killingworth, m. Samuel **GRIFFIN**, of Essex, Vt., Nov. 4, 1832, by Rev. Samuel West	3	386
Martin L., m. Betsey **BUELL**, Nov. 24, 1830, by Rev. David Baldwin	3	391
Roswell, m. Mehetable **POST**, Nov. 17, 1758	2	117
FINLEY, John H., m. Abigail **BUELL**, b. of Killingworth, Nov. 13, 1831, by Rev. Luke Wood	3	381
FFISK, Phineas, m. Mary **HULL**, Sept. 23, 1707	2	192
FFOTT [see under **FOOT**]		
FLOOD, Abiga[i]ll,, m. Henary **CRANE**, Jr., Jan. 27, 1703/4	1	67
FOOT, FOOTE, FFOTT, Elizabeth E., m. Reuben W. **LINSLEY**, Jan. 3, 1847, by Rev. E. Swift	3	406
Jennie, m. Levi H. **BURR**, Oct. 11, 1859, byRev. Hiram Bell	3	417
Pasco, m. Margaret **STALLION**, Dec. 30, 1678	1	66
FOSTER, Alpha, of Madison, m. Harlow **REDFIELD**, of Killingworth, Oct.11, 1835, by Rev. E. Swift	3	388
David, m. Charlotte **REDFIELD**, Apr. 4, 1825, by Asa King	3	370
FOWLER, Elizabeth M., of Killingworth, m. Edward **HALL**, of Guilford, Mar. 18, 1841, by Rev. David D. Field, of Haddam	3	399
Gerard C. of Northford, m. Maria **STEVENS**, of Madison, Sept. 30, 1845, by Rev. E. Swift	3	403
Thad[d]eus, m. Lucy **PHELPS**, Oct. 15, 1843, by Rev. E. Swift	3	402
FRANCIS, Charles, m. Thankfull Gennet **NORTON**, b. of North Killingworth, Dec. 27, 1827, by Jonathan Burr, J. P.	3	375
Sabrina, m. Gilbert S. **STONE**, Jan. 4, 1860, by Rev. H. Scofield	3	417
FRANKLIN, Abigail, [d. Ishi & Martha], b. Nov. 22, 1777	2	124
Amelia C., m. Frederick M. **MINOR**, June 29, 1845, by Rev. E. Swift	3	403
Cemantha Amelia, see under Samantha		
Charles, m. Maria **HILL**, b. of Killingworth, Oct. 17, 1852, by Rev. Hiram Bell	3	411
Charlotte E., of Killingworth, m. Charles B. **WRIGHT**, of Westbrook, Sept. 3, 1843, by Rev. E. Swift	3	401
Clarissa, [d. Ishi & Martha], b. Aug. 29, 1774	2	124
Cynthia, [d. Ishi & Martha], b. May 10, 1786	2	124
Daniel, s. Jonathan & Est[h]er, b. Aug. 22, 1724	2	183
Daniel, s. Jonathan & Est[h]er, b. Dec. 18, 1732, at Branford	2	183
Daniel, s. Ishi & Martha], b. Feb. 12, 1792	2	124
David, s. Jonathan & Est[h]er, b. Apr. 3, 1739	2	183
David, s. Ishi & Martha, b. Dec. 6, 1772	2	124
Elizabeth, d. John & Huldah, b. Nov. 18, 1744* (*1742?)	2	142
Est[h]er, d. Jonathan & Est[h]er, b. Mar. 7, 1728/9	2	183
Esther, m. Assel **WARD**, Dec. 4, 1748	2	119
Esther, [d. Ishi & Martha], b. Aug. 18, 1793	2	124
Ist[h]er, d. Nov. 16, 1795 (Esther?)	2	76
Hannah, d. Jonathan & Est[h]er, b. Apr. 15, 1737	2	183
Hannah, m. Cornilius **PARMELE**, Dec. 6, 1762	2	118
Heman S., m. Maria **EVARTS**, Jan. 7, 1824, by Asa King	3	366
Heman Swift, m. Lottie **GRISWOLD**, Feb. 12, 1817	2	16
Hulda[h], d. John & Huldah, b. Apr. 22, 1746	2	142
Ishi, s. Jonathan & Abiga[i]l, b. Apr. 4, 1750	2	123
Ishi, m. Martha [*], Aug. 19, 1772 (*(**PIERSON**) handwritten on original manuscript)	2	124

KILLINGWORTH VITAL RECORDS 37

	Vol.	Page
FRANKLIN, (cont.)		
Ishi, s. Ishi & Martha, b. May 7, 1781	2	124
Ister, d. Nov. 16, 1795 (Ishi?)	2	76
John, s. Jonathan & Est[h]er, b. Aug. 13, 1719	2	183
John, m. Huldah **ARNEL**, Oct. 9, 1737	2	145
John, s. John & Huldah, b. Apr. 9, 1738	2	142
John, [s. Ishi & Martha], b. Dec. 17, 1787	2	124
Jonathan, m. Est[h]er **PARMELE**, Dec. 2, 1718	2	192
Jonathan, s. Jonathan & Est[h]er, b. July 31, 1722	2	183
Jonathan, s. John & Huldah, b. Apr. 13, 1744 (sic)	2	142
Jonathan, m. Abigail **GRISWOLD**, Sept. 4, 1749	2	119
Joseph, s. John & Huldah, b. Feb. 23, 1741	2	142
Juliette, m. Harlow A. **DAVIS**, b. of Killingworth, Nov. 3, 1851, by Rev. Hiram Bell	3	410
Luther, [s. Ishi & Martha], b. Sept. 13, 1784	2	124
Lydia, d. Jonathan & Est[h]er, b. Mar. 4, 1731/2	2	183
Martha, [d. Ishi & Martha], b. Feb. 29, 1776	2	124
Martin G., m. Mabel **HILL**, Apr. 16, 1848, by Rev. E. Swift	3	407
Martin Griswold, [s. Heman S. & Lottie], b. Nov. 17, 1819	2	16
Nancy E., m. George H. **NETTLETON**, Apr. 14, 1858, by Rev. Hiram Bell	3	415
Nancy Eliza, d. Heman S. & Lottie, b. Feb. 19, 1818	2	16
Orviett, m. William H. **HARRIS**, Dec. 29, 1858, by Rev. Hiram Bell	3	416
Reuben, s. Ishi & Martha, b. May 5, 1790	2	124
Rosel, s. John & Huldah, b. Aug. 26, 1739	2	142
Cemantha Amelia, [d. Heman S. & Lottie], b. Mar. 5, 1821	2	16
Samuel, s. Jonathan & Est[h]er, b. July 6, 1726	2	183
Sarah, d. Jonathan & Est[h]er, b. Dec. 4, 1734	2	183
Sarah, m. Silvanus **REDFIELD**, July 13, 1774	2	75
Silvanus, [s. Ishi & Martha], b. Dec. 15, 1782	2	124
Warren, [s. Ishi & Martha], b. Oct. 8, 1779	2	124
FRENCH, FFRENCH, Deliverance, m. Edward **PARKS**, Dec. 25, 1667	1	66
Elizabeth, m. Eleazer **ISBELL**, Nov. 11, 1668	1	66
Mabel, b. Oct. 31, 1774	2	94
Mary, d. Enos & Mary, b. Sept. 30, 1753	2	94
Mary, m. Elijah **WILLCOX**, Jr., Apr. 30, 1778	2	38
Mary Luce, [twin with Thomas], b. June 17, 1769	2	94
Sarah, m. Nathaniel **PARMERLEY**, Oct. 24, 1668	1	66
Thomas, [twin with Mary Luce], b. June 17, 1769	2	94
FULLER, Rachel, m. Justus **HURD**, May 20, 1746	2	119
GALE, Benjamin, m. Mrs. Hannah **ELIOT**, June 6, 1739	2	145
Benjamin, s. Dea. Samuel & Elizabeth, [b.], Aug. 8, 1767	2	85
Catherine, d. Benjamin & Hannah, b. June 21, 1742	2	151
Elizabeth, d. Benjamin & Hannah, b. Dec. 3, 1740	2	151
Elizabeth, Mrs., m. Samuel **GALE**, Sept. 4, 1766	2	74
Hannah, d. Benjamin & Hannah, b. Apr. 12, 1748	2	151
John, [s. Dea. Samuel & Elizabeth], b. Dec. 8, 1769	2	85
Juliann, d. Benjamin & Hannah, b. Nov. 4, 1746	2	151
Mary, d. Benjamin & Hannah, b. Feb. 3, 1744	2	151
Mehetabel, d. Benj[ami]n & Hannah, b. Dec. 13, 1749	2	151
Samuel, s. Benj[ami]n & Hannah, b. Dec. 9, 1751; d. 21st of same month	2	151

	Vol.	Page
GALE, (cont.)		
Samuel, s. Benj[ami]n & Hannah, d. Dec. 21, 1751	2	68
Samuel, m. Mrs. Elizabeth GALE, Sept. 4, 1766	2	74
Sam[ue]ll, [s. Dea. Samuel & Elizabeth], b. Apr. 24, 1772	2	85
GARDINER, Eunis, m. Hiel PARMELE, Oct. 11, 1725	2	193
GARNICE, Elizabeth, m. Josiah KELCEY, Nov. 17, 1731	2	191
GATES, Daniel C., m. Lydia M. PARMELEE, Oct. 15, 1848, by Rev. E. G. Swift	3	407
Russel[l], m. Mabel KELCEY, Oct. 30, 1820, by Rev. Asa King	3	358
GAY, Deb[o]rah, m. Andrew WARD, Nov. 19, 1691	1	67
Jared*, m. Elizabeth WALLMAN, May 23, 1671 *(correction (Jacob) handwritten in margin of original manuscript)	1	66
GAYLORD, Abigail R., of Killingworth, m. George W. LINSLEY, of Branford, Aug. 26, 1838, by Rev. E. Swift	3	397
Alma, [d. Joel & Polly], b. Mar. 11, 1807	2	182
Alma, m. Gould CAMPBELL, Mar. 11, 1829, by Asa King	3	378
Caroline, [d. Joel & Polly], b. June 27, 1808	2	182
Clarinda, m. Lorenzo WELLMAN, b. of Killingworth, Feb. 13, 1842, by Rev. E. G. Swift	3	400
Dency R., of Killingworth, m. Alvan P. ROSE, of North Guilford, Oct. 12, 1837, by Rev. E. Swift	3	395
Eliza Ann, of Killingworth, m. Nathan D. BURR, of Haddam, July 4, 1838, by Rev. E. Swift	3	397
Fidelia, m. Solomon A. DEWEY, Oct. 22, 1846, by Rev. E. Swift	3	405
Gilbert E., m. Adeline PARMELE, Oct. 25, 1842, by Rev. E. Swift	3	401
Joel, m. Polly HULL, Mar. 18, 1805	2	42
Minerva, m. William T. WILCOX, Mar. 7, 1832, by Asa King	3	382
Nancy S., of Killingworth, m. William A. LYMAN, of Saybrook, May 15, 1836, by Rev. E. Swift	3	392
Sarah Olive, d. Joel & Polly, b. Jan. 21, 1806	2	182
GLADDING, Caroline Maria, d. Joshua & Hannah, b. Aug. 24, 1805	2	46
Daniel Boardman, [s. Joshua & Hannah], b. Mar. 2, 1819	2	46
Emily Goodrich, [d. Joshua & Hannah], b. Feb. 16, 1817	2	46
Horace Griffith, [s. Joshua & Hannah], b. Dec. 21, 1810	2	46
William Russell, [s. Joshua & Hannah], b. Feb. 28, 1808	2	46
GLADWIN, William R., m. Loiza WILLCOX, b. of Killingworth, July 20, 1834, by Rev. E. Swift	3	384
William R., m. Harriet M. CROCKER, Dec. 26, 1850, by William Case	3	409
-----, m. wid. [ ] BAILEY, of Haddam, Oct. 20, 1824, by Asa King	3	369
GRAVES, Abner, m. Polly HOWD, Jan. 4, 1789	2	39
Charity, w. of Edward, d. Dec. 2, 1823	2	78
Daniell, s. John & Hannah, b. Feb. 1, 1714/15	2	195
Daniel, m. Hannah PARMELE, Jan. 5, 1743/4	2	146
Daniel, s. Daniel & Hannah, b. Oct. 25, 1744	2	141
Daniel, m. Lydia STANNARD, May 23, 1754	2	117
Daniel, m. Lois LOVELAND, Nov. [ ], 1765	2	74
Edward, [s. Abner & Polly], b. July 11, 1793	2	79
Edward, m. Charity GRISWOLD, Oct. 5, 1820, by Rev. Asa King	3	358
Electta Ann, d. Edward & Charity, b. June 16, 1821; d. July 22, 1824	2	107
Elizabeth, m. Daniel REDFIELD, Mar. 18, 1728	2	191
Emily, of Killingworth, m. Warren CALANDER, of Hartford, Aug.		

	Vol.	Page
GRAVES, (cont.)		
20, 1838, by Rev. E. Swift	3	397
Hannah, d. John & Hannah, b. Aug. 20, 1713	2	195
Hannah, d. Daniel & Hannah, b. Jan. 7, 1746/7	2	141
Hannah, w. of Daniel, d. Aug. 26, 1753	2	69
Hannah, m. William **NETTLETON**, Oct. 28, 1767	2	74
Hannah, [d. Daniel & Lois], b. Feb. 10, 1771	2	83
Hannah, m. Eli **STEVENS**, Mar. 15, 1821, by Asa King, V.D.M.	3	360
Jerusha, [d. Abner & Polly], b. Aug. 29, 1795	2	79
Joel, [s. Daniel & Hannah], b. June 23, 1749	2	141
John, m. Hannah **FARNUM**, May 30, 1710	2	192
John, s. John & Hannah, b. Apr. 27, 1711	2	195
Josiah, s. Daniel & Lydia, b. July 19, 1755	2	133
Lois, d. Daniel & Lois, b. Oct. 29, 1766	2	83
Louisa, m. Oren **RUTTY**, Mar. 2, 1831, by Asa King	3	380
Lidia, m. Peter **FARNUM**, Feb. 28, 1744/5	2	146
Lydia, [d. Daniel & Lydia], b. May 12, 1759	2	133
Lydia, m. Stephen **HARRIS**, May 27, 1829, by Asa King	3	378
Mary, m. Garner **ISBELL**, Nov. 23, 1778, by Rev. W[illia]m Seward	2	75
Phebe, m. Zebulon **PARMELE**, May 28, 1750	2	117
Phebe, m. Enos **HULL**, Aug. 6, 1752	2	120
Phebe, m. Stephen **BUTLER**, Jan. 27, 1785	2	75
Polly, [d. Abner & Polly], b. June 11, 1792	2	79
Rachel, m. Oren **REDFIELD**, Mar. 10, 1796	2	40
Salmon, s. Daniel & Lydia, b. Feb. 19, 1757	2	133
Sarah, m. Daniel **KELCEY**, Nov. 23, 1705	2	145
Sibbel, [d. Daniel & Lois], b. Sept. 23, 1768	2	83
William, s. Abner & Polly, b. Apr. 30, 1790	2	79
William, m. Roxanna **REDFIELD**, Sept. [ ], 1812	2	43
GRAY, Abigail, [d. Daniel & Abigail], b. Sept. 12, 1755	2	127
Daniel, m. Abigail **KELCEY**, Sept. 5, 1743	2	146
Daniel, s. Daniel & Abigail, b. Sept. 27, 1746	2	127
Daniel, d. Oct. 5, 1762	2	71
Edward, m. Mary **WELLMAN**, Mar. 7, 1744	2	146
Edward, s. Daniel & Abigail, b. June 26, 1748	2	127
Jeremiah, [s. Daniel & Abigail], b. Dec. 29, 1752	2	127
Luce, [d. Edward & Mary], b. May 4, 1746	2	141
Lydia, d. Philip & Martha, b. Aug. 10, 1749	2	124
Lidya, m. James **HULL**, Jan. 24, 1761	2	74
Martha, m. Theophilus **REDFIELD**, Dec. 3, 1750	2	119
Mary, d. Edward & Mary, b. Feb. 21, 1745	2	141
Mary, m. John **ROSSETTER**, Apr. 10, 1751	2	117
Mary, m. Josiah **STEEVENS**, Jan. 27, 1763	2	118
Pardon, s. Daniel & Abigail, b. May 16, 1745	2	127
Pardon, s. Daniel, d. Oct. 25, 1762	2	71
Phillip, m. Martha **CRANE**, Apr. 23, 1749	2	119
Phillip, d. Oct. 6, 1749	2	68
Philip, s. Daniel & Abigail, b. Jan. 12, 1749/50	2	127
GRAYNARD, Anna [d. Peter & Est[h]er], b. Sept. 2, 1777	2	113
Erube, [child of Peter & Est[h]er], b. July 4, 1767	2	113
Est[h]er, d. Peter & Est[h]er, b. May 29, 1763	2	113
James, [s. Peter & Est[h]er], b. Jan. 14, 1772	2	113

	Vol.	Page
GRAYNARD, (cont.)		
Janie Cartherine Easter, d. Peter & Est[h]er], b. Apr. 21, 1769	2	113
Katharine, d. Peter James & Est[h]er, b. Dec. 3, 1761	2	113
Mary, [d. Peter & Est[h]er], b. Apr. 16, 1765	2	113
Peter James, m. Esther **MERRELL**, July 14, 1760	2	118
Richard Peter, [s. Peter & Est[h]er], b. Sept. 18, 1774	2	113
GRIFFETH, GRIFFITH, [see also **GRIFFIN**], Benjamin, m. Jemima		
STEEVENS, Dec. 25, 1746	2	119
Benjamin, s. Benjamin & Jemimey, b. Feb. 21, 1747/8	2	130
Benjamin, m. Amelia **NEEDHAM**, Mar. 5, 1761	2	118
Elijah, s. Thomas & Hannah, b. Nov. 2, 1776	2	104
Elijah, m. Sally **HURD**, Jan. 13, 1798	2	42
Elizabeth, [d. Benjamin & Amelia], b. Mar. 19, 1763	2	130
Elizabeth Ann, d. Samuel & Jemima, b. Jan. 5, 1808	2	104
Fanny, d. Benj[amin] & Amelia, b. Dec. 6, 1761	2	130
Fanny, m. Josiah **HULL**, Jr., July 9, 1786	2	75
Frederic William, s. Elijah & Sally, b. Apr. 16, 1800	2	104
Jemima, w. of Benj[ami]n, d. Dec. 7, 1760	2	70
Jemima, w. of Benj[ami]n, d. Dec. 7, 1760	2	71
Jemima, d. Benjamin & Elizabeth, b. Jan. 5, 1801	2	104
Jemimah, m. Samuel **GRIFFING**, Nov. 12, 1807	2	42
John, s. Benj[amin] & Amelia, b. June 28, 1764	2	130
John H., m. Sally **DEE**, b. of Killingworth, Mar. 5, 1837, by Rev.		
John H. Baker	3	394
Martin, [s. Benjamin & Amelia], b. Nov. 4, 1765	2	130
Sally, [d. Elijah & Sally], b. Feb. 4, 1804	2	104
Sarah, m. William **WILCOX**, b. of Killingworth, Sept. 11, 1823, by		
Hart Talcott	3	366
Thomas, [s. Benjamin & Jemimey], b. July 15, 1750	2	130
William, [s. Benjamin & Jemimey], b. Mar. 20, 1753	2	130
GRIFFIN, GRIFFEN, GRIFFING, [see also **GRIFFETH**], Allen, [s.		
James & Polly], b. May 5, 1766	2	92
Ame, m. Elihu **WELLMAN**, Apr. 17, 1744	2	146
Azubah, [d. Sammuel & Mary], b. Apr. 9, 1765	2	93
Azuba, m. Henry **DAVIS**, Dec. 22, 1785	2	38
Charlotte, m. John **LESTER**, 2d, July 26, 1827, by Asa King	3	376
David, m. Freelove **HILLAND**, Aug. 6, 1782	2	75
Ebben, m. Jemima **BUELL**, b. of Killingworth, Nov. 10, 1833, by		
Rev. Aaron Dutton, of Guilford	3	383
Edward, [s. Jamees & Polly], b. May 8, 1762	2	92
Elizabeth, m. Benjamin **TURNER**, Jr., Nov. 15, 1753	2	120
Harmon, m. Betsey **HULL**, Sept. 29, 1827, by Asa King	3	375
James, s. Samuel & Mary, b. Apr. 7, 1733	2	156
James, m. Polly **NEEDHAM**, Feb. 24, 1757	2	118
James Needam, s. James & Polly, b. Mar. 29, 1760	2	92
Jeremiah, s. Samuel & Mary, b. Sept. 25, 1743	2	156
Jerusha, d. Samuel & Mary, b. May 23, 1736	2	156
Joel Pinckney, [s. Joel & Sally], b. Mar. 4, 1809	2	81
John, [s. Will[ia]m & Eunice], b. Oct. 2, 1773; d. Mar. 31, 1778	2	80
John, [s. Will[ia]m & Eunice], b. Nov. 4, 1786	2	80
Joseph, [s. Will[ia]m & Eunice], b. Aug. 23, 1770	2	80
Lois, d. Sammuel & Mary, b. Nov. 21, 1760	2	93
Lois, m. Stephen **KELCEY**, Mar. 27, 1783	2	38

KILLINGWORTH VITAL RECORDS 41

	Vol.	Page
GRIFFIN, GRIFFEN, GRIFFING, (cont.)		
Lucresha, [d. Will[ia]m & Eunice], b. Nov. 17, 1779	2	80
Marah, m. Samuel GRIFFEN, May 17, 1759	2	118
Mariah, w. of Sam[ue]ll, d. Aug. 13, 1763	2	71
Martin, d. Oct. 4, 1795	2	76
Mary, d. Samuel & Mary, b. Dec. 7, 1728	2	156
Mary, [d. Will[ia]m & Eunice], b. Mar. 13, 1772	2	80
Patty, [d. Will[ia]m & Eunice], b. Apr. 13, 1783	2	80
Polly, [d. James & Polly], b. Mar. 25, 1769	2	92
Polly, d. James, d. Dec. 14, 1784	2	76
Robe, [d. Sammuel & Mary], b. Aug. 13, 1762	2	93
Sally Louisa, d. Joel & Sally, b. Aug. 30, 1807	2	81
Sam[ue]ll, s. Samuel & Mary, b. Feb. 10, 1739	2	156
Samuel, m. Marah GRIFFEN, May 17, 1759	2	118
Sam[ue]l, [s. Will[ia]m & Eunice], b. Mar. 2, 1777	2	80
Samuel, s. David & Freelove, b. Sept. [ ], 1782	2	85
Samuel, m. Jemimah GRIFFITH, Nov. 12, 1807	2	42
Samuel, of Essex, Vt., m. Lodah H. FIELD, d. of Martin, of Killingworth, Nov. 4, 1832, by Rev. Samuel West	3	386
Thankfull, d. Samuel & Mary, b. Oct. 14, 1731	2	156
William, m. Eunis CRANE, Apr. 17, 1769	2	75
William, s. Will[ia]m & Eunice, b. May 13, 1769	2	80
GRIFFITH, [see under **GRIFFETH**]		
GRINNELL, GRENEL, GRENNEL, GRINEL, GRINNEL, Anna, [d. Barber & Margaret], b. Mar. 26, 1765	2	110
Barber, m. Margaret KELCEY, Jan. 2, 1751/2	2	120
Barber, s. Barber & Margaret, b. Jan. 20, 1755; d. Oct. 11, 1762	2	110
Betsey, d. Asa & Polly, b. Nov. 25, 1798	2	196
Elizabeth, m. John STEEVENS, Mar. 15, 1709/10	2	192
Elizabeth, of Killingworth, m. Christopher BURDICK, of R.I., Aug. 12, 1821, by Hart Talcott	3	361
Hannah, [d. Barber & Margaret], b. Dec. 1, 1769	2	110
Lovice, [d. Barber & Margaret], b. May 4, 1763	2	110
Lydiah, [d. Barber & Margaret], b. [ ] 25, 1762	2	110
Margaret, d. Barber & Margaret, b. Dec. 26, 1753; d. Oct. 26, 1755	2	110
Marg[a]ret, [d. Barber & Margaret], b. Apr. 29, 1767	2	110
Margaret, m. Noah KELCEY, Feb. 14, 1791	2	39
Polly, m. Elihu CHATFIELD, June 18, 1806	2	42
Priscilla, m. Theophilus REDFIELD, Dec. 24, 1706	2	192
Ruth, [d. Barber & Margaret], b. Feb. 2, 1759	2	110
Ruth, m. Benjamin WRIGHT, Oct. 5, 1783	2	75
Sam[ue]ll, [s. Barber & Margaret], b. June 22, 1761; d. Oct. 29, 1762	2	110
Sara[h], m. John BROOKER, Apr. 29, 1717	2	192
William Barber, [s. Barber & Margaret], b. Feb. 25, 1757	2	110
GRISWOLD, GRISWOULD, GRUZOLD, Aaron, [s. Daniel & Mary], b. Nov. 1, 1770	2	105
Abiga[i]ll, d. Mikell & Elizabeth, b. Apr. 12, 1717	2	181
Abiga[i]l, d. Benjamin & Abiga[i]l, b. Sept. 13, 1726	2	183
Abigail, m. Joseph KELCEY, Jan. 16, 1745/6	2	119
Abigail, m. Jonathan FRANKLIN, Sept. 4, 1749	2	119
Abigail, [d. Michael & Sarah], b. Sept. 21, 1751	2	144
Abner, [s. Giles & Mary], b. Mar. 30, 1762	2	126
Abner, m. Mary HULL, 2d, Nov. 13, 1788	2	38

GRISWOLD, GRISWOULD, GRUZOLD, (cont.)

	Vol.	Page
Ahira L., m. Isaac **KELSEY**, b. of Killingworth, Oct. 19, 1851, by Rev. Hiram Bell	3	409
Alvira Loancey, d. Nathan & Rachel, b. Oct. 27, 1828	2	44
Amasa G., m. Charlotte **CHATFIELD**, Nov. 14, 1823, by A. King	3	365
Amaziah, s. Benjamin & Abigail, b. Sept. 7, 1731	2	183
Ann, m. Samuel **NETTLETON**, Feb. 14, 1748	2	119
Anne, [d. Daniel & Mary], b. Apr. 12, 1766	2	105
Aseal, [twin with Stephen], [s. Joseph], b. Jan. 24, 1768	2	147
Ashley Steevens, s. George & Artimisia, b. May 1, 1784	2	125
Augusta M., m. Sylvester E. **HUBBARD**, Nov. 10, 1859, by Rev. Hiram Bell	3	417
Barshab, wid. of Dr. John, d. Mar. 19, 1736	1	89
Barsheba, m. Daniel **CLARK**, Dec. 8, 1708	2	192
Barsheba, d. Daniel & Jerusha, b. Oct. 20, 1725	2	186
Barsheba, d. Lieut. Daniel, d. Oct. 23, 1737	1	89
Barshuah, d. John, b. Dec. 5, 1682	1	74
Bathshba, w. of Joseph, d. May 31, 1747	1	93
Beniamin, [twin with Joseph], s. John, b. Sept. 26, 1691	1	77
Benjamin, m. Abigaill **NORTON**, June 17, 1718	2	192
Benjamin, s. Banjamin & Abigail, b. Apr. 27, 1728	2	183
Betsey C., [d. David M. & Polly], b. Nov. 24, 1821	2	24
Beulah, [d. Daniel & Mary], b. Oct. 20, 1760	2	105
Charity, [d. Giles & Mary], b. Feb. 12, 1771	2	126
Charity, m. Edward **GRAVES**, Oct. 5, 1820, by Rev. Asa King	3	358
Charles, s. Jeremiah & Mary, b. Dec. 28, 1823	2	60
C[h]loe, m. Joseph **YOUNG**, Dec. 13, 1781	2	38
Clarina, m. Nathan **ELIOT**, Oct. 22, 1754	2	117
Clarissa, of Killingworth, m. Alderkin **BOARDMAN**, of Lryden, N.Y., Sept. 17, last [1821], by Neh[emiah] B. Beardsley, Saybrook	3	361
Cynthia, d. Samuel & Submit, b. Dec. 3, 1773	2	106
Cynthia, m. Albert B. **HULL**, b. of Killingworth, Apr. 28, 1839, by Rev. E. Swift	3	398
Daniell, s. John, b. Oct. 25, 1696	1	77
Daniel, m. Jerusha **STEEVENS**, Mar. 9, 1722	2	193
Daniel, s. Joseph & Temperance, b. Aug. 10, 1728	2	181
Daniel, Lieut., d. Sept. 10, 1737	1	89
Daniel, m. Mary **BUSHNELL**, Oct. 22, 1750	2	120
Daniel, m. Ledia **HULL**, Apr. 26, 1751	2	120
Daniel, s. Joseph, d. July 9, 1753	2	69
Daniel, [s. Joseph & Sarah], b. Feb. 18, 1755	2	148
Daniel, [s. Daniel & Mary], b. Jan. 17, 1756	2	105
Daniel, s. Capt. Daniel, d. May 10, 1777	2	76
Daniel, s. [Benjamin & Abigail], b. [ ]	2	183
Darius, s. John & Elizabeth, b. Aug. 1, 1744	2	141
Darius, s. John, d. Mar. 31, 1748	1	93
Darius, [s. John & Elizabeth], b. Feb. 4, 1754; d. Apr. 24, 1753 (sic)	2	141
David, [s. Giles & Mary], b. Nov. 30, 1768	2	126
David, m. Thankfull **REDFIELD**, Dec. 25, 1794	2	39
David M., m. Polly **LORD**, Apr. 24, 1817	2	24
David Martin, s. David & Thankfull, b. Apr. 23, 1797	2	112
Delia, m. Michael **KELSEY**, Mar. 6, 1822, by Asa King	3	363

KILLINGWORTH VITAL RECORDS 43

	Vol.	Page
GRISWOLD, GRISWOULD, GRUZOLD, (cont.)		
Diantha, m. Henry D. DAVIS, Oct. 21, 1846, by Rev. E. Swift	3	405
Dorothy, d. John, b. May 4, 1681	1	74
Dorothy, d. John, b. Sept. 23, 1692	1	77
Drusilla, [d. Giles & Mary], b. Jan. 20, 1764; d. Mar. following	2	126
Drusilla, [d. Giles & Mary], b. May 21, 1766	2	126
Ebbun, [s. Joseph], b. Feb. 25, 1771	2	147
Ebenezer, s. Mikell & Elizabeth, b. May 26, 1722	2	181
Ebenezer, m. Lidea PARMELE, Dec. 3, 1746	2	119
Ebenezer, d. Sept. 18, 1752	2	69
Ebenezer, s. Michael & Sarah, b. May 23, 1756	2	144
Edmon, s. Jed[edia]h & Patience, b. Feb. 9, 1766	2	99
Edward, [s. Daniel & Mary], b. Feb. 11, 1758	2	105
Electa, wid., d. Nov. 30, 1811	2	78
Eliza, d. Jeremiah & Mary, b. June 17, 1821	2	60
Eliza, m. W[illia]m A. HAYES, May 19, 1842, by Rev. E. Swift	3	400
Elizabeth, d. Isaac & Elizabeth, b. Apr. 7*, 1700 (*corrected to (5))	1	70
Elizabeth, m. Nathaniel HULL, Jan. 25, 1722/3	2	193
Elizabeth, d. Michail & Elizabeth, b. June 10, 1725	2	181
Elizabeth, m. William WELLMAN, June 25, 1730	2	191
Elizabeth, [d. John & Elizabeth], b. Sept. 29, 1749	2	141
Elizabeth, w. of Michael, d. Sept. 27, 1752	2	69
Elnathan, s. Joseph & Sarah, b. Jan. 24, 1749	2	148
Est[h]er, d. Michael & Sarah, b. Apr. 14, 1744	2	144
Esther, [d. Joseph], b. Oct. 1, 1765	2	147
Esther, m. James NETTLETON, Oct. 4, 1770	2	73
Esther P., d. David M. & Polly, b. Jan. 22, 1818	2	24
[E]unice, d. Nathan & Jemimah, b. Oct. 29, 1783	2	86
Ezanos, s. Giles & Mary, b. May 10, 1758	2	126
Florilla, [d. Samuel & Submit], b. Aug. 26, 1793	2	106
Frances, [child of Daniel & Mary], b. Aug. 11, 1762	2	105
George, s. Nathan & Sarah, b. Nov. 6, 1752	2	129
George Washington, s. Joel, b. July 26, 1804	2	81
Gideon, s. Joseph & Rebecca, b. July 24, 1742; d. Dec. 31, 1742	2	148
Gideon, [s. Joseph], b. Feb. 3, 1757	2	147
Giles, s. Joseph & Temperance, b. June 3, 1723	2	181
Giles, m. Mary CHATFIELD, Nov. 17, 1746	2	119
Giels, [s. Giles & Mary], b. Oct. 28, 1748	2	126
Grace, d. Daniel & Jerusha, b. Apr. 2, 1734	2	186
Grace, d. John & Mary, b. Nov. 25, 1786	2	122
Guilbert, [s. Joseph], b. June 6, 1761	2	147
Hannah, d. John, b. Oct. 25, 1677	1	74
Hannah, d. Isaac & Elizabeth, b. May 20, 1698	1	70
Hannah, d. Walter & Sarah, b. July 31, 1724	2	187
Hannah, m. John CRANE, Sept. 16, 1742	2	119
Hannah, d. John & Hannah, b. Dec. 2, 1789	2	143
Harriet, m. Jeremiah HULL, 2d, Sept. 6, 1841, by Rev. E. Swift	3	400
Huldah, m. Henry BARNUM, b. of Killingworth, Sept. 16, 1835, by Rev. E. Swift	3	388
Isaac, s. Isaac & Elizabeth, b. Apr. 8, 1702	1	70
Isaac, Sr., d. June 13, 1727	1	79
Isaac, m. Jemima KEEP, Apr. 13, 1731	2	191
Jeames, [s. John & Elizabeth], b. June 31 (sic), 1751	2	141

GRISWOLD, GRISWOULD, GRUZWOLD, (cont.)

	Vol.	Page
Jared, [s. Nathan & Sarah], b. Aug. 10, 1764	2	129
Jared, s. [Nathan], d. Oct. 30, 1784	2	76
Jared, [s. George & Artimisia], b. Oct. 17, 1788	2	125
Jedediah, s. Joseph & Temperance, b. Dec. 13, 1730	2	181
Jedediah, m. Patience BATTES, Apr. 19, 1758	2	117
Jedediah, s. Jed[edia]h & Patience, b. May 20, 1763	2	99
Jemima, d. Ebenezer & Lydia, b. Sept. 18, 1747	2	130
Jemima, m. Ambrose KELCEY, Dec. 19, 1771	2	73
Jeremiah, [s. Moses & Huldah], b. May 30, 1793	2	86
Jerusha, d. Daniel & Jerusha, b. Nov. 23, 1727	2	186
Jerusha, m. Noah ISBEL, Mar. 16, 1743	2	146
Jerusha, d. Michael & Sarah, b. Sept. 18, 1747	2	144
Jerusha, d. Daniel & Mary, b. Aug. 20, 1752	2	105
Jerusha, [d. John & Mary], b. Jan. 25, 1755	2	122
Jerusha, m. Levi RUTTY, Feb. 28, 1771	2	73
Jes[s]e, [child of Giles & Mary], b. Aug. 28, 1756	2	126
Jesse, d. Sept. 21, 1777	2	72
Joel, s. Nathan & Sarah, b. May 21, 1757	2	129
Joel, m. Sally KELCEY, Sept. 1, 1796	2	39
Joel, d. Apr. 12, 1834, ae 77 y.	2	44
Joel, d. Apr. 12, 1834	2	81
John, m. Mary BEMIS, Nov. 28, 1672	1	66
John, s. John, b. Sept. 22, 1679	1	74
John, s. John, d. Dec. 14, 1679	1	79
John, s. John, b. Nov.* 4, 1683 (*handwritten correction (Dec.))	1	74
John, s. Joseph & Temperance, b. Oct. 10, 1715	2	181
John, s. Benjamin & Abiga[i]l, b. Mar. 12, 1719	2	183
John, s. Joseph & Temperance, b. Mar. 6, 1725/6	2	181
John, m. Elizabeth HULL, Sept. 29, 1743	2	146
John, Jr., m. Mary WARD, Jan. 13, 1748/9	2	119
John, s. John & Mary, b. Aug. 4, 1749	2	122
John, s. John & Lydia, b. July 10, 1758	2	113
John, [s. Daniel & Mary], b. June 7, 1764	2	105
John, m. Almira BUELL, b. of Killingworth, Mar. 30, 1836, by E. Swift, Pastor	3	392
Jonathan, s. Jared & Ann, b. Apr. 10, 1746	2	142
Joseph, [twin with Beniamin], s. John, b. Sept. 26, 1691	1	77
Joseph, m. Temperance LAY, Dec. 29, 1714	2	192
Joseph, s. Joseph & Temperance, b. Oct. 22, 1716	2	181
Joseph, s. Joseph & Rebecca, b. Dec. 29, 1743	2	148
Joseph, m. Rebeckah RUTTY, Dec. 4, 1745	2	146
Joseph, m. Sarah HURD, Sept. 22, 1748	2	119
Joseph, Jr., m. Sarah JONES, Nov. 6, 1751	2	120
Joseph, m. Lydia FARNUM, May 22, 1754	2	73
Joseph, Jr., m. Ledia FARNUM, May 22, 1754	2	117
Joseph, d. Apr. 18, 1771	2	71
Josiah, s. Daniel & Jerusha, b. Nov. 19, 1731	2	186
Josiah, s. Daniel & Lydia, b. June 17, 1752	2	107
Josiah, [s. Samuel & Submit], b. Nov. 3, 1776	2	106
Joy, of Guilford, m. Hannah WOODRUFF, of Killingworth, Aug. 27, 1835, by Rev. E. Swift	3	387
Julia, m. Edward KELSEY, Aug. 13, 1842, by Rev. E. Swift	3	400

	Vol.	Page
GRISWOLD, GRISWOULD, GRUZOLD, (cont.)		
Julia M., m. Alvin **HULL**, b. of Killingworth, Oct. 18, 1840, by Rev. E. Swift	3	399
Leander, m. Elvira **DUDLEY**, Oct. 3, [1827], by Asa King	3	375
Loiza, m. Ezra G. **L'HOMMEDIEU**, Nov. 26, 1837, by Rev. E. Swift	3	396
Lotte, [d. Nathan & Jemimah], b. Nov. 10, 1791	2	86
Lottie, m. Heman Swift **FRANKLIN**, Feb. 12, 1817	2	16
Lovisa, [d. Samuel & Submit], b. Feb. 19, 1782	2	106
Lucinthia, d. Jeremiah & Mary, b. Oct. 8, 1829	2	60
Lucintha, m. James M. **LANE**, May, 18, 1859, by Rev. H. Scofield	3	416
Lucretia, w. of Moses, d. June 15, 1788	2	76
Lucretia, d. Moses & Huldah, b. Apr. 6, 1791; d. Dec. 11, 1792	2	86
Luce, d. John, b. July 26, 1686	1	77
Lucey, d. Benjamin & Abiga[i]l, b. Mar. 23, 1721	2	183
Lucy, m. Ebenezer **STEEVENS**, Dec. 3, 1742	2	146
Luce, [d. Giles & Mary], b. Oct. 15, 1753	2	126
Ledia, d. Mikell & Elizabeth, b. Apr. 27, 1719	2	181
Lydia, [d. Joseph], b. Mar. 20, 1759	2	147
Lydia, [d. Joseph], b. Dec. 6, 1763	2	147
Mabel, [d. George & Artimisia], b. Nov. 8, 1790	2	125
Marcy, w. of John, d. Oct. 27, 1679	1	79
Marcy, [d. Giles & Mary], b. Oct. 19, 1751	2	126
Margaret, w. of Edward, d. Aug. 23, 1670	1	79
Margaret, d. John, b. Dec. 10, 1675	1	74
Martha, d. John, b. Jan.* 1, 1689 (*handwritten correction (June))	1	77
Martha, d. John, d. Mar. 17, 1689/90	1	79
Martha, d. John, b. June 16, 1694	1	77
Martha, d. Walter & Sarah, b. May 28, 1726	2	187
Martin, [s. Nathan & Sarah], b. Feb. 14, 1770	2	129
Martin, m. Lucy **REDFIELD**, b. of Killingworth, Mar. 3, 1822, by Hart Talcott	3	363
Martin Hiram, s. Joel & Sally, b. Oct. 19, 1797	2	81
Martin Hiram, s. Joel, d. Jan. 31, 1801	2	77
Mary, d. John, b. Feb. 1, 1673	1	74
Mary, d. Samuell & Sarah, b. June 28, 1718	2	182
Mary, d. Michail & Elizabeth, b. Sept. 20, 1729	2	181
Mary, d. Michael & Sarah, b. May 29, 1742	2	144
Mary, d. Giles & Mary, b. Apr. 18, 1747	2	126
Mary, [d. John & Mary], b. Aug. 4, 1752	2	122
Mary; d. Daniel & Mary, b. Mar. 25, 1754	2	105
Mary, m. Capt. Caleb Leet **HURD**, June 4, 1776	2	41
Mary, d. Jeremiah & Mary, b. Aug. 8, 1826	2	60
Mary, m. John C. **NETTLETON**, b. of Killingworth, Nov. 8, [1854], by Rev. Hiram Bell	3	412
Mercy, m. David **SMITH**, 2d, of Haddam, Nov. 24, 1825, by Asa King	3	371
Micell, m. Elizabeth **HULL**, Sept. 15, 1713	2	192
Mikell, s. Mikell & Elizabeth, b. Oct. 5, 1714	2	181
Michael, m. Sarah **PARMELE**, July 3, 1740	2	146
Michael, d. June 8, 1753	2	69
Mickel, [s. Michael & Sarah], b. Apr. 18, 1754	2	144
Michael, d. Nov. 12, 1776	2	72

	Vol.	Page
GRISWOLD, GRISWOULD, GRUZOLD, (cont.)		
Meekel, [child of Moses & Lucresha], b. Mar. 11, 1778	2	86
Molly, [d. Samuel & Submit], b. July 5, 1779	2	106
Moses, m. Lucresha KELCEY, Feb. 2, 1775	2	73
Moses, m. Huldah EVARTS, Mar. 31, 1790	2	38
Moses, s. Michael & Sarah, b. Nov. 19, 1793 (sic)	2	144
Moses Noyes, s. Jeremiah & Mary, b. Jan. 10, 1819	2	60
Nancy, [d. George & Artimisia], b. Mar. 23, 1793	2	125
Nathan, s. Joseph & Temperance, b. Apr. 28, 1719	2	181
Nathan, m. Sarah HULL, May 2, 1745	2	119
Nathan, s. Nathan & Sarah, b. Sept. 27, 1746	2	129
Nathan, [s. John & Elizabeth], b. Oct. 9, 1753	2	141
Nathan, Jr., m. Jemima PIERSON, Jan. 23, 1783	2	75
Nathan, Capt., d. June 15, 1791	2	76
Nathan, [s. Joel & Sally], b. July 3, 1799	2	81
Nathan, m. Rachel HULL, Nov. 28, 1827, by Asa King	3	376
Nathaniel, [s. Michael & Sarah], b. Nov. 30, 1759	2	144
Nathaniel, m. Silvia TOWNER, Feb. 7, 1821, by Asa King, V.D.M.	3	359
Noah, s. John & Elizabeth, b. Aug. 18, 1746	2	141
Noah, [s. Moses & Lucresha], b. Apr. 22, 1781; d. Aug. 20, 1784	2	86
Orpha, of Killingworth, m. Zophar C. STODDARD, of New Haven, Jan. 23, 1821, by Asa King, V.D.M.	3	359
Patience, m. Benjamin WEL[L]MAN, Feb. 28, 1756	2	120
Patience, d. Jedediah & Patience, b. Jan. 21, 1759	2	99
Philanda, [s. Nathan & Jemimah], b. July 17, 1787	2	86
Pollee, d. Moses & Lucresha, b. Apr. 7, 1776	2	86
Polly, d. Moses, d. Nov. 7, 1801	2	77
Polly, m. David NORTON, b. of Killingworth, Feb. 27, 1833, by Rev. Luke Wood	3	386
Polly A., m. Asahel PARMELE[E], 2d, Nov. 8, 1821, by Asa King	3	362
Polly Meranda, [d. Joel & Sally], b. May 3, 1801	2	81
Rebecca, d. Michael & Elizabeth, b. Apr. 11, 1732	2	181
Rebeckah, d. Joseph & Sarah, b. Nov. 14, 1753	2	148
Rebinah, m. Josiah CHATFIELD, Oct. 17, 1754	2	117
Richard M., [s. David M. & Polly], b. June 21, 1827	2	24
Rosetta, m. Albert W. NETTLETON, Nov. 12, 1837, by Rev. E. Swift	3	396
Russel[l] M., m. Polly F. HILL, June 15, 1834, by Rev. David Baldwin	3	391
Sally, [d. Samuel & Submit], b. Apr. 5, 1786	2	106
Sally, m. John D. LEFFINGWELL, of Killingworth, Jan. 4, 1825, by Rev. Pierpont Brocket	3	369
Sally, m. William GRISWOLD, Dec. 15, 1825, by Asa King	3	371
Samuell, s. John, b. Apr. 14*, 1685 (*handwritten correction to (4))	1	77
Samuell, s. Samuell & Sarah, b. July 27, 1720	2	182
Samuell, d. Oct. 29, 1732	1	89
Samuel, s. Daniel & Jerusha, b. Feb. 8, 1736	2	186
Sam[ue]ll, Jr., d. Dec. 27, 1736, at Hartford	1	89
Samuel, s. Lieut. Daniel, d. Apr. 7, 1745	1	93
Samuel, s. Joseph & Rebecca, b. July 16, 1745	2	148
Samuel, m. Submit TURNER, Mar. 4, 1773	2	38
Samuel, [s. Samuel & Submit], b. Apr. 5, 1775	2	106
Sarah, d. Daniel & Jerusha, b. Oct. 22, 1723	2	186

	Vol.	Page
GRISWOLD, GRISWOULD, GRUZOLD, (cont.)		
Sarah, d. Samuell & Sarah, b. Apr. 8, 1725	2	182
Sarah, d. Walter & Sarah, b. Sept. 20, 1731	2	187
Sarah, wid. of Sam[ue]ll, d. May 9, 1735	1	89
Sarah, d. Michael & Sarah, b. July 28, 1749	2	144
Sarah, w. of Josiah, Jr., d. Sept. 12, 1751	2	68
Sarah, w. of Joseph, Jr., d. Dec. 9, 1753	2	70
Sarah, m. Joseph HILLIARD, May 31, 1758	2	118
Sarah, d. Nathan & Sarah, b. Apr. 10, 1760	2	129
Sarah, d. Lieut. Nathan, d. Oct. 5, 1763	2	71
Sarah, [d. Nathan & Sarah], b. Feb. 20, 1766	2	129
Sarah, [d. Daniel & Mary], b. Nov. 5, 1768	2	105
Sarah, m. William GRUZOLD, Dec. 30, 1772	2	184
Sarah, d. Nathan, d. Feb. 26, 1784	2	76
Sarah, w. of Michel, d. May 7, 1784	2	76
Sarah, [d. George & Artimisia], b. Dec. 7, 1786	2	125
Sarah, m. Philander HULL, May 9, 1843, by Rev. E. Swift	3	401
Sarah M., m. W[illia]m H. STEVENS, Nov. 24, 1858, by Rev. Hiram Bell	3	416
Sarah Mahetabel, b. Dec. 27, 1832	2	44
Sherman Everett, b. Aug. 17, 1835	2	44
Siba, d. Daniel & Lydia, b. Apr. 27, 1753	2	107
Sibble, see under Sybil		
Simeon, [s. Daniel & Mary], b. Oct. 3, 1773	2	105
Stephen, m. Abigail SITTER, Oct. 24, 1722	2	193
Stephen, s. Isaac & Jemima, b. Nov. 21, 1732	2	158
Stephen, [twin with Aseal], s. [Joseph], b. Jan. 24, 1768	2	147
Submit, d. Jedediah & Patience, b. May 19, 1761	2	99
Sibble, d. Michel & Elizabeth, b. Mar. 9, 1727 (Sybil)	2	181
Sibel, m. Solomon DAVIS, Jan. 14, 1746/7 (Sybil)	2	119
Sylvia, m. William G. DUDLEY, b. of Killingworth, July 6, 1836, by Rev. E. Swift	3	393
Temperence, d. Nathan & Sarah, b. Dec. 14, 1748	2	129
Temperance, w. of Joseph, d. Sept. 18, 1773	2	72
Waltar (see William)		
Walter, m. Sarah WRIGHT, Oct. 24, 1723	2	193
Walter Price, s. Walter & Sarah, b. Feb. 24, 1728/9	2	187
Washington E., m. Cordelia BARNUM, b. of Killingworth, Oct. 4, [1854], by Rev. Hiram Bell	3	412
Washington Edward, b. Dec. 24, 1830	2	44
William*, s. John, b. Mar. 7, 1700 (*handwritten correction (Waltar) in margin of original manuscript)	1	77
William, m. Sarah GRUZOLD, Dec. 30, 1772	2	184
William, [s. Daniel & Mary], b. Mar. 14, 1776	2	105
William, m. Sally GRISWOLD, Dec. 15, 1825, by Asa King	3	371
William, of North Guilford, m. Polly KELSEY, of North Killingworth, Sept. 1, 1833, by E. Swift	3	383
William L., [s. David M. & Polly], b. Apr. 13, 1820	2	24
-----, 2d w. of Joseph, d. Sept. 16, 1751	2	68
GRUMBEY, Amanda, m. Bela WILCOX, Dec. 4, 1823, by A. King	3	365
HALES, [see also HALL and HULL], Martha, m. Samuel G. KELSEY, Dec. 22, 1828, by Asa King	3	377
HALL, [see also HALES and HULL], Ann, m. Ulysses S. HULL, Mar.		

HALL, (cont.)

	Vol.	Page
12, 1848, by E. Swift	3	407
Diannah, w. of Sam[ue]ll, d. Aug. 7, 1756	2	70
Edward, of Guilford, m. Elizabeth M. FOWLER, of Killingworth, Mar. 18, 1841, by Rev. David D. Field, of Haddam	3	399
James H., of Guilford, m. Elizabeth A. BRADLEY, of Killingworth, [Jan.] 8, [1829], by Peter Crocker	3	377
John, m. Abigayle KEILSEY, Dec. 3, 1668 (changed to "HULL")	1	66
Martha, m. John NETTLETON, May 29, 1670 (changed to "HULL")	1	66
Peckham, of R.I., m. Abigail TAYLOR, of Killingworth, Mar. 4, 1832, by Rev. Nathaniel Kellog	3	382
Ruth, m. Hyman HULL, 3rd, Apr. 2, 1843, by E. Swift	3	401
Sarah, m. Michael CHATFIELD, Nov. 18, 1799	2	42
Sophia, m. William HULL, b. of Killingworth, May 6, 1840, by Rev. E. Swift	3	399
Susan, of North Killingworth, m. Isaac C. LOVELAND, of Durham, Feb. 8, 1837, by Lewis Foster	3	394
William J., m. Diantha M. HILL, Nov. 25, 1847, by E. Swift	3	406

HAMILTON, James, m. Jemima STEEVENS, May 25, 1775

	Vol.	Page
	2	42
James, twin with John, s. James & Jemima, b. Oct. 24, 1777	2	190
John, twin with James, s. James & Jemima, b. Oct. 24, 1777	2	190
Molly, m. Jerry PARMELE, Jan. 7, 1824, by Asa King	3	366
Polly, [d. James & Jemima], b. Dec. 15, 1785	2	190
William, [s. James & Jemima], b. Mar. 22, 1780	2	190

HAND, Elizabeth, m. Benjamin WRIGHT, Apr. 5, 1705

	Vol.	Page
	2	192
Jane, m. Cornelius DOWD, Feb. 4, 1766/7	1	66
Sarah, d. Joseph, b. Mar. 2, 1665	1	69

HANDY, HANDAY, [see also HENDY], Jarius, m. Neomy WARD, May 15, 1755

	Vol.	Page
	2	117
Naomey, d. Jarius & Neomey, b. Mar. 26, 1758	2	131
Rufus, m. Prisc[i]lla REDFIELD, Oct. 10, 1759	2	74
Rufus, m. Molly WARD, Aug. 16, 1767	2	74
Samuel, s. Jarius & Neomey, b. Dec. 6, 1756	2	131

HANNAH, Benjamin, [s. Nehemiah & Lidda], b. Nov. 28, 1786

	Vol.	Page
	2	91
David, [s. Nehemiah & Lidda], b. Apr. 28, 1782	2	91
William, s. Nehemiah & Lidda, b. Feb. 18, 1780	2	91

HARRIS, Henry, m. Dorinda PARMELEE, Apr. 30, 1829, by Asa King

	Vol.	Page
	3	378
John, s. John & Mercy, b. Aug. 20, 1751	2	109
Samuell, m. Dina WILLCOCKS, Jan. 15, 1723/4	2	193
Stephen, m. Lydia GRAVES, May 27, 1829, by Asa King	3	378
William H., m. Orviett FRANKLIN, Dec. 29, 1858, by Rev. Hiram Bell	3	416

HARRISON, Philander, m. Jane A. PHELPS, Dec. 21, 1844, by Rev. E. Swift

	Vol.	Page
	3	402
Trueman, m. Charlotte HULL, Apr. 9, 1821, by Asa King, V.D.M.	3	360

HART, Mary, Mrs., m. Abraham PIERSON, May 25, 1736

	Vol.	Page
	2	145

HAYDEN, HAYDON, HAYTON, HEYDON, Alpheas, s. Jacob & Mary, b. Sept. 11, 1794

	Vol.	Page
	2	132
Concurrence, m. Stephen KELCEY, Jan. 12, 1704/5	2	192
Daniel, s. Jacob & Mary, b. July 1, 1785	2	132
Exsperiance, d. Nathaniell, b. May 15, 1679	1	75
Experience, m. Thomas WILLIAMS, Sept. 28, 1704	1	67

KILLINGWORTH VITAL RECORDS   49

	Vol.	Page
HAYDEN, HAYDON, HAYTON, HEYDON, (cont.)		
Hannah, d. Nathaniell, b. Feb. 9, 1680	1	75
Hannah, m. Joseph **KELCEY**, Mar. 23, 1699	2	192
Jacob, m. Mary **RUTTY**, Aug. 14, 1784	2	39
Merari,[twin with Meriam], s. [Jacob & Mary], b. May 14, 1791	2	132
Meriam, [twin with Merari], d. [Jacob & Mary], b. May 14, 1791	2	132
Nathaniel, m. Sarah **PARMERLEY**, Jan. 17, 1677	1	66
Polly Fanny, d. Jacob & Mary, b. Sept. 9, 1798	2	132
Samuel, [s. Jacob & Mary], b. Feb. 4, 1787	2	132
Sarah, m. Solomon **DAVIS**, Dec. 28, 1709	2	192
Sarah, wid. Of Nathaniel, d. May 19, 1717	1	81
William, d. Sept. 27, 1669	1	79
William, d. Aug. 9, 1678	1	79
Ziba, [child of Jacob & Mary], b. Feb. 19, 1789	2	132
HAYES, W[illia]m A., m. Eliza **GRISWOLD**, May 19, 1842, by Rev. E. Swift	3	400
HAZELTON, HEZELTON, Abigail, d. Charles & Abigail, b. Apr. 6, 1736	2	182
Charles, m. Abigail **CHATFIELD**, Oct. 11, 1714/15	2	192
Charles had negro Peteter, s. Morris & Hannah Isaac, an Indian woman, b. Mar. 9, 1720	2	182
Charles, s. Charles & Abigail, b. Apr. 13, 1732	2	182
Daniel, s. Sam[ue]ll & Lyde, b. Jan. 18, 1746	2	124
John, s. Sam[ue]ll & Lyde, b. Oct. 11, 1748	2	124
Lyde, w. of Samuel, d. Nov. 10, 1749	2	68
Mary, d. Charles & Abigail, b. Dec. 29, 1717	2	182
Mary, m. Daniel **NETTLETON**, Dec. 30, 1736	2	145
Samuell, s. Charles & Abigail, b. May 17, 1720	2	182
Samuel, m. Lydia **CRUTTENTON**, Nov. 27, 1746	2	119
Sidney S., of Haddam, m. Jemima **HILL**, of Killingworth, May 3, 1826, by Rev. Peter G. Clark	3	372
HEALEY, Dina, m. Samuel **NETTLETON**, Mar. 25, 1737	2	145
Elizabeth, d. Thomas & Hannah, b. Dec. 17, 1734	2	196
Hannah, d. Thomas & Hannah, b. June 30, 1728	2	196
Ledia, d. Thomas & Hannah, b. Jan. 31, 1730/1	2	196
Marcy, d. Thomas & Hannah, b. Nov. 5, 1736	2	196
Thomas, m. Hannah **STEEVENS**, Aug. 28, 1727	2	191
Thomas, d. Jan. 18, 1736/7	2	196
HENDERY, [see also **HENDY**], Bettey, d. Rufus & Molly, b. Apr. 9, 1768	2	89
Richard, s. Rufus & Priscil[l]ah, b. Aug. 30, 1760	2	89
Rufus, [s. Rufus & Priscil[l]ah], b. July 7, 1762	2	89
HENDY, [see also **HANDY** and **HENDERY**], Richard, d. Aug. 4, 1670	1	79
HERDSDAL, Patience, m. Jedediah **PIERSON**, Oct. 25, 1769	2	74
HERRICK, Eliza, m. Elnathan **HURD**, b. of Killingworth, Oct. 18, 1825, by Rev. Pierpont Brocket	3	370
HIGGINS, Jane, [d. Samuel & Sarah], bp. Aug. 15, 1779	2	82
Martha, [d. Samuel & Sarah], bp. Mar. 27, 1777	2	82
Nehemiah, m. Thankfull **HURD**, Feb. 10, 1763	2	74
Nehemiah, s. Nehemiah & Thankfull, b. Jan. 1, 1764	2	88
Reuben, s. Sam[ue]ll & Sarah, b. Jan. 22, 1771	2	82
Samuel, m. Sarah **BLACKLEY**, Jan. 9, 1769	2	73
Sarah, [d. Samuel & Sarah], bp. Mar. 5, 1775	2	82

BARBOUR COLLECTION

	Vol.	Page
HIGGINS, (cont.)		
Seth, [s. Nehemiah & Thankfull], b. Dec. 20, 1765	2	88
Thankfull, [d. Nehemiah & Thankfull], b. Mar. 7, 1769	2	88
William, s. Samuel & Sarah, bp. Apr. 11, 1773	2	82
HILL, HILLS, Albert, s. Benjamin & Mima, b. Mar. 14, 1797	2	89
Benjamin, [twin with Joseph], s. James & Hannah, b. Apr. 15, 1765	2	143
Benjamin, m. Jemima STANNARD, Dec. 6, 1795	2	39
Benjamin Ellsworth,[s. Benjamin & Mima], b. May 1, 1806	2	89
Betsey, m. James L. CHATFIELD, b. of Killingworth, Sept. 6, 1837, by Rev. E. Swift	3	395
Charles, [s. Benjamin & Mima], b. Sept. 21, 1799	2	89
Diantha M., m. William J. HALL, Nov. 25, 1847, by E. Swift	3	406
Elizur, of East Hartford, m. Abigail R. BUELL, of Killingworth, Oct. 12, 1840, by Rev. E. Swift	3	399
Flora, Mrs., m. David BALDWIN, Sept.12, 1860, by Rev. Hiram Bell	3	417
Hannah, d. James & Hannah, b. Apr. 14, 1744	2	143
Hannah, m. Abner HULL, June 11, 1767	2	73
Hennery, [s. James & Hannah], b. July 27, 1761	2	143
Irene, m. Jedediah STONE, July 9, 1755	2	33
James, m. Hannah NETTLETON, Apr. 27, 1743	2	119
James, [s. James & Hannah], b. Nov. 30, 1749	2	143
James, [s. Benjamin & Mima], b. July 21, 1803	2	89
Jemima, of Killingworth, m. Sidney S. HAZLETON, of Haddam, May 3, 1826, by Rev. Peter G. Clark	3	372
John, s. James & Hannah, b. Feb. 4, 1754	2	143
John, s. James, d. Aug. 5, 1777	2	72
Joseph, [twin with Benjamin], s. James & Hannah, b. Apr. 15, 1765	2	143
Loes, d. Daniel & Leah, b. Nov. 2, 1736	2	128
Mabel, m. Martin G. FRANKLIN, Apr. 16, 1848, by Rev. E. Swift	3	407
Marcy, d. James & Hannah, b. Feb. 26, 1747	2	143
Maria, m. Charles FRANKLIN, b. of Killingworth, Oct. 17, 1852, by Rev. Hiram Bell	3	411
Marilla, m. Hiram THOMPSON, b. of Killingworth, Nov. 28, 1839, by Rev. E. Swift	3	398
Mima, [d. Benjamin & Mima], b. Mar. 1, 1808	2	89
Molly, [d. James & Hannah], b. July 20, 1767	2	143
Nelson P., m. Mary J. STEVENS, Oct. 6, 1859, by Rev. Levi Griswold	3	417
Noah, [s. James & Hannah], b. Oct. 22, 1751	2	143
Polly F., m. Russel[l] M. GRISWOLD, June 15, 1834, by Rev. David Baldwin	3	391
Seeler, s. James & Hannah, b. Feb. 3, 1758	2	143
Sibbel, d. James & Hannah, b. Oct. 10, 1746	2	143
Sybel, m. Ezra PARMELEE, May 1, 1769 (addition to original manuscript)	2	74
Thankfull, d. James & Hannah, b. Feb. 9, 1756	2	143
Thankful, m. Elias PARMELE[E], Sept. 18, 1776	2	38
William, [s. Benjamin & Mima], b. Feb. 21, 1811	2	89
HILLIARD, HILLARD, HILLAND, Ann Eliza, [d. Charles B. & Sally], b. Nov. 11, 1835	2	45
Cha[r]les Edwin, [s. Charles B. & Sally], b. Dec. 27, 1830	2	45
Esther, d. Benoni & Martha, b. Nov. 13, 1745	2	128
Freelove, d. Joseph & Sarah, b. Dec. 5, 1758	2	114

KILLINGWORTH VITAL RECORDS

	Vol.	Page
HILLIARD, HILLARD, HILLAND, (cont.)		
Freelove, m. David **GRIFFEN**, Aug. 6, 1782	2	75
James, [s. Joseph & Sarah], b. Apr. 20, 1760	2	114
Joseph, m. Sarah **GRISWOLD**, May 31, 1758	2	118
Joseph, [s. Joseph & Sarah], b. Oct. 27, 1770	2	114
Lydia, [d. Joseph & Sarah], b. Sept. 10, 1767	2	114
Mary, d. Benoni & Martha, b. May 3, 1747	2	128
Mary, m. Capt. Francis **WHITTLESEY**, b. of Killingworth, Jan. 19, 1834, by Rev. Luke Wood	3	384
Oliver, [s. Joseph & Sarah], b. Oct. 20, 1773	2	114
Oliver Burr, [s. Charles B. & Sally], b. July 23, 1833	2	45
Patient, [d. Joseph & Sarah], b. Sept. 30, 1765	2	114
Samuel, [s. Charles B. & Sally], b. Aug. 2, 1838	2	45
Sarah, d. Joseph & Sarah, b. Feb. 10, 1763	2	114
Sarah Maria, d. Charles B. & Sally, b. Feb. 23, 1829	2	45
Walter, s. Joseph & Sarah, b. Jan. 10, 1762	2	114
Welthia, of Killingworth, m. John **RITTER**, of New Haven, Apr. 5, 1826, by Sylvester Selden	3	372
HINCKLEY, HINKLEY, Abel H., m. Eliza Ann **PARMELE**, Jan. 2, 1820	3	357
Abel Kelcey, [s. Ariel & Azubah], b. Mar. 20, 1796	2	101
Alford, s. Abel H. & Eliza Ann, b. Dec. 24, 1821	2	24
Asriel, m. Azuba **KELCEY**, Aug. 4, 1793	2	39
Jennet Thirza, [d. Ariel & Azubah], b. Sept. 17, 1798	2	101
John, m. Mabel **KELCEY**, Oct. 30, 1788	2	38
John Lyman, [s. John & Mabel], b. Nov. 2, 1802	2	98
Lucy, d. John & Mabel, b. Aug. 27, 1789	2	98
Mabel, [d. John & Mabel], b. Feb. 1, 1799; d. Aug. 27, 1801	2	98
Mabel, [d. John & Mabel], b. Dec. 6, 1804	2	98
Mabel, m. Frederick W. **POST**, Nov. 24, 1831	3	381
Polly Sophronia, [d. John & Mabel], b. Oct. 26, 1796	2	98
Rachel, d. Ariel & Azubah, b. July 21, 1794	2	101
Reuben H., m. Sally **DAVIS**, b. of Killingworth, Feb. 23, 1823, by Hart Talcott	3	364
Reuben Kelcey, [s. John & Mabel], b. Sept. 5, 1791	2	98
Sidney, [s. Abel H. & Eliza Ann], b. Jan. 29, 1826	2	24
Walter, [s. Abel H. & Eliza Ann], b. Sept. 1, 1823	2	24
Walter, s. Abel H. & Eliza, b. Sept. 1, 1823	2	131
[HOADLEY], HODELEY, HODLE, Abigail, m. Jedediah **PIERSON**, Oct. 21, 1736	2	145
John, m. Marcy **CRANE**, Oct. 30, 1701	1	67
Tamson, d. John, b. Nov. 30, 1702	1	72
HODGE*, John, s. John, b. June 16, 1667 (handwritten note (**HODGE** is probably right: see Mathew Grant Record) (*LODGE lightly written in margin of original manuscript)	1	70
HODGKIN, Ame, d. Jonna & Sarah, b. Apr. 8, 1741	2	148
Elizabeth, d. Jonna & Sarah, b. Jan. 20, 1737/8	2	148
Jonah, d. June 25, 1757	2	70
Mary, m. Daniel **RUTTY**, Jan. 3, 1753	2	120
Sarah, w. of Jonah, d. July 5, 1753	2	69
Sarah, d. Aug. 9, 1753	2	69
Thomas, d. July 25, 1753	2	69
HODLE, [see under **HOADLEY**]		

	Vol.	Page
HOLIBURT, [see also HUBBARD], Ann, m. Joseph TOOLEY, Oct. 26, 1753	2	120
HOLMES, Annah, [d. Cornelius & Ruth], b. June 1, 1761	2	106
Cornelius, s. Cornelius & Elizabeth, b. May 5, 1726	2	153
Cornelius, m. Ruth CRANE, Sept. 23, 1749	2	119
Elizabeth, d. Cornelius & Ruth, b. Feb. 2, 1752	2	106
George, m. Mary LESTER, Oct. 17, 1829, by Asa King	3	378
Harriet, of Killingworth, m. Jedediah KELSEY, of Saybrook, Dec. 27, 1825, by Sylvester Selden	3	372
Marcy, d. Cornelius & Elizabeth, b. May 27, 1720	2	153
Marcy, m. Jonathan STEEVENS, Dec. 3, 1741	2	146
Patience, d. Cornelius & Elizabeth, b. Oct. 30, 1722	2	153
Patience, m. John SHETHER, May 3, 1744	2	146
Patience, [d. Cornelius & Ruth], b. Mar. 1, 1753	2	106
Ruth, [d. Cornelius & Ruth], b. Oct. 24, 1757	2	106
Tamar, [d. Cornelius & Ruth], b. Jan. 3, 1755; d. Oct. 22, 1755	2	106
Tamar, [d. Cornelius & Ruth], b. May 21, 1756	2	106
Thomas, s. Cornelius & Elizabeth, b. June 29, 1716	2	153
Thomas, [s. Cornelius & Ruth], b. Feb. 6, 1751; d. Mar. 29, 1751	2	106
Thomas, [s. Cornelius & Ruth], b. Jan. 13, 1768	2	106
HOLTOM(?), Sarah, m. Joseph MERRETT, June 23, 1720	2	193
HOPER, [see also HOPPER], Mary, m. Eleazer ISBELL, Dec. 3, 1743	2	119
HOOPER, [see also HOPER], Calvin, [s. Stephen], b. Oct. 17, 1764	2	91
Philo, s. Stephen, b. June 23, 1765	2	91
HOPSON, Caroline, m. Daniel STEVENS, b. of Madison, Nov. 12, 1843, by Rev. E. Swift	3	402
John, m. Roxy KELSEY, June 16, 1839, by Rev. David Baldwin	3	398
HORTON, Deborah, m. Nathaniel BUELL, Nov. 14, 1721	2	193
Martha, d. July 20, 1753	2	69
HOTCHKISS, Harvey, m. Clarinda NETTLETON, Nov. 14, 1827, by David Smith	3	375
Heman, of Killingworth, m. Frances A. SPENCER, of Haddam, Sept. 29, 1855, by Rev. James Noyes, at Haddam	3	413
HOWD, Edward, m. Jerusha STEEVENS, July 25, 1765	2	41
Fanny, [twin with Hannah], d. Edward & Jerusha, b. May 7, 1770	2	110
Fanny, m. Jonathan CHITTENDEN, Oct. 5, 1794	2	39
Hannah, [twin with Fanny], d. Edward & Jerusha, b. May 7, 1770	2	110
Jerusha, wid., d. May 5, 1809	2	78
Mary, d. Edward & Jerusha, b. May 10, 1767	2	110
Patte, d. Edward & Jerusha, b. Oct. 8, 1780	2	110
Patty, m. John CHAPMAN, Oct. 22, 1797	2	42
Polly, m. Abner GRAVES, Jan. 4, 1789	2	39
William, s. Edward & Jerusha, b. June 7, 1766; d. Feb. 7, 1766	2	110
HOWEL[L], Cynthia, [d. Nathan & Miriam], b. Mar. 27, 1807	2	183
Eunice, [d. Nathan & Miriam], b. Jan. 11, 1799	2	183
John, [s. Nathan & Miriam], b. Mar. 3, 1805	2	183
Lois, [d. Nathan & Miriam], b. Sept.14, 1800	2	183
Nathan, m. Miriam CLARK, Dec. 16, 1794	2	42
Philena, d. Nathan & Miriam, b. Jan. 22, 1795; d. Oct. 8, 1797	2	183
Phelena, d. Nathan & Miriam, b. Sept. 14, 1800	2	183
Polly, [d. Nathan & Miriam], b. Apr. 14, 1797	2	183
HUBBARD, Amasa, m. Deborah EVARTS, July 18, 1822, by Asa King, V.D.M.	3	364

	Vol.	Page
HUBBARD, (cont.)		
Eli, m. Maria L. NORTON, Dec. 12, 1859, by Rev. H. Scofield	3	417
Elizabeth, m. Daniel BLACKLEY, Apr. 9, 1795	2	41
John, m. Elizabeth STEEVENS, Aug. 30, 1724	2	193
Leverett, s. John & Elizabeth, b. July 21, 1725	2	188
Reuben, m. Mary A. STONE, Jan. 4, 1860, by Rev. H. Scofield	3	417
Sylvester E., m. Augusta M. GRISWOLD, Nov. 10, 1859, by Rev. Hiram Bell	3	417
HUCHESON, Mary, m. David WILLCOCKS, Dec. 10, 1723	2	193
HULL, [see also HALL], Aaron, m. Polly DAVIS, Oct. 15, 1805	2	42
Abbe, [s. Abner & Hannah], b. Apr. 3, 1768	2	87
Abel, s.Eliakim & Rebeckah, b. Aug. 24, 1745	2	128
Abigayle, d. John, b. Sept. 30, 1669	1	71
Abigail, w. of Ens. John, d. May 12, 1717	1	81
Abigail, d. Nathaniel, b. Apr. 23, 1737	2	153
Abigail, d. Josiah [& Submit], b. Aug. 1, 1747	2	142
Abig[a]il, d. John & Lucey, b. Dec. 20, 1749	2	153
Abigail, d. Sam[ue]ll & Lucy, b. Sept. 22, 1768	2	85
Abner, s. Ebenezer & Damares, b. July 27, 1742	2	158
Abner, m. Hannah HILL, June 11, 1767	2	73
Abner, [s. Abner & Hannah], b. Mar. 14, 1778	2	87
Abner, Lieut., d. June 14, 1802	2	77
Abraham, [twin with Isaac, s. Eliakim & Rebeckah], b. Dec. 13, 1749	2	128
Adam, [s. Peter & Esther], b. Mar. 5, 1767	2	97
Albert B., m. Cynthia GRISWOLD, b. of Killingworth, Apr. 28, 1839, by Rev. E. Swift	3	398
Albert Bronson, [s. Roswell, Jr. & Irena], b. Oct. 17, 1814	2	115
Almira, Maria, d. Roswell, Jr. & Irena, b. July 2, 1811	2	115
Alvin, [s. Roswell, Jr. & Irena], b. Mar. 21, 1818	2	115
Alvin, m. Julia M. GRISWOLD, b. of Killingworth, Oct. 18, 1840, by Rev. E. Swift	3	399
Amanda, [d. Ezekiel & Sibel], b. Oct. 20, 1762	2	100
Amelia A., m. Hiram TUCKER, July 6, 1846, by Rev. E. Swift	3	405
Amelia Eliza, [d. Josiah, Jr. & Fanny], b. Jan. 12, 1790	2	123
Amos, s. Josiah & Elizabeth, b. July 31, 1742	2	158
Ann, m. James H. SPENCER, b. of Killingworth, Jan. 21, 1838, by Rev. E. Swift	3	396
Ann Maria, [d. Henry & Rebecca], b. Apr. 27, 1840	2	95
Anna, d. George & Phebe, b. Nov. 13, 1760	2	104
Anna, [d. George & Phebe], b. Sept. 23, 1768	2	104
Antoinette Amelia, [d. Henry & Lydia Almira], b. May 31, 1828	2	95
Artemissia D., m. Sidney WATEROUS, Oct. 24, 1858, by Rev. Hiram Bell	3	416
Artemisia Deiadamia, d. Henry & Rebecca, b. Aug. 29, 1836	2	95
Artemisia Versilda, d. Henry & Lydia Almira, b. July 4, 1826	2	95
Ashbell, [s. Peter & Esther], b. Mar. 12, 1766	2	97
Ashbel, m. Mabel PARMELE[E], Feb. 14, 1831, by Asa King	3	380
Augustus Frederic, [s. Josiah, Jr. & Fanny], b. Dec. 4, 1792	2	123
Barbara, m. Alonzo LEETT, Aug. 9, 1846, by Rev. E. Swift	3	405
Betsey, [d. Capt. James & Mary], b. June 8, 1786	2	132
Betsey, m. Harmon GRIFFIN, Sept. 29, 1827, by Asa King	3	375
Betsey Mariah, [d. Aaron & Polly], b. Apr. 7, 1808	2	112

	Vol.	Page
HULL, (cont.)		
Billy, s. George & Jemima, b. Dec. 4, 1783; d. Feb. 25, 1788	2	116
Billy, [s. George & Jemima], b. Apr. 6, 1788	2	116
Calista Clarissa, [d. Jeremiah & Jane], b. July 20, 1806	2	196
Candace, d. Peter & Esther, b. Jan. 17, 1761	2	97
Charity, [d. Joel & Mary], b. Jan. 4, 1763	2	91
Charles, [s. George & Jemima], b. Dec. 18, 1790	2	116
Charles Augustus, [twin with Clarrissa Amelia, s. Aaron & Polly], b. July 28, 1826	2	112
Charlotte, m. Trueman HARRISON, Apr. 9, 1821, by Asa King, V.D.M.	3	360
Charlotte Caroline, [d. Josiah & Fanny], b. Sept. 15, 1798	2	123
Chloe, d. Lemuel & Elizabeth, b. Apr. 17, 1741	2	158
Chloe, m. Nathan HULL, Dec. 10, 1764	2	42
Chloe, w. of Nathan, d. Nov. 8, 1768	2	77
Chloe, d. Nathan & Esther, b. Aug. 2, 1770	2	106
Clarrissa A., of Killingworth, m. Charles E. RAY, of Sandusky, O., Jan. 11, 1855, by Rev. Hiram Bell, at the house of wid. Polly Hull	3	412
Clarrissa Amelia, [twin with Charles Augustus, d. Aaron & Polly], b. July 28, 1826	2	112
Clarissa Fidelia, [d. Roswell, Jr. & Irena], b. Apr. 7, 1823	2	115
Concurrance, d. Thomas, b. Jan. 6, 1693	1	76
Concurrence, m. Gideon WELLMAN, Apr. 14, 1720	2	193
Concurrence, d. Nathaniel & Est[h]er, b. Mar. 4, 1740; d. Apr. 8, 1741	2	153
Cornelius, s. Joseph, b. Sept. 26, 1687	1	74
Damares, d. Ebenezer & Damares, b. Aug. 23, 1748	2	158
Demaries, m. Ezra PORTER, Aug. 26, 1779	2	73
Daniel, s. Peter & Ellenor, b. Nov. 12, 1747	2	152
David, [s. Nathan & Rachel], b. July 22, 1824	2	168
Dorinda, d. Capt. James & Mary, b. Aug. 25, 1774	2	132
Dorinda, m. Adin PARMELE[E], Dec. 10, 1797	2	42
Ebenezer, s. Thomas, b. Dec. 10, 1705	1	76
Ebenezer, m. Loes WILLCOCKS, May 18, 1732	2	191
Ebenezer, s. Ebenezer & Looes, b. Nov. 23, 1736; d. Dec. 19, 1736	2	158
Ebenezer, m. Damary KELCEY, Nov. 2, 1737	2	145
Ebenezer, s. Ebenezer & Damares, b. Aug. 24, 1738	2	158
Ebenezer, m. Lidea BUELL, Oct. 29, 1746	2	119
Ebenezer, d. Jan. 7, 1753	2	69
Ebenezer, [s. Nathan & Chloe], b. July 14, 1767	2	106
Ebenezer, s. Nathan, d. May 27, 1784	2	77
Elah, [d. Peter & Esther], b. May 20, 1769	2	97
Ellenor, d. Peter & Ellenor, b. Aug. 25, 1744	2	152
Electa, [d. Roswel[l] & Charity], b. June 6, 1780	2	95
Electa, [d. Samuel & Freelove], b. Nov. 2, 1790	2	90
Electa M., m. Wyllys NETTLETON, b. of Killingworth, Feb. 21, 1836, by Rev. E. Swift	3	390
Electa Melitee, [d. Jeremiah & Jane], b. July 2, 1809	2	196
Eliakim, s. Thomas & Mary, b. Jan. 28, 1720/1	2	196
Eliakim, m. Ruth STEEVENS, Nov. 28, 1744	2	146
Elijah, s. Isaac & Isabel, b. July 24, 1776	2	156
Elizabeth, d. Thomas, b. Dec. 20, 1691	1	76

KILLINGWORTH VITAL RECORDS 55

	Vol.	Page
HULL, (cont.)		
Elizabeth, d. Joseph, b. Aug. 14, 1692	1	74
Elizabeth, m. Micell GRISWOLD, Sept. 15, 1713	2	192
Elizabeth, d. Thomas & Mary, b. Nov. 19, 1717	2	196
Elizabeth, d. George & Phebe, b. Aug. 19, 1721	2	184
Elizabeth, d. Lemuel & Elizabeth, b. Nov. 12, 1734	2	158
Elizabeth, m. John GRISWOLD, Sept. 29, 1743	2	146
Elizabeth, m. Stephen W[H]ITTLESE[Y], Mar. 7, 1749	2	119
Elizabeth, m. Samuel LEWIS, Sept. 7, 1752	2	117
Elizabeth, d. Eliakim & Rebeckah, b. July 22, 1754	2	128
Elizabeth, [d. Ezekiel & Sibel], b. Feb. 20, 1765	2	100
Ellsworth, [s. Aaron & Polly], b. Aug. 11, 1819	2	112
Ellsworth, m. Sophia L. STEVENS, Sept. 28, 1845, by Rev. E. Swift	3	403
Elvia, m. Alfred NETTLETON, Oct. 5, 1826, by Asa King	3	373
Ely, [s. Joseph & Sarah], b. Mar. 20, 1764	2	98
Emily, m. Albert PARMELE, Feb. 28, 1831, by Asa King	3	380
Enos, s. Thomas & Mary, b. Jan. 12, 1724/5	2	196
Enos, m. Phebe GRAVES, Aug. 6, 1752	2	120
Enos, s. Enos & Phebe, b. Mar. 25, 1754	2	109
Enos, d. Feb. 17, 1785	2	76
Est[h]er, w. of Nathaniell, d. Aug. 12, 1740	1	89
Esther, [d. Nathan & Esther], b. July 3, 1779	2	106
Esther, wid., d. Nov. 16, 1815	2	78
Ezekiel, s. Lemuel & Elizabeth, b. Nov. 8, 1730	2	158
Ezekial, m. Sibbel HULL, Mar. 30, 1756	2	117
Fanny Maria, [d. Josiah & Fanny], b. Jan. 7, 1797	2	123
Fidelia C., m. Lyman E. STEVENS, b. of Killingworth, Aug. 7, [1853], by Rev. Hiram Bell	3	411
Frances J., m. Sherman J. BUELL, b. of Killingworth, Sept. 12, 1852, by Rev. Hiram Bell	3	410
George, s. Josias, d. Sept. [ ], 1670	1	79
George, s. Joseph, b. Oct.18, 1678	1	74
George, m. Phebe RUTTY, Dec. 2, 1708	2	192
George, s. George & Phebe, b. July 9, 1724	2	184
George, m. Hannah KELCEY, Dec. 21, 1733	2	191
George, m. Phebe PRATT, Jan. 24, 1753	2	120
George, d. Dec. 5, 1755	2	70
George, s. George & Phebe, b. Jan. 5, 1757	2	104
George, m. Molly HURD, Dec. 7, 1763	2	118
George, Jr., m. Jemima WELLMAN, Dec. 11, 1782	2	116
Gideon, [s. Nathan & Esther], b. June 14, 1776	2	106
Gideon, [s. Nathan & Rachel], b. [ ]	2	168
Grace, [d. John & Phebe], b. Sept. 6, 1768	2	90
Hamlet P., m. Elizabeth LANE, b. of Killingworth, June 30, 1839, by Rev. E. Swift	3	398
Hannah, d. Thomas, b. Sept. 15, 1714	1	76
Hannah, m. Nehemiah PARMELE, Apr. 3, 1734	2	145
Hannah, d. George & Phebe, b. Jan 15, 1736/7	2	184
Hannah, d. George, d. Sept. 3, 1751	2	68
Hannah, w. of George, d. Apr. 11, 1761	2	71
Hannah, d. George & Phebe, b. Nov. 2, 1764	2	104
Hannah, [d. Abner & Hannah], b. Jan. 9, 1775	2	87
Hannah, m. Levi RUTTEY, 2d, Feb. 18, 1801	2	42

	Vol.	Page
HULL, (cont.)		
Hannah, d. Samuel & Freelove, b. Mar. 18, 1804	2	90
Harriet, d. Josiah, Jr. & Fanny, b. Mar. 23, 1787	2	123
Hellener, w. of Peter, d. Sept. 25, 1753	2	69
Hellener, d. [Peter], d. Oct. 20, 1753	2	69
Heman, [s. Roswel[l] & Charity], b. Sept. 27, 1784	2	95
Heman, m. Lucy B. **PHELPS**, Apr. 21, 1814	2	43
Heman N., of Killingworth, m. Fanny **WRIGHT**, of Saybrook, Dec. 22, 1833, by Rev. Ephraim Swift	3	386
Heman Norman, s. Heaman & Lucy B., b. Feb. 7, 1815	2	113
Heman, see also Hyman		
Henry, s. Jeremiah & Jane, b. July 3, 1804	2	196
Henry, [s. Aaron & Polly], b. June 16, 1813	2	112
Henry, m. Lydia **DUDLEY**, June 9, 1825, by A. King	3	370
Henry, of Killingworth, m. Rebecca **LYNDE**, of Saybrook, Sept. 13, 1835, by Rev. E. Swift	3	388
Henry Lynde, [s. Henry & Rebecca], b. Feb. 27, 1842	2	95
Hester, d. John, b. Aug. 4, 1672	1	71
Hester, m. George **CHATSEAID**, Feb. 10, 1691/2	1	67
Hetta, m. Philander **STEVENS**, Jan. 18, 1824, by A. King	3	366
Hubbard, [s. Samuel & Freelove], b. Oct. 29, 1792	2	90
Huldah, of Killingworth, m. Chauncey **MANWARREN**, of Lyme, Feb. 22, 1827, by Rev. Pierpont Brockett	3	374
Hyman, 3rd, m. Ruth **HALL**, Apr. 2, 1843, by E. Swift	3	401
Hyman, see also Heman		
Isaac, [twin with Abraham, s. Eliakim & Rebeckah], b. Dec. 13, 1749	2	128
Issabell, w. of Isaac, d. Nov. 17, 1785	2	76
Isaiah, [s. Nathan & Rachel], b. Aug. 29, 1827	2	168
James, s. Josiah & Submit, b. Jan. 19, 1739; d. Feb. 7, 1739	2	142
James, m. Lidya **GRAY**, Jan. 24, 1761	2	74
James, m. Mary **SEWARD**, Nov. 11, 1773	2	75
James, [s. Capt. James & Mary], b. Dec. 17, 1777	2	132
James, [s. Samuel & Freelove], b. Oct. 11, 1783	2	90
James, d. Feb. 28, 1820	2	78
Jane, [d. Joel & Mary], b. Apr. 24, 1771	2	91
Jane, [d. Roswel[l] & Charity], b. Feb. 1, 1777	2	95
Jane, m. Jeremiah **HULL**, Oct. 5, 1803	2	42
Jane Levia(?)*, [d. Jeremiah & Jane], b. May 12, 1812 (*Ledia?)	2	196
Jemiah, [d. Josiah & Submit], b. July 14, 1767 (perhaps "son")	2	142
Jeremiah, s. Peter & Ellenor, b. Mar. 9, 1749	2	152
Jeremiah, [s. Capt. James & Mary], b. Feb. 5, 1776	2	132
Jeremiah, m. Jane **HULL**, Oct. 5, 1803	2	42
Jeremiah, [s.Jeremiah & Jane], b. Aug. 7, 1815	2	196
Jeremiah, 2d, m. Harriet **GRISWOLD**, Sept. 6, 1841, by Rev. E. Swift	3	400
Jeremiah Novillo, [s. Henry & Rebecca], b. June 11, 1849	2	95
Jerusha, [d. Abner & Hannah, b. Dec. 19, 1785	2	87
Jesse, [s. Joel & Mary], b. Apr. 19, 1766	2	91
Joel, s. Josiah & Elizabeth, b. Mar. 22, 1740	2	158
Joel, m. Mary **PARMELE**, Nov. 27, 1761	2	74
Joel, [s. Roswel[l] & Charity], b. Feb. 16, 1782	2	95
Joel, s. Roswell, d. June 27, 1807	2	78

KILLINGWORTH VITAL RECORDS

	Vol.	Page
HULL, (cont.)		
Joel Curtis, [s. Samuel & Freelove], b. July 5, 1796	2	90
John, m. Abigayle KEILSEY, Dec. 3, 1668 (written "Hall")	1	66
John, s. Josiah, b. Dec. 27, 1694* (*handwritten on origianal manuscript (1644: transcribed out of Winsor Records))	1	71
John, m. Mary OSBORN, Nov. 4, 1708	2	192
John, s. John & Mary, b. Mar. 18, 1712	2	195
John, Sr., d. July 26, 1728	1	81
John, m. Elizabeth WHEELER, Nov. 18, 1735	2	145
John, m. Lucy BUELL, Dec. 23, 1736	2	145
John, s. John & Lucey, b. June 14, 1738	2	153
John, s. Lemuel & Elizabeth, b. Mar. 17, 1739	2	158
John, m. Phebe LAY, Sept. 27, 1764	2	118
John, m. Sarah [ ], Jan. [ ], 1766	2	74
John, s. John & Sarah, b. Oct. 28, 1768	2	85
John, [s. Sam[ue]l & Elizabeth], b. Aug. 6, 1772	2	92
John, [s. Isaac & Isabel], b. Nov. 6, 1780; d. Sept. 10, 1781	2	156
John, s. Isaac [& Isabel], b. Oct. 26, 1782	2	156
John Griffeth, [s. Josiah, Jr. & Fanny], b. June 28, 1788	2	123
Jonas, s. Samuel & Freelove, b. Apr. 30, 1782	2	90
Joseph, s. Joseph, b. Mar. 26, 1685	1	74
Joseph, s. George & Phebe, b. July 4, 1728	2	184
Joseph, s. George & Phebe, d. Jan. 17, 1730/1	1	80
Joseph, s. George & Phebe, b. Dec. 7, 1734	2	184
Joseph, s. Peter & Ellenor, b. Aug. 12, 1741	2	152
Joseph, m. Sarah HURD, Jan. 5, 1757	2	117
Joseph, s. Joseph & Sarah, b. May 7, 1760	2	98
Joseph, d. Sept. 22, 1764	2	71
Joseph Harvey, s. Josiah & Fanny, b. Nov. 14, 1794	2	123
Josiah, s. John, b. Sept. 17, 1676	1	71
Josiah, s. Joseph, b. Apr. 3, 1681	1	74
Josiah, s. Thomas, b. Sept. 10, 1707	1	76
Josiah, s. John & Mary, b. Mar. 31, 1716	2	195
Josiah, s. Josiah & Elizabeth, b. Feb. 23, 1719/20	2	195
Josiah, m. Elizabeth REDFIELD, Feb. 3, 1731/2	2	191
Josiah, m. Submit STRONG, Mar. 19, 1739	2	145
Josiah, m. Elizabeth BUELL, Dec. 1, 1743	2	146
Josiah, 2d, d. Dec. 13, 1749	2	68
Josiah, s. Josiah & Submit, b. Apr. 15, 1750	2	142
Josiah, s. Josiah & Elizabeth], b. July 24, 1751	2	131
Josiah, Capt., d. Oct. 13, 1753	2	69
Josiah, Dea., d. May 18, 1758	2	70
Josiah, s. Joseph & Sarah, b. Nov. 8, 1758	2	98
Josiah, [s. Ezekiel & Sibel], b. Sept. 8, 1773	2	100
Josiah, Jr., m. Fanny GRIFFETH, July 9, 1786	2	75
Josiah Martin, [s. Josiah & Fanny], b. Aug. 26, 1800	2	123
Josias, s. Josias, d. Sept. [ ], 1670	1	79
Josias, Sr., d. Nov. 16, 1675	1	79
Juliana, d. Sam[ue]l & Elizabeth, b. Sept. 15, 1770; d. Nov. 9, 1773	2	92
Jurdonson, s. Josiah & Elizabeth, b. Mar. 6, 1749	2	125
Kirtland, [s. Nathan & Esther], b. July 27, 1774	2	106
Kirtland, m. Maretta KELSEY, Nov. 17, 1831, by Asa King	3	381
Laura(?), m. Roxanna S. SNOW, May 7, 1849, by Rev. E. Swift	3	408

HULL, (cont.)

	Vol.	Page
Lebbeus, [s. Samuel & Freelove], b. Mar. 4, 1789	2	90
Lemuell, s. Thomas, b. Mar. 20, 1710	1	76
Lemuel, m. Elizabeth EARL, Dec. 24, 1729	2	191
Lemuel, s. Lemuel & Elizabeth, b. Aug. 4, 1732	2	158
Looes, w. of Ebenezer, d. Dec. 3, 1736	2	158
Loes, d. Ebenezer & Damares, b. Apr. 19, 1745	2	158
Lois, d. Nathan & Chloe, b. Oct. 9, 1765	2	106
Lois, m. Samuel PARMELE[E], Nov. 28, 1768	2	74
Lois, m. Denison PRATT, Dec. 2, 1795	2	40
Lois, m. Denison PRATT, Dec. 10, 1795	2	42
Loren, [s. Peter & Esther], b. Dec. 31, 1764	2	97
Louisa, m. Henry JISON, b. of Killingworth, Oct. 19, 1834, by Rev. E. Swift	3	386
Lucius, [s. Roswell, Jr. & Irena], b. Jan. 31, 1820	2	115
Lucius, m. Lydia A. WELLMAN, Nov. 7, 1847, by Rev. E. Swift	3	406
Lucy, d. John & Lucey, b. May 4, 1742	2	153
Lucy, m. Levi KELCEY, May 2, 1776	2	73
Leoucy, d. Enos, d. July 24, 1780 (Lucy?)	2	72
Luther, m. Sophia HULL, Aug. 31, 1850, by Rev. E. G. Swift	3	408
Ledia, d. Josiah & Elizabeth, b. Oct. 29, 1732	2	158
Ledia, m. Daniel GRISWOLD, Apr. 26, 1751	2	120
Lydia, d. James & Lydia, b. Nov. 22, 1771	2	132
Lydiah, w. of James, d. Dec. 11, 1771	2	72
Lydia, m. Reuben STEVENS, Jr., Dec. 11, 1791	2	38
Lydia, [d. Nathan & Rachel], b. Nov. 13, 1822	2	168
Lydia, of Killingworth, m. Eli B. TRIP, of Saybrook, Nov. 28, 1839, by Rev. E. Swift	3	398
Lydia Saviah, [d. Henry & Lydia Almira], b. Dec. 24, 1830	2	95
Mabel, d. Ezekiel & Sibel, b. Nov. 14, 1756	2	100
Marcy, d. Thomas, b. Jan. 5, 1703[*/04] (*handwritten addition)	1	76
Marcy, m. Josiah PARMELE, June 27, 1723	2	193
Marcy, d. Josiah & Elizabeth, b. Apr. 2, 1749	2	131
Maretta, m. Oliver KNOWLES, Sept. 15, 1841, by Rev. E. Swift	3	400
Maria, m. Horace REDFIELD, Oct. 15, 1827, by Asa King	3	376
Martha, see under HALL (handwritten on original manuscript)		
Mary, d. Thomas, b. Oct. 8, 1701	1	76
Mary, m. Phineas FFISK, Sept. 23, 1707	2	192
Mary, d. John & Mary, b. Aug. 22, 1709	2	195
Mary, m. Josiah CHATFIELD, May 1, 1724	2	193
Mary, m. Jonathan STEEVENS, Feb. 15, 1727/8	2	191
Mary, d. Ebenezer & Looes, b. Mar. 19, 1732/3	2	158
Mary, w. of Thomas, d. Mar. 14, 1733	1	80
Mary, d. John & Lucey, b. Apr. 4, 1740; d. Sept. 4, 1742	2	153
Mary, d. John & Lucey, b. Mar. 11, 1745	2	153
Mary, m. Abel WILLCOXS, Nov. 25, 1756	2	117
Mary, [d. Enos & Phebe], b. Jan. 25, 1758; d. June 26, 1759	2	109
Mary, [d. Joel & Mary], b. Apr. 7, 1765	2	91
Mary, [d. George & Phebe], b. Dec. 17, 1766	2	104
Mary, d. Enos, d. July 24, 1778	2	72
Mary, d. Enos & Phebe, b. [ ]; d. July 24, 1778	2	109
Mary, [d. Capt. James & Mary], b. Sept. 20, 1781	2	132
Mary, 2d, m. Abner GRISWOLD, Nov. 13, 1788	2	38

KILLINGWORTH VITAL RECORDS

	Vol.	Page
HULL, (cont.)		
Mary, d. Nathan & Rachel, b. Apr. 12, 1818	2	168
Mary Emily, [d. Aaron & Polly], b. Apr. 27, 1810	2	112
Mary Jane, [d. Henry & Rebecca], b. Feb. 19, 1838	2	95
Mary Jane, m. Edward WILLIAMS, Feb. 28, 1861, by Rev. Hiram Bell	3	418
Mercy, [d. Joel & Mary], b. July 21, 1769	2	91
Moses, s. Lemuel & Elizabeth, b. Apr. 23, 1737	2	158
Nathan, s. Ebenezer & Looes, b. Sept. 18, 1734	2	158
Nathan, m. Chloe HULL, Dec. 10, 1764	2	42
Nathan, m. Esther KIRTLAND, Oct. 25, 1769	2	42
Nathan, [s. Nathan & Esther], b. Feb. 14, 1772	2	106
Nathan, d. Sept. 21, 1813	2	78
Nathan, m. Rachel KELCEY, Feb. 6, 1817	2	43
Nathan, s. Nathan & Rachel, b. Feb. 28, 1821	2	168
Nathaniell, s. Thomas, b. Apr. 25, 1699	1	76
Nathaniel, m. Elizabeth GRISWOLD, Jan. 25, 1722/3	2	193
Nathaniel, m. Esther BRISTOL, July 1, 1736	2	145
Nathaniel, s. Ebenezer & Damerias, d. Sept. 4, 1753	2	69
Nathaniel, [s. Ebenezer & Damares], b. Dec. 28, [ ]	2	158
Oliver, s. Josiah & Elizabeth, b. Mar. 26, 1747	2	158
Oliver, s. John & Lucy, b. Oct. 5, 1747	2	153
Pedelley, [child of Joel & Mary], b. May 22, 1775	2	91
Petter, s. Joseph, b. Mar. 15, 1689/90	1	74
Peter, s. Josiah & Elizabeth, b. Nov. 15, 1713	2	195
Peter, m. Ellena CRANE, Sept. 5, 1737	2	145
Peter, s. Peter & Ellenor, b. Oct. 31, 1738	2	152
Peter, Jr., m. Esther PARMELE, June 10, 1760	2	118
Phebe, d. George & Phebe, b. June 29, 1726	2	184
Phebe, w. of George, d. Apr. 25, 1731	1	80
Phebe, [d. Enos & Phebe], b. Oct. 5, 1755	2	109
Phebe, d. George & Phebe, b. June 13, 1758	2	104
Phebe, w. of George, d. June 26, 1763	2	71
Phebe, d. John & Phebe, b. Sept. 9, 1765	2	90
Phebe, m. Stephen LANE, Dec. 19, 1769	2	74
Phebe, m. Capt. Stephen LANE, Dec. 22, 1769	2	73
Phebe, w. of Enos, d. Mar. 21, 1784	2	76
Phebe, [d. George & Jemima], b. June 11, 1786	2	116
Phebe, [d. Samuel & Freelove], b. Sept. 7, 1794	2	90
Philander, [s. Capt. James & Mary], b. Dec. 21, 1779; d. Oct. 10, 1781	2	132
Philander, [s. Heaman & Lucy B.], b. Dec. 20, 1817	2	113
Philander, m. Sarah GRISWOLD, May 9, 1843, by Rev. E. Swift	3	401
Polly, m. Joel GAYLORD, Mar. 18, 1805	2	42
Polly, of Killingworth, m. Elisha J. MIX, of Wallingford, Sept. 15, 1836, by Rev. E. Swift	3	393
Rachel, [d. Abner & Hannah], b. May 22, 1772	2	87
Rachel, m. Daniel STEEVENS, Dec. 17, 1795	2	40
Rachel, m. Nathan GRISWOLD, Nov. 28, 1827, by Asa King	3	376
Rachel, of Killingworth, m. Aaron CULVER, of Wallingford, Nov. 1, 1840, by Rev. E. Swift	3	399
Rebeckah, [d. Isaac & Isabel], b. Aug. 6, 1778	2	156
R[h]oda, d. Joel & Mary, b. Jan. 15, 1762	2	91

BARBOUR COLLECTION

	Vol.	Page
HULL, (cont.)		
R[h]oda, d. Abner & Hannah, b. Sept. 14, 1767	2	87
R[h]oda, [d. Joel & Mary], b. Oct. 19, 1773	2	91
Robert, [s. Joseph & Sarah], b. Mar. 11, 1762	2	98
Robert, Jr., m. Irena BRUNSON, Dec. 6, 1809	2	42
Rosetta, [d. Aaron & Polly], b. Mar. 25, 1815	2	112
Rosetta, of Killingworth, m. Jason EVARTS, of Guilford, Oct. 21, 1838, by Rev. E. Swift	3	397
Rosetta, m. William PARMELE[E], b. of Killingworth, Oct. 18, 1840, by Rev. E. Swift	3	399
Rossel, s. Josiah & Elizabeth, b. Jan. 16, 1744/5	2	158
Roswell, m. Charity CHATFIELD, Nov. 18, 1774	2	75
Roswel[l], s. Roswel[l] & Charity, b. Jan. 18, 1775	2	95
Roswell, d. Mar. 18, 1825	2	78
Roxanna, [d. Joel & Mary], b. Sept. 18, 1777	2	91
Roxanna, m. Parker STEEVENS, Dec. 6, 1802	2	181
Salla, [d. Ezekiel & Sibel], b. July 30, 1769	2	100
Sally Rebina, [d. Aaron & Polly], b. Dec. 27, 1811	2	112
Samuel, s. Josiah & Elizabeth, b. Aug. 31, 1737	2	158
Samuel, s. Josiah & Submit, b. Feb. 19, 1740; d. Mar. 9, 1740, ae 19 das.	2	152
Samuel, s. Josiah & Submit, b. Apr.15, 1742	2	142
Samuel, s. Josiah & Submit, b. Apr. 15, 1742	2	152
Samuel, s. George & Phebe, b. June 15, 1755	2	104
Sam[ue]ll, m. Lucy [ ], Dec. 22, 1767	2	74
Samuel, m. Elizabeth KELCEY, Nov. 29, 1769	2	73
Samuel, [s. Samuel & Freelove], b. July 7, 1785	2	90
Samuel, Capt., d. Feb. 17, 1795	2	76
Sarah, d. Josiah & Elizabeth, b. May 29, 1725	2	195
Sarah, d. George & Hanna[h], b. Oct. 10, 1738	2	184
Sarah, m. Nathan GRISWOLD, May 2, 1745	2	119
Sarah, d. John & Lucy, b. Apr. 4, 1760	2	153
Sarah, m. Stephen WILLCOCKS, 2d, Dec. 1, 1763	2	118
Sarah, [d. George & Phebe], b. Jan. 29, 1771	2	104
Sarah, [d. Capt. James & Mary], b. Sept. 20, 1783	2	132
Sarah R., m. James L'BARRON, b. of Killingworth, June 24, 1840, by Rev. E. Swift	3	399
Sarah Rebecca, [d. Henry & Rebecca], b. Aug. 7, 1844	2	95
Sarah Rosetta, [d. Jeremiah & Jane], b. Mar. 30, 1821	2	196
Sophia, m. Luther HULL, Aug. 31, 1850, by Rev. E. G. Swift	3	408
Stattia, m. Daniel HURD, b. of Killingworth, Sept. 2, 1824, by Rev. Peter Crocker	3	367
Submit, d. Josiah & Submit, b. Sept. 30, 1744	2	142
Submit, d. Josiah & Submit, d. Oct. 26, 1749	2	68
Susanna, m. Josiah CHATFIELD, Jr., Apr. 26, 1787	2	39
Sibbel, d. Josiah & Elizabeth, b. June 7, 1735	2	158
Sibbel, m. Ezekiel HULL, Mar. 30, 1756	2	117
Sibel, [d. Ezekiel & Sibel], b. Sept. 23, 1767	2	100
Sybel, m. Ezra PARMELE[E], May 1, 1769 (*(Hill) handwritten in margin of original manuscript)	2	74
Sylvia M., of Killingworth, m. William N. WHEELER, of North Guilford, May 23, 1838, by Rev. E. Swift (*(Hull) handwritten in margin of original manuscript)	3	397

KILLINGWORTH VITAL RECORDS 61

	Vol.	Page
HULL, (cont.)		
Theophilus, s. Thomas, b. Jan. 4, 1695/6	1	76
Thomas, s. Josias, b. May 21, 1665	1	68
Thomas, m. Hannah SHETHER, Dec. 10, 1685	1	66
Thomas, m. Mary LAYTON, Oct. 14, 1714	2	192
Thomas, m. Deborah STEEVENS, Dec. 25, 1735	2	145
Ulysses S., m. Ann HALL, Mar. 12, 1848, by E. Swift	3	407
Warren, s. Peter & Esther, b. Mar. 31, 1762	2	97
William, s. Nathaniel & Est[h]er, b. July 11, 1738	2	153
William, [s. Josiah & Submit], b. May 4, 1759; d. [May] 12, 1759	2	142
William, [s. Capt. James & Mary], b. June 4, 1788	2	132
William, m. Amanda KELSEY, b. of Killingworth, Oct. 16, 1824	3	368
William, m. Mary PARMELE[E], Oct. 3, 1831, by Asa King	3	382
William, m. Sophia HALL, b. of Killingworth, May 6, 1840, by Rev. E. Swift	3	399
William Albert, s. Aaron & Polly, b. July 8, 1806	2	112
William S., m. Caroline PARMELE[E], b. of Killingworth, Oct. 11, 1837, by Rev. E. Swift	3	395
Willoughby Alanson, [s. Henry & Rebecca], b. Nov. 12, 1846	2	95
Zada, m. Solomon LEBARON, Nov. 30, 1800	2	43
HUNTINGTON, Eliphalet, Rev., m. Mrs. Sarah ELIOT, Apr. 24, 1766	2	74
Joseph, [s. Rev. Eliphalet & Sarah], b. Jan. 15, 1776	2	87
Mary, [d. Rev. Eliphalet & Sarah], b. Sept. 29, 1770	2	87
Sarah, d. Rev. Eliphalet & Sarah, b. Sept. 19, 1768	2	87
Sarah, m. Rev. Archilles MANSFIELD, Mar. 7, 1779	2	75
HURD, Aaron Griswold, [s. Capt. Caleb Leete & Mary], b. Sept. 4, 1794	2	103
Abigail, m. Daniel KELCEY, Mar. 21, 1728	2	191
Abigaill, d. Elnathan & Thankfull, b. Mar. 29, 1728	2	188
Abigail, wid., d. May 1, 1799	2	77
Abigail, of Killingworth, m. Charles COAN, of Hopkinton, R.I., Mar. 19, 1828, by Rev. Aaron Dutton, of Guilford	3	376
Abraham, s. Daniel & Rachel, b. Feb. 26, 1724/5	2	185
Abraham, m. Mrs. Mary WILLCOCKS, Nov. 15, 1753	2	117
Abraham, [s. Abraham & Mary], b. Jan. 15, 1759	2	109
Achilles, [s. Capt. Caleb Leete & Mary], b. June 20, 1783	2	103
Ambrose, [s. Daniel & Esther], b. Mar. 17, 1771	2	82
Ambrose, [s. Ambrose & Lois], b. Oct. 8, 1775	2	85
Amelia, m. Henry L. POST, b. of Killingworth, May 4, 1836, by Lew Foster	3	392
Anna, w. of Elnathan, d. Apr. 16, 1828	2	66
Asa, [s. Abraham & Mary], b. Jan. 21, 1773	2	109
Asenath, [d. Abraham & Mary], b. Mar. 8, 1757	2	109
Athelinday, [d. Capt. Caleb Leete & Mary], b. July 14, 1788	2	103
Benjamin, [s. Abraham & Mary], b. Nov. 24, 1767	2	109
Caleb Leett, s. Daniel & Dorothea, b. Jan. 22, 1753	2	185
Caleb Leet, Capt., m. Mary GRISWOLD, June 4, 1776	2	41
Charlotte G., of Killingworth, m. Benj[ami]n E. SPENCER, of Greensborough, Ga., [, 1832], by Rev. Luke Wood	3	382
Clarinda, [d. Elnathan, 2d, & Anna], b. Feb. 17, 1782	2	83
Daniel, m. Rachell SMITH, Feb. 10, 1718/19	2	192
Daniel, s. Daniel & Rachel, b. Sept. 16, 1722	2	185
Daniel, s. Daniel & Esther, b. Feb. 17, 1744	2	142
Daniel, Jr., m. Est[h]er MALTBE, Apr. 17, 1744	2	146

HURD, (cont.)

	Vol.	Page
Daniel, m. Dorothea LEETT, Dec. 18, 1750	2	120
Daniel, d. Jan. 1, 1766	2	71
Daniel, [s. Capt. Caleb Leete & Mary], b. Apr. 12, 1777	2	103
Daniel, m. Stattia HULL, b. of Killingworth, Sept. 2, 1824, by Rev. Peter Crocker	3	367
Dolle, d. Daniel & Dorothea, b. Jan. 3, 1755	2	103
Dolly, d. Capt. Caleb Leete & Mary, b. Feb. 12, 1776; d. Aug. 31, 1779	2	103
Dolly, [d. Capt. Caleb Leete & Mary], b. Oct. 29, 1786	2	103
Ebenezer, s. Daniel & Rachel, b. Oct. 4, 1719	2	185
Ebenezer, s. Daniell, d. Aug. 29*, 1729 (*(9) is crossed out on original manuscript)	1	81
Ebenezer, s. Daniel & Rachel, b. Oct. 26, 1732	2	185
Ebenezer, [s. Abraham & Mary], b. Nov. 24, 1775	2	109
Elias, [s. Capt. Caleb Leete & Mary], b. Apr. 6, 1780	2	103
Elizabeth, w. of Robert, d. Apr. 7, 1722	1	81
Elizabeth, d. Justus & Rachel, b. Mar. 3, 1747	2	126
Elnathan, m. Thankfull NETTLETON, Dec. 4, 1724	2	193
Elnathan, s. Elnathan & Thankfull, b. Oct. 18, 1730	2	188
Elnathan, d. Jan. 27, 1750	2	69
Elnathan, m. Abigail CARTER, Jan. 10, 1753	2	117
Elnathan, [s. Elnathan & Abigail], b. Jan. 10, 1754	2	133
Elnathan, 2d, m. Anne RAY, Feb. 12, 1778	2	39
Elnathan, 2d, m. Anna BARY, Feb. 12, 1778	2	73
Elnathan, d. Sept. 8, 1794	2	76
Elnathan, m. Eliza HERRICK, b. of Killingworth, Oct. 18, 1825, by Rev. Pierpont Brocket	3	370
Elnathan, of Killingworth, m. Mary HURD, of East Haddam, Nov. 24, 1831, by Rev. Luke Wood	3	381
Eru, [d. Daniel & Esther], b. July 2, 1765; d. June 21, 1765	2	82
Eru, see also Rue		
Est[h]er, d. Daniel & Esther, b. Nov. 1, 1746	2	142
Evilina, d. Robert & Mary, b. Aug. 20, 1808	2	161
Hannah, m. James STEEVENS, Nov. 5, 1729	2	191
Hannah, m. Hugh CAHOON, b. of Killingworth, Feb. 7, 1821, by Hart Talcott	3	360
Harriett S., of Killingworth, m. D. Clinton WARDELL, of Augusta, N.Y., May 5, 1833, by Rev. Luke Wood	3	383
Henry, [s. Elnathan, 2d, & Anna], b. May 3, 1780	2	83
James Hervey, [s. Capt. Caleb Leete & Mary], b. May 31, 1791	2	103
Jane, m. Nelson FARNHAM, b. of Killingworth, Dec. 3, 1835, by Lewis Foster	3	390
John, s. Elnathan & Thankfull, b. Aug. 4, 1734	2	188
John, s. Elnathan & Abigail, b. Apr. 15, 1758	2	133
John, m. Amanda FARNUM, Nov. 18, 1779	2	75
Jonathan, s. Elnathan & Thankfull, b. Aug. 24, 1739	2	188
Jonathan, m. Lydia STEEVENS, Dec. 31, 1761	2	118
Josiah, m. Phebe BUELL, Sept. 1, 1726	2	191
Justus, s. Robert & Elizabeth, b. Apr. 2, 1722	2	183
Justus, m. Rachel FULLER, May 20, 1746	2	119
Justus, s. Robert & Elizabeth, b. [ ]	2	189
Laura Ann, [d. Capt. Caleb Leete & Mary], b. Aug. 13, 1796	2	103

KILLINGWORTH VITAL RECORDS 63

	Vol.	Page
HURD, (cont.)		
Leete, [s. Capt. Caleb Leete & Mary], b. Nov. 23, 1781	2	103
Lois, [d. Daniel & Esther], b. May 12, 1751	2	142
Loes, [d. Ambrose & Lois], b. Sept. 10, 1773	2	85
Lorenzo, [s. Robert & Mary], b. Feb. 7, 1811	2	161
Lydia, d. Jonathan & Lydia, b. Sept. 26, 1764	2	114
Lydia, [d. Abraham & Mary], b. Apr. 27, 1770	2	109
Mary, d. Daniel & Rachel, b. Feb. 17, 1741	2	185
Mary, m. David BUELL, Jan. 4, 1760	2	74
Mary, d. Ambrose & Lois, b. Nov. 29, 1771	2	85
Mary, of East Haddam, m. Elnathan HURD, of Killingworth, Nov. 24, 1831, by Rev. Luke Wood	3	381
Mary M., m. Silas WELLMAN, Nov. 3, 1833, by Rev. Luke Wood	3	384
Mehittable, d. Daniel & Est[h]er, b. Mar. 4, 1757	2	142
Mahetabel, [d. Daniel & Esther], b. Mar. 15, 1772	2	82
Molly, d. Abraham & Mary, b. Oct. 7, 1754	2	109
Molly, m. George HULL, Dec. 7, 1763	2	118
Nabby, [d. John & Amanda], b. Nov. 3, 1783	2	179
Nanch(?), [d. Abraham & Mary], b. Jan. 20, 1763	2	109
Nathan, s. Elnathan & Thankfull, b. Feb. 14, 1746	2	188
Nathaniel, [s. Abraham & Mary], b. Nov. 25, 1777	2	109
Nathaniel A., m. Lucy A. WILLIAMS, b. of Killingworth, Sept. 27, [1836], by Lewis Foster	3	393
Neoma, [d. Ambrose & Lois], b. Jan. 20, 1778; d. Feb. 27, 1778	2	85
Phebe, [d. Daniel & Esther], b. Oct. 17, 1762	2	82
Phebe, m. Russell DOWD, Mar. 12, 1794	2	39
Polly, [d. Capt. Caleb Leete & Mary], b. Jan. 31, 1785	2	103
Rachel, d. Daniel & Rachel, b. Feb. 10, 1729/30	2	185
Rachel, d. Daniel & Rachel, b. Feb. 16, 1739	2	185
Rachel, [d. Abraham & Mary], b. Oct. 9, 1765	2	109
Rachel, [d. John & Amanda], b. Apr. 19, 1787	2	179
Rebecca, m. Joseph WILLCOCKS, Aug. 13, 1724	2	193
Robert, m. Elizabeth CHITTENDEN, June 2, 1719	2	193
Robert, m. Elizabeth WILLIAMS, Nov. 11, 1724	2	193
Robert, m. Mary BRAINARD, Aug. 20, 1807	2	42
Roswell, [s. Elnathan & Abigail], b. Apr. 17, 1768	2	133
Rue, d. Daniel & Esther, b. Feb. 1, 1748/9	2	142
Rue, see also Eru		
Ruth, m. William WELLMAN, June 14, 1722	2	193
Ruth, d. Daniel & Rachel, b. Aug. 25, 1727	2	185
Ruth, m. Oliver TEELL, Nov. 14, 1747	2	119
Sally, m. Elijah GRIFFETH, Jan. 13, 1798	2	42
Samuel, s. Elnathan & Thankfull, b. Nov. 1, 1736	2	188
Samuel, s. Daniel & Esther, b. July 14, 1767	2	82
Samuel, [s. Elnathan, 2d, & Anna], b. Sept. 18, 1785; d. Dec. 1, 1787	2	83
Samuel, [s. Capt. Caleb Leete & Mary], b. Nov. 13, 1792; d. Nov. 27, 1792	2	103
Sarah, d. Robert & Elizabeth, b. Mar. 17, 1720	2	183
Sarah, d. Robert & Elizabeth, d. Aug. 14*, 1721 (*correction (17) handwritten on original manuscript)	1	81
Sarah, d. Elnathan & Thankfull, b. Aug. 23, 1725	2	188
Sarah, m. Joseph GRISWOLD, Sept. 22, 1748	2	119
Sarah, d. Elnathan & Abigail, b. Oct. 4, 1753	2	133

64 BARBOUR COLLECTION

	Vol.	Page
HURD, (cont.)		
Sarah, [d. Daniel & Esther], b. Aug. 14, 1754	2	142
Sarah, m. Joseph HULL, Jan. 5, 1757	2	117
Sarah, d. Jonathan & Lydia, b. Oct. 4, 1762	2	114
Sarah, d. Elnathan, 2d, & Anna, b. Jan. 23, 1779	2	83
Seth, [s. Daniel & Esther], b. July 7, 1769	2	82
Shubael, s. Justus & Rachel, b. Jan. 14, 1748/9	2	126
Sophia M., m. William S. JOHNSON, b. of Killingworth, [Aug.] 4, [1829], by Peter Crocker	3	378
Thankfull, d. Elnathan & Thankfull, b. Aug. 15, 1743	2	188
Thankfull, w. of Elnathan, d. Aug. 24, 1752	2	69
Thankfull, m. Nehemiah HIGGINS, Feb. 10, 1763	2	74
Ural, s. Justus & Rachel, b. Apr. 12, 1751	2	126
Wealthy, d. John & Amanda, b. May 4, 1770	2	179
Wellington, [s. Robert & Mary], b. Dec. 30, 1812	2	161
William, [s. Capt. Caleb Leete & Mary], b. Oct. 1, 1778	2	103
William Brainard, [s. Robert & Mary], b. Sept. 14, 1809	2	161
[HURLBURT], [see under HOLIBURT]		
[HUTCHINSON], [see under HUCHESON]		
ISBELL, ISBEL, ISBLE, Abigail, d. Robert & Meriam, b. June 1, 1701	2	180
Abiga[i]ll, d. July 7, 1727	1	81
Abiga[i]l, d. Eliazer & Elizabeth, b. Apr. 18, 1738	2	157
Amos, [s. Eleazer, 2d, & Hannah], b. Feb. 17, 1772	2	90
Barsheba, d. Noah & Jerusha, b. Nov. 5, 1743	2	143
Eber, [s. Noah & Jerusha], b. July 6, 1758	2	100
Eleazer, m. Elizabeth FFRENCH, Nov. 11, 1668	1	66
Eleazer, d. Sept. 2, 1677	1	79
Eliazer, s. Robert, b. Apr. 24, 1700	2	180
Eleazer, s. Robert, d. May 14, 1700	1	81
Eliazer, s. Robert & Meriam, b. Aug. 31, 1705	2	180
Eliazer, m. Elizabeth BISHOP, Jan. 6, 1730/1	2	191
Eliazer, s. Eliazer & Elizabeth, b. Apr. 7, 1740	2	157
Eleazer, m. Mary HOPER, Dec. 3, 1743	2	119
Eleazer, m. Thankfull KELCEY, Apr. 29, 1754	2	117
Eleazer, 2d, m. Hannah PARMELE[E], Apr. 28, 1763	2	74
Eleazer, [s. Eleazer, 2d, & Hannah], b. Apr. 24, 1768	2	90
Eleazer, [s. Eleizer & Thankfull], b. Apr. 24, 1768	2	123
Eliab, s. Robart & Lois, b. Feb. 21, 1755; d. Oct. 7, 1756	2	94
Eliab, [s. Robart & Lois], b. July 31, 1759	2	94
Elias, m. Temperence WARD, Sept. 24, 1772	2	38
Elias, twin with Molly, [s. Elias & Temperance], b. July 17, 1780	2	122
Elias, 2d, m. Hannah PARMELE[E], Apr. 1, 1805	2	42
Elias S., m. Ladarsca J. KELSEY, Oct. 17, 1858, by Rev. Hiram Bell	3	416
Elizabeth, d. Eleazer, b. Sept. 6, 1669	1	71
Elizabeth, d. Eliazer & Elizabeth, b. Nov. 10, 1731	2	157
Elizabeth, w. of Eleazer, d. Sept.* 6, 1747/8 (*correction (Feb.) handwritten on original document)	1	93
Elizabeth, m. Daniel CRANE, Dec. 20, 1759	2	73
Garner, [s. Robart & Lois], b. Sept. 2, 1762	2	94
Garner, m. Mary GRAVES, Nov. 23, 1778, by Rev. W[illia]m Seward	2	75
Hannah, d. Robert & Meriam, b. Oct. 8, 1703	2	180

	Vol.	Page
ISBELL, ISBEL, ISBLE (cont.)		
Hannah, m. Peter WARD, Jr., Feb. 5, 1752	2	120
Hannah, [d. Eleazer, 2d, & Hannah], b. Mar. 7, 1774	2	90
Hannah, w. of Elias, 2d, d. Aug. 23, 1808	2	78
Hannah Almira, [d. Elias, 2d, & Hannah], b. June 4, 1808	2	89
Israiel, s. Robert & Meriam, b. July 15, 1710	2	180
Israel, s. Eliazer & Elizabeth, b. Apr. 21, 1744	2	157
Israel, [s. Eleazer, 2d, & Hannah], b. May 11, 1767	2	90
Israel, [s. Eleizer & Thankfull], b. May 11, 1767	2	123
Jena, [d. Eleazer, 2d, & Hannah], b. July 19, 1771	2	90
Jerusha, w. of Noah, d. Mar. 23, 1745	1	93
Jerusha, d. Noah & Jerusha, b. Mar. 8, 1755	2	100
Joel, [s. Eleazer, 2d, & Hannah], b. Mar. 5, 1766	2	90
John, s. Elezier & Mary, b. Aug. 25, 1749	2	123
John, s. Eliazer & Elizabeth, b. Sept. 6, 1749	2	157
John, s. Elias & Temperance, b. Feb. 22, 1774	2	122
Lewis Clark, s. Ariel & Zada, b. Oct. 11, 1815	2	104
Lyman, s. Eleazer, 2d, & Hannah, b. July 24, 1764	2	90
Mary, d. Robert & Meriam, b. Apr. 19, 1708	2	180
Mary, w. of Eleazer, d. Dec. 20, 1753	2	70
Mary, m. Jabez LANE, Apr. 17, 1780	2	75
Mercy, [d. Eleizer & Thankfull], b. Jan. 14, 1758	2	123
Meriam, d. Eleizer & Thankfull, b. Oct. 26, 1756	2	123
Miriam, d. Robert & Meriam, b. Dec. 31, 1712	2	180
Miriam, wid. of Robert, d. June 23, 1728	1	81
Molly, twin with Elias, [d. Elias & Temperance], b. July 17, 1780	2	122
Noah, s. Robert & Miriam, b. Aug. 27, 1717	2	180
Noah, m. Jerusha GRISWOLD, Mar. 16, 1743	2	146
Noah, m. Jerusha WARD, Dec. 28, 1748	2	119
Noah, [s. Noah & Jerusha], b. Oct. 26, 1753	2	143
Oliver, s. Noah & Jerusha, b. July 28, 1749; d. July 10, 1750	2	143
Oliver, s. Noah & Jerusha, b. Apr. 5, 1750	2	143
Orland Watson, s. Elias, 2d, & Hannah, b. Feb. 25, 1806	2	89
Peruda, s. Eliazer & Elizabeth, b. Aug. 3, 1733	2	157
Robert, s. Eleazer, b. Sept. 21, 1671	1	71
Robert, s. Eleazer, b. Jan. 20, 1675	1	71
Robert, m. Meriam CARTER, June 15, 1698	2	192
Robert, d. Feb. 6, 1717/8	1	81
Robart, s. Eliazer & Elizabeth, b. Feb. 3, 1736	2	157
Robert, m. Lois PARMELE[E], Aug. 20, 1755	2	118
Robert, [s. Robart & Lois], b. Apr. 29, 1765	2	94
Sarah, d. Eliazer & Elizabeth, b. Apr. 12, 1742	2	157
Sarah, m. Will[ia]m TROYDEL, Dec. 30, 1772	2	73
Stephen, [s. Eleazer, 2d, & Hannah], b. Mar. 17, 1778	2	90
Temperance, [d. Elias & Temperance], b. Sept. 5, 1776	2	122
Temperence, m. Bela PARMELE[E], Jan. 6, 1799	2	41
Thankfull, wid. of Eleazer, d. Mar. 14, 1789	2	76
Timothy, s. Eleazer & Elizabeth, b. Mar. 22, 1746	2	157
Timothy, [s. Robart & Lois], b. Aug. 3, 1769	2	94
William, [s. Eleazer, 2d, & Hannah], b. May 27, 1776	2	90
IVES, George W., of Danbury, m. Sarah H. WILCOX, of Killingworth, Dec. 27, 1831, by Rev. Luke Wood	3	382
JAMES, Ezra, of Saybrook, m. Sybil WILLIAMS, of Killingworth, Dec.		

BARBOUR COLLECTION

	Vol.	Page
JAMES, (cont.)		
24, 1820, by Hart Talcott	3	359
JISON, Henry, m. Louisa HULL, b. of Killingworth, Oct. 19, 1834, by Rev. E. Swift	3	386
JOHNSON, Dydimus, of Haddam, m. Lovinia LANE, of Killingworth, Feb. 22, 1832, by Rev. Luke Wood	3	382
Joseph F., m. Mary M. PARMELEE, Jan. 14, 1849, by Rev. E. G. Swift	3	407
William P., m. Catharine C. WRIGHT, Feb. 6, 1845, by Rev. E. Swift	3	402
William S., m. Sophia M. HURD, b. of Killingworth, [Aug.] 4, [1829], by Peter Crocker	3	378
JONES, Alethea A., of Killingworth, m. Edward MUNSON, of Westville, Conn., July 9, 1837, by Rev. Anson F. Beach	3	395
Asa, [s. Jonathan & Deborah], b. Aug. 13, 1770	2	94
Beulah, m. Capt. Edward STANNARD, b. of Westbrook, Oct. 27, 1824, by Rev. Pierpont Brocket	3	368
Charles*, [s. Jonathan & Deborah], b. May 21, 1764 (*correction (Charity, [d.) handwritten in margin of original manuscript))	2	94
Deborah, [d. Jonathan & Deborah], b. Dec. 18, 1755	2	94
Eunice, m. Rufus PARMELE[E], May 27, 1819	2	43
Ezra, of Killingworth, m. Lydia PLATTS, of Saybrook, Feb. 19, 1834, by Rev. Ephraim G. Swift	3	384
Jonathan, [s. Jonathan & Deborah], b. July 14, 1753	2	94
Lydia, m. Emery C. WATEROUS, b. of Chester, Nov. 26, [1854], by Rev. Hiram Bell	3	412
Mary, [d. Jonathan & Deborah], b. Mar. 21, 1768	2	94
Phinehas, [s. Jonathan & Deborah], b. Jan. 20, 1760	2	94
Prudence, d. Jonathan & Deborah, b. Mar. 30, 1762	2	94
R[e]uben, [s. Jonathan & Deborah], b. Aug. 29, 1757	2	94
Sally, d. Jesse & Mindwell, b. Feb. 22, 1787	2	90
Sarah, m. Samuel SHETHAR, Aug. 1, 1750	2	120
Sarah, m. Joseph GRISWOLD, Jr., Nov. 6, 1751	2	120
William, s. Jonathan & Deborah, b. July 21, 1751	2	94
JOSEPH, John, s. Peter, d. Feb. 15, 1783	2	72
JOY, Deborah, d. Jacob, b. Feb. 23, 1672	1	74
*Deborah, m. Andrew WARD, Nov. 19, 1691 (*handwritten addition to original manuscript, (see GAY))	1	67
Jacob, m. Elizabeth WELLMAN, May 23, 1671 (see GAY)	1	66
Jacob, s. Jacob, b. Mar. 14, 1674/5	1	74
Mary, d. Jacob, b. Sept. 17, 1680	1	74
Mary, m. Petter WARD, Mar. 30, 1698	1	67
Walter, b. Aug. 14, 1677	1	74
JUDD, Emily Jane, of Watertown, m. Frederick D. CULVER, of Rocky Hill, Oct. 19, 1856, by Rev. Hiram Bell	3	414
Polly, m. Peleg REDFIELD, July 5, 1787	2	38
KEEP, Jemima, m. Isaac GRISWOLD, Apr. 13, 1731	2	191
KELLOGG, Lucius, m. Betsey S. PARMELEE, May 11, 1845, by Rev. E. Swift	3	403
KELSEY, KELCEY, KEILCEY, KIELSEY, Aaron, s. Isaac & Jane, b. Jan. 6, 1734/5	2	186
Aaron, m. Lydia NETTLETON, Nov. 16, 1758	2	118
Aaron, [s. Aaron & Lydia], b. July 11, 1776; d. Sept. 17, 1777	2	95

KILLINGWORTH VITAL RECORDS 67

	Vol.	Page
KELSEY, KELCEY, KEILCEY, KIELSEY, (cont.)		
Aaron, [s. Aaron & Lydia], b. Jan. 26, 1779; d. June 3, 1781	2	95
Aaron Harvey, [s. Capt. Aaron & Lydia], b. Oct. 2, 1783	2	95
Abel, s. Isaac & Martha, b. Oct. 11, 1764	2	104
Abel, [s. Dan & Jemima], b. July 6, 1777; d. Sept. 3, 1779	2	105
Abigayle, m. John HULL*, Dec. 3, 1668 (*written "Hall")	1	66
Abiga[i]ll, d. Daniell, b. Feb. 5*, 1682 (*correction (3) handwritten on original manuscript)	1	72
Abiga[i]ll, d. Joseph & Hannah, b. May 20, 1715	2	194
Abigail, d. Daniel & Abigail, b. Nov. 25, 1734	2	155
Abigail, d. Matthias & Abigail, b. Apr. 4, 1735	2	156
Abigail, m. Daniel GRAY, Sept. 5, 1743	2	146
Abigail, d. Gideon & Est[h]er, b. Oct. 3, 1746	2	127
Abiga[i]l, w. of Joseph, Jr., d. Aug. 5, 1751	2	68
Abigail, d. Joseph & Temperance, b. Oct. 20, 1753	2	129
Abigail, [d. Isaac & Hannah], b. Jan. 14, 1757	2	109
Abigail, m. Noah LANE, Dec. 15, 1757	2	117
Abigail, [d. Dan & Jemima], b. Oct. 11, 1758	2	105
Abigail, [d. Peter & Katherine], b. Jan. 21, 1767	2	133
Abigail, m. Capt. Jonathan WRIGHT, b. of Killingworth, Oct. 5, 1825, by Rev. Pierpont Brocket	3	370
Abijah, s. Hiel & Margaret, b. Oct. 25, 1745	2	153
Abijah, [s. Hiel], d. Nov. 22, 1752	2	69
Abner, s. Joseph & Hannah, b. Aug. 10, 1724	2	194
Abner, s. Abner & Ann, b. Feb. 2, 1749/50; d. Oct. 17, 17[ ]	2	125
Abner, s. Abner & Ann, b. Jan. 29, 1755	2	125
Abner, m. Mabel PARMELE[E], Oct. 6, 1757	2	118
Abraham, s. Benjamin & Ruth, b. Apr. 10, 1742	2	148
Achsa, m. Charles DAVIS, Apr. 29, 1829, by Asa King	3	378
Adelina D., m. W[illia]m P. LANE, b. of Killingworth, Nov. 10, 1850, by Rev. Hiram Bell	3	409
Amanda, m. William HULL, b. of Killingworth, Oct. 16, 1824	3	368
Ambrose, s. Obadiah & Mary, b. Oct. 14, 1747	2	161
Ambrose, m. Jemima GRISWOLD, Dec. 19, 1771	2	73
Ambrose, [s. Martin & Esther], b. Mar. 27, 1789	2	81
Amelia A., of Killingworth, m. Thomas C. PAGE, of Newburyport, Mass., May 23, 1836, by Lewis Foster	3	392
Amos, s. Daniel & Abigail, b. Apr. 16, 1733	2	155
Amy, [twin with Margaret], d. Obediah & Mary, b. July 9, 1750	2	161
Ann, d. Samuel & Margaret, b. Aug. 28, 1728	2	190
Ann, [d. Abner & Ann], b. Aug. 18, 1751	2	125
Anna, d. David & Mary, b. July 2, 1748	2	153
Anna, [d. Daniel & Hannah], b. May 11, 1751	2	152
Anna, [d. David], d. Nov. 11, 1753	2	70
Anna, w. of Abner, d. Jan. 25, 1781	2	72
Anne, m. Sam[ue]ll NETTLETON, 3rd, Feb. 28, 1781	2	75
Ansel, [s. Martin & Esther], b. Mar. 2, 1781	2	81
Ansel, [s. Martin & Esther], b. Mar. 3, 1781	2	81
Anson, m. Emeline TURNER, b. of Killingworth, Jan. 11, 1826, by Rev. Pierpont Brocket	3	371
Ace, s. Gideon & Est[h]er, b. Oct. 27, 1744	2	127
Asahel, twin with Michael, [s. Joseph & Abigail], b. [ ]; d. [ ]	2	129

KELSEY, KELCEY, KEILCEY, KIELSEY, (cont.)

	Vol.	Page
Augustus, [s. Isaac & Hannah], b. Aug. 22, 1764	2	109
Avis, [child of Abner & Ann], b. Nov. 14, 1753; d. Dec. 3, 1753	2	125
Avis, [child of Abner & Ann], b. Feb. 12, 1758	2	125
Azubah, s. Isaac & Martha, b. Sept. 29, 1762	2	104
Azuba[h], m. Asriel HINCKLEY, Aug. 4, 1793	2	39
Bany, s. Nathaniel & Martha, b. Sept. 19, 1747	2	111
Beniamin, [twin with Joseph], s. Stephen & Concurrance, b. Jan. 20, 1710/11	1	71
Benjamin, m. Ruth WILLCOCKS, Apr. 29, 1741	2	146
Benj[ami]n, [s. Nath[anie]ll & Martha], b. Apr. 23, 1758	2	111
Benjamin, s. Gideon & Est[h]er, b. Oct. 29, 1762	2	127
Bethiah, d. John, b. May 22, 1701	1	76
Bethia, m. Nathaniel PARMELE, Mar. 17, 1725	2	193
Bethiah, d. Amos & Mabel, b. Mar. 15, 1759	2	113
Betsey, [d. Jonathan, 2d, & Polly], b. Aug. 8, 1803	2	180
Betsey, m. Linus BURR, Nov. 12, 1824, by A. King	3	369
Betsey, m. Linus BURR, Nov. 12, 1824, by A. King	3	372
Betsey, of Killingworth, m. Darius STANNARD, of Saybrook, Mar. 21, 1827, by Rev. Pierpont Brockett	3	375
Betsey, m. Abner LANE, b. of Killingworth, Apr. 17, 1836, by Rev. E. Swift	3	392
Betsey B., m. James Porter CHITTENDEN, b. of Westbrook Society, Aug. 22, [1827], by Rev. Henry Hatfield	3	375
Bette, d. John & Thankfull, b. Nov. 30, 1748	2	126
Calvin, m. Henrietta BUELL, b. of Killingworth, Sept. 8, 1833, by Rev. Luke Wood	3	383
Caroline, [d. Aaron & Lydia], b. July 20, 1772	2	95
Caroline, [d. Capt. Aaron & Lydia], d. Sept. 16, 1777	2	95
Cassandra, [s. Isaiah & Sally], b. Mar. 20, 1796	2	89
Catharine, [d. Peter & Katherine], b. June 9, 1771	2	133
Cerviah, [d. Martin & Esther], b. Dec. 6, 1779 (Zerviah)	2	81
Cerviah, see also Zerviah		
Charity, d. Martin & Esther, b. Nov. 19, 1772	2	81
Charles, [s. Martin & Esther], b. Jan. 4, 1785	2	81
Charles, s. Elisha, Jr. & Lucinda, b. Nov. 14, 1820	2	127
Charles D., of Killingworth, m. Olive A. STONE, of Madison, Oct. 18, 1843, by Rev. E. O. Beers. Witnesses: David P. Kelsey, Millesant P. Beers	3	402
Charles Denison, s. David P. & Elizabeth, b. Aug. 10, 1818	2	16
C[h]loe, [twin with Temperance], d. Abner & Ann, b. June 2, 1748	2	125
C[h]loe, [d. Aaron & Lydia], b. Aug. 23, 1769	2	95
C[h]loe, d. Capt. Aaron & Lydia, d. Sept. 14, 1777	2	95
Clarrissa, d. Martin & Esther, b. Nov. 19, 1772	2	81
Clarissa, m. Charles WILLIAMS, b. of Killingworth, Feb. 8, 1822, by Hart Talcott	3	363
Clarrissa, m. Samuel P. SPENCER, Mar. 12, 1850, by Rev. E. Swift	3	408
Concurrance, d. Stephen & Concurrance, b. Dec. 26, 1718	2	179
Curtis, s. Joseph & Sarah, b. Mar. 26, 1741	2	148
Curtice, m. Submit PIERSON, Apr. 30, 1767	2	74
Curtis, [s. Elisha, Jr. & Lucinda], b. May 20, 1825	2	127
Cynthia, [d. Noah & Sophronia], b. July 17, 1826	2	133
Cynthia, m. Frances A. BLISS, Sept. 16, 1849, by Rev. E. Swift	3	408

KILLINGWORTH VITAL RECORDS 69

	Vol.	Page
KELSEY, KELCEY, KEILCEY, KIELSEY, (cont.)		
Damaris, d. Joseph & Hannah, b. Apr. 13, 1711	2	194
Damary, m. Ebenezer HULL, Nov. 2, 1737	2	145
Dammeris, d. Abner & Ann, b. Mar. 30, 1760	2	125
Dan, s. Daniel & Abigail, b. Dec. 30, 1728	2	155
Dan, m. Jemima TURNER, Feb. 5, 1753	2	120
Danniell, s. Daniell, b. June 2, 1677	1	72
Daniell, s. John, b. Mar. 22, 1698	1	76
Daniel, m. Sarah GRAVES, Nov. 23, 1705	2	145
Daniel, s. Daniel & Sarah, b. Jan. 28, 1710	2	162
Daniell, Lieut., d. June 5, 1727	1	81
Daniel, m. Abigail HURD, Mar. 21, 1728	2	191
Daniel, 3rd, m. Hannah [ ], Dec. 14, 1738	2	120
Daniel, [s. Daniel & Hannah], b. Feb. 22, 1745; d. Sept. 16, 1751	2	152
Daniel, d. May 22, 1751	2	68
Daniel, [s. Dan & Jemima], b. Jan. 29, 1755	2	105
Daniel, [s. Joel & Abigail], b. May 6, 1778	2	96
David, s. Daniel & Sarah, b. Dec. 16, 1706	2	162
David, m. Mary PLATT, Sept. 18, 1734	2	145
David, s. David & Mary, b. Jan. 6, 1743/4	2	153
David, [s. David], d. Dec. 6, 1753	2	70
David, s. Jonathan & Zerviah, b. Aug. 17, 1763	2	96
David, 2d, m. Olive PARMELE[E], Dec. 11, 1788	2	38
David, d. Aug. 27, 1794	2	76
David, d. Mar. 7, 1832	2	66
David Parmele, [s. David, 2d, & Olive], b. July 11, 1796	2	14
David Parmele, m. Elizabeth WILLCOX, Nov. 27, 1817	2	16
David Willcox, [s. David P. & Elizabeth], b. May 27, 1827	2	16
Deborah, d. William & Elizabeth, b. Jan. 2, 1711	1	78
Deborah, m. Josiah KELCEY, Jr., Dec. 20, 1750	2	120
Dense, m. Gideon LANE, May 10, 1821, by Asa King, V.D.M.	3	360
Dency Maria, d. Jonathan, 2d, & Polly, b. Jan. 13, 1799	2	180
Dina, d. Hiel & Margaret, b. Aug. 23, 1744	2	153
Dinah, m. Jeremiah BUEL, Jr., Dec. 4, 1766	2	39
Dinah, w. of Elisha, d. Oct. 30, 1822	2	78
Ebenezer, m. Sarah WILLCOCKS, Apr. 12, 1749	2	120
Ebenezer, s. Ebenezer & Sarah, b. July 23, 1749	2	108
Ebenezer, d. July 26, 1752	2	69
Ebenezer, s. Stephen & Concurrance, b. Mar. 8, [ ]	1	71
Eber, m. Julia RUTTY, b. of Killingworth, Dec. 6, 1821, by Hart Talcott	3	363
Edward, [s. Elisha, Jr. & Fanny], b. Nov. 30, 1814	2	127
Edward, m. Julia GRISWOLD, Aug. 13, 1842, by Rev. E. Swift	3	400
Edward G., [s. Joel & Polly], b. Jan. 20, 1814	2	130
Edwin, [s. Noah & Sophronia], b. Dec. 15, 1821	2	133
Eli, [s. Aaron & Lydia], b. May 27, 1763	2	95
Eli, [s. Josiaha & Mary], b. Dec. 19, 1766	2	87
Eli, s. Capt. Aaron, d. Apr. 26, 1788	2	77
Eli, [s. Capt. Aaron & Lydia], d. Apr. 26, 1788	2	95
Eliab, s. Obadiah & Mary, b. Apr. 13, 1736	2	161
Eliab, s. Obediah, d. July 18, 1751	2	68
Eliab, s. Ambrose & Jemimah, b. Oct. 4, 1772	2	81
Elihu, s. Obadiah & Mary, b. Mar. 30, 1745	2	161

KELSEY, KELCEY, KEILCEY, KIELSEY, (cont.)

	Vol.	Page
Elisha, s. Josiah & Elizabeth, b. July 17, 1744	2	157
Elisha, 2d, m. Sarah STEEVENS, Jan. 13, 1774	2	73
Elisha, s. Elisha, 2d, & Sarah, b. Dec. 30, 1774	2	88
Elisha, m. Dinah NETTLETON, Dec. 29, 1785	2	75
Elisha, Jr., m. Fanny REDFIELD, Dec. 19, 1798	2	42
Elisha, Jr., m. Lucinda PLATTS, May 26, 1819	2	43
Elisha, d. June 21, 1823, ae 78 y.	2	78
Eliza, of Killingworth, m. Charles L. CAMPBELL, of West Springfield, Mass., Dec. 11, 1853, by Rev. David Nash	3	411
Elizabeth, d. William & Phebe, b. Dec. 28, 1724	2	184
Elizabeth had s. Zebulon Brown, b. Dec. 5, 1732; reputed father Thomas BROWN	2	155
Elizabeth, d. Josiah & Elizabeth, b. Jan. 3, 1733/4	2	157
Elizabeth had d. Lidea Cocks, b. Feb. 12, 1734/5; father Hezekiah COCKS	2	155
Elizabeth, d. David & Mary, b. Aug. 10, 1738	2	153
Elizabeth, d. David, d. Oct. 27, 1753	2	70
Elizabeth, d. Nath[anie]ll & Martha, b. Mar. 4, 1754	2	111
Elizabeth, [d. Peter & Katharine], b. Oct. 3, 1759	2	133
Elizabeth, [d. Ezra & Mary], b. Mar. 17, 1763	2	91
Elizabeth, m. Robert STREET, Mar. 10, 1767	2	74
Elizabeth, [d. Jonathan & Zerviah], b. June 12, 1769	2	96
Elizabeth, m. Samuel HULL, Nov. 29, 1769	2	73
Elizabeth, m. Joseph FARNUM, Jr., Dec. 17, 1789	2	39
Elizabeth Ann, [d. David P. & Elizabeth], b. Apr. 27, 1825	2	16
Elizabeth Ann, of Killingworth, m. Diodate BURR, of Haddam, Oct. 14, 1846, by Rev. Ebenezer D. Beers	3	405
Ellen, of Killingworth, m. Charles LANE, of Ill., Aug. 8, 1852, by Rev. Hiram Bell	3	410
Emeline, [d. Elisha, Jr. & Fanny], b. Sept. 22, 1806	2	127
Emily, m. James PELTON, Jr., b. of Killingworth, Jan. 13, 1834, by Rev. Luke Wood	3	384
Enos, s. Matthias & Abigail, b. Jan. 16, 1732/3	2	156
Ephraham, s. William, b. Sept. 17, 1701	1	78
Ephraim, m. Jemima KELCEY, Nov. 7, 1723	2	193
Erastus, s. Rufus & Deborah, b. Oct. 10, 1792	2	80
Easther, [d. Gideon & Est[h]er], b. May 3, 1751	2	127
Esther, m. Roswell PARMELE, Dec. 19, 1765	2	74
Esther, [d. Peter & Katherine], b. May 8, 1769	2	133
Ethan, [s. Ezra & Mary], b. Oct. 7, 1758	2	91
Eunis, d. Joseph & Hannah, b. Dec. 22, 1699	2	194
Euniss, m. Nathaniel CRANE, May 2, 1723	2	193
[E]unice, d. Joseph & Sarah, b. May 7, 1749	2	148
Eunice, d. Joseph, d. Oct. 5, 1751	2	68
[E]unic[e], d. Joseph & Sarah, b. Aug. 13, 1755	2	102
[E]un[i]c[es], m. Samuel RUTTY, Jan. 5, 1776	2	73
Eunice, [d. Martin & Esther], b. Dec. 10, 1791	2	81
Experience, [d. Hiel & Margaret], b. Nov. 7, 1749	2	153
Experience, [d. Hiel], d. Nov. 21, 1752	2	69
Ezra, s. Daniel & Sarah, b. June 20, 1718	2	162
Ezra, m. Mary CLARK, May 21, 1756	2	118
Ezra, [s. Ezra & Mary], b. Mar. 20, 1761	2	91

KILLINGWORTH VITAL RECORDS 71

	Vol.	Page
KELSEY, KELCEY, KEILCEY, KIELSEY, (cont.)		
Fanny, [d. David, 2d, & Olive], b. Apr. 24, 1803	2	14
Fanny, w. of Elisha, Jr., d. Oct. 8, 1816	2	78
Fanny, m. Lyman BURR, Aug. 15, 1824, by Asa King	3	368
Fanny E., m. Emerson A. PARMELEE, July 4, 1858, by Rev. Hiram Bell	3	415
Filemon, [s. Daniel & Hannah], b. June 3, 1748; d. Sept. 11, 1751	2	152
Flora, [d. David, 2d, & Olive], b. Feb. 20, 1792	2	14
Frederic W., m. Mary R. BROOKS, b. of Killingworth, Nov. 28, 1855, by Rev. N. Tibbles	3	413
Frederick William, [s. David P. & Elizabeth], b. May 18, 1832	2	16
Gemaliell, s. William & Elizabeth, b. Dec. 5, 1714	1	78
George, s. Gideon & Est[h]er, b. Feb. 6, 1757	2	127
Gershom, s. Stephen & Lydia, b. Aug. 12, 1736; d. Dec. 13, 1736	2	160
Gershom, s. Hiel & Margaret, b. Sept. 18, 1747	2	153
Gisham, [s. Hiel], d. Nov. 23, 1752 (Gershom)	2	69
Gideon, s. Joseph & Hannah, b. Apr. 1, 1718	2	194
Gideon, m. Est[h]er CHATFIELD, Apr. 18, 1744	2	146
Gideon, d. Mar. 5, 1764	2	71
Gideon, [s. Abner & Ann], b. June 25, 1764	2	125
Giles, s. Benjamin & Ruth, b. Oct. 16, 1745	2	148
Hannah, d. John, b. Sept. 13, 1668	1	72
Hannah, m. Joseph WILLCOXSON, b. Feb. 14, 1695	1	67
Hannah, d. Joseph & Hannah, b. Feb. 17, 1706	2	194
Hannah, d. John & Phebe, b. Mar. 17, 1717	1	76
Hannah, wid. of Lieut. John, d. Oct. 23, 1718	1	81
Hannah, m. George HULL, Dec. 21, 1733	2	191
Hannah, m. Joseph NETTLETON, Oct. 21, 1736	2	145
Hannah, d. Samuel & Margaret, b. Feb. 8, 1737; d. Mar. 12, 1737	2	190
Hannah, d. Daniel & Hannah, b. Oct. 28, 1739	2	152
Hannah, d. Josiah & Elizabeth, b. Mar. 17, 1740	2	157
Hannah, d. Josiah & Deborah, b. June 1, 1753	2	106
Hannah, m. Solomon LEWIS, Nov. 11, 1754	2	117
Hannah, d. Isaac & Hannah, b. July 23, 1755	2	109
Hannah, d. Daniel, d. Jan. 6, 1776	2	72
Hannah, m. Constant PARMELE[E], b. of Killingworth, Nov. 3, 1822, by Hart Talcott	3	364
Harriet, [d. Noah & Sophronia], b. Aug. 13, 1827	2	133
Harriet, m. Gilbert L. LANE, b. of Killingworth, Sept. 25, 1856, by Rev. Hiram Bell	3	414
Harriet Cordelia, [d. Noah & Sophronia], b. Mar. 13, 1823	2	133
Harvey, [s. Rufus & Deborah], b. Sept. 14, 1795	2	80
Harvey, s. Rufus & Deborah, d. May 8, 1801	2	80
Hebei, d. Silas & Lydia, b. Jan. 30, 1758	2	93
Hebet, s. Josiah & Elizabeth, b. Jan. 3, 1741/2	2	157
Henry, m. Mary L. PARMELE, Apr. 6, 1845, by Rev. E. Swift	3	402
Hepsibah, m. Alanson BAILEY, Aug. 28, 1831, by Asa King	3	382
Hester, d. John, b. Dec. 14, 1675	1	72
Heth, s. Matthias & Abigail, b. Jan. 21, 1740; d. May 9, 1740	2	156
Hezekiah, s. Daniell, b. Dec. 8, 1683	1	72
Hezekiah, m. Elizabeth WRIGHT, Jan. 9, 1722/3	2	193
Hiel, s. Stephen & Concurrance, b. Sept. 18, 1713	1	71
Hiel, m. Margaret WILLCOCKS, May 10, 1737	2	145

	Page	Vol.
KELSEY, KELCEY, KEILCEY, KIELSEY, (cont.)		
Hiel, s. Hiel & Margaret, b. Aug. 25, 1739	2	153
Hiel, d. Oct. 11, 1753	2	69
Homer*, m. Lodisca J. **PARMELEE**, b. of Killingworth, Nov. 8, [1854], by Rev. Hiram Bell (*handwritten correction(Hosmer))	3	412
Horace, s. Noah & Margaret, b. Oct. 22, 1791	2	107
Huldah F., of Killingworth, m. Rev. Nathan **TIBBELL**, of The New York Annual Conference, June 6, 1847, by Rev. Aaron S. Hill	3	406
Huldah Florilla, [d. David P. & Elizabeth], b. Jan. 20, 1820; d. Feb. 4, 1822	2	16
Ira, s. Daniel & Abigail, b. Feb. 18, 1729	2	155
Isaack, s. John, b. Nov. 17, 1699	1	76
Isaac, s. Daniel & Sarah, b. Mar. 28, 1712	2	162
Isaac, m. Jane **CRANE**, Apr. 21, 1723	2	193
Isaac, s. Isaac & Jane, b. Feb. 22, 1732/3	2	186
Isaac, d. Oct. 10, 1751	2	68
Isaac, m. Hannah **BUSHNELL**, Mar. 5, 1752	2	120
Isa[a]c, m. Martha **WILLCOCKS**, Feb. 7, 1754	2	120
Isaac, s. Isaac & Martha, b. Jan. 5, 1755	2	104
Isaa[c]k, [s. Jonathan & Zerviah], b. Oct. 20, 1766	2	96
Isac, Sergt., d. Oct. 16, 1776	2	72
Isaac, d. Nov. 7, 1781	2	72
Isaac, [s. Noah & Sophronia], b. May 16, 1825	2	133
Isaac, m. Ahira L. **GRISWOLD**, b. of Killingworth, Oct. 19, 1851, by Rev. Hiram Bell	3	409
Isaiah, m. Sally **WILLCOX**, Jan. 15, 1794	2	39
James, s. Stephen & Lydia, b. Feb. 12, 1737/8	2	160
James, s. Steven, d. Mar. 17, 1751	2	68
James, [s. Gideon & Est[h]er], b. Oct. 6, 1759	2	127
James, [s. Peter & Katherine], b. Oct. 14, 1764	2	133
James H., m. Fanny **WHITE**, b. of Killingworth, June 27, 1821, by Hart Talcott	3	362
James Harvey, [s. Rufus & Deborah], b. May 3, 1801	2	80
Jane, m. Benjamin **CARTER**, Jan. 18, 1727/8	2	191
Jane, s. Samuel & Margaret, b. Aug. 27, 1740	2	190
Jane, wid. of Daniell, d. Mar. 26, 1742	1	81
Jane, d. Jonah & Martha, b. Aug. 3, 1749	2	141
Jane, m. Hiel **STEEVENS**, Nov. 11, 1761	2	118
Jane, d. Abner & Ann, b. May 16, 1762	2	125
Jeann: see Joann* (*handwritten in margin of original manuscript)		
Jedediah, s. Ephraim & Jemima, b. Dec. 29, 1728	2	156
Jedediah, of Saybrook, m. Harriet **HOLMES**, of Killingworth, Dec. 27, 1825, by Sylvester Selden	3	372
Jehiel, s. William, b. Feb. 1, 1703/4	1	78
Jehiel, m. Mary **KELCEY**, Apr. 10, 1756	2	117
Jehiel, s. Jehiel, d. May 9, 1767	2	71
Jemima, d. Joseph & Hannah, b. Mar. 22, 1701	2	194
Jemima, m. Ephraim **KELCEY**, Nov. 7, 1723	2	193
Jemima, d. Obadiah & Mary, b. Apr. 29, 1742	2	161
Jemimah, d. Samuel & Margaret, b. Feb. 4, 1748	2	190
Jemima, d. Sam[ue]ll & Margarett, d. Nov. 17, 1751	2	68
Jemima, d. Sam[ue]ll, d. Nov. 17, 1751	2	69
Jemima, d. Dan & Jemima, b. Nov. 5, 1760	2	105

KILLINGWORTH VITAL RECORDS 73

	Vol.	Page
KELSEY, KELCEY, KEILCEY, KIELSEY, (cont.)		
Jemima, [d. Silas & Lydia], b. Oct. 18, 1762	2	93
Jemimah, m. Lemuel DAVIS, Feb. 7, 1782	2	41
Jerell, s. Joseph & Abiga[i]l, d. Oct. 19, 1751	2	68
Jeremiah, s. Benj[amin] & Ruth, b. Apr. 14, 1747	2	131
Jeremiah, s. Isaac & Hannah, b. Jan. 30, 1753	2	109
Jeremiah, [s. Lemuel & Abigail], b. May 4, 1794	2	79
Jerusha, d. John, b. Nov. 1, 1705	1	76
Jerusha, m. Lebatia WARD, Dec. 30, 1725	2	193
Jerusha, d. Daniel & Abigail, b. Dec. 19, 1742	2	155
Jerusha, [d. Lemuel & Abigail], b. Dec. 4, 1791	2	79
Jesse, s. Jonah & Martha, b. Feb. 25, 1746	2	141
Joann*, d. Daniell, b. May 7, 1699 (*correction (Jeann) handwritten on original manuscript)	1	72
Job, s. Ephraim & Jemima, b. Oct. 2, 1724	2	187
Joel, s. Joseph & Abigail, b. Apr. 12, 1747	2	129
Joel, s. Dan & Jemima, b. Apr. 13, 1753	2	105
Joel, s. Isaac & Hannah, b. Aug. 6, 1761	2	109
Joel, [s. Dan & Jemima], d. Dec. 22, 1772	2	105
Joel, [s. Dan & Jemima], b. June 13, 1774	2	105
Joel, m. Abigail STEEVENS, Dec. 22, 1774	2	75
Joel, [s. Joel & Abigail], b. Oct. 3, 1785	2	96
John, s. John, b. Oct. 20, 1671	1	72
John, m. Phebe CRANE, June 22, 1697	1	67
John, s. John, b. Mar. 7, 1706/7	1	76
John, Lieut., d. July 22, 1709	1	81
John, s. Hezekiah & Elizabeth, b. Apr. 3, 1727	2	181
John, m. Est[h]er BRISTOL, Feb. 18, 1729/30	2	191
John, s. Daniel & Abigail, b. Aug. 28, 1740	2	155
John, s. Daniell & Abiga[i]ll, d. Feb. 15, 1742	1	88
John, m. Thankfull ROSSETTER, Mar. 14, 1746	2	119
John, m. Ann CHATFIELD, Jan. 6, 1746/7	2	119
John, d. Sept. 19, 1750	2	68
John, [s. John & Thankfull], b. Jan. 23, 1751	2	126
John, Jr., d. Aug. 27, 1751	2	68
John, s. Aaron & Lydia, b. May 17, 1760	2	95
John Hill, [s. Julius & Silvia], b. Nov. 4, 1805	2	188
John Watson, s. Noah & Sophronia, b. May 28, 1816	2	133
Jonah, s. Isaac & Jane, b. July 18, 1725	2	186
Jonah, m. Martha NETTLETON, Sept. 28, 1745	2	119
Jonah, d. June 14, 1772	2	72
Jonathan, s. David & Mary, b. Oct. 2, 1735	2	153
Jonathan, s. Matthias & Abigail, b. May 14, 1737	2	156
Jonathan, m. Zerviah STEEVENS, Dec. 18, 1760	2	118
Jonathan, [s. Jonathan & Zerviah], b. Aug. 4, 1776	2	96
Jonathan, 2d, m. Polly PARMELE[E], Feb. 22, 1798	2	41
Joseph, s. John, b. Dec. 25, 1673	1	72
Joseph, m. Hannah HAYTON, Mar. 23, 1699	2	192
Joseph, s. Joseph & Hannah, b. Oct. 10, 1708	2	194
Joseph, [twin with Beniamin], s. Stephen & Concurrance, b. Jan. 20, 1710/11	1	71
Joseph, m. Hannah PRATT, June 20, 1729	2	191
Joseph, m. Lydea NOBLE, Apr. 30, 1734	2	191

	Vol.	Page
KELSEY, KELCEY, KEILCEY, KIELSEY, (cont.)		
Joseph, s. Josiah & Silence, b. Dec. 20, 1736	2	154
Joseph, Lieut., m. Abigail **MACK**, July 14, 1737	2	145
Joseph, Lieut., d. Mar. 8, 1740	1	89
Joseph, m. Sarah **LAY**, May 1, 1740	2	145
Joseph, s. Joseph & Sarah, b. Dec. 21, 1743	2	148
Joseph, m. Abigail **GRISWOLD**, Jan. 16, 1745/6	2	119
Joseph, [s. Abner & Ann], b. Oct. 5, 1769	2	125
Joseph, 2d, d. Dec. 23, 1797	2	77
Joshua, s. Josiah & Elizabeth, b. Feb. 6, 1736/7	2	157
Joshua, s. Peter & Katharine, b. July 8, 1758	2	133
Joshua, s. Peter & Katharine, b. Aug. 3, 1762	2	133
Josiah, s. John, b. Jan. 26, 1688	1	72
Josiah, s. Joseph & Hannah, b. Sept. 1, 1721	2	194
Josiah, m. Elizabeth **GARNICE**, Nov. 17, 1731	2	191
Josiah, s. Josiah & Elizabeth, b. Sept. 12, 1732	2	157
Josiah, Jr., m. Deborah **KELCEY**, Dec. 20, 1750	2	120
Josiah, m. Mary **CONKLING**, Jan. 18, 1759	2	74
Josiaha, s. Josiaha & Mary, b. May 11, 1759	2	87
Jula, [d. Martin & Esther], b. Nov. 27, 1782	2	81
Julia Platts, [d. Elisha, Jr. & Lucinda], b. Sept. 5, 1823	2	127
Julius, s. Stephen & Lois, b. Sept. 8, 1783	2	114
Julius W., of Madison, m. Polly B. **REDFIELD**, of Killingworth, Oct. 25, 1840, by Rev. E. Swift	3	399
Julius W., m. Mary H. **REDFIELD**, Dec. 28, 1845, by Rev. E. Swift	3	404
Katharine, d. Daniell, b. June 5, 1693	1	72
Kezia, d. Joseph & Hannah, b. Mar. 8, 1704/5	2	194
Keziah, m. Josiah **WILLCOCKS**, Mar. 3, 1731	2	120
Ladarsca J., m. Elias S. **ISBELL**, Oct. 17, 1858, by Rev. Hiram Bell	3	416
Leander, s. Joel & Polly, b. Oct. 16, 1812	2	130
Leb[b]eus, [s. Martin & Esther], b. Dec. 2, 1774	2	81
Leb[b]eus, [s. Martin & Esther], b. Dec. 22, 1775	2	81
Lemuel, s. Joseph & Abigail, b. Aug. 26, 1749	2	129
Lemuel, m. Abigail **CHITTENDEN**, Feb. 5, 1789	2	39
Leonard, m. Polly C. **BRISTOL**, b. of Killingworth, Apr. 21, 1856, by Rev. Lyman Leffingwell	3	413
Leverett, [s. Elisha, Jr. & Lucinda], b. Mar. 27, 1822; d. June 27, 1822, ae 3 m.	2	127
Levi, s. Samuel & Margaret, b. Apr. 6, 1738	2	190
Levi, s. Samuel & Margaret, d. Aug. 3+*, 1744 (* correction (21) handwritten on original manuscript)	1	89
Levi, s. Samuel & Margaret, b. Feb. 24, 1745	2	190
Levi, m. Lucy **HULL**, May 2, 1776	2	73
Loes, d. Obadiah & Mary, b. June 6, 1740	2	161
Lois, [d. Benjamin & Ruth], b. July 6, 1752	2	131
Lois, [d. Dan & Jemima], b. Jan. 5, 1772	2	105
Lois, d. May 15, 1799	2	78
Lora, [d. Martin], b. Mar. 9, 1797	2	81
Louisa M., [d. Joel & Polly], b. Feb. 14, 1823	2	130
Lucinda, d. Lemuel & Abigail, b. Nov. 2, 1789	2	79
Lucresa, d. David & Mary, b. Oct. 7, 1741	2	153
Lucretia, d. Joseph & Sarah, b. Oct. 15, 1745	2	148
Lucretia, m. Simeon **WILLCOCKS**, Dec. 28, 1765	2	74

KILLINGWORTH VITAL RECORDS

	Vol.	Page
KELSEY, KELCEY, KEILCEY, KIELSEY, (cont.)		
Lucresha, m. Moses GRISWOLD, Feb. 2, 1775	2	73
Lucretia Malinda, [d. Jonathan, 2d, & Polly], b. Nov. 13, 1811	2	180
Luce, d. Solomon & Mary, b. Nov. 19, 1737	2	154
Lucey, d. Isaac & Martha, b. Feb. 26, 1758	2	104
Lucy, d. Levi & Lucey, b. May 4, 1778	2	116
Lucy, of Killingworth, m. David ROSSETTER, of Newburyport, May 13, 1832, by Rev. Luke Wood	3	382
Lucy M., of Killingworth, m. Calvin G. POST, of Saybrook, Nov. 18, 1838, by Rev. E. Swift	3	398
Lucy Maria, [d. Noah & Sophronia], b. Aug. 2, 1819	2	133
Lidiah, d. John, b. May 26, 1680	1	72
Lidiah, m. John LANE, Dec. 31, 1700	1	67
Lidia, d. John, b. Nov. 27, 1710	1	76
Lidea, d. Daniel & Sarah, b. Dec. 8, 1722	2	162
Ledea, m. Israell STEEVENS, Nov. 30, 1732	2	191
Lidea, d. Daniel & Hannah, b. June 9, 1741	2	152
Lydia, d. Stephen & Lydia, b. Aug. 30, 1743	2	159
Lidya, d. Daniel & Abigail, b. Mar. 27, 1745	2	155
Lydia, d. Gideon & Est[h]er, b. Oct. 10, 1754	2	127
Lydia, m. Nathaniel WILLIAMS, Jr., Dec. 29, 1763	2	118
Lydia, [d. Silas & Lydia], b. July 2, 1764; d. Aug. 30, 175[ ]	2	93
Lydia, d. Aaron & Lydia, b. Jan. 23, 1765	2	95
Lidya, m. Abel NETTLETON, Feb. 17, 1773	2	73
Lydia, m. Joel EVARTS, Jan. 30, 1792	2	38
Lydia, w. of Capt. Aaron, d. Jan. 16, 1798	2	77
Lydia, m. Nathan LANE, b. of Killingworth, Dec. 19, 1832, by Rev. Luke Wood	3	386
Lyman, m. Nancy WRIGHT, b. of Killingworth, July 16, 1823, by Hart Talcott	3	366
Mabel, [d. Isaac & Hannah], b. June 23, 1768	2	109
Mabel, m. John HINKLEY, Oct. 30, 1788	2	38
Mabel, m. Russel[l] GATES, Oct. 30,.1820, by Rev. Asa King	3	358
Mabel, of Killingworth, m. Charles Russell WRIGHT, of Saybrook, Oct. 20, 1824, by Sylvester Selden	3	369
Mabel, m. Frederick CHITTENDEN, Dec. 16, 1838, by Rev. David Baldwin	3	398
Malinda, m. Daniel CARTER, b. of Killingworth, Nov. 28, 1824, by Peter G. Clark	3	369
Marcy, d. Daniell, b. Aug. 12, 1679	1	72
Marcy, m. Samuel KELCEY, Jan. 15, 1772	2	121
Maritta, [d. Isaiah & Sally], b. Aug. 25, 1797	2	89
Maretta, m. Kirtland HULL, Nov. 17, 1831, by Asa King	3	381
Margaret, d. Joseph & Hannah, b. Oct. 8, 1702	2	194
Margaret, m. Samuel KELCEY, Nov. 9, 1727	2	191
Margaret, d. Samuel & Margaret, b. Nov. 8, 1731	2	190
Margaret*, d. Hiel & Margaret, b. Sept. 12, 1741 (*correction (Mary) handwritten in margin of original manuscript)	2	153
Margaret, [twin with Amy], d. Obediah & Mary, b. July 9, 1750	2	161
Margaret, m. Barber GRINEL, Jan. 2, 1751/2	2	120
Margaret, w. of Hiell, d. Aug. 6, 1752	2	69
Marg[a]ret, w. of Samuel, d. Sept. 17, 1752, o.s. (?)	2	69
Margaret, [d. Silas & Lydia], b. Aug. 1, 1760	2	93

KELSEY, KELCEY, KEILCEY, KIELSEY, (cont.)

	Vol.	Page
Marjory, [d. Aaron & Lydia], b. May 16, 1767	2	95
Margary, [d. Capt. Aaron & Lydia], d. Sept. 17, 1777	2	95
Margary, d. [Capt. Aaron & Lydia], b. June 21, 1781	2	95
Martha, d. John & Phebe, b. May 1, 1712	1	76
Martha, m. Cornelius CHATFIELD, Oct. 31, 1735	2	145
Martha, d. Jonah & Martha], b. Oct. 13, 1747	2	141
Martha, [d. Nathaniel & Martha], b. May 8, 1749; d. Sept. 2, 1[7]51	2	111
Martha, [d. Nathaniel & Martha], b. Sept. 1, 1751	2	111
Martha, m. Levi DAVIS, June 1, 1774	2	73
Martha, of Killingworth, m. Charles L'HOMMEDIEU, of Saybrook, Sept. 8, 1824, by Sylvester Selden	3	369
Martin, s. Joseph & Sarah, b. June 21, 1742	2	148
Martin, m. Esther CHATFIELD, Dec. 5, 1771	2	73
Martin, [s. Martin & Esther], b. Feb. 16, 1777	2	81
Mary, m. John WRIGHT, May 2, 1705	2	192
Mary, d. William & Elizabeth, b. Mar. 25, 1709	1	78
Mary, d. Ephraim & Jemima, b. Feb. 16, 1726	2	156
Mary, d. David & Mary, b. Mar. 4, 1737	2	153
Mary, d. Solomon & Mary, b. July 13, 1746; d. May 12, 1748	2	154
Mary, d. Solomon & Mary, b. Nov. last day, 1753	2	154
Mary, m. Jehiel KELCEY, Apr. 10, 1756	2	117
Mary, m. John ROSSETER, Jr., Dec. 19, 1766	2	74
Mary, [twin with Sarah], d. [Isaac & Hannah], b. Nov. 9, 1770	2	109
Mary, w. of David, d. Dec. 6, 1772	2	76
Mary, m. Russell BUTLER, Apr. 15, 1798	2	40
Mary, [d. Joel & Polly], b. Sept. 2, 1821	2	130
Matthias, s. William & Elizabeth, b. Feb. 14, 1704/5	1	78
Matthias, m. Abigail KIRKUM, Dec. 14, 1727	2	191
Matthius, s. Matthias & Abigail, b. Sept. 28, 1728	2	156
Mehittabel, d. Solomon & Mary, b. Nov. 8, 1743	2	154
Mehetabel, d. Solomon, d. Nov. 21, 1769	2	71
Mehitable, m. Ebine BUELL, b. of Killingworth, Nov. 1, 1823, by Hart Talcott	3	366
Mehitabel, m. Samuel ROSSETTER, b. of Killingworth, Sept. 30, 1834, by Rev. Luke Wood	3	385
Mikel, s. Abiga[i]l & Joseph, Jr., d. Aug. 4, 1751	2	68
Michael, [s. Joel & Abigail], b. Apr. 20, 1780]	2	96
Michael, m. Delia GRISWOLD, Mar. 6, 1822, by Asa King	3	363
Michael, twin with Asahel, [s.Joseph & Abigail], b. [ ]; d. [ ]	2	129
Mille, [d. Martin & Esther], b. Jan. 27, 1787	2	81
Mindwell, d. Stephen & Lydia, b. May 19, 1740; d. Sept. 24, 1742	2	160
Moses, [s. Daniel & Hannah], b. July 25, 1743	2	152
Nabba, [d. Josiaha & Mary], b. May 8, 1768	2	87
Nathan, s. John, b. Aug. 28, 1702	1	76
Nathan, m. Hannah STEEVENS, Nov. 24, 1725	2	193
Nathan, s. Solomon & Mary, b. Aug. 5, 1739	2	154
Nathan, Capt., d. Aug. 16, 1751	2	68
Nathan, [s. Josiah & Deborah], b. Jan. 24, 1757	2	106
Nathan, d. Dec. 8, 1816	2	78
Nathan, m. Mary C. BUELL, b. of Killingworth, Apr. 11, 1838, by Rev. Lewis Foster	3	396

KILLINGWORTH VITAL RECORDS 77

	Vol.	Page
KELSEY, KELCEY, KEILCEY, KIELSEY, (cont.)		
Nathaniel, s. Stephen & Concurrance, b. Jan. 4, 1722/3	2	179
Nathaniel, m. Martha TURNER, June 20, 1746	2	119
Nehemiah, s. Daniel & Sarah, b. July 31, 1714	2	162
Nehemiah, s. Ezra & Mary, b. June 26, 1757	2	91
Noah, s. David & Mary, b. Dec. 10, 1746	2	153
Noah, [s. Dan & Jemima], b. Sept. 18, 1767	2	105
Noah, m. Margaret GRENEL, Feb. 14, 1791	2	39
Noah, s. Isaiah & Sally, b. Oct. 16, 1794	2	89
Obadiah, s. Stephen & Concurrance, b. Nov. 20, 1708	1	71
Olive, [d. David, 2d, & Olive], b. Sept. 25, 1799; d. Oct. 10, 1805	2	14
Olive, [d. David, 2d, & Olive], b. Feb. 7, 1807	2	14
Olive, [d. David P. & Elizabeth], b. Nov. 24, 1821	2	16
Olive, m. Joel H. STEAVENS, b. of North Killingworth, Oct. 16, 1833, by E. Swift	3	383
Olive, wid., d. Sept. 13, 1839	2	66
Olive, of Killingworth, m. James H. BRADLEY, of Madison, Nov. 24, 1842, by Rev. E. Swift	3	401
Olliver, s. Obadiah & Mary, b. Mar. 16, 1738	2	161
Oliver, d. Apr. 21, 1817	2	78
Orin, [s. Curtice & Submit], b. Apr. 18, 1769	2	86
Orra, of Killingworth, m. Elisha PLATTS, of Saybrook, Apr. 12, 1826, by Sylvester Selden	3	372
Pardon, [s. Abner & Ann], b. July 24, 1766	2	125
Patience, d. Gideon & Est[h]er, b. Jan. 10, 1748/9	2	127
Peter, s. Josiah & Elizabeth, b. July 4, 1735	2	157
Peter, m. Katharine CARTER, Apr. 12, 1757	2	118
Phebe, d. John, b. Mar. 24, 1677/8	1	72
Phebe, d. John, b. Nov. 10*, 1708 (*correction (15) handwritten on original manuscript)	1	76
Phebe, d. John, d. Oct. 19, 1728, at Hartford	1	80
Phebe, w. of John, d. Oct. 26, 1728, at Hartford	1	80
Phebe, d. Isaac & Jane, b. July 4, 1730	2	186
Phebe, m. Simeon WILLCOX, May 21, 1778	2	73
Philemon, see under Filemon		
Peirson, [s. Josiaha & Mary], b. Aug. 3, 1762	2	87
Pierson, s. Curtice & Submit, b. Aug. 15, 1768	2	86
Polly, [d. Stephen & Lois], b. May 30, 1786	2	114
Polly, d. Julius & Silvia, b. Nov. 29, 1803	2	188
Polly, m. Horace BUELL, b. of Killingworth, [Oct.] 16, [1828], by Peter Crocker	3	377
Polly, of North Killingworth, m. William GRISWOLD, of North Guilford, Sept. 1, 1833, by E. Swift	3	383
Polly, of Killingworth, m. Noah BURR, of Haddam, Apr. 12, 1846, by Rev. George F. Kettell	3	404
Polly Ann, m. Samuel L. STEVENS, b. of Killingworth, Aug. 21, 1823, by Hart Talcott	3	366
Polly Zeriah, [d. Jonathan, 2d, & Polly], b. Sept. 14, 1808	2	180
Rachel, d. Isaac & Martha, b. Sept. 16, 1756	2	104
Rachel, m. Joseph NETTLETON, Jr., Sept. 20, 1781	2	39
Rachel, d. David, 2d, & Olive, b. May 8, 1790	2	14
Rachel, m. Nathan HULL, Feb. 6, 1817	2	43
Rachel, [d. David P. & Elizabeth], b. June 2, 1834	2	16

	Vol.	Page
KELSEY, KELCEY, KEILCEY, KIELSEY, (cont.)		
Rachel, m. Orville W. **BROOKS**, b. of Killingworth, Nov. 28, 1855, by Rev. N. Tibbals	3	413
Rachel Florilla, d. Elisha, Jr. & Fanny, b. Nov. 9, 1800	2	127
Rachel Florilla, m. Boliver **BEACH**, Apr. 4, 1821, by Asa King, V.D.M.	3	360
Rebeckah, d. Daniel, d. Mar. 21, 1752	2	68
Rebina, d. Joel & Abigail, b. July 10, 1775	2	96
R[e]uben, s. Isaac & Jane, b. June 15, 1728	2	186
R[e]uben, d. Nov. 25, 1756	2	70
Reuben, [s. Isaac & Martha], b. Jan. 14, 1760	2	104
R[e]uben, [s. Dan & Jemima], b. Nov. 4, 1762	2	105
Reuben, [s. Noah & Sophronia], b. July 1, 1818	2	133
Roger, [s. Joel & Abigail], b. July 9, 1782	2	96
Rosell, s. Benjamin & Ruth, b. Mar. 13, 1743/4	2	148
Roxy, m. John **HOPSON**, June 16, 1839, by Rev. David Baldwin	3	398
Rufus, [s. Dan & Jemima], b. Aug. 7, 1769	2	105
Rufus, m. Deborah **BUEL**, Dec. 25, 1791	2	39
Ruth, d. Ephraim & Jemima, b. July 6, 1731	2	156
Ruth, [d. Benjamin & Ruth], b. July 9, 1749	2	131
Sally, m. Joel **GRISWOLD**, Sept. 1, 1796	2	39
Sally, [d. Isaiah & Sally], b. May 6, 1801	2	89
Sally, m. Chauncey **CONE**, Feb. 14, 1824, by Asa King	3	367
Sally, [d. Noah & Sophronia], b. July 30, 1829	2	133
Sam[ue]ll, s. Daniell & Jane, b. Jan. 14, 1701/2	1	72
Samuel, m. Margaret **KELCEY**, Nov. 9, 1727	2	191
Samuel, s. Samuel & Margaret, b. Jan. 18, 1729/30	2	190
Samuel, s. Solomon & Mary, b. Aug. 1, 1750	2	154
Samuel, m. Mercy [ ], Jan. 13, 1772	2	115
Samuel, m. Marcy **KELCEY**, Jan. 15, 1772	2	121
Samuel, s. Samuel & Mercy, b. May 10, 1772; d. Oct. 28, 1773	2	115
Samuel G., m. Martha **HALES**, Dec. 22, 1828, by Asa King	3	377
Sarah, d. Daniell, b. Jan. 10, 1695/6	1	72
Sarah, d. Daniel & Sarah, b. Dec. 23, 1708	2	162
Sarah, [twin with William], d. William & Sarah, b. Dec. 16, 1721	2	184
Sarah, w. of William, Jr., d. Dec. 21, 1721	1	81
Sarah, m. Lemuel **PARMELE[E]**, Dec. 19, 1728	2	191
Sarah, d. Daniel & Abigail, b. June 5, 1736	2	155
Sarah, d. David & Mary, b. June 21, 1740	2	153
Sarah, d. Joseph & Sarah, b. Jan. 28, 1747/8	2	148
Sarah, m. Josiah **CARTER**, Mar. 10, 1763	2	118
Sarah, m. Josiah **RUTTY**, Dec. 30, 1763	2	74
Sarah, m. Phillip **STEEVENS**, Mar. 30, 1768	2	74
Sarah, [twin with Mary], d. [Isaac & Hannah], b. Nov. 9, 1770	2	109
Sarah, m. Israel **STEEVENS**, 2d, Dec. 2, 1771	2	74
Sarah, [d. Elisha, 2d, & Sarah], b. May 11, 1776	2	88
Sarah, w. of Elisha, d. June 6, 1780	2	78
Sarah, m. Samuel **DAVIS**, Jr., Apr. 25, 1799	2	43
Sarah, [d. Elisha, Jr. & Fanny], b. May 30, 1803	2	127
Sherman, [s. Rufus & Deborah], b. Jan. 1, 1798	2	80
Sibe, d. Ambrose & Jemimah, b. Aug. 16, 1774	2	81
Silus, s. Joseph & Hannah, b. Feb. 11, 1713/14	2	194
Silas, s. Joseph, d. Mar. 18, 1713/14	1	81

KILLINGWORTH VITAL RECORDS 79

	Vol.	Page
KELSEY, KELCEY, KEILCEY, KIELSEY		
Silus, s. Samuel & Margaret, b. Apr. 16, 1733	2	190
Silas, m. Lydia WELLMAN, Mar. 16, 1757	2	118
Silome, d. Dan & Jemima, b. Dec. 29, 1764	2	105
Silvanus, s. Isaac & Jane, b. June 1, 1723	2	186
Silvanus, m. Elizabeth STEEVENS, Nov. 9, 1749	2	119
Silvanus, d. [ ] 9, 1783	2	72
Simeon, s. Matthias & Abigail, b. Feb. 26, 1730/1	2	156
Solomon, s. John & Phebe, b. June 17, 1714	1	76
Solomon, m. Mary MATHER, Nov. 26, 1736	2	145
Solomon, d. Sept. 18, 1753	2	70
Solomon, s. Jehiel & Mercy, b. Mar. 1, 1757	2	111
Sophronia, [d. Noah & Sophronia], b. Nov. 17, 1830	2	133
Sophronia, m. Lyman REDFIELD, b. of Clinton, Nov. 8, 1840, by Rev. E. Swift	3	399
Steephen, s. John, b. Mar. 17, 1682	1	72
Stephen, m. Concurrence HAYTON, Jan. 12, 1704/5	2	192
Stephen, s. Stephen & Concurrance, b. Apr. 28, 1706	1	71
Stephen, s. Stephen & Concurrence, b. Apr. 28, 1706	2	179
Stephen, m. Deborah SPENCER, Oct. 18, 1725	2	191
Stephen, Sergt., d. Apr. 23, 1728	1	80
Stephen, s. Stephen & Lydia, b. Feb. 22, 1734/5* *("2d, 1742" follows this date)	2	160
Stephen, s. Samuel & Margaret, b. Apr. 13, 1735; d., Feb. 17, 1737	2	190
Stephen, d. Dec. 11, 1753	2	69
Stephen, 2d, d. Jan. 13, 1754	2	69
Stephen, [s. Josiah & Deborah], b. June 4, 1755	2	106
Stephen, [s. Nath[anie]ll & Martha], b. Jan. 6, 1757	2	111
Stephen, m. Lois GRIFFIN, Mar. 27, 1783	2	38
Stephen, [s. Stephen & Lois], b. Jan. 3, 1789	2	114
Steven, s. Daniell, b. May 1, 1697	1	72
Submit, d. Hiel & Margaret, b. Jan. 27, 1737/8	2	153
Submit, d. Hiel, d. Dec. 29, 1753	2	69
Submit, m. Frederick WRIGHT, b. of Killingworth, Dec. 1, 1825, by Rev.. Pierpont Brocket	3	371
Susan A., of Killingworth, m. John C. SPENCER, of Troy, N.Y., June 25, 1837, by Lewis Foster	3	395
Susan M., m. Lynde H. STANNARD, b. of Killingworth, [Jan.] 24, [1828], by Peter Crocker	3	379
Susanna, [d. Joseph & Temperence], b. Dec. 14, 1758	2	129
Sylvia, m. William C. NETTLETON, b. of Killingworth, Nov. 6, 1836, by Rev. E. Swift	3	393
Tamor, [d. Isaac & Hannah], b. Dec. 2, 1766	2	109
Tamor, m. Nathan EVARTS, Jan. 18, 1795	2	39
Temperence, [twin with C[h]loe], d. Abner & Ann, b. June 2, 1748	2	125
Temperence, [d. Ebenezer & Sarah], b. Feb. 11, 1752	2	108
Temperence, [d. Joseph & Temperence], b. Nov. 26, 1755	2	129
Temperance, [d. Dan & Jemima], b. Oct. 3, 1756	2	105
Temperance, m. Bani PARMELE, Jan. 22, 1783	2	75
Temperance, [d. Lemuel & Abigail], b. Dec. 8, 1797	2	79
Temperance, m. Russell BUTLER, [Sept.] 21, [1826], by A. King	3	373
Thankfull, d. Jehiel & Thankfull, b. Dec. 16, 1743; d. Dec. 27, 1743, ae 11 d.	2	143

	Vol.	Page
KELSEY, KELCEY, KEILCEY, KIELSEY		
Thankfull, d. John & Thankfull, b. Oct. 12, 1747	2	126
Thankfull, m. Eleazer **ISBELL**, Apr. 29, 1754	2	117
Thankfull, w. of Jehiel, d. Nov. 9, 1755	2	70
Thomas, [s. David P. & Elizabeth], b. May 20, 1830	2	16
Uri, s. Martin, b. Sept. 21, 1794	2	81
Uriah, s. Joseph & Sarah, b. Feb. 28, 1753	2	148
Washington, [s. Noah & Sophronia], b. Apr. 12, 1824	2	133
William, s. John, b. May 11, 1670	1	72
William, s. Daniell, b. Mar. 3, 1673/4	1	72
William, m. Elizabeth **SHETHER**, Aug. 26, 1697	2	192
William, s. William, b. Nov. 30, 1697	1	78
William, m. Sarah **WILLCOCKS**, Dec. 15, 1720	2	193
William, [twin with Sarah], s. William & Sarah, b. Dec. 16, 1721	2	184
William, m. Phebe **CHITTENDEN**, Mar. 16, 1724	2	193
William, [s. Elisha, Jr. & Fanny], b. Feb. 16, 1811	2	127
William S., of Saybrook, m. Elizabeth **WILLCOX**, of Killingworth, Mar. 12, 1837, by Lewis Foster	3	394
Wyllys D., m. Charlotte **LANE**, Mar. 3, 1824, by A. King	3	368
Wyllys Dailey, [s. Jonathan, 2d, & Polly], b. Nov. 5, 1800	2	180
Wyllys Ellsworth, [s. Elisha, Jr. & Fanny], b. Oct. 25, 1809	2	127
Zadock, s. Daniel & Abigail, b. Apr. 30, 1738	2	155
Zadock, s. Daniell & Abigail, d. Feb. 5, 1742	1	88
Zadock, s. Daniel & Abigail, b. Sept. 2, 1748	2	155
Zadock, s. Daniel & Abigail, d. Sept. 23, 1751	2	68
Zernira, [d. Martin & Esther], b. Dec. 13, 1779 (Zervira?)	2	81
KILBOURN, KILBORN, KILBOURNE, Abner F., s. Jonathan & Elizabeth, b. Mar. 18, 1792	2	18
Abner Farnham, [s. Jonathan & Elizabeth], d. July 5, 1835	2	18
Abraham, m. Rebecka **DICKENSON**, May 14, 1731	2	191
Amon, [s. Jonathan & Elizabeth], b. Sept. 3, 1798	2	18
Betsey, [twin with Jonathan, d. Jonathan & Elizabeth], b. Nov. 4, 1801	2	18
Elizabeth, m. Hervey **STEVENS**, b. of Killingworth, Dec. 6, 1821, by Hart Talcott	3	363
Elizabeth, w. of Jonathan, d. Mar. 11, 1828	2	18
Jonathan, [twin with Betsey], [s. Jonathan & Elizabeth], b. Nov. 4, 1801	2	18
Leonard, [s. Jonathan & Elizabeth], b. Feb. 3, 1794	2	18
Lois, d. Abraham & Rebecca, b. Mar. 16, 1732	2	156
Peter Edward, [s. Jonathan & Elizabeth], b. Apr. 25, 1811	2	18
Phinetta, [d. Jonathan & Elizabeth], b. Apr. 12, 1796; d. June 8, 1835	2	18
KIRKUM, KERKUM, Abigail, m. Matthias **KELCEY**, Dec. 14, 1727	2	191
Eliza A., of Guilford, m. Frederick W. **WILLIAMS**, of Saybrook, [Jan.] 8, [1829], by Peter Crocker	3	377
KIRTLAND, Abigail, m. Eugene **CONE**, b. of Saybrook, Sept. 28, 1834, by Rev. Luke Wood	3	385
Chloe, of Saybrook, m. David **REDFIELD**, of Killingworth, Jan. 31, 1821, by Hart Talcott	3	361
Esther, m. Nathan **HULL**, Oct. 25, 1769	2	42
Hepsibah, wid., d. June 7, 1816	2	78
Lydia, m. Joseph **LANE**, Jan. 1, 1761	2	118
Phebe, m. Bezeleel **FARNUM**, Nov. 16, 1759	2	120

KILLINGWORTH VITAL RECORDS 81

	Vol.	Page
KNOWLES, Oliver, m. Maretta HULL, Sept. 15, 1841, by Rev. E. Swift	3	400
LANE, Abigail, [d. Noah & Grace], b. Feb. 4, 1766	2	99
Abigail, [d. Hezekiah & Abigail], b. Dec. 17, 1774	2	97
Abner, [s. Philip & Rubina], b. Apr. 26, 1808	2	84
Abner, m Betsey KELSEY, b. of Killingworth, Apr. 17, 1836, by Rev. E. Swift	3	392
Amelia A., of Killingworth, m. Jonathan P. SIMMONS, of Westmoreland, N.Y., Sept. 17, 1832, by Rev. W[illia]m Denison	3	383
Angeline, m. Ervin NETTLETON, Oct. 27, 1861, by Rev. Hiram Bell	3	418
Anna, m. Enoc[h] SMITH, Jan. 30, 1775	2	73
Arthur, s. Jabez & Mary, b. Aug. 3, 1780	2	92
Betsey, d. John, Jr. & Hannah, b. July 9, 1793; d. Aug. 18, 1793	2	93
Betsey, wid., m. Isaac BRISTOL, Dec. 14, 1825, by Asa King	3	371
Betsey M., m. Nathan LANE, b. of Killingworth, Nov. 20, 1856, by Rev. Hiram Bell	3	414
Betsey Maria, d. [Gideon & Dency Maria], b. Jan. 23, 1824	2	30
Calista A., of Killingworth, m. Alexander DUNCAN, of Mereden, Sept. 18, 1853, by [probably Rev. David Nash]	3	411
Caroline Matilda, d. [Gideon & Dency], b. Apr. 7, 1830	2	30
Charles, [s. Jabez & Mary], b. Mar. 21, 1786	2	92
Charles, of Ill., m. Ellen KELSEY, of Killingworth, Aug. 8, 1852, by Rev. Hiram Bell	3	410
Charlotte, [d. Joseph & Elizabeth], b. July 4, 1803	2	143
Charlotte, m. Wyllys D. KELSEY, Mar. 3, 1824, by A. King	3	368
Chauncey, [s. Philip & Rubina], b. Aug. 31, 1803	2	84
C[h]loe, d. Capt. Stephen & Phebe, b. Oct. 22, 1770	2	94
Dan, [s. Hezekiah & Abigail], b. Feb. 13, 1764	2	97
Dan, m. Cynthia LORD, Dec. 25, 1794	2	42
Dan Platts, [s. John, Jr. & Hannah], b. Nov. 2, 1800; d. Nov. 17, 1800	2	93
Dan Platts, [s. John, Jr. & Hannah], b. Aug. 22, 1802	2	93
Daniel, s. John & Lidia, b. Apr. 11, 1710	1	73
Daniel, m. Jemima CRANE, Jan. 8, 1735/6	2	145
Daniel, s. Daniel & Jemima, b. Dec. 18, 1736	2	162
Deborah, d. Joseph & Rachel, b. Oct. 16, 1752	2	107
Deborah, m. Elihu PARMELE, Jan. 5, 1775	2	73
Deborah, [d. Capt. Stephen & Phebe], b. Sept. 25, 1778	2	94
Edmond Lewis, s. Joseph & Elizabeth, b. June 5, 1799	2	143
Edward, [s. Noah & Grace], b. July 23, 1764; d. July 30, 1767	2	99
El-----, m. Trial PARMELE, Dec. 14, 1768 (Elisha?)	2	74
Elijah, [s. Daniel & Jemima], b. Sept. 11, 1754	2	162
Elisha, s. John & Experience, b. Jan. 4, 1743/4	2	158
Elisha, [s. Elisha & Trial], b. Oct. 23, 1783	2	96
Eliza Lucretia, d. [Gideon & Dency], b. May 30, 1832	2	30
Elizabeth, d. Jonathan & Marcy, b. Mar. 17, 1712	2	180
Elizabeth, m. Nathaniel WILLIAMS, Dec. [ ], 1730	2	191
Elizabeth, d. Nathan & Ann, b. Sept. 29, 1746	2	147
Elizabeth, [twin with Stephen, d. Capt. Stephen & Phebe], b. July 29, 1772	2	94
Elizabeth, m. Leonard PARMELE, [Dec.] 22, [1830], by Asa King	3	379
Elizabeth, m. Hamlet P. HULL, b. of Killingworth, June 30, 1839, by Rev. E. Swift	3	398

	Vol.	Page
LANE, (Cont.)		
Elvira L. of Killingworth, m. Horace H. **WILCOX**, of Middletown, [, 1852], by Rev. Hiram Bell	3	410
Experience, d. John, 2d, & Joannah, b. July 15, 1756	2	112
Experience, d. John & Roxanna, b. Oct. 12, 1783	2	93
Experience, m. Parde **BLATCHLEY**, Oct. 27, 1806	2	43
Ezra, m. Martha **DAVIS**, Feb. 7, 1828, by Asa King	3	376
Gideon, [s. Joseph, Jr. & Elizabeth], b. Sept. 21, 1793	2	143
Gideon, m. Dense **KELSEY**, May 10, 1821, by Asa King, V.D.M.	3	360
Gilbert L., m. Harriet **KELSEY**, b. of Killingworth, Sept. 25, 1856, by Rev. Hiram Bell	3	414
Grace, [d. Noah & Grace], b. Nov. 14, 1771	2	99
Grace, m. Abner **FARNHAM**, Feb. 24, 1794; d. Aug. 23, 1798	2	43
Han[n]ah, m. Nathaniell **WILLCOXSON**, Nov. 21, 1695	1	67
Hannah, d. John & Hannah, b. Oct. 7*, 1711 (*correction (14) handwritten on original manuscript)	1	73
Hannah, d. Daniel & Jemima, b. Feb. 26, 1746/7	2	162
Hannah, [d. Robert & Mary], b. Dec. 2, 1752	2	100
Hannah, [d. John & Joannah], b. Aug. 17, 1766	2	112
Hannah, [d. John, Jr. & Hannah], b. Apr. 18, 1797	2	93
Harriet, [d. Philip & Rubina], b. Jan. 29, 1812	2	84
Harvey Jonathan, s. [Gideon & Dency], b. Nov. 28, 1837	2	30
Henry, [twin with Hervey, s. Philip & Rubina], b. Mar. 10, 1799; d. Nov. 10, 1803	2	84
Henry, [s. John, Jr. & Hannah], b. Feb. 18, 1805	2	93
Hervey, [twin with Henry, s. Philip & Rubina], b. Mar. 10, 1799; d. Nov. 14, 1803	2	84
Hezekiah, s. John & Experience, b. Jan. 22, 1738/9	2	158
Hezekiah, m. Abigail **RUTTEY**, Sept. 18, 1760	2	118
Hezekiah, [s. Hezekiah & Abigail], b. Nov. 31 (sic), 1771	2	97
Jabez, s. John & Experience, b. Aug. 14, 1749	2	158
Jabez, s. Hezekiah & Abigail, b. July 2, 1761	2	97
Jabez, m. Mary **ISBELL**, Apr. 17, 1780	2	75
James M. m. Lucintha **GRISWOLD**, May 18, 1859, by Rev. H. Scofield	3	416
Jared, s. Robert & Mary, b. June 12, 1745	2	100
Jedediah, s. John & Experience, b. July 20, 1741	2	158
Jemima, d. Daniel & Jemima, b. Aug. 12, 1744	2	162
Jemima, [d. Capt. Stephen & Phebe], b. Aug. 31, 1774	2	94
Jeremiah H., m. Polly E. **BUELL**, Oct. 28, 1846, by Rev. E. Swift	3	405
Jeremiah Kelcey, s. Gideon & Dency Maria, b. Jan. 11, 1822	2	30
Jerusha, [d. Joseph & Rachel], b. Oct. 31, 1754	2	107
Jerusha, [d. Capt. Stephen & Phebe], b. May 26, 1776	2	94
Jerusha, [d. Joseph & Elizabeth], b. Apr. 18, 1801	2	143
Jesse, [s. Robert & Mary], b. Dec. 1, 1746	2	100
Joannah, [d. John & Joannah], b. May 30, 1771	2	112
Joel, [s. Daniel & Jemima], b. Oct. 18, 1751	2	162
John, m. Lidiah **KELCEY**, Dec. 31, 1700	1	67
John, s. John & Lidia, b. Apr. 20, 1708	1	73
John, m. Hannah **PARKS**, Jan. 16, 1710/11	2	192
John, m. Experience **EDGERTON**, Mar. 9, 1731/2	2	191
John, s. John & Experience, b. Apr. 14, 1733	2	158
John, [s. Robert & Mary], b. Jan. 5, 1754	2	100

KILLINGWORTH VITAL RECORDS 83

	Vol.	Page
LANE, (cont.)		
John, m. Joannah STEEVENS, Oct. 26, 1755	2	117
John, s. John & Joannah, b. Mar. 17, 1759	2	112
John, [s. Capt. Stephen & Phebe], b. Jan. 17, 1781	2	94
John, 2d, m. Roxanna REDFIELD, Dec. 19, 1782	2	75
John, Jr., m. Hannah PLATTS, Dec. 8, 1791	2	38
John Redfield, [s. John & Roxanna], b. Oct. 23, 1785	2	93
Jonathan, m. Mercy WELLMAN, Feb. 1, 1710/11	2	192
Jonathan, m. Patience STRONG, Sept. 17, 1730	2	191
Jonathan, s. Jonathan & Patience, b. Dec. 22, 1731	2	180
Jonathan D., s. Noah & Grace, b. Apr. 14, 1763	2	99
Joseph, s. John & Hannah, b. Feb. 11, 1715/16	1	73
Joseph, s. John, d. Mar. 25, 1718	1	81
Joseph, s. John & Hannah, b. May 8, 1723	1	73
Joseph, m. Rachall POND, Sept. 3, 1751	2	120
Joseph, m. Lydia KIRTLAND, Jan. 1, 1761	2	118
Joseph, s. Joseph & Lydia, b. May 11, 1762	2	107
Joseph, Jr., m. Elizabeth PORTER, Feb. 7, 1787	2	39
Joseph L., m. Cornelia C. WILCOX, Aug. 21, 1857, by Rev. Hiram Bell	3	415
Joseph Philander, s. [Gideon & Dency Maria], b. Feb. 13, 1826	2	30
Joseph Philander, m. Cordelia J. BURR, b. of Killingworth, Nov. 29, [1854], by Rev. Hiram Bell	3	412
Joseph Porter, s. Joseph, Jr. & Elizabeth, b. Oct. 30, 1791	2	143
Julius, [s. Philip & Rubina], b. June 6, 1805	2	84
Katharine, [d.Hezekiah & Abigail], b. Apr. 28, 1766	2	97
Laman, s. Philip & Rubina, b. Oct. 30, 1796	2	84
Leoenna, [d. Philip & Rubina, b. May 14, 1801 (Lovinia?)	2	84
Lovinia, of Killingworth, m. Dydimus JOHNSON, of Haddam, Feb. 22, 1832, by Rev. Luke Wood	3	382
Lidia, d. John & Lidia, b. June 9, 1706	1	73
Lidiah, w. of John, d. Apr. 22, 1710	1	81
Lidea, d. John & Experience, b. Mar. 3, 1734/5	2	158
Lydia, [d. Joseph & Lydia], b. Jan. 12, 1764	2	107
Lydia Kirtland, [d. Joseph, Jr. & Elizabeth], b. Sept. 22, 1795	2	143
Marcy, w. of Sergt. Jonathan, d. Nov. 13, 1727, in the 36th y. of her age	1	81
Maurgaurit, m. Theophilus CRANE, Dec. 5, 1699	1	67
Marvin, [s. Joseph, Jr. & Elizabeth], b. Oct. 14, 1797; d. Mar. 14, 1798	2	143
Mary, d. Daniel & Jemima, b. Dec. 28, 1738	2	162
Mary, [d. Jabez & Mary], b. Sept. 6, 1787	2	92
Mary, m. Sherman BUELL, b. of Killingworth, Nov. 22, 1820, by Hart Talcott. Int. pub.	3	358
Mary, of Killingworth, m. Joshua R. WILLIAMS, of South Glastonbury, Sept. 19, 1836, by Lewis Foster	3	393
Meriam, [d. Jabez & Mary], b. June 3, 1783	2	92
Miriam, m. Ezra NETTLETON, May 12, 1806	2	79
Mullar, [s. Noah & Grace], b. Jan. 12, 1768	2	99
Nathan, s. Jonathan & Marcy, b. July 22, 1717	2	180
Nathan, m. Anna THATCHER, Mar. 2, 1742	2	146
Nathan, [s. Philip & Rubina], b. May 4, 1814	2	84
Nathan, m. Silvia STANNARD, b. of Killingworth, Mar. 15,		

	Vol.	Page
LANE, (cont.)		
1822,by Hart Talcott	3	363
Nathan, m. Lydia KELSEY, b. of Killingworth, Dec. 19, 1832, by Rev. Luke Wood	3	386
Nathan, m. Betsey M. LANE, b. of Killingworth, Nov. 20, 1856, by Rev. Hiram Bell	3	414
Noah, s. Jonathan & Patience, b. Jan. 13, 1733/4	2	180
Noah, m. Abigail KELCEY, Dec. 15, 1757	2	117
Noah, m. Grace BUDINGTON, Mar. 3, 1762	2	118
Noah, Capt., d. May 31, 1810	2	78
Pardon, s. Elisha & Trial, b. Apr. 23, 1771	2	96
Patience, d. Noah & Abigail, b. July 26, 1758; d. May 10, 1760	2	99
Patience, [d. Noah & Grace], b. Dec. 10, 1769	2	99
Patience, m. George ELIOT, Jr., Dec. 23, 1790	2	41
Phebe, [d. John & Joannah], b. Sept. 8, 1773	2	112
Phillip, [s. Joseph & Lydia], b. Jan. 1, 1766	2	107
Phillip, m. Rebina NETTLETON, Nov. 30, 1795	2	43
Polly, [d. Philip & Rubina], b. Jan. 8, 1817	2	84
Polly, m. Jared RUTTY, Apr. 23, 1837, by Rev. E. Swift	3	394
Polly Asenath, d. [Gideon & Dency], b. Oct. 25, 1834	2	30
Rachel, [d. Joseph & Rachel], b. Feb. 13, 1759	2	107
Robert, s. John, b. July 1, 1704	1	73
Robart, s. John, d. Sept. 7, 1709	1	81
Robart, s. John & Hannah, b. Nov. 4, 1713	1	73
Robert, d. Apr. 12, 1718	1	81
Robert, m. Mary THATCHER, July 4, 1744	2	146
Rossel, s. Daniel & Jemima, b. Apr. 15, 1740	2	162
Roxanna, [d. John & Roxanna], b. Sept. 9, 1787	2	93
Roxanna, w. of John, Jr., d. Mar. 14, 1791	2	76
Samuel, s. John & Experience, b. Dec. 22, 1736	2	158
Samuel, m. Abigail NORTON, July 12, 1757	2	117
Samuel, s. John & Joannah, b. May 13, 1762	2	112
Sarah, d. John, b. Sept. 17, 1701	1	73
Sarah, wid. of Robert, d. Mar. 11, 1725	1	81
Sarah, d. Daniel & Jemima, b. Nov. 12, 1742	2	162
Sarah, d. Joseph & Rachel, b. Feb. 14, 1757	2	107
Stephen, s. John & Hannah, b. Aug. 31, 1719	1	73
Stephen, m. Phebe HULL, Dec. 19, 1769	2	74
Stephen, Capt., m. Phebe HULL, Dec. 22, 1769	2	73
Stephen, [twin with Elizabeth, s. Capt. Stephen & Phebe], b. July 29, 1772	2	94
Thatcher, s. Nathan & Ann, b. Apr. 29, 1743	2	147
Thomas, s. [Robert & Mary], b. Mar. 1, 1757	2	100
Trial, [d. Elisha & Trial], b. Aug. 16, 1774	2	96
William, [s. Jabez & Mary], b. Sept.1, 1784	2	92
W[illia]m P., m. Adelina D. KELSEY, b. of Killingworth, Nov. 10, 1850, by Rev. Hiram Bell	3	409
Zeruiah, d. Jonathan & Marcy, b. Sept. 6, 1723	2	180
Zarine*, d. Jonathan & Marcy, d. Jan. 1, 1730/1 (Zeruiah) (*correction (Ziruia) also handwritten in margin of original manuscript)	1	80
Ziruiah, d. Nathan & Ann, b. June 27, 1748	2	147
Zeruiah E., m. William S. BLATCHLEY, Nov. 15, 1848, by Rev. E.		

	Vol.	Page
LANE, (cont.)		
G. Swift	3	407
Zeruiah Elizabeth, d. [Gideon & Dency Maria], b. Feb. 19, 1828	2	30
------, Rev., m. Sarah [ ], Nov. 11, 1773	2	73
LANTRY, Joseph A. m. Fanny PARMELE[E], Nov. 12, 1837, by Rev. E. Swift	3	396
LARGE, LARG, Phebe, m. John WRIGHT, May 24, 1733	2	191
Samuel, s. John, b. Oct. 21, 1671	1	71
Sarah, d. John, b. Aug. 21,~~1698~~* (*correction (1668) handwritten on original manuscript)	1	71
LAY, Mercy, m. Capt. Samuel CRANE, Dec. 5, 1765	2	73
Phebe, m. Benjamin MERRILL, June 2, 1740	2	146
Phebe, m. John HULL, Sept. 27, 1764	2	118
Sarah, m. John CHATFIELD, Mar. 4, 1780	2	75
Sarah, m. Joseph KELCEY, May 1, 1740	2	145
Temperance, m. Joseph GRISWOLD, Dec. 29, 1714	2	192
LAYTON, LAYTEN, Elizabeth, d. July 13, 1715	1	81
Mary, m. Thomas HULL, Oct. 14, 1714	2	192
LeBARRON, LeBARON, L'BARRON, LeBARROW, David, [s. David], b. Feb. 21, 1775	2	123
David, [s. Solomon & Zada], b. Nov. 2, 1805	2	168
Frances, [s. David], b. Nov. 18, 1768	2	123
Huldah, [d. David], b. Jan. 19, 1771	2	123
James, [s. David], b. Oct. 12, 1783	2	123
James, [s. Solomon & Zada], b. Oct. 1, 1810	2	168
James, m. Sarah R. HULL, b. of Killingworth, June 24, 1840, by Rev. E. Swift	3	399
Jerusha, [d. Solomon & Zada], b. June 4, 1807	2	168
John, [s. Solomon & Zada], b. Sept. 5, 1803	2	168
Lydia, [d. David], b. Feb. 11, 1777	2	123
Lydia, m. Leman NETTLETON, Dec. 18, 1796	2	40
Martha, [d. David], b. Apr. 21, 1773	2	123
Martin, s. Solomon & Zada, b. Dec. 15, 1801; d. June 24, 1802	2	168
Naomi, [d. David], b. May 17, 1781	2	123
Ruth, [d. David], b. Mar. 31, 1779	2	123
Solomon, s. David, b. Oct. 21, 1766	2	123
Solomon, m. Zada HULL, Nov. 30, 1800	2	43
LeBARROW, [see under LeBARRON]		
LEE, Cornelia, m. Luther SNOW, Dec. 6, 1858, by Rev. Hiram Bell	3	416
Eli, of Guilford, m. Lydia EVARTS, Nov. 16, 1826, by Asa King	3	374
John, s. John, b. May 5, 1688	1	77
Theodore, of Lyme, m. Amelia MORGAN, of Killingworth, Mar. 26, 1836, by Lewis Foster	3	391
LEET, LEETT, Alonzo, m. Barbara HULL, Aug. 9, 1846, by Rev. E. Swift	3	405
Dorothea, m. Daniel HURD, Dec. 18, 1750	2	120
Josiah F., m. Sarah M. BRADLEY, May 12, 1850, by Rev. E. Swift	3	408
Rhoda, m. Julius STONE, May 19, 1846, by Rev. E. Swift	3	404
LEFFINGWELL, John D., m. Sally GRISWOLD, b. of Killingworth, Jan. 4, 1825, by Rev. Pierpont Brocket	3	369
L'HOMMEDIEU, Charles, of Saybrook, m. Martha KELSEY, of Killingworth, Sept. 8, 1824, by Sylvester Selden	3	369
Ezra G., m. Loiza GRISWOLD, Nov. 26, 1837, by Rev. E. Swift	3	396

	Vol.	Page
L'HOMMEDIEU, (cont.)		
Sally L. U., of Saybrook, m. William **WILLCOX**, of Madison, Sept. 20, 1835, by Rev. Lewis Foster	3	389
W[illia]m, of Saybrook, m. Fanny **WOODSTOCK**, of Killingworth, Oct. 23, 1826, by Rev. Pierpont Brocket	3	374
LESTER, John, 2d, m. Charlotte **GRIFFIN**, July 26, 1827, by Asa King	3	376
Mary, m. George **HOLMES**, Oct. 17, 1829, by Asa King	3	378
LEWIS, LEWES, LUES, Ansel, m. Diadama **LYNDE**, May 2, 1821, by Asa King, V.D.M.	3	360
Clarice, d. John & Mary, b. Aug. 14, 1763	2	126
Clarissa, Mrs., m. Jared **ELIOT**, 2d, Jan. 30, 1785	2	75
Elizabeth, m. David **DEBLE**, June 24, 1766	2	74
Harlow C., m. Sabra M. **STEVENS**, Dec. 5, 1847, by E. Swift	3	406
James, [s. John & Mary], b. Sept. 25, 1751	2	126
John, s. John & Mary, b. Mar. 12, 1747	2	126
John, s. John & Mary, b. July 27, 1760	2	126
John, m. Hipsabath **WILLCOCKS**, Sept. 24, 1767	2	74
Mary, w. of John, d. Dec. 16, 1765	2	71
Mary, m. August **ELIOTT**, Nov. 10, 1771	2	73
Samuel, m. Elizabeth **HULL**, Sept. 7, 1752	2	117
Samuel Brooker, [s. John & Mary], b. July 2, 1757	2	126
Sarah, d. John & Mary, b. Nov. 17, 1748	2	126
Solomon, m. Hannah **KELCEY**, Nov. 11, 1754	2	117
Temperence, [d. John & Mary], b. Mar. 30, 1754	2	126
LINSLEY, George W., of Branford, m. Abigail R. **GAYLORD**, of Killingworth, Aug. 26, 1838, by Rev. E. Swift	3	397
Reuben W., m. Elizabeth E. **FOOTE**, Jan. 3, 1847, by Rev. E. Swift	3	406
LOOMIS, Nathan W., of Hartford, m. Mary W. **WILCOX**, of Killingworth, Jan. 1, 1832, by Rev. Luke Wood	3	382
LORD, Adeline, m. Henry **CANFIELD**, Apr. 11, 1843, by E. Swift	3	401
Benjamin, [s. Martin & Concurrence], b. July 16, 1785; d. May 20, 1786	2	82
Benjamin, [s. Martin & Margery Kelcey], b. Jan. 13, 1821	2	45
Benjamin, m. Antoinette G. **CASE**, Aug. 25, 1850, by Rev. William Case	3	409
Charles Seward, [s. Martin & Concurrence], b. July 23, 1783	2	82
Concurrence, [d. Martin & Concurrence], b. Dec. 17, 1774	2	82
Cynthia, [d. Martin & Concurrence], b. Aug. 2, 1771	2	82
Cynthia, m. Dan **LANE**, Dec. 25, 1794	2	42
Delia, [d. Martin & Margery Kelcey], b. Mar. 27, 1813	2	45
Elizabeth, m. Jared **ELIOT**, Apr. 17, 1760	2	118
Elizabeth, m. Amos **PARMELE[E]**, Sept. 30, 1773	2	73
Henriett, [d. Martin & Margery Kelcey], b. Feb. 22, 1818	2	45
Henry, [s. Martin & Concurrence], b. Nov. 10, 1781	2	82
Huldah, [d. Martin & Concurrence], b. Dec. 6, 1776	2	82
Huldah, m. Moses **WILLCOX**, Apr. 9, 1800	2	43
Lucy, [d. Martin & Margery Kelcey], b. Sept. 20, 1815	2	45
Mabel, [d. Martin & Concurrence], b. Mar. 26, 1780	2	82
Mabel, m. Aaron **WILLCOX**, Oct. 28, 1805	2	43
Maria, [d. Martin & Margery Kelcey], b. Jan. 30, 1808	2	45
Martin, m. Concurrence **SEWARD**, Jan. 28, 1768	2	74
Martin, m. Mrs. Concurrence **SEWARD**, Jan. 28, 1768	2	82
Martin, [s. Martin & Concurrence], b. Aug. 14, 1778	2	82

KILLINGWORTH VITAL RECORDS 87

	Vol.	Page
LORD, (cont.)		
Martin, [s. Martin & Margery Kelcey], b. May 26, 1806	2	45
Martin, m. Mariah **NORTON**, Nov. 10, 1831, by Asa King	3	381
Mary, [d. Martin & Concurrence], b. Apr. 14, 1773	2	82
Polly, m. David M. **GRISWOLD**, Apr. 24, 1817	2	24
William, s. Martin & Concurrence, b. Oct. 16, 1769	2	82
William, [s. Martin & Margery Kelcey], b. Dec. 28, 1809	2	45
LOVELAND, Isaac C., of Durham, m. Susan **HALL**, of North Killingworth, Feb. 8, 1837, by Lewis Foster	3	394
Lois, m. Daniel **GRAVES**, Nov. [ ], 1765	2	74
LUCAS, Ann, wid. of Isaac, d. Feb. 24, 1741	1	89
Isaac, d. Oct. 7, 1740	1	89
LUNNIN*, [E]unis, d. Jonathan, b. Nov. 8, 1668 (*handwritten remarks on original manuscript reference **DUNNIN**)	1	70
Ruth, d. Jonathan, b. June 20, 1666	1	70
LYMAN, William A., of Saybrook, m. Nancy S. **GAYLORD**, of Killingworth, May 15, 1836, by Rev. E. Swift	3	392
LYNDE, Diadama, m. Ansel **LEWIS**, May 2, 1821, by Asa King, V.D.M.	3	360
Lucy P., m. Eliab H. **PARMELE[E]**, May 14, 1837, by Rev. E. Swift	3	394
Phebe R., m. Orren S. **PARMELE**, May 14, 1837, by Rev. E. Swift	3	394
Rebecca, of Saybrook, m. Henry **HULL**, of Killingworth, Sept. 13, 1835, by Rev. E. Swift	3	388
Samuel A., m. July R. **RUTTY**, Jan. 1, 1861, by Rev. Hiram Bell	3	418
MACK, Abigail, m. Lieut. Joseph **KELCEY**, July 14, 1737	2	145
M'PHERSON, Anne, of Saybrook, m. Stephen **DAVIS**, of Killingworth, July 30, 1825, by Rev. Peter G. Clark	3	370
MACURE, MACUER, Agnes, d. Mat[t]hew & Mary, b. Apr. 3, 1741	2	152
Hannah, d. Mat[t]hew & Mary, b. May 6, 1743	2	152
Martha, d. Matthew & Mary, b. May 20, 1745	2	152
Mat[t]hew, m. Mary **BROOKER**, Apr. 15, 1740	2	145
Matthew, s. Matthew & Mary, b. Mar. 21, 1748	2	152
Mat[t]hew, d. Aug. last day, 1755	2	70
MALTBE, Est[h]er, m. Daniel **HURD**, Jr., Apr. 17, 1744	2	146
MANN, Fanny, m. Nathaniel **WILLCOX**, Apr. 7 1813	2	43
MANSFIELD, Archilles, Rev., m. Sarah **HUNTINGTON**, Mar. 7, 1779	2	75
Nathan, s. Rev. Archillus, b. Aug. 6, 1784	2	87
MANWARREN, Chauncey, of Lyme, m. Huldah **HULL**, of Killingworth, Feb. 22, 1827, by Rev. Pierpont Brockett	3	374
MARKS, MARKE, Ebenezer, s. William & Anna, b. Sept. 19, 1744; d. Oct. 17, 1744	2	187
William, d. Dec. 29, 1746	1	93
MARSH, George, of New Hartford, m. Clarinda M. **BARNUM**, of Killingworth, May 30, 1837, by Rev. E. Swift	3	395
MASON, John R., of New Bedford, Mass., a Captain, m. Eliza **BUELL**, of Killingworth, [Jan.] 17, [1828], by Peter Crocker	3	379
MATHER, Mary, m. Solomon **KELCEY**, Nov. 26, 1736	2	145
[**MEIGS**], **MEIGGES, MEIGGS, MAYGS**, John, m. Sarah **WILCOXSON**, Mar. 7, 1665	1	66
John, s. John, Jr., b. Nov. 11, 1670	1	70
John, Sr., d. Jan. 4, 1671	1	79
Lois, m. Ambrose **WARD**, Jan. 2, 1771	2	73
Lydia, m. David **BLACKLEY**, May 2, 1754	2	117

	Vol.	Page
[MEIGS], MEIGGES, MEIGGS, MAYGS, (cont.)		
Mary, m. Levi **WARD**, June 8, 1765	2	74
Sarah, d. John, Jr., b. Feb. 14, 1667	1	70
MERRELL, MERRILL, MERREL, MERRELLS, MERRILS, [see also **MERRETT**], Benjamin, m. Phebe **LAY**, June 2, 1740	2	146
Benjamin, m. Rebeckah **BUSHNEL[L]**, July 30, 1761	2	118
Benj[amin], Sr., m. Rebeckah **BUSHNELL**, July 30, 1761	2	118
Charlotte, of Killingworth, m. Jason E. **DOANE**, of Westbrook, Nov. 27, 1834, by Rev. Orlando Starr	3	385
C[h]loe, [d. Benj[amin], 2d, & Rebeckah], b. May 12, 1772	2	115
Daniel, [s. Benj[amin], 2d, & Rebeckah], b. Mar. 22, 1768	2	115
Esther, m. Peter James **GRAYNARD**, July 14, 1760	2	118
George, s. Benjamin & Phebe, b. Sept. 14, 1745	2	144
George, [s. Benj[amin], 2d, & Rebeckah], b. May 24, 1770	2	115
Hannah, [d. Benj[amin], 2d, & Rebeckah], b. Mar. 20, 1779	2	115
John, m. Roxanna **DAVIS**, Sept. 20, 1821, by David Smith	3	361
Juliana, d. Benj[amin], 2d, & Rebeckah], b. Nov. 11, 1762	2	115
Martha, d. Benjamin & Phebe, b. Oct. 14, 1743 (sic)	2	144
Martha, m. Silvester **REDFIELD**, Nov. 26, 1770	2	74
Mary, m. Archilles **NETTLETON**, May 13, 1827, by John Marsh	3	375
Nathan W., m. Charlotte **CRANE**, b. of Killingworth, July 18, 1821, by Hart Talcott	3	361
Phebe, d. Benjamin & Phebe, b. Dec. 12, 1742; d. Jan. 2, 1742/3	2	144
Phebe, d. Benjamin & Phebe, b. Nov. 14, 1743 (sic)	2	144
Rebeckah, [d. Benj[amin], b. Aug. 20, 1765	2	115
Samu[e]l, s. Benjamin & Phebe, b. Apr. 23, 1741	2	144
MERRETT, MERRET, MERETT, MERRETTS, MERRITT [see also **MERRELLS**]		
Ansel, [s. Michael & Leucey], b. Mar.20, 1767	2	179
Bartholomer, s. Michael & Leucey, b. Jan. 7, 1762	2	179
*Benjamin, m. Martha **BUELL**, June 18, 1733	2	191
*Benjamin, s. Daniel & Tamson, b. July 12, 1736	2	190
*Benjamin had negro Bristol, s. Sezer & Sarah, b. Apr. 20, 1737; Phillis, d. Sezer & Sarah, b. Nov. 22, 1739; d. Feb. 13, 1744/5; Sezer, s. Sezer & Sarah, b. Aug. 25, 1743; Peter, s. Sezer & Sarah, b. Aug. 14, 1746; d. Sept. 27, 1746	2	152
Da[ ], m. Tamson **NETTLETON**, June 18, 1726	2	192
*Daniel, s. Daniel & Tamson, b. July 17, 1727	2	190
*Daniel, s. Daniel & Tamson, b. Mar. 7, 1733/4	2	190
Est[h]er*, d. James & Kathren, b. Sept. 22, 1740 (*(Merrett) handwritten in margin of original manuscript)	2	151
*Hannah, d. Daniel & Tamson, b. Mar. 7, 1728/9	2	190
James, s. James & Cathren, b. Aug. 18, 1744	2	151
James, [s. Michael & Leucey], b. Nov. 18, 1770	2	179
Jemmima, [d. Michael & Leucey], b. Jan. 26, 1769	2	179
*John, s. Joseph & Sarah, b. Oct. 20, 1722	2	186
John, s. James & Kathren, b. June 4, 1748	2	151
*Joseph, m. Sarah **HOLTOM**(?), June 23, 1720 (Sarah Hallam handwritten on original manuscript)	2	193
*Joseph, s. Joseph & Sarah, b. June 2, 1721	2	186
Katherine, d. James & Cathren, b. Apr. 13, 1747	2	151

*These names in above listing have (Merrill) handwritten in margin of original manuscript

KILLINGWORTH VITAL RECORDS

	Vol.	Page
MERRETT, MERRET, MERETT, MERRETTS, MERRITT, (cont.)		
Lucy, m. Michial MERRET, Mar. 12, 1760	2	196
*Martha, w. of Benjamin, d. Jan. 20, 1740	1	89
Martain, [s. Michael & Leucey], b. July 26, 1765	2	179
Mary, d. James & Kathren, b. Mar. 30, 1743	2	151
Michial, m. Lucy MERRET, Mar. 12, 1760	2	196
Michael, [s. Michael & Leucey], b. Nov. 14, 1763	2	179
Peter, [s. James & Kathren], b. Jan. 30, 1752	2	151
*Samuell, s. Benjamin & Phebe, d. Nov. 10, 1745	1	93
Samuel, [s. James & Kathren], b. Aug. 24, 1749	2	151
*Thomas, s. Joseph & Sarah, b. May 30, 1724	2	186
Trewbe, d. James & Cathren, b. Sept. 16, 1745	2	151
(*These names in above listing have (Merrill) handwritten in margin of original manuscript)		
MILLER, Daniel W., m. Adaline A. **CALHOUN,** b. of Killingworth, Nov. 1, 1840, by Rev. E. Swift	3	399
MILLS, Edwin, [s. Philo & Julia], b. Oct. 24, 1807	2	83
Eliza, d. Philo & Julia, b. Oct. 31, 1805	2	83
Esther Jerusha, [d. Philo & Julia], b. July 2, 1817	2	83
Garrard, s. Philo & Sarah, b. July 24, 1793	2	83
Harlow, s. Philo & Sarah, b. Jan. 3, 1804	2	83
Jerusha, d. Philo & Sarah, b. Apr. 11, 1795	2	83
John Yale, [s. Philo & Julia], b. Jan. 22, 1812	2	83
Leverett, [s. Philo & Julia], b. Oct. 19, 1809	2	83
Philo, m. Sarah **PARMELE,** Oct. 30, 1791	2	38
Philo, [s. Philo & Sarah], b. May 25, 1797	2	83
Philo, m. Julia **BUELL,** Jan. 30, 1805	2	42
Ralph Wooster, [s. Philo & Julia], b. Aug. 23, 1815	2	83
Sally, [d. Philo & Sarah], b. Aug. 31, 1800	2	83
Sally, m. Hezekiah L. **PLATTS,** Nov. 14, 1823, by A. King	3	365
Sarah, w. of Philo, d. July 31, 1804	2	78
MINOR, Frederick M., m. Amelia C. **FRANKLIN,** June 29, 1845, by Rev. E. Swift	3	403
MINTER, Rebecka, m. John **DEMON,** June 16, 1674	1	66
MIX, Elisha J., of Wallingford, m. Polly **HULL,** of Killingworth, Sept. 15, 1836, by Rev. E. Swift	3	393
MORGAN, Amelia, [d. William & Meriam], b. May 24, 1774	2	99
Amelia, of Killingworth, m. Theodore **LEE,** of Lyme, Mar. 26 1836, by Lewis Foster	3	391
Elias, [s. Theophilus & Phebe], b. Dec. 1, 1770	2	106
Elizabeth, [d. Theophilus & Rebeckah], b. Mar. 28, 1755	2	106
George, [s. Theophilus & Phebe], b. May 29, 1768	2	106
Hannah, d. Theop[hilus] & Rebeckah, b. Oct. 7, 1759	2	106
John, s. Theophilus & Rebeckah, b. June 27, 1753	2	106
John, [s. William & Meriam], b. May 23, 1782	2	99
Lydia, wid. of Theop[hilu]s, d. May 27, 1779	2	77
Lydia, [d. William & Meriam], b. Aug. 10, 1785	2	99
Mary, d. Theop[hilu]s, d. Jan. 20, 1768	2	77
Mary, [d. William & Meriam], b. June 11, 1772	2	99
Meriam, d. William & Meriam, b. Sept. 3, 1770; d. Oct. 1, 1770	2	99
Phebe, [d. Theophilus & Phebe], b. Nov. 26, 1765	2	106
Phebe, m. Lieut. Joseph **WILLCOX,** Jan. 30, 1785	2	38
Rebeckah, w. of Theophilus, Jr., d. Oct. 17, 1759	2	70

	Vol.	Page
MORGAN, (cont.)		
Samuel, [s. William & Meriam], b. Jan. 16, 1778	2	99
Theophilus, m. Rebeckah SHIPMAN, Dec. 7, 1752	2	120
Theophilus, m. Phebe [ ], Oct. 15, 1761	2	74
Theophilus, s. Theophilus & Phebe, b. Apr. 17, 1763	2	106
Theophilus, d. Nov. 22, 1766	2	77
William, [s. Theophilus & Rebeckah], b. Oct. 24, 1756	2	106
William, m. Meriam MURDOCK, Nov. 23, 1769	2	40
William, [s. William & Meriam], b. May 22, 1780	2	99
MORRIS, Margaret, d. Robert & Ruth, b. Nov. 4, 1734	2	156
Mary, d. Robert & Ruth, b. Apr. 16, 1721	2	156
Ruth, d. Robert & Ruth, b. Dec. 31, 1730	2	156
MUNSON, Azubah, m. Samuel PARMELE[E], Jr., Oct. 8, 1804	2	42
Edward, of Westville, Conn., m. Alethea A. JONES, of Killingworth, July 9, 1837, by Rev. Anson F. Beach	3	395
John, of Wallingford, m. Sarah L. STEVENS, Nov. 27, 1851, by Rev. Hiram Bell	3	410
MURDOCK, Meriam, m. William MORGAN, Nov. 23, 1769	2	40
MURRY, MURY, Asel, s. Jonathan & Dorkes, b. Apr. 16, 1745	2	123
Eber, s. Jonathan & Dorkes, b. May 1, 1745	2	147
John, s. John & Sarah, b. Aug. 13, 1731, in Guilford	2	144
Jonathan, s. Jonathan & Dorkes, b. Aug. 10, 1747	2	147
Lucy, d. John & Sarah, b. June 8, 1736, in Guilford	2	144
Lucey, m. Roswell REDFIELD, June 6, 1755	2	117
Mabel, d. Jonathan & Dorkes, b. July 11, 1743	2	147
Sarah, d. John & Sarah, b. Apr. 1, 1733, in Guilford	2	144
Sarah, w. of John, d. Mar. 1, 1743	1	88
Tamar, d. John & Sarah, b. Oct. 23, 1738, in Guilford	2	144
Thankfull, d. John & Sarah, b. Sept. 1, 1742	2	144
NEAL, Eber, m. Catharine C. TYLER, Feb. 7, 1848, by E. Swift	3	407
NEEDHAM, Amelia, m. Benjamin GRIFFETH, Mar. 5, 1761	2	118
Polly, m. James GRIFFEN, Feb. 24, 1757	2	118
NETTLETON, Aaron, s. Joseph & Hannah, b. Mar. 8, 1720/1	2	196
Aaron, d. Jan. 9, 1759	2	70
Abel, [s. Jeremiah & Deborah], b. Aug. 7, 1745	2	122
Abel, m. Lidya KILCEY, Feb. 17, 1773	2	73
Abel, s. Abel & Lidya, b. July 4, 1774	2	86
Abel, m. Sibbel DAVIS, Oct. 8, 1794	2	39
Abigail, [twin with Samuell], d. John & Sarah, b. Mar. 12, 1713	2	196
Abigail, m. Joseph CARTER, May 23, 1732	2	191
Abner, s. Samuel & Barsheba, b. Feb. 12, 1746	2	142
Abner, m. Hannah STEVENS, Mar. 25, 1829, by Asa King	3	378
Albert, [s. Ezra & Miriam], b. Dec. 9, 1814	2	79
Albert W., m. Rosetta GRISWOLD, Nov. 12, 1837, by Rev. E. Swift	3	396
Alden D., of Mereden, m. Sylvia E. RUTTY, of Killingworth, Nov. 19, 1856, by Rev. Hiram Bell	3	414
Alfred, m. Elvia HULL, Oct. 5, 1826, by Asa King	3	373
Amarancy A., m. Augustus W. STEVENS, b. of Killlingworth, June 6, 1852, by Rev. Hiram Bell	3	410
Ambrose, [s. Samuel, 3rd, & Anna], b. Jan. 14, 1790	2	80
Amos, s. Daniel & Mary, b. June 22, 1737	2	162
Anna, d. Samuel, 3rd, & Anna, b. Dec. 8, 1781	2	80

KILLINGWORTH VITAL RECORDS

	Vol.	Page
NETTLETON, (cont.)		
Archilles, m. Mary **MERRILS**, May 13, 1827, by John Marsh	3	375
Asael, s. Samuel & Dinah, b. Feb. 8, 1740	2	154
Asael, [s. Samuel, 3rd, & Anna], b. Apr. 21, 1783	2	80
Bani, s. Samuell & Barsheba, b. Feb. 9, 1749	2	142
Bani, s. Samuel & Dina, b. Feb. 9, 1749	2	154
Bani, s. Daniel & Dammeries, b. Feb. 15, 1778 (written "Buni")	2	95
Barsheba, d. Samuel & Barsheba, b. June 4, 1744	2	142
Bathsheba, w. of Sam[ue]ll, d. Dec. 22, 1747	1	93
Charity, [d. Jeremiah & Love], b. July 29, 1764	2	93
C[h]loe, d. William & Hannah, b. Mar. 7, 1768	2	86
Chloe, d. John & Metteniah, b. May 10, 1781	2	123
Clarinda, m. Harvey **HOTCHKISS**, Nov. 14, 1827, by David Smith	3	375
Clarissa, [d. Ezra & Damaries], b. Feb. 27, 1780	2	101
Clarrissa, [d. Ezra & Miriam], b. Nov. 24, 1819	2	79
Damaries, [d. Ezra & Damaries], b. Apr. 25, 1784	2	101
Daniel, m. Mary **HEZELTON**, Dec. 30, 1736	2	145
Daniel, s. Daniel & Mary, b. Jan. 9, 1739/40	2	162
Daniel, [s. Samuel & Dina], b. Aug. 27, 1751	2	154
Daniel, m. Demerous **STEEVENS**, Nov. 24, 1777	2	73
David, [s. Abel & Lidya], b. May 12, 1778; d. June 25, 1780	2	86
David, [s. Samuel, 3rd, & Anna], b. Feb. 27, 1788	2	80
David, s. Samuel, d. May 22, 1802	2	77
David, [s. Ezra & Miriam], b. Aug. 22, 1822	2	79
Dina, d. Samuel & Dinah, b. Apr. 18, 1747	2	154
Dinah, m. Elisha **KELCEY**, Dec. 29, 1785	2	75
Dinah, [d. Daniel & Dammeries], b. May 5, 1789; d. Aug. 19, 1789	2	95
Edward, [s. Ezra & Miriam], b. Nov. 27, 1816	2	79
Edward, m. Lydia **PARMELE[E]**, Sept. 1, 1841, by Rev. E. Swift	3	400
Elihu, [s. Ezra & Damaries], b. Nov. 11, 1778; d. Jan. 10, [ ]	2	101
Eliphus, s. James & Hester, b. June 12, 1772	2	81
Elizabeth, d. John & Sarah, b. July 1, 1703	2	196
Elizabeth, m. Samuel **CARTER**, Mar. 19, 1722	2	193
Elizabeth, d. Josiah & Sarah, b. Sept. 20, 1748	2	159
Elizabeth, d. Josiah & Sarah, d. Mar. 14, 1750	2	69
Emily, [d. Ezra & Miriam], b. Feb. 19, 1812	2	79
Emily, m. Richard H. **REDFIELD**, Nov. 4, 1835, by Rev. E. Swift	3	390
Ervin, m. Angeline **LANE**, Oct. 27, 1861, by Rev. Hiram Bell	3	418
Ezra, s. Joseph & Hannah, b. June 9, 1742	2	153
Ezra, m. Demaries **SEAWARD**, Apr. 21, 1774	2	73
Ezra, [s. Ezra & Damaries], b. Oct. 27, 1777; d. Nov. 11, [ ]	2	101
Ezra, [s. Ezra & Damaries], b. Apr. 22, 1782	2	101
Ezra, d. Feb. 4, 1789	2	76
Ezra, m. Miriam **LANE**, May 12, 1806	2	79
Fidelia, [d. Ezra & Miriam], b. Nov. 14, 1827	2	79
George, s. Sam[ue]ll & Dinah, b. June 10, 1756	2	154
George H., m. Nancy E. **FRANKLIN**, Apr. 14, 1858, by Rev. Hiram Bell	3	415
Hannah, m. James **HILL**, Apr. 27, 1743	2	119
Hannah, w. of Joseph, d. Nov. 26, 1753	2	69
Hannah, w. of Joseph, d. Nov. 27, 1753	2	69
Hannah, [d. William & Hannah], b. Sept. 22, 1772	2	86
Hannah, [d. Abel & Lidya], b. July 9, 1780	2	86

NETTLETON, (cont.)

	Vol.	Page
Hannah, wid. of Joseph, d. June 8, 1797	2	77
Henry, [s. Ezra & Miriam], b. June 18, 1810	2	79
Israel, [s. Daniel & Dammeries], b. Apr. 8, 1786	2	95
James, m. Barsheba CLARK, Nov. 9, 1743	2	146
James, m. Esther GRISWOLD, Oct. 4, 1770	2	73
James, [s. James & Hester], b. Dec. 17, 1773	2	81
James Harlow, [s. Michael & Martha], b. Feb. 28, 1809	2	115
Jeams, [s. Jeremiah & Deborah], b. June 23, 1747	2	122
Jemima, d. Joseph & Hannah, b. Sept. 16, 1739	2	153
Jeremiah, s. Joseph & Hannah, b. Apr. 2, 1718	2	196
Jeremiah, s. Jeremiah & Deborah, b. Oct. 7, 1738	2	122
Jeremiah, Jr., m. Love BUELL, Nov. 19, 1760	2	118
Jeremiah, [s. John & Metteniah], b. May 18, 1785	2	123
Jerusha, d. Josiah & Sarah, b. Apr. 9, 1746	2	159
Jerusha, m. Jehiel EVERTS, Dec. 11, 1771	2	73
John, s. John, b. Jan. 19, 1670	1	68
John, m. Martha HALL*, May 29, 1670 (*correction (HULL) handwritten on original manuscript)	1	66
John, Sr., d. Mar. 18, 1690/1	1	80
John, m. Sarah WOODMANSEE, Jan. 21, 1691/2	1	67
John, s. John, b. Jan. 29, 1694	1	70
John, s. John & Sarah, b. Jan. 29, 1694	2	196
John, d. Feb. 13, 1714/5	1	81
John, m. Mary BROOKS, Dec. 26, 1720	2	193
John, s. John & Mary, b. Nov. 17, 1721	2	184
John, s. John, d. Dec. 27, 1723	1	81
John, m. Sarah CARTER, Apr. 8, 1725	2	193
John, m. Sarah RUTTEY, Dec. 29, 1729	2	191
John, s. Samuel & Dinah, b. Sept. 10, 1737	2	154
John, s. Joseph & Hannah, b. Aug. 31, 1744	2	153
John, s. Joseph, d. Dec. 11, 1753	2	69
John, m. Matteniah BUEL, June 29, 1780	2	42
John, [s. John & Metteniah], b. Oct. 26, 1782	2	123
John, m. Sally CRANE, b. of Killingworth, Apr. 6, 1813, by Rev. Sylvester Selden	3	357
John C., m. Mary GRISWOLD, b. of Killingworth, Nov. 8, [1854], by Rev. Hiram Bell	3	412
John Rutty, s. Michael & Martha, b. Nov. 18, 1800; d. Mar. 28, 1804	2	115
John Rutty, [s. Michael & Martha], b. Aug. 30, 1806	2	115
Joseph, m. Hannah BUSHNELL, Feb. 18, 1712/13	2	192
Joseph, s. Joseph & Hannah, b. Dec. 17, 1713	2	196
Joseph, m. Hannah KELCEY, Oct. 21, 1736	2	145
Joseph, s. Joseph & Hannah, b. July 13, 1747	2	153
Joseph, d. Oct. 20, 1767	2	71
Joseph, Jr., m. Rachel KELCEY, Sept. 20, 1781	2	39
Joseph, d. Aug. 1, 1794	2	76
Joshua, [s. Jeremiah & Deborah], b. Dec. 26, 1741	2	122
Josias, s. John, b. Jan. 13, 1677	1	68
Josiah, s. John & Sarah, b. July 21, 1709	2	196
Josiah, m. Sarah DAVIS, July 12, 1733	2	191
Josiah, s. Josiah & Sarah, b. Dec. 6, 1735	2	159
Josiah, d. July 26, 1751	2	69

	Vol.	Page
NETTLETON, (cont.)		
Josiah, [s. Samuel & Dina], b. Apr. 26, 1754	2	154
Josias, see under Josiah		
Julius, [s. John & Metteniah], b. Aug. 7, 1787	2	123
Laurin, [s. Ezra & Miriam], b. Oct. 15, 1824	2	79
Lauren L., m. Eliza C. EVARTS, Oct. 16, 1850, by Rev. E. G. Swift	3	409
Leman, m. Lydia LEBARROW, Dec. 18, 1796	2	40
Lois, [d. Samuel, 3rd, & Anna], b. Mar. 10, 1786	2	80
Louisa, m. Hamlet DUDLEY, June 31 (sic), 1828, by Asa King	3	376
Lucy, m. Nathaniel CHITTENDEN, Jan. 6, 1724/5	2	193
Luce, d. Samuel & Dinah, b. Aug. 16, 1743	2	154
Lucy, d. Mar. 3, 1816	2	78
Lidea, d. Joseph & Hannah, b. Dec. 23, 1737	2	153
Lydia, m. Aaron KELCEY, Nov. 16, 1758	2	118
Lydia, [d. Abel & Lidya], b. Apr. 10, 1782	2	86
Lydia, [d. Daniel & Dammeries], b. Apr. 23, 1784	2	95
Lydia, w. of Abel, d. Jan. 5, 1794	2	76
Lydia, m. Samuel RUTTEY, Feb. 19, 1806	2	42
Lydia, m. Hezekiah P. WILLARD, Jan. 31, 1861, by Rev. Hiram Bell	3	418
Mabel, d. Jeremiah & Love, b. Nov. 15, 1762	2	93
Marah, d. John & Sarah, b. June 22, 1701	2	196
Marcy, d. Samuel & Dinah, b. June 11, 1741	2	154
Marthew, d. John, b. Apr. 15, 1675	1	68
Martha, d. John & Sarah, b. Dec. 1, 1692	2	196
Martha, m. William BARBER, Nov. 15, 1711	2	192
Martha, d. Josiah & Sarah, b. May 19, 1743	2	159
Martha, m. Jonah KELCEY, Sept. 28, 1745	2	119
Martha, d. John, b. Dec. 1, 1762 (Perhaps "Dec. 4")	1	70
Mary, d. John, b. June 22, 1701	1	70
Mary, w. of John, Jr., d. Nov. 20*, 1721 (*correction (26) handwritten on original manuscript)	1	81
Mary, d. Josiah & Sarah, b. Nov. 21, 1737	2	159
Mary, [d. Jeremiah & Deborah], b. Oct. 6, 1743	2	122
Mary, m. John SHETHAR, Apr. 15, 1747	2	119
Mary, m. Daniel PARMELE[E], Jan. 12, 1763	2	118
Mary, m. Ebenezer WILLCOX, May 2, 1782	2	38
Mary, d. Ezra & Miriam, b. June 28, 1807	2	79
Mary, m. Linus DUDLEY, Oct. 20, 1828	2	79
Mary, m. Linus DUDLEY, Oct. 20, 1828, by Asa King	3	377
Matty, [d. John & Metteniah], b. July 7, 1790	2	123
Mercy, [d. Daniel & Dammeries], b. Dec. 3, 1781	2	95
Michael, m. Martha RUTTEY, Dec. 22, 1799	2	43
Michael Achilles, [s. Michael & Martha], b. May 19, 1804	2	115
Moses, d. Leman & Lydia, b. May 21, 1797	2	85
Ozias, [s. William & Hannah], b. Nov. 25, 1774	2	86
Philemon, [s. Abel & Lidya], b. May 26, 1776	2	86
Polly, d. Ezra & Damaries, b. Jan. 5, 1776	2	101
Polly, [d. Samuel, 3rd, & Anna], b. Dec. 31, 1791; d. Jan. 26, 1792	2	80
Prescilla, d. Josiah & Sarah, b. Nov. 7, 1740	2	159
Priscella, m. Eliakim REDFIELD, Jan. 1, 1766	2	74
Rebina, m. Phillip LANE, Nov. 30, 1795	2	43
Rossel, s. Daniell & Mary, b. July 17, 1744	2	162

94   BARBOUR COLLECTION

	Vol.	Page
NETTLETON, (cont.)		
Ruth, d. Samuel & Barsheba, b. Dec. 8, 1747	2	142
Samuel, s. John, b. Mar. 8, 1672/3	1	68
Samuell, d. Sept. 19, 1691	1	80
Samuell, [twin with Abigail], s. John & Sarah, b. Mar. 12, 1713	2	196
Samuel, m. Dina HEALEY, Mar. 25, 1737	2	145
Samuel, s. Samuel & Dinah, b. Aug. 25, 1745	2	154
Samuel, m. Ann GRISWOLD, Feb. 14, 1748	2	119
Samuel, s. Sam[ue]ll & Ann, b. June 17, 1750	2	142
Sam[ue]ll, 3rd, m. Anne KELCEY, Feb. 28, 1781	2	75
Samuel, d. Aug. 15, 1802	2	77
Sarah, d. John, b. Aug. 23, 1697	1	70
Sarah, d. John & Sarah, b. Aug. 23, 1697	2	196
Sarah, m. John CARTER, Sept.10, 1719	2	193
Sarah, wid. of John, d. Dec. 10, 1723	1	81
Sarah, w. of John, d. May 14, 1727	1	81
Sarah, d. Josiah & Sarah, b. Apr. 28, 1734	2	159
Sarah, d. Noah & Sarah, b. Sept. 15, 1765	2	115
Sherman, [s. Sam[ue]ll & Dinah], b. July 11, 1759	2	154
Tamson, m. Da----- MERRETT, June 18, 1726 (Probably Daniel)	2	192
Tamson, d. Daniel & Mary, b. Feb. 13, 1742	2	162
Tamze, d. Samuel & Dinah, b. July 11, 1759	2	154
Thankfull, d. John & Sarah, b. Mar. 27, 1706	2	196
Thankfull, m. Elnathan HURD, Dec. 4, 1724	2	193
Thankfull, w. of William, d. June 13, 1767	2	71
Thankfull, [s. William & Hannah], b. Mar. 17, 1776	2	86
William, [s. Jeremiah & Deborah], b. Mar. 17, 1740	2	122
William, m. Thankfull BEUELL, Oct. 28, 1766	2	74
William, m. Hannah GRAVES, Oct. 28, 1767	2	74
William, [s. William & Hannah], b. Dec. 7, 1769	2	86
William, d. Jan. 7, 1778	2	72
William C., m. Sylvia KELSEY, b. of Killingworth, Nov. 6, 1836, by Rev. E. Swift	3	393
William L., [s. Ezra & Miriam], b. Oct. 29, 1808	2	79
Wyllys, m. Electa M. HULL, b. of Killingworth, Feb. 21, 1836, by Rev. E. Swift	3	390
NEWELL, NEWEL, David, [twin with Jonathan], s. Loftis & Phebe, b. Sept. 10, 1733	2	159
Henry, s. Loftis & Phebe, b. Jan. 24, 1731	2	159
Jonathan, [twin with David], s. Loftis & Phebe, b. Sept. 10, 1733	2	159
Loftis, m. Phebe FARNUM, Sept. 24, 1730	2	191
Loftis, s. Loftis & Hannah, b. Sept. 27, 1736	2	159
Phebe, d. Loftis & Hannah, b. May 9, 1739	2	159
Robert Carter, s. Loftis & Hannah, b. Mar. 2, 1735	2	159
Silvia, m. Elisha CRANE, Jr., Feb. 6, 1786	2	38
NICHOLS, Hannah, m. Josiah CHATFIELD, July 1, 1746	2	119
Joanna, m. Dan PARMELE, June 3, 1790	2	39
NOBLE, Lydea, m. Joseph KELCEY, Apr. 30, 1734	2	191
NORTON, Abigaill, m. Benjamin GRISWOLD, June 17, 1718	2	192
Abigail, m. Samuel LANE, July 12, 1757	2	117
Alfred, m. Clarrissa E. NORTON, b. of Killingworth, July 6, 1835, by Rev. E. Swift	3	387
Clarrissa E., m. Alfred NORTON, b. of Killingworth, July 6, 1835,		

	Vol.	Page
NORTON, (cont.)		
by Rev. E. Swift	3	387
Content, m. Hezekiah C. BROOKS, Dec. 15, 1830, by Asa King	3	379
Daniel, m. Roxanna CHATFIELD, Dec. 13, 1858, by Rev. Hiram Bell	3	416
David, m. Polly GRISWOLD, b. of Killingworth, Feb. 27, 1833, by Rev. Luke Wood	3	386
Emeline B., m. John K. BURR, May 3, 1846, by Rev. E. Swift	3	404
Emily J., m. Randolph P. STEVENS, Oct. 25, 1847, by E. Swift	3	406
George, of N. Killingworth, m. Polly STANNARD, of Saybrook, Feb. 12, 1837, by Lewis Foster	3	394
Jeremiah B., m. Sophronia WILCOX, Apr. 21, 1844, by Rev. E. Swift	3	403
Leander, m. Margaret BUELL, Nov. 29, 1830, by Asa King	3	380
Mariah, m. Martin LORD, Nov. 10, 1831, by Asa King	3	381
Maria L., m. Eli HUBBARD, Dec. 12, 1859, by Rev. H. Scofield	3	417
Sally, m. Alfred STEVENS, Jan. 11, 1830, by Asa King	3	381
Stephen T., m. Antoinette M. PHELPS, June 2, 1850, by Rev. E. G. Swift	3	408
Stephen T., m. Adeline TURNER, June 6, 1861, by Rev. Hiram Bell	3	418
Thankfull Gennet, m. Charles FRANCES, b. of North Killingworth, Dec. 27, 1827, by Jonathan Burr, J.P.	3	375
NOTT, John, m. Ann PARMELE[E], Dec. 21, 1741	2	146
Nathaniel, m. Hanna[h] BISHOP, July 2, 1726	2	193
Peninah, d. John & Ann, b. June 5, 1743	2	143
OLCOTT, Austin, Hon., m. Achsah L. WRIGHT, b. of Killingworth, Sept. 12, 1835, by Rev. Luke Wood	3	388
Elizabeth M., of Killingworth, m. William C. WILCOX, of New York, Aug. 8, 1827, by Rev. Pierpont Brockett	3	376
OSBORN, ORSBORN, Mary, m. John HULL, Nov. 4, 1708	2	192
Susannah, d. Ephraim & Susannah, b. July 29, 1755	2	110
PAGE, Thomas C., of Newburyport, Mass., m. Amelia A. KELSEY, of Killingworth, May 23, 1836, by Lewis Foster	3	392
PALMER, [see also PARMELEE], Ann, d. John & Mary, b. Nov. 20, 1730	2	156
Ann, d. John & Mary, b. Sept. 20, 1742	2	156
Gershom, m. Hannah WILLCOCK, Oct. 4, 1733	2	191
Gershom, s. John & Mary, b. Aug. 27, 1740	2	156
Hannah, m. Solomon DAVIS, Jr., Jan. 31, 1786	2	38
John, m. Mary WARD, Jan. 15, 1729/30	2	191
John, s. John & Mary, b. May 25, 1737	2	156
Mary, d. John & Mary, b. Oct. 3, 1745	2	156
Prince, s. John & Mary, b. Sept. 15, 1735	2	156
PARKER, Dorothy, m. Thomas STEEVENS, May 11, 1740	2	145
Est[h]er, m. Daniel BUELL, Jr., Jan. 4, 1743/4	2	146
Gideon, m. Jerusha WELLMAN, Feb. 27, 1755	2	117
Grace, d. Isaac & Lydia, b. June 7, 1744	2	141
Isaac, m. Lidea STEEVENS, Sept. 25, 1743	2	146
Jerusha, w. of Gideon, d. Aug. 11, 1761	2	71
Julia A., m. Comfort PROUT, May 17, 1846, by Rev. E. Swift	3	404
Lydia, m. Daniel CRANE, Oct. 25, 1752	2	120
PARKS, Edward, m. Deliverance FFRENCH, Dec. 25, 1667* (correction (1669) handwritten on original document)	1	66

96   BARBOUR COLLECTION

	Vol.	Page
PARKS, (cont.)		
Hannah, m. John LANE, Jan. 16, 1710/11	2	192
PARMELEE, PARMELE, PARMELEY, Aaron, s. Josiah & Marcy, b.		
Mar. 17, 1729/30	2	187
Aaron, s. Josiah & Marcy, b. Mar. 27, 1732	2	187
Aaron, s. Josiah, d. Sept. 29, 1753	2	69
Aaron, s. Cornelius & Hannah, b. July 14, 1763	2	96
Aaron, m. Sarah STEEVENS, July 20, 1786	2	75
Aaron, d. Jan. 10, 1800. Was drowned at sea	2	77
Abiah, d. Hiel & Eunis, b. Dec. 19, 1734	2	189
Abner, s. Nathaniel & Est[h]er, b. Mar. 11, 1716	2	194
Abner, s. Nehemiah & Hannah, b. Aug. 4, 1734	2	161
Abner, m. Lucey BUELL, Mar. 20, 1757	2	117
Abner, [s. Abner & Lucia], b. Apr. 12, 1772	2	98
Abner, [s. Adin & Dorinda], b. July 5, 1805	2	168
Abner, d. May 27, 1806	2	77
Abner, m. Almira Clarissa DAVIS, Apr. 27, 1829, by Asa King	3	378
Abner Munson, s. Sam[ue]ll & Azubah, b. Aug. 19, 1805	2	153
Adaline, see under Adeline		
Adam, s. Nehemiah & Hannah, b. Feb. 24, 1746	2	161
Adam, [s. Abner & Lucia], b. Jan. 18, 1770	2	98
Adaline, [d. Moses & Ruth], b. June 24, 1824	2	20
Adeline, m. Gilbert E. GAYLORD, Oct. 25, 1842, by Rev. E. Swift	3	401
Adiadamia, [child of Abner & Lucia], b. Feb. 11, 1777	2	98
Adin, m. Dorinda HULL, Dec. 10, 1797	2	42
Adin, 2d, m. Abigail WOODRUFF, Apr. 27, 1837, by Rev. E. Swift	3	394
Alanson, [s. Abner & Lucia], b. Apr. 3, 1774	2	98
Albert, [s. Adin & Dorinda], b. Feb. 17, 1810	2	168
Albert, m. Emily HULL, Feb. 28, 1831, by Asa King	3	380
Alfred, s. Eliab & Lydia, b. Apr. 14, 1798	2	182
Alfred, m. Lydia RUTTY, Mar. 18, 1824, by Asa King	3	367
Alson, [s. Hiel & Patience], b. Nov. 12, 1787	2	105
Alvan, [s. Isher & Esther], b. Oct. 2, 1802	2	113
Amos, [s. Nehemiah & Hannah, b. Sept. 4, 1750	2	161
Amos, m. Elizabeth LORD, Sept. 30, 1773	2	73
Angeline E., of Killingworth, m. Orville C. WOODRUFF, of		
Guilford, Nov. 12, 1856, by Rev. Hiram Bell	3	414
Ann, d. Nathaniel & Ann, b. Aug. 23, 1723	2	186
Ann, w. of Nathaniell, d. Sept. 10, 1723	1	81
Ann, m. John NOTT, Dec. 21, 1741	2	146
Anna, m. Rufus REDFIELD, Sept. 8, 1822, by Asa King, V.D.M.	3	364
Asael, s. Lemuel & Sarah, b. Feb. 26, 1743/4	2	155
Ashel, 2d, m. Polly A. GRISWOLD, Nov. 8, 1821, by Asa King	3	362
Augusta E., m. William H. PARMALEE, b. of Killingworth, Nov.		
14, 1855, by Rev. Hiram Bell	3	413
Azubah Sophronia, [d. Sam[ue]ll & Azubah], b. Aug. 12, 1815	2	153
Bani, m. Temperance KELCEY, Jan. 22, 1783	2	75
Bani, s. Bani & Temperance, b. Aug. 19, 1784	2	115
Barbary, d. Elias & Thankfull, b. Dec. 10, 1778	2	108
Barry, s. Nathaniel & Bethiah, b. June 13, 1727	2	186
Bela, [s. Daniel & Mary], b. July 13, 1776	2	96
Bela, m. Temperence ISBELL, Jan. 6, 1799	2	41
Benj[amin], s. Eliab & Rachel, b. Dec. 6, 1757	2	112

KILLINGWORTH VITAL RECORDS 97

PARMELEE, PARMELE, PARMELEY, (cont.)

	Vol.	Page
Bethiah, [twin with Nathaniel], d. Nathaniel & Bethiah, b. Apr. 10, 1738	2	186
Bethiah, d. Nathaniell & Bethiah, d. June 11, 1738	1	89
Bethiah, w. of Nath[anie]ll, d. July 25, 1779	2	72
Betsey, [d. Constant & Esther], b. Jan. 8, 1787	2	97
Betsey, m. Nathaniel WRIGHT, Mar. 6, 1822, by Asa King	3	363
Betsey S., m. Lucius KELLOGG, May 11, 1845, by Rev. E. Swift	3	403
Car[o]line, d. Eliab & Rachel, b. Mar. 2, 1760	2	112
Caroline, m. William S. HULL, b. of Killingworth, Oct. 11, 1837, by Rev. E. Swift	3	395
Catharine, m. Henry B. DAVIS, Apr. 12, 1846, by Rev. E. Swift	3	404
Catharine M., of Chester, m. George M. PIKE, of East Haddam, Apr. 11, 1838, by Rev. Lewis Foster	3	396
Cena, d. Zebulon & Phebe, b. May 17, 1751	2	100
Charity, d. Zebulon & Charity, b. Jan. 9, 1757	2	100
Charles, [s. Aaron & Sarah], b. Oct. 18, 1791	2	131
Charles E., m. Clarissa E. PARMELEE, b. of Killingworth, Oct. 25, [1853], by Rev. Hiram Bell	3	411-12
Charles E., m. Mabel R. STEVENS, Apr. 25, 1858, by Rev. Hiram Bell	3	415
Charles Lord, [s. Amos & Elizabeth], b. Feb. 14, 1792	2	110
Clarinda, [d. Josiah & Mary], b. Jan. 28, 1788	2	82
Clarissa E., m. Charles E. PARMELEE, b. of Killingworth, Oct. 25, [1853], by Rev. Hiram Bell	3	411-12
Clarissa M., m. Joseph ELY, July 19, 1846, by Rev. E. Swift	3	405
Constant, m. Esther FARNUM, Aug. 28, 1783	2	75
Constant, m. Hannah KELSEY, b. of Killingworth, Nov. 3, 1822, by Hart Talcott	3	364
Cornelius, s. Josiah & Marcy, b. May 4, 1734	2	187
Cornilius, m. Hannah FRANKLIN, Dec. 6, 1762	2	118
Cornelius, d. Mar. 14, 1820	2	78
Cynthia, [d. Hiel & Patience], b. May 20, 1790	2	105
Cynthia A., m. Charles PHELPS, Nov. 3, 1840, by Rev. E. Swift	3	399
Dan, s. Lemuel & Sarah, b. May 22, 1739	2	155
Dan, m. Mary STEEVENS, Jan. 20, 1768	2	73
Dan, [s. Dan & Mary], b. Dec. 11, 1779	2	89
Dan, m. Joanna NICHOLS, June 3, 1790	2	39
Dan, Jr., m. Fanny PARMELE[E], Jan. 29, 1806	2	42
Danforth, [s. Moses & Ruth], b. Apr. 18, 1807	2	20
Daniel, s. Ezra & Jemima, b. June 22, 1739	2	104
Daniel, s. Ezra & Jemima, b. June 22, 1739	2	152
Daniel, m. Mary NETTLETON, Jan. 12, 1763	2	118
Daniel, [s. Daniel & Mary], b. June 11, 1770	2	96
Daniel, Capt., m. Damaries PIERSON, Jan. 12, 1786	2	75
Daniel, s. Bela & Temperance, b. Feb. 21, 1800	2	107
David, s. Daniel & Mary, b. Dec. 7, 1763	2	96
David, m. Polly TURNER, Dec. 5, 1787	2	38
David, d. June 28, 1833	2	66
Deborah, w. of Elihu, d. May 15, 1781	2	72
Denslow C., m. Deliliah J. SNOW, Nov. 21, 1860, by Rev. Hiram Bell	3	418
Dina, d. Nathaniel & Bethiah, b. Nov. 27, 1734	2	186

	Page	Vol.
PARMELEE, PARMELE, PARMELEY, (cont.)		
Dorinda, [d. Adin & Dorinda], b. Dec. 15, 1803	2	168
Dorinda, m. Henry HARRIS, Apr. 30, 1829, by Asa King	3	378
Ebenezer, [s. Roswell & Jerusha], b. Sept. 4, 1772	2	88
Edward Harvey, [s. Isher & Esther], b. Sept. 10, 1807	2	113
Electa, [d. Ozias & Lydia], b. May 10, 1770	2	89
Electa, m. Nathaniel DAVIS, Aug. 15, 1790	2	38
Eli, [s. Cornelius & Hannah], b. Oct. 9, 1766	2	96
Eliab, s. Nathaniel & Bethiah, b. Jan. 5, 1730/31	2	186
Eliab, m. Rachel SMITH, Feb. 10, 1757	2	117
Eliab, [s. Eliab & Rachel], b. Oct. 13, 1775	2	112
Eliab, m. Lydia PIERSON, 3rd, Nov. 27, 1796	2	42
Eliab H., m. Lucy P. LYNDE, May 14, 1837, by Rev. E. Swift	3	394
Elial, [s. Jeremiah & Temperance], b. Mar. 8, 1766	2	113
Elias, [s. Ezra & Jemima], b. Mar. 29, 1752	2	104
Elias, m. Thankful HILL, Sept. 18, 1776	2	38
Elias Harvey, [s. Elias & Thankfull], b. Dec. 18, 1789	2	108
Elihu, s. Nathaniel & Bethiah, b. Feb. 7, 1740	2	186
Elihu, m. Deborah LANE, Jan. 5, 1775	2	73
Elihu, m. Phebe CRANE, Oct. 18, 1781	2	75
Eliza Ann, m. Abel H. HINCKLEY, Jan. 2, 1820	3	357
Eliza Anne, d. Adin & Dorinda, b. Sept. 15, 1798	2	168
Elizabeth F., m. Justin C. DUDLEY, Dec. 13, 1837, by Rev. E. Swift	3	396
Emerson A., m. Fanny E. KELSEY, July 4, 1858, by Rev. Hiram Bell	3	415
Epaphroditus, [s. Aaron & Sarah], b. Apr. 14, 1794	2	131
Ephraim, m. Han[n]a[h] ARNEL, Jan. 31, 1744/5	2	119
Erastus, [s. Sam[ue]ll & Azubah], b. Mar. 20, 1813	2	153
Esther, d. Nathaniell, b. Oct. 6, 1698	1	74
Est[h]er, m. Jonathan FRANKLIN, Dec. 2, 1718	2	192
Est[h]er, d. Nehemiah & Hannah, b. Mar. 20, 1736	2	161
Esther, m. Peter HULL, Jr., June 10, 1760	2	118
Easther, [d. Roswell & Jerusha], b. Oct. 4, 1774; d. [ ]	2	88
Easter, d. Roswel[l], d. Oct. 23, 1774	2	72
Easther, [d. Roswell & Jerusha], b. July 17, 1778	2	88
Esther, m. John E. BRAY, b. of Killingworth, Jan. 10, 1821, by Hart Talcott	3	359
[E]unise, d. Feb. 25, 1782	2	72
Eunice, d. Constant & Esther, b. June 23, 1784	2	97
Eunice M., m. Horace L. PARMELE, June 11, 1843, by Rev. E. Swift	3	401
Eunice Maria, d. Rufus & Eunice, b. Aug. 2, 1822	2	16
Ezrah, s. Nathaniel & Est[h]er, b. Apr. 28, 1714	2	194
Ezra, m. Jemima BUSHNELL, Feb. 22, 1737/8	2	145
Ezra, [s. Ezra & Jemima], b. Aug. 25, 1745	2	104
Ezra, s. Ezra & Jemima, b. Aug. 25, 1745	2	152
Ezra, m. Sybel HULL*, May 1, 1769 (*correction (Hill) handwritten)	2	74
Ezra, [s. Hiel & Patience], b. Mar. 5, 1796	2	105
Fanny, [d. Josiah & Mary], b. Sept. 29, 1785	2	82
Fanny, m. Dan PARMELE[E], Jr., Jan. 29, 1806	2	42
Fanny, [d. Moses & Ruth], b. Apr. 2, 1812	2	20
Fanny, m. Joseph A. LANTRY, Nov. 12, 1837, by Rev. E. Swift	3	396

KILLINGWORTH VITAL RECORDS 99

	Vol.	Page
PARMELEE, PARMELE, PARMELEY, (cont.)		
Farnum, [s. Constant & Esther], b. Mar. 16, 1790	2	97
Flora, m. Samuel CRAMPTON, Nov. 19, 1837, by Rev. E. Swift	3	396
Gardiner, s. Hiel & Eunis, b. May 18, 1738	2	189
George STEAVENS, [twin with James Smith], s. Daniel, b. Sept. 22, 1820; d. Aug. 5, 1821	2	132
Gilbert, [s. Jeremiah & Temperance], b. Jan. 23, 1764	2	113
Giles, s. Hiel & Eunis, b. July 1, 1731	2	189
Giles, [s. Jeremiah & Temperance], b. Nov. 17, 1762	2	113
Hannah, d. Nathaniel & Est[h]er, b. Sept. 21, 1712	2	194
Hannah, d. Josiah & Marcy, b. Sept. 6, 1724	2	187
Hannah, d. Nehemiah & Hannah, b. Dec. 19, 1743	2	161
Hannah, m. Daniel GRAVES, Jan. 5, 1743/4	2	146
Hannah, m. Eleazer ISBELL, 2d, Apr. 28, 1763	2	74
Hannah, [d. Elias & Thankfull], b. May 27, 1782	2	108
Hannah, m. Elias ISBELL, 2d, Apr. 1, 1805	2	42
Harlo[w], [s. Eliab & Lydia], b. June 28, 1800; d. Nov. 23, 1803	2	182
Harlo[w], [s. Eliab & Lydia], b. Feb. 10, 1807	2	182
Harriet, d. Aaron & Sarah, b. Oct. 17, 1786	2	131
Harriet E., [d. Moses & Ruth], b. July 7, 1822	2	20
Harvey, [s. Isher & Esther], b. Sept. 5, 1806; d. Sept. 19, 1806	2	113
Heman, [s. Roswell & Jerusha], b. Sept. 1, 1783	2	88
Henry, [s. Cornelius & Hannah], b. Sept. 23, 1775	2	96
Henry Farnum, [s. Hiel & Patience], b. Oct. 23, 1793	2	105
Hiel, s. Nathaniell, b. Jan. 2, 1702	1	74
Hiel, m. Eunis GARDINER, Oct. 11, 1725	2	193
Hiel, s. Hiel & Eunis, b. Nov. 29, 1728	2	189
Hiel, [s. Ezra & Jemima], b. Jan. 23, 1759	2	104
Hiel, 2d, m. Patience FARNUM, July 27, 1775	2	75
Hiel, [s. Hiel & Patience], b. Sept. 6, 1785	2	105
Hoel, d. Dec. 24, 1779	2	72
Horace L., [s. Moses & Ruth], b. June 28, 1819	2	20
Horace L., m. Eunice M. PARMELE[E], June 11, 1843, by Rev. E. Swift	3	401
Huldah, m. Julius BUELL, June 7, 1846, by Rev. E. Swift	3	405
Isi, [child of Roswell & Jerusha], b. Aug. 18, 1770	2	88
Jabez, [s. Amos & Elizabeth], b. May 24, 1776	2	110
James, [s. Jeremiah & Temperance], b. Nov. 19, 1757	2	113
James Smith, [twin with George Steavens], s. Daniel, b. Sept. 22, 1820	2	132
Jebi, m. Esther BUEL, Mar. 13, 1799	2	42
Jemima, d. Nathaniel & Bethiah, b. Dec. 13, 1732	2	186
Jemimah, d. Nathaniell & Bethia, d. Oct. 5, 1742	1	88
Jemima, [d. Ezra & Jemima], b. Aug. 8, 1750	2	104
Jeremiah, s. Lemuel & Sarah, b. Mar. 18, 1730	2	155
Jeremiah, m. Temperance BLACKLEY, May 2, 1754	2	117
Jeremiah, [s. Jeremiah & Temperance], b. Feb. 17, 1760; d. June 28, 1767	2	113
Jeremiah, [s. Jeremiah & Temperance], b. May 4, 1769	2	113
Jerry, m. Molly HAMILTON, Jan. 7, 1824, by Asa King	3	366
Jerusha, [d. Ezra & Jemima], b. May 23, 1741	2	104
Jerusha, d. Ezra & Jemima, b. May 23, 1741	2	152
Jerusha, m. Caleb BALDWIN, Apr. 16, 1761	2	118

	Vol.	Page
PARMELEE, PARMELE, PARMELEY, (cont.)		
Jerusha, [d. Roswell & Jerusha], b. Feb. 21, 1781	2	88
Jerusha, w. of Lieut. Roswell, d. Apr. 14, 1786	2	76
Joel, s. Nehemiah & Hannah, b. Apr. 22, 1748	2	161
Joel, of Branford, m. Lucinia CLANNING, of Killingworth, Jan. 1, 1838, by Rev. A. F. Beach	3	396
John, s. Lemuel & Sarah, b. Dec. 14, 1731	2	155
John, s. Jeremiah & Temperance, b. Feb. 12, 1755	2	113
John, m. Mary M. PARMELEE, Apr. 4, 1849, by Rev. E. Swift	3	407
Josiah, b. Sept. 11, 1700	1	74
Josiah, m. Marcy HULL, June 27, 1723	2	193
Josiah, s. Josiah & Marcy, b. July 29, 1726	2	187
Josiah, Jr., d. Apr. 10, 1745	1	88
Josiah, s. Josiah & Hannah, b. Apr. 17, 1749	2	187
Josiah, 2d, m. Marcy BUELL, Dec. 8, 1773	2	73
Josia[h], d. Apr. [ ], 1780	2	72
Lemuel, s. Nathaniell, b. Dec. 3, 1704	1	74
Lemuel, m. Sarah KELCEY, Dec. 19, 1728	2	191
Lemuel, d. June 2, 1774	2	72
Lemuel, [s. Moses & Ruth], b. Aug. 2, 1805	2	20
Leonard, [s. Elias & Thankfull], b. Oct. 6, 1786	2	108
Leonard, m. Elizabeth LANE, [Dec.] 22, [1830], by Asa King	3	379
Lewis, [s. Josiah & Mary], b. Oct. 10, 1792	2	82
Lodisca J., m. Homer KELSEY, b. of Killingworth, Nov. 8, [1854], by Rev. Hiram Bell	3	412
Loes, d. Nehemiah & Hannah, b. Oct. 13, 1737	2	161
Lois, m. Robert ISBELL, Aug. 20, 1755	2	118
Lois Matilda, [d. Sam[ue]ll & Azubah], b. Oct. 17, 1809	2	153
Loren, [s. Amos & Elizabeth], b. Aug. 24, 1794	2	110
Lorenzo, m. Maria PARMELE[E], b. of Killingworth, Feb. 6, 1842, by Rev. E. G. Swift	3	400
Lovice, d. Amos & Elizabeth, b. Mar. 18, 1774	2	110
Lucinda, [d. Amos & Elizabeth, b. June 6, 1785	2	110
Lucy, w. of Abner, d. Oct. 1, 1804	2	77
Ledia, d. Nathaniell & Est[h]er, b. Sept. 12, 1707	1	74
Lidea, d. Hiel & Eunis, b. Oct. 16, 1726	2	189
L[y]dia, m. Ira WARD, Oct. [ ], 1730	2	193
Lidea, m. Ebenezer GRISWOLD, Dec. 3, 1746	2	119
Lydia, [d. Ozias & Lydia], b. Jan. 13, 1772	2	89
Lydia, m. Edward NETTLETON, Sept. 1, 1841, by Rev. E. Swift	3	400
Lydia M., m. Daniel C. GATES, Oct. 15, 1848, by Rev. E. G. Swift	3	407
Lyman, [s. Amos & Elizabeth], b. Mar. 10, 1781	2	110
Mabel, d. Nathaniel & Bethiah, b. Mar. 26, 1736	2	186
Mabel, m. Abner KELCEY, Oct. 6, 1757	2	118
Mabel, [d. Eliab & Rachel], b. July 31, 1768	2	112
Mabel, m. Ashbel HULL, Feb. 14, 1831, by Asa King	3	380
Marcy, d. Nathaniell, d. Dec. 19, 1682	1	79
Marcy, d. Josiah & Marcy, b. Mar. 26, 1741	2	187
Margary, [d. Abner & Lucia], b. Apr. 24, 1764	2	98
Maria, m. Lorenzo PARMELE[E], b. of Killingworth, Feb. 6, 1842, by Rev. E. G. Swift	3	400
Martha, m. Samuel PRATT, Nov. 7, 1798	2	42
Mary, d. Nathaniell, b. Mar. 26, 1673/4	1	70

	Vol.	Page
PARMELEE, PARMELE, PARMELEY, (cont.)		
Mary, d. Josiah & Marcy, b. Oct. 21, 1738	2	187
Mary, w. of Josiah, d. July 11, 1744	1	88
Mary, m. Joel HULL, Nov. 27, 1761	2	74
Mary, w. of Capt. Daniel, d. Apr. 22, 1785	2	76
Mary, w. of Dan, d. Oct. 2, 1787	2	76
Mary, [d. Adin & Dorinda], b. Nov. 1, 1811	2	168
Mary, m. William HULL, Oct. 3, 1831, by Asa King	3	382
Mary A., of Killingworth, m. Charles BRISTOL, of North Madison, Nov. 26, [1854], by Rev. Hiram Bell	3	412
Mary L., m. Henry KELSEY, Apr. 6, 1845, by Rev. E. Swift	3	402
Mary M., [d. Moses & Ruth], b. Aug. 17, 1814	2	20
Mary M., m. Joseph F. JOHNSON, Jan. 14, 1849, by Rev. E. G. Swift	3	407
Mary M., m. John PARMELEE, Apr. 4, 1849, by Rev. E. Swift	3	407
Matilda, m. Jedediah STONE, Oct. 22, 1845, by Rev. E. Swift	3	403
Mebelday, d. Abner & Lucia, b. Dec. 19, 1761	2	98
Melinda, [d. Josiah & Mary], b. Aug. 6, 1790	2	82
Mercy, m. Elias STEEVENS, 2d, Jan. 10, 1796	2	42
Meriam, d. Ozias & Lydia, b. Sept. 12, 1768	2	89
Mima Delight, [d. Sam[ue]ll & Azubah], b. June 21, 1807	2	153
Molly, d. Nathan & Polly, b. Apr. 28, 1791	2	79
Moses, b. Oct. 16, 1779; m. Ruth DUDLEY, Nov. 21, 1803	2	20
Moses, m. Tryal CHATFIELD, b. of Killingworth, July 9, 1837, by Rev. E. Swift	3	395
Nancy, [d. Bani & Temperance], b. Mar. 21, 1786; d. Mar. 26, 1787	2	115
Nancy, [d. Bani & Temperance], b. Aug. 7, 1790; d. Feb. 7, 1794	2	115
Nathan, [s. Daniel & Mary], b. Apr. 24, 1766	2	96
Nathan, s. Elisha & Phebe, b. May 9, 1783	2	104
Nathan, m. Polly STEEVENS, Dec. 24, 1789	2	38
Nathaniel, m. Sarah FFRENCH, Oct. 24, 1668	1	66
Nathaniell, s. Nathaniel, b. Mar. 22, 1671/2	1	70
Nathaniell, s. Nathaniell, b. May 10, 1697	1	74
Nathaniell, Dea., d. Jan. 26, 1717/8	1	81
Nathaniel, m. Ann POST, Sept. 5, 1722	2	193
Nathaniel, m. Bethia KELCEY, Mar. 17, 1725	2	193
Nathaniel, [twin with Bethiah], s. Nathaniel & Bethiah, b. Apr. 10, 1738	2	186
Nathaniell, s. Nathaniell & Bethia, d. Oct. 1, 1742	1	88
Nathaniel, s. Nathaniel & Bethiah, b. Aug. 27, 1744	2	186
Nathaniel, d. Sept. 27, 1759	2	71
Nathaniel, s. Eliab & Rachel, b. July 17, 1762	2	112
Nathaniel, [s. Bani & Temperance], b. Mar. 30, 1788	2	115
Nehemiah, s. Nathaniel & Est[h]er, b. Sept. 15, 1710	2	194
Nehemiah, m. Hannah HULL, Apr. 3, 1734	2	145
Nehemiah, s. Nehemiah & Hannah, b. Oct. 5, 1741	2	161
Olive, [d. Eliab & Rachel], b. Jan. 6, 1765	2	112
Olive, m. David KELCEY, 2d, Dec. 11, 1788	2	38
Oliver, [s. Ezra & Jemima], b. Mar. 19, 1747/8	2	104
Orren S., [s. Moses & Ruth], b. Mar. 30, 1817	2	20
Orren S., m. Phebe R. LYNDE, May 14, 1837, by Rev. E. Swift	3	394
Ozias, s. Nathaniel & Bethiah, b. Jan. 11, 1741/2	2	186
Ozias, m. Lydia PIERSON, Dec. 24, 1767	2	74

PARMELEE, PARMELE, PARMELEY, (cont.)

	Vol.	Page
Parnel, d. Sam[ue]ll & Lois, b. Dec. 16, 1769	2	84
Patience, [d. Hiel & Patience], b. Jan. 29, 1783	2	105
Peter, [s. Hiel & Patience], b. Feb. 9, 1778	2	105
Phebe, d. Nathaniel & Bethiah, b. Feb. 9, 1728/9	2	186
Phebe, w. of Zebulon, d. Nov. 18, 1753	2	70
Phebe, d. Nath[anie]ll, d. Mar. 1, 1774	2	72
Philander, [s. Josiah & Mary], b. Aug. 30, 1783	2	82
Philander Washington, [s. Moses & Ruth], b. Dec. 26, 1826	2	20
Philena, [d. Hiel & Patience], b. Apr. 30, 1780	2	105
Philemon, [s. Eliab & Lydia], b. Feb. 17, 1802; d. Oct. 6, 1803	2	182
Phileta, [d. Adin & Dorinda], b. June 18, 1801	2	168
Philite, m. Jedediah STONE, 2d, Nov. 17, 1825, by Asa King	3	371
Philo, [s. Amos & Elizabeth], b. Dec. 24, 1787; d. Mar. 3, 1788	2	110
Philo, [s. Amos & Elizabeth], b. Apr. 27, 1789	2	110
Philo, [s. Eliab & Lydia], b. May 3, 1809	2	182
Polly, [d. Dan & Mary], b. Oct. 30, 1772	2	89
Polly, [d. Josiah & Mary], b. Oct. 8, 1776	2	82
Polly, [d. Dan & Mary], b. Apr. 26, 1777	2	89
Polly, m. Jonathan KELCEY, 2d, Feb. 22, 1798	2	41
Polly Louisa, [d. Aaron & Sarah], b. Jan. 10, 1799	2	131
Rachel, [d. Eliab & Rachel], b. Nov. 9, 1773	2	112
Rebeckah, [d. Josiah & Hannah], b. Sept. 4, 1752	2	187
Rebeckah, m. Samuel PIERSON, Jr., Jan. 7, 1773	2	86
Rebecca, [d. Eliab & Lydia], b. Aug. 18, 1804	2	182
Rebecca, m. Abel WILCOX, Oct. 24, 1847, by E. Swift	3	406
Rebina, d. Lemuel & Sarah, b. Nov. 15, 1741	2	155
Rebina, d. Dan & Mary, b. Oct. 31, 1768	2	89
Rhoda, d. Josiah & Marcy, b. Sept. 5, 1736	2	187
Rhoda, d. Josiah, d. Aug. 28, 1753	2	69
Rodey, [s. Abner & Lucia], b. Mar. 14, 1766	2	98
Rhoda, m. Alexander PHELPS, Apr. 9, 1790	2	38
Richard, [s. Amos & Elizabeth], b. Oct. 4, 1778	2	110
Richard, [s. Aaron & Sarah], b. May 12, 1796	2	131
Rosetta Juliana, d. Isher & Esther, b. Jan. 4, 1800	2	113
Rossel, s. Nehemiah & Hannah, b. Aug. 23, 1739	2	161
Roswell, m. Esther KELCEY, Dec. 19, 1765	2	74
Roswel[l], [s. Roswell & Jerusha], b. Nov. 16,1775	2	88
Rufus, [s. Cornelius & Hannah], b. Feb. 22, 1770	2	96
Rufus, m. Eunice JONES, May 27, 1819	2	43
Sabra, m. Leonard EVARTS, May 28, 1823, by A. King	3	365
Sally, [d. Bani & Temperance], b. Aug. 12, 1792; d. Jan. 4, 1794	2	115
Sally, w. of Rufus, d. Mar. 29, 1818	2	78
Salla Mariah, [d. Adin & Dorinda], b. Dec. 9, 1799	2	168
Sally Nancy, [d. Aaron & Sarah], b. Nov. 2, 1789	2	131
Sally Nancy, of Killingworth, m. Thomas CHURCH, Jr., of Haddam, Oct. 28, 1810	2	43
Samuel, [s. Ezra & Jemima], b. Apr. 6, 1743	2	104
Samuel, s. Ezra & Jemima], b. Apr. 6, 1743	2	152
Samuel, m. Lois HULL, Nov. 28, 1768	2	74
Samuel, [s. Jeremiah & Temperance], b. Mar. 29, 1779	2	113
Samuel, Jr., m. Azubah MUNSON, Oct. 8, 1804	2	42
Samuel William, [s. Sam[ue]ll & Azubah], b. Mar. 6, 1811	2	153

	Vol.	Page
PARMELEE, PARMELE, PARMELEY, (cont.)		
Sarah, d. Nathaniell, b. Aug. 24, 1669	1	70
Sarah, m. Nathaniel **HAYDEN**, Jan. 17, 1677	1	66
Sarah, d. Nathaniel & Est[h]er, b. Mar. 1, 1717/18	2	194
Sarah, d. Lemuel & Sarah, b. Apr. 19, 1734	2	155
Sarah, m. Michael **GRISWOLD**, July 3, 1740	2	146
Sarah, m. Josiah **REDFIELD**, Dec. 5, 1751	2	118
Sarah, [d. Roswell & Jerusha], b. Aug. 7, 1768	2	88
Sarah, [d. Jeremiah & Temperance], b. June 27, 1771	2	113
Sarah, m. Philo **MILLS**, Oct. 30, 1791	2	38
Sarah A., of Killingworth, m. Daniel W. **SMITH**, of East Lyme, Aug. 20, [1853], by Rev. Hiram Bell	3	411
Siba, d. Nehemiah & Hannah, b. Oct. 7, 1755	2	161
Sibe, d. Amos, d. Jan. 14, 1783	2	76
Sibe, [d. Amos & Elizabeth], b. Jan. 26, 1783	2	110
Simon, s. Josiah & Hannah, b. Dec. 8, 1755	2	187
Simon, d. Dec. 13, 1776	2	72
Simon, [s. Josiah & Mary], b. Mar. 6, 1781	2	82
Simon J., m. Ellen S. **DAVIS**, Oct. 21, 1857, by Rev. Hiram Bell	3	415
Sine, [child of Josiah & Mary], b. Aug. 4, 1778	2	82
Solomon, [s. Nehemiah & Hannah], b. Sept. 4, 1751	2	161
Solomon, s. Roswell & Jerusha, b. Oct. 16, 1766	2	88
Sibell, d. Nathaniel & Bethiah, b. Sept. 4, 1725	2	186
Sibbel, m. John **PIERSON**, June 20, 1745	2	119
Temperance, [d. Jeremiah & Temperance], b. Aug. 23, 1773	2	113
Temperance, [d. Jeremiah & Temperance], b. Oct. 20, 1777	2	113
Temperance, [d. Bani & Temperance], b. Mar. 11, 1795	2	115
Thankfull, d. Josiah & Marcy, b. May 25, 1744	2	187
Thankfull, d. Josiah & Hannah, b. Feb. 11, 1746	2	187
Thankfull, d. Josiah & Mary, b. Oct. 11, 1774	2	82
Thankfull, [d. Elias & Thankfull], b. Mar. 12, 1795	2	108
Thankfull, m. Michael **RUTTEY**, Feb. 4, 1798	2	42
Trial, d. Lemuel & Sarah, b. May 17, 1746	2	155
Trial, m. El----- Lanie, Dec. 14, 1768 (see **LANE**)	2	74
William, s. Dan & Mary, b. July 20, 1775	2	89
William, s. Rufus & Sally, b. Sept. 17, 1813	2	16
William, m. Rosetta **HULL**, b. of Killingworth, Oct. 18, 1840, by Rev. E. Swift	3	399
William H., m. Augusta E. **PARMELEE**, b. of Killingworth, Nov. 14, 1855, by Rev. Hiram Bell	3	413
W[illia]m Marvin, [s. Moses & Ruth], b. May 17, 1809	2	20
~~Wiver~~*, s. Ezra & Jemima, b. Mar. 19, 1747/8 (*correction (Oliver) handwritten in margin of original manuscript)	2	152
Zebulon, s. Josiah & Marcy, b. Feb. 27, 1727/8	2	187
Zebulon, m. Phebe **GRAVES**, May 28, 1750	2	117
Zebulon, m. Charity **BUSHNELL**, Oct. 17, 1754	2	117
Ziba, s. Hiel & Patience, b. Feb. 9, 1776	2	105
Zilliah, d. Abner & Lucie, b. Dec. 27, 1759	2	98
PECK, Hannah, m. Enoch **SMITH**, Dec. 30, 1797	2	40
PEER, William, s. John & Submit, of New Haven, (negroes), b. Jan. 20, 1787	2	130
PELTON, Alfred, m. Hettean **WILCOX**, Sept. 8, 1826, by Peter Crocker	3	373
James, Jr., m. Emily **KELSEY**, b. of Killingworth, Jan. 13, 1834, by		

	Vol.	Page
PELTON, (cont.)		
Rev. Luke Wood	3	384
PENDOR, Mary, m. John **CARTER**, Jr., Apr. [ ], 1759	2	118
PEPETTON, Adam Lord, of Frankfort, N.Y., m. Nancy **STEVENS**, of Killingworth, Nov. 28, 1831, by Rev. Luke Wood	3	381
PERKINS, Edgar, m. Sarah A. **BUELL**, Nov. 15, 1836, by Lewis Foster	3	394
PERRY, Eliakim Steevens, s. William & Ann, b. Apr. 13, 1744	2	142
PHELPS, Alexander, m. Rhoda **PARMELE[E]**, Apr. 9, 1790	2	38
Almira M., m. Horace J. **TYLER**, Oct. 9, 1850, by Rev. E. G. Swift	3	409
Antoinette M., m. Stephen T. **NORTON**, June 2, 1850, by Rev. E. G. Swift	3	408
Catharine A., m. Stephen **WILCOX**, Oct. 28, 1849, by Rev. E. Swift	3	408
Charles, m. Cynthia A. **PARMELE**, Nov. 3, 1840, by Rev. E. Swift	3	399
Charlotte M., m. Gaston C. **PHELPS**, b. of Killingworth, Oct. 1, [1854], by Rev. Hiram Bell	3	412
Gaston C., m. Charlotte M. **PHELPS**, b. of Killingworth, Oct. 1, [1854], by Rev. Hiram Bell	3	412
Jane A., m. Philander **HARRISON**, Dec. 21, 1844, by Rev. E. Swift	3	402
Lucy, m. Thad[d]eus **FOWLER**, Oct. 15, 1843, by Rev. E. Swift	3	402
Lucy B., m. Heman **HULL**, Apr. 21, 1814	2	43
PHERSON, [see under **M'PHERSON**]		
PIERSON, Abiel, w. of James, d. Sept. 29, 1751	2	68
Abigail, d. Jedediah & Abigail, b. June 8, 1739	2	154
Abigail, w. of Jedediah, d. Feb. 13, 1769	2	71
Abigail, m. Stephen **TRYON**, b. of Killingworth, Jan. 15, 1821, by Hart Talcott	3	360
Abraham, Rev., d. Mar. 5, 1706/7	1	81
Abraham, m. Mary **SHETHER**, Feb. 1, 1709/10	2	192
Abraham, m. Sarah **ROSSETTER**, May 9, 1716	2	192
Abraham, m. Mrs. Mary **HART**, May 25, 1736	2	145
Abraham, s. Jedediah & Abigail, b. Nov. 11, 1747	2	154
Abraham, s. [Jedediah], d. Sept. 16, 1751	2	68
Abraham, [s. Dodo & Mary], b. Apr. 11, 1756	2	123
Abraham, [s. Phinehas & Bette], b. Feb. 3, 1767	2	97
Abraham, m. Lydia **REDFIELD**, May 25, 1780	2	75
Abraham, m. Sarah **CAMP**, of Durham, Apr. 16, 1815	2	43
Anne, [d. Jedediah, Jr. & Beulah], b. Feb. 17, 1783	2	84
Betsey, [d. Samuel & Rebeckah], b. June 2, 1791	2	86
C[h]loe, [d. Jedediah, Jr. & Beulah], b. June 3, 1785	2	84
Demaries, [d. Dodo & Mary], b. Aug. 29, 1753	2	123
Damaries, m. Capt. Daniel **PARMELE[E]**, Jan. 12, 1786	2	75
Dodo, s. Abraham & Sarah, b. May 21, 1723	2	194
Dodo, m. Mary **SEWARD**, June 15, 1748	2	119
Dodo, Dea., d. Jan. 19, 1796	2	76
Hannah, d. Jedediah & Abigail, b. July 16, 1743	2	154
Hannah, d. Jed., d. Jan. 2, 1772	2	72
James, m. Abiel **BRISTOL**, Jan. 18, 1732/3	2	191
Jedediah, s. Abraham & Mary, b. Dec. 17, 1711	2	194
Jedediah, m. Abigail **HADELEY**, Oct. 21. 1736	2	145
Jedediah, s. Jedediah & Abigail, b. Apr. 1, 1745	2	154
Jedediah, [s. Jedediah], d. Sept. 14, [1751]	2	68
Jedediah, [s. Jedediah & Abigail], b. Oct. 23, 1752; d. Nov. 24, 1752	2	154
Jedediah, [s. Jedediah & Abigail], b. Feb. 18, 1756	2	131

KILLINGWORTH VITAL RECORDS 105

	Vol.	Page
PIERSON, (cont.)		
Jedediah, m. Patience HERDSDAL*, Oct. 25, 1769 (*(Hadsell) handwritten on original manuscript))	2	74
Jedediah, Jr., m. Beulah SPENCER, Dec. 14, 1775	2	39
Jedediah, d. Dec. 29, 1784	2	76
Jedediah, d. May 23, 1793	2	76
Jemima, [d. John & Sibbel], b. Sept. 15, 1750	2	102
Jemima, m. Nathan GRISWOLD, Jr., Jan. 23, 1783	2	75
John, s. Abraham & Sarah, b. May 13, 1717	2	194
John, m. Sibbel PARMELE[E], June 20, 1745	2	119
John, s. John & Sibbel, b. Feb. 23, 1746	2	102
John, s. John & Jemima, b. Sept. 13, 1750	2	102
John, [s. Jedediah, Jr., & Beulah], b. Mar. 24, 1779; d. Aug. 15, 1784	2	84
John, [s. Samuel & Rebeckah], b. Oct. 14, 1783	2	86
John, [s. Jedediah, Jr. & Beulah], b. Apr. 7, 1790	2	84
Josiah, [s. Samuel & Rebeckah], b. Mar. 19, 1781	2	86
Linus, [s. Samuel & Rebeckah], b. Oct. 23, 1788	2	86
Lyd[i]a, d. Sam[ue]ll & [Lydia], b. Sept. 23, 1746	2	128
Lydia, m. Ozias PARMELE[E], Dec. 24, 1767	2	74
Lydia, [d. Samuel & Rebeckah], b. July 28, 1776	2	86
Lydia, d. Abraham & Lydia, b. Jan. 13, 1783; d. Jan. 19, 1783	2	79
Lydia, d. Abraham & Lydia, b. June 19, 1785	2	79
Lydia, 3rd, m. Eliab PARMELE[E], Nov. 27, 1796	2	42
Lydia, w. of Abraham, d. Jan. 4, 1814	2	78
Mabel, [d. John & Jemima], b. May 26, 1753	2	102
Mabel, [d. John & Sibbel], b. May 26, 1753	2	102
Martha, [d. Sam[ue]ll & Lydia], b. Feb. 23, 1753	2	128
Mary, d. Abraham & Mary, b. Feb. 10, 1713/14	2	194
Mary, w. of Abraham, Jr., d. Feb. 28, 1713/14	1	81
Mary, m. Stephen WILLCOCK, May 10, 1733	2	191
Mary, d. Jedediah & Abigail, b. Sept. 7, 1737	2	154
Mary, d. Dodo & Mary, b. June 19, 1749	2	123
Mary, d. Jedediah, d. Sept. 25, 1757	2	70
Mary, wid., d. Jan. 26, 1802	2	77
Nathan, s. Abraham & Sarah, b. Mar. 26, 1726	2	194
Nathan, [s. John & Jemima], b. Aug. 10, 1756	2	102
Nathan, [s. John & Sibbel], b. Aug. 16, 1756	2	102
Nathan, s. Phineas & Bette, b. Dec. 6, 1762	2	97
Pall, [s. Phinehas & Bette], b. Apr. 15, 1765	2	97
Philo, [s. Samuel & Rebeckah], b. Apr. 20, 1786	2	86
Phenius, s. Abraham & Sarah, b. Dec. 29, 1718	2	194
Phenius, s. Jedediah & Abigail, b. Apr. 26, 1741	2	154
Phinehas, m. Ruth PLAT[T], Feb. 5, 1761	2	118
Rachel, [d. Sam[ue]ll & Lydia], b. Dec. 4, 1755	2	128
Rachel, m. Jeremiah REDFIELD, Feb. 13, 1777	2	116
Russel[l], s. Samuel & Rebeckah, b. Nov. 30, 1773	2	86
Ruth, d. Jedediah & Abigail, b. Mar. 14, 1754; d. Mar. 28, 1754	2	131
Ruth, d. Jedediah, Jr. & Beulah, b. Aug. 22, 1776	2	84
Sally, [d. Samuel & Rebeckah], b. Mar. 20, 1798	2	86
Samuel, s. Abraham & Sarah, b. Apr. 15, 1721	2	194
Samuel, m. Lidea STEAVENS, Nov. 23, 1743	2	119
Samuel, s. Sam[ue]ll & Lydia, b. July 21, 1750	2	128
Samuel, Jr., m. Rebeckah PARMELE[E], Jan. 7, 1773	2	86

PIERSON, (cont.)	Vol.	Page
Sarah, d. Abraham & Sarah, b. Aug. 8, 1728	2	194
Sarah, d. Sam[ue]ll & Lydia, b. Mar. 1, 1749	2	128
Sarah, d. Sam[ue]ll & Lucy, d. July 14, 1749	2	68
Sarah, [d. Dodo & Mary], b. Jan. 24, 1750/1; d. Nov. 15, 1753	2	123
Sarah, [d. Sam[ue]ll & Lydia], b. Sept. 13, 1760	2	128
Sarah, m. Seth REDFIELD, Dec. 2, 1779	2	38
Sarah, [d. Jedediah, Jr. & Beulah], b. Dec. 25, 1780; d. June 22, 1781	2	84
Sebe, m. Ezra PORTER, Aug. 24, 1800	2	41
Simon, [s. Samuel & Rebeckah], b. Jan. 16, 1779	2	86
Submit, d. Sam[ue]ll & Lidea, b. Aug. 23, 1744	2	128
Submit, m. Curtice KELCEY, Apr. 30, 1767	2	74
Thankful, [d. Samuel & Rebeckah], b. Aug. 17, 1793	2	86
Timothy, s. Jedediah & Abigail, b. Aug. 5, 1749	2	154
Timothy, s. Jedediah, d. Aug. 19, 1751	2	68
William Seward, m. Nancy SARGEANT, of Hartford, May 30, 1814	2	43
PIKE, George M., of East Haddam, m. Catharine M. PARMELE[E], of Chester, Apr. 11, 1838, byRev. Lewis Foster	3	396
PLATTS, PLAT, PLATT, PLATZ, Content, d. Ffredreck & Elizabeth, b. Mar. 31, 1713	2	179
Eben[eze]r, s. Fred[e]rick & Elizibeth, b. May 28, 1707	2	179
Elisha, of Saybrook, m. Orra KELSEY, of Killingworth, Apr. 12, 1826, by Sylvester Selden	3	372
Elizibeth, d. Fred[e]reck & Elizibeth, b. Aug. 13, 1705	2	179
Elizabeth, m. John BAYLEY, Dec. 17, 1713	2	192
Elizabeth, m. Samuel STEEVENS, Jan. 31, 1726/7	2	193
Elizabeth, m. Oliver STEEVENS, Mar. 8, 1764	2	74
Hannah, m. John LANE, Jr., Dec. 8, 1791	2	38
Harriet Eliza, d. Hezekiah L. & Sally, b. Oct. 20, 1824	2	128
Hezekiah L., m. Sally MILLS, Nov. 14, 1823, by A. King	3	365
Lucinda, m. Elisha KELCEY, Jr., May 26, 1819	2	43
Lydia, of Saybrook, m. Ezra JONES, of Killingworth, Feb. 19, 1834, by Rev. Ephraim G. Swift	3	384
Mary, d. Fred[e]reck & Elizabeth, b. Aug. 20, 1703	2	179
Mary, m. David KELCEY, Sept. 18, 1734	2	145
Obadiah, s. Ffredreck & Elizabeth, b. July 29, 1711	2	179
Ruth, m. Phinehas PIERSON, Feb. 5, 1761	2	118
Samuel, s. Frederick & Elizabeth, b. June 13, 1701	2	179
POND, Rachall, m. Joseph LANE, Sept. 3, 1751	2	120
PORTER, Ezra & Damaries, [d. Ezra & Damerius], b. Jan. 18, 1786	2	91
Damaries, d. Ezra, d. Mar. 8, 1793	2	76
Elizabeth, m. Joseph LANE, Jr., Feb. 7, 1787	2	39
Ezra, m. Demaries HULL, Aug. 26, 1779	2	73
Ezra, [s. Ezra & Damerius], b. June 25, 1788	2	91
Ezra, m. Sebe PIERSON, Aug. 24, 1800	2	41
Ezra, Jr., d. June 22, 1809	2	78
Ezra, d. May 24, 1828	2	78
Gideon, [s. Ezra & Damerius], b. Feb. 8, 1782	2	91
Mercy, m. Asa BUELL, Dec. 30, 1784	2	75
Nathan, s. Ezra & Damerius, b. Feb. 2, 1780	2	91
Susannah, m. James BUELL, Apr. 8, 1783	2	75
Zada, [d. Ezra & Damerius], b. Oct. 27, 1791	2	91

	Vol.	Page
POST, Adeline A., m. Amos D. WATROUS, Feb. 18, 1827 by Asa King	3	374
Ann, m. Nathaniel PARMELE[E], Sept. 5, 1722	2	193
Calvin G., of Saybrook, m. Lucy M. KELSEY, of Killingworth, Nov. 18, 1838, by Rev. E. Swift	3	398
Cynthia N., m. Horace CARTER, Sept. 21, 1831, by Asa King	3	381
Elizabeth, m. Daniel BUELL, Sept. 21, 1720	2	193
Esther, m. Adam WILLCOX, Dec. 19, 1763	2	75
Frederick W., m. Mabel HINCKLEY, Nov. 24, 1831, by Asa King	3	381
Hannah, m. Aaron BUELL, Dec. 26, 1754	2	117
Henry L., m. Amelia HURD, b. of Killingworth, May 4, 1836, by Lew Foster	3	392
Louisa, of Killingworth, m. W[illia]m WRIGHT, of Saybrook, Jan. 11, 1825, by Sylvester Selden	3	369
Mehetable, m. Roswell FIELD, Nov. 17, 1758	2	117
Molle, m. Jedediah STONE, Jr., June 19, 1788 (Arnold Copy has "Tost")	2	39
Nathaniel, of Norway, N.Y., m. Abigail CARTER, of Killingworth, Oct. 15, 1826, by Rev. Pierpont Brocket	3	373
POTTER, Mamaduke, m. Abigail CHATFIELD, Jan. 18, 1671	1	66
PRATT, Alanson, [s. Samuel & Mary], b. May 2, 1794	2	181
Betsey Matilda, [d. Alanson & Sally], b. June 3, 1824	2	46
Charlotte, [d. Samuel & Martha], b. Jan. 20, 1803	2	181
Denison, s. Samuel, of Saybrook, b. Aug. 5, 1766	2	105
Denison, m. Lois HULL, Dec. 2, 1795	2	40
Denison, m. Lois HULL, Dec. 10, 1795	2	42
Emeline, d. Alanson & Sally, b. Apr. 27, 1820	2	46
Fanny Jerusha, d. Alanson & Jerusha, b. Dec. 14, 1833	2	46
Hannah, m. Joseph KELCEY, June 20, 1729	2	191
Lois, [d. Samuel & Martha], b. Oct. 24, 1805	2	181
Maria, of North Killingworth, m. Samuel FAIRCHILD, of Middletown, Feb. 20, 1835, by Rev. Lewis Foster	3	386
Mary, w. of Samuel, d. Aug. 8, 1798	2	78
Mary, d. Samuel & Martha, b. Jan. 21, 1800	2	181
Mary, of Killingworth, m. Ambrose L. COTTER, of Cornwall, Nov. 21, 1821, by Asahel Nettleton	3	362
Phebe, m. George HULL, Jan. 24, 1753	2	120
Polly, [d. Samuel & Mary], b. July 10, 1797; d. Jan. 7, 1799	2	181
Richard, m. Emeline DOANE, b. of Essex, Mar. 26, 1836, by Lewis Foster	3	391
Sally, w. of Thomas, d. Aug. 22, 1831	2	46
Samuel, m. Mary WILLCOX, Nov. 5, 1789	2	42
Samuel, m. Martha PARMELE[E], Nov. 7, 1798	2	42
Samuel, [s. Samuel & Martha], b. Mar. 14, 1801	2	181
Sylvia, [d. Samuel & Martha], b. May 30, 1808	2	181
Sylvia, m. Charles B. DARROW, Oct. 4, 1826, by Asa King	3	373
William, s. Samuel & Mary, b. Sept. 5, 1791	2	181
William, d. Aug. 23, 1826	2	78
-----, wid., m. Nathaniel DUDLEY, Oct. 17, 1830, by Asa King	3	379
PROUT, Ann, of Durham, m. Samuel STEVENS, of Killingworth, Feb. 25, 1838, by Rev. E. Swift	3	396
Comfort, m. Maria C. STEVENS, Oct. 19, 1842, by Rev. E. Swift	3	401
Comfort, m. Julia A. PARKER, May 17, 1846, by Rev. E. Swift	3	404

	Vol.	Page
PULLY*, Samuel, d. Apr. 30, 1777 (*Perhaps "Tooly")	2	72
PURPLE, Mary, m. Edward RUT[T]Y, Feb. 1, 1739	2	145
RATHBON, Sele, of Lyme, m. John WILLIAMS, Dec. 17, 1755	2	74
RAY, Anne, m. Elnathan HURD, 2d, Feb. 12, 1778	2	39
Charles E., of Sandusky, O., m. Clarrissa A. HULL, of Killingworth, Jan. 11, 1855, by Rev. Hiram Bell, at the house of wid. Polly Hull	3	412
John Joseph, s. Capt. John J. & Mabel Steevens, of St. Domingo, West Indies, b. Jan. 28, 1796. The first marriage.	2	86
REDFIELD, Abigail, d. Richard & Mary, b. Sept. 21, 1745	2	162
Abigail, d. Peleg & Sary, b. Oct. 29, 1753	2	141
Abiga[i]l, w. of George, d. Apr. 15, 1769	2	71
Abigail, d. Nov. 22, 1782	2	76
Abraham, [s. Levi & Sibbel], b. Feb. 19, 176[ ]	2	91
Abram Cruttenden, [s. Jared & Sarah], b. Nov. 6, 1831	2	101
Amanda Russell, [d. Sam[ue]ll, 2d, & Nancy], b. May 14, 1789	2	96
Ambrose, s. George & Trial, b. Dec. 13, 1750	2	98
Ambrose, m. Lois BALDWIN, June 12, 1782	2	75
Anne, [d. Eliphalet & Anner], b. Nov. 17, 1782	2	84
Anthony Chauncey, [s. Seth & Sarah], b. Oct. 7, 1791	2	94
Artemisia, [d. Ebenezer & Hannah, b. Apr. 8, 1754	2	143
Barbara, [d. Orrin & Rachel], b. June 21, 1812	2	93
Barbara, of Killingworth, m. William DUDLEY, of Madison, June 17, 1838, by Rev. E. Swift	3	397
Bela Hubbard, [s. Sam[ue]ll, 2d, & Nancy], b. Oct. 1, 1795	2	96
Benjamin, [s. Silvester & Martha], b. July 16, 1784	2	82
Beriah, s. Peleg & Sary, b. Nov. 21, 1744	2	141
Betsey, [d. Silvanus & Hannah], b. Apr. 21, 1791	2	84
Bettey, [d. Daniel & Margaret], b. May 22, 1759	2	108
Caleb, [s. Ambrose & Lois], b. Apr. 19, 1789	2	107
Chandler, [s. Silvanus & Hannah], b. Mar. 26, 1794	2	84
Charles, [s. Ambrose & Lois], b. Feb. 14, 1785	2	107
Charles, [s. Daniel G. & Jennett], b. Dec. 2, 1820	2	114
Charlotte, [d. Levi & Wealthy], b. Aug. 8, 1798	2	102
Charlotte, m. David FOSTER, Apr. 4, 1825, by Asa King	3	370
Cleveland, [s. Seth & Sarah], b. Oct. 6, 1787	2	94
Constant, s. Theop[hilu]s & Mary, b. July 30, 1753	2	144
Synthia, [d. Silvester & Martha], b. Oct. 27, 1781	2	82
Daniel, s. Theophilus & Priscilla, b. Sept. 22, 1707	1	70
Daniel, m. Elizabeth GRAVES, Mar. 18, 1728	2	191
Daniel, s. Daniel & Elizabeth, b. Feb. 27, 1728/9	2	155
Daniel, Jr., m. Margaret CRANE, Nov. 21, 1749	2	119
Daniel, s. Daniel & Margaret, b. Sept. 24, 1764	2	108
Daniel, [twin with Henry, s. Daniel G. & Jennett], b. Oct. 31, 1828	2	114
David, of Killingworth, m. Chloe KIRTLAND, of Saybrook, Jan. 31, 1821, by Hart Talcott	3	361
Deliliah, [d. Silvanus & Hannah], b. Dec. 18, 1787	2	84
Dency, [d. Oren & Rachel], b. Aug. 1, 1801	2	93
Densy, m. David EVARTS, 2d, Nov. 18, 1822, by A. King	3	364
Ebenezer, s. Theophilus & Priscilla, b. Dec. 3, 1713	1	70
Ebenezer, m. Hannah COLTON, Sept. 30, 1741	2	146
Ebenezer, [s. Peleg & Sary], b. Nov. 15, 1750	2	141
Ebenezer, [s. Daniel & Margaret], b. Mar. 17, 1767	2	108

	Vol.	Page
REDFIELD, (cont.)		
Eliakim, s. Theophilus & Mary, b. May 26, 1741	2	144
Eliakim, m. Priscella NETTLETON, Jan. 1, 1766	2	74
Elias, [s. Theop[hilu]s & Martha], b. Jan. 31, 1757	2	144
Eliphalet, s. Richard & Mary, b. July 24, 1736	2	162
Eliphalet, m. Anna STANNARD, June 15, 1767	2	74
Elizabeth, d. Theophilus & Priscilla, b. May 8, 1709	1	70
Elizabeth, m. Josiah HULL, Feb. 3, 1731/2	2	191
Elizabeth, d. Daniel & Elizabeth, b. July 29, 1737	2	155
Elizabeth, d. Elnathan & Priscella, b. Nov. 2, 1766	2	89
Elizabeth, m. Benajah DUDLEY, Aug. 23, 1786	2	75
Elmira J., m. Marana COMSTOCK, Dec. 30, 1849, by Rev. E. Swift	3	408
Emily A., m. Asa M. STEVENS, b. of Killingworth, Dec. 2, 1838, by Rev. E. Swift	3	398
Ezra, [s. Elnathan & Priscella], b. Aug. 29, 1769	2	89
Fanny, d. Jeremey & Rachel, b. July 3, 1779	2	116
Fanny, m. Elisha KELCEY, Jr., Dec. 19, 1798	2	42
Frederick, s. Ebenezer & Hannah, b. July 29, 1755	2	143
Frederick Augustus, [s. Sam[ue]ll, 2d, & Nancy], b. June 23, 1797	2	96
George, s. Theophilus & Priscilla, b. Nov. 7, 1725	2	182
George, [s. Oren & Rachel], b. May 30, 1805	2	93
George, [s. Daniel G. & Jennett], b. Jan. 25, 1818	2	114
Hamlet, [s. Jeremey & Rachel], b. May 12, 1781	2	116
Hannah, d. Ebenezer & Hannah, b. May 27, 1743	2	143
Hannah, [d. Ebenezer & Hannah], b. Feb. 10, 1752	2	143
Hannah, [d. Silvanus & Hannah], b. Jan. 19, 1783	2	84
Harlow, [s. Levi & Wealthy], b. Sept. 25, 1801	2	102
Harlow, of Killingworth, m. Alpha FOSTER, of Madison, Oct. 11, 1835, by Rev. E. Swift	3	388
Harriet, d. Daniel G. & Jennett, b. June 15, 1816	2	114
Harvey Fairchild, s. Sam[ue]ll, 2d, & Nancy, b. Sept. 23, 1786	2	96
Heman Judd, s. Peleg & Polly, b. Dec. 27, 1788	2	144
Henry, [twin with Daniel, s. Daniel G. & Jennett], b. Oct. 31, 1828; d. Oct. 21, 1829	2	114
Herman, s. Ambrose & Lois, b. Sept. 13, 1782	2	107
Horace, [s. Levi & Wealthy], b. Aug. 10, 1800	2	102
Horace, m. Maria HULL, Oct. 15, 1827, by Asa King	3	376
Isaac, s. Theophilus & Mary, b. July 29, 1749	2	144
Isaac, s. Theophilus, d. Nov. 23, 1749	2	68
James, s. Theophilus & Priscilla, b. Mar. 29, 1735	2	182
Jane, m. Ebenezer STEEVENS, Apr. 27, 1698	2	192
Jane, d. Theophilus & Priscilla, b. June 24, 1733	2	182
Jane, m. Capt. Samuel CRANE, Jan. 12, 1752	2	73
Jane, m. Samuel CRANE, Jan. 8, 1753	2	120
Jane, [d. George & Trial], b. Dec. 19, 1759	2	98
Jane, m. Eleazer BALDWIN, May 8, 1785	2	38
Jane, [d. Ambrose & Lois], b. Feb. 21, 1787	2	107
Jared, s. Ebenezer & Hannah, b. June 7, 1748	2	143
Jared, s. Levi & Sibbel, b. Feb. 12, 1766	2	91
Jared, s. Levi & Wealthy, b. July 16, 1794	2	102
Jared, [s. Daniel G. & Jennett], b. Dec. 11, 1830	2	114
Jennette, [d. Daniel G. & Jennett], b. June 8, 1833	2	114

REDFIELD, (cont.)

	Vol.	Page
Jeremy, [s. George & Trial], b. Aug. 21, 1752	2	98
Jeremiah, m. Rachel PIERSON, Feb. 13, 1777	2	116
Joel, [s. Levi & Sibbel], b. Sept. 22, 1777	2	91
John, s. Daniel & Elizabeth, b. May 6, 1735	2	155
John, [s. Eliphalet & Anner], b. Aug. 1, 1773	2	84
Joseph, [s. Daniel G. & Jennett], b. May 21, 1823	2	114
Josiah, s. Theophilus & Priscilla, b. Sept. 6, 1730	2	182
Josiah, m. Sarah PARMELE[E], Dec. 5, 1751	2	118
Josiah, d. Aug. 6, 1802	2	77
Josiah, [s. Oren & Rachel], b. Sept. 5, 1803	2	93
Jule, [d. Levi & Sibbel], b. Feb. 11, 1769	2	91
Julia A., of Killingworth, m. John STONE, of Madison, Nov. 29, 1838, by Rev. E. Swift	3	398
Julia Ann, d. Jared & Sarah, b. Oct. 13, 1820	2	101
Justin, of New Haven, m. Mary ELDERKIN, of Killingworth, Mar. 21, 1824, by Rev. Pierpont Brocket	3	367
Levi, s. Theophilus & Mary, b. Aug. 17, 1745	2	144
Levi, m. Sibell WILLCOCKS, July 3, 1765	2	118
Levi, [s. Levi & Sibbel], b. Mar. 4, 1767	2	91
Linus, [s. Ambrose & Lois], b. May 14, 1795	2	107
Lorenzo, [s. Oren & Rachel], b. Apr. 25, 1809	2	93
Lucy, w. of Roswell, d. Oct. [ ], 1756	2	70
Lucy, [d. Daniel & Margaret], b. Mar. 5, 1771; d. Nov. 6, 1771	2	108
Lucy, d. Silvester & Martha, b. Jan. 21, 1772	2	82
Lucy, m. Martin GRISWOLD, b. of Killingworth, Mar. 3, 1822, by Hart Talcott	3	363
Lydia, d. Theophilus & Priscilla, b. Jan.* 9, 1715/16 (*correction (Feb.) handwritten on original manuscript))	1	70
Lydia, [d. Peleg & Sary], b. Aug. 24, 1756	2	141
Lydia, m. Abraham PIERSON, May 25, 1780	2	75
Lydia, [d. Constant & Amandey], b. June 29, 1789	2	87
Lydia, d. Oren & Rachel, b. Sept. 30, 1797; d. Oct. 2, 1797	2	93
Lyman, m. Sophronia KELSEY, b. of Clinton, Nov. 8, 1840, by Rev. E. Swift	3	399
Margaret, d. Daniel & Margaret, b. Jan. 29, 1763	2	108
Martha, d. Theop[hilu]s & Martha, b. Feb. 18, 1758	2	144
Martha, [d. Constant & Amandey], b. Feb. 3, 1781	2	87
Martha, m. Peleg STEVENS, May 5, 1801	2	41
Martin, s. Roswell & Lucy, b. Jan. 10, 1756	2	101
Marvin, [s. Seth & Sarah], b. Feb. 16, 1799	2	94
Mary, d. Ebenezer & Hannah, b. June 10, 1745	2	143
Mary, d. Ebenezer & Hannah, b. Nov. 18, 1746	2	143
Mary, w. of Theophilus, d. Aug. 22, 1749	2	68
Mary, w. of Theophilus, d. Aug. 22, 1749	2	144
Mary, [d. Theop[hilu]s & Martha], b. Jan. 24, 1755	2	144
Mary, [d. Eliphalet & Anner], b. Mar. 10, 1771	2	84
Mary, [d. Constant & Amandey], b. Nov. 14, 1784	2	87
Mary Ann, of Killingworth, m. Ezra BELDEN, of Mereden, Nov. 27, 1828, by Benjamin R. Skinner	3	377
Mary H., m. Julius W. KELSEY, Dec. 28, 1845, by Rev. E. Swift	3	404
Mary Hannah, [d. Jared & Sarah], b. Sept. 16, 1822	2	101
Mehitabel, m. Capt. Samuel CRANE, Feb. 23, 1770	2	73

KILLINGWORTH VITAL RECORDS 111

	Vol.	Page
REDFIELD, (cont.)		
Milenda, [d. Silvanus & Hannah], b. Aug. 20, 1776	2	84
Mille, d. Jeremey & Rachel, b. Dec. 5, 1777	2	116
Milla, m. Calvin DUDLEY, Nov. 8, 1797	2	40
Molly, [d. Levi & Sibbel], b. July 2, 1773	2	91
Nancy, [d. Sam[ue]ll, 2d, & Nancy], b. July 25, 1791	2	96
Nathan, s. Theophilus & Mary, b. July 31, 1743	2	144
Nathan, s. Theophus, d. Nov. 4, 1762	2	71
Nathan, s. Theophilus & Ruth, b. Aug. 17, 1763	2	95
Nathaniel, s. Daniel & Margaret, b. Apr. 22, 1755	2	108
Oren, m. Rachel GRAVES, Mar. 10, 1796	2	40
Pardon, s. Constant & Amandey, b. Feb. 20, 1779	2	87
Pardon Steevens, [child of Jared & Sarah], b. Oct. 31, 1826	2	101
Parnel, [. Ebenezer & Hannah], b. Nov. 28, 1756	2	143
Peleg, s. Theophilus & Pris[c]illa, b. Apr. 2, 1723	1	70
Peleg, s. Theophilus & Priscilla, b. Apr. 2, 1723	2	182
Peleg, m. Sarah DUDLEY, Apr. 25, 1744	2	146
Peleg, [s. George & Trial], b. May 14, 1762	2	98
Peleg, m. Polly JUDD, July 5, 1787	2	38
Phillip, s. Theoph[ilus] & Martha, b. Nov. 25, 1751	2	144
Phillip, [s. Levi & Sibbel], b. Apr. 4, 1781	2	91
Philip H., [s. Levi & Wealthy], b. June 27, 1805	2	102
Philip H., m. Dency STEVENS, Jan. 28, 1830, by Asa King	3	381
Polly, d. Daniel & Margaret, b. Jan. 19, 1761	2	108
Polly, [d. Levi & Wealthy], b. Feb. 12, 1797	2	102
Polly B., of Killingworth, m. Julius W. KELSEY, of Madison, Oct. 25, 1840, by Rev. E. Swift	3	399
Prissilla, d. Theophilus & Priscilla, b. July 20, 1720	2	182
Priscilla, d. Richard & Mary, b. Mar. 12, 1739	2	162
Prisc[i]lla, m. Rufus HANDY, Oct. 10, 1759	2	74
Prescilla, w. of Theophilus, d. Jan. 12, 1770	2	71
Rachel, [d. Elnathan & Priscella], b. Sept. 2, 1774; d. Sept. 2, 1774	2	89
Rebecca, [d. Silvester & Martha], b. Feb. [ ], 1774	2	82
Rebeckah, m. Abner FARNHAM, July 7, 1801	2	43
Rebina, m. Samuel DAVIS, Jr., Dec. 14, 1780	2	75
R[e]uben, s. Richard & Mary, b. June 21, 1742	2	162
R[e]uben, s. Richard, b. Jan. 8, 1760	2	162
Richard, s. Theophilus & Priscilla, b. June 18, 1711	1	70
Ric[h]ard, m. Mary CHATFIELD, June 23, 1735	2	145
Richard H., m. Emily NETTLETON, of Killingworth, Nov. 4, 1835, by Rev. E. Swift	3	390
Richard Harvey, s. Orrin & Rachel, b. Aug. 7, 1810	2	93
Rosell, s. Daniel & Elizabeth, b. Sept. 4, 1731, in G[u]ilford	2	155
Ros[w]ell, m. Lucey MURRY, June 6, 1755	2	117
Roswell, [s. Elnathan & Priscella], b. Mar. 29, 1773	2	89
Roswel[l], [s. Elnathan & Priscella], b. Sept. 13, 1778	2	89
Rouanna, [d. Peleg & Sary], b. Feb. 24, 1759 (Roxanna?)	2	141
Roxanna, m. John LANE, 2d, Dec. 19, 1782	2	75
Roxanna, [d. Jeremey & Rachel], b. Oct. 1, 1791	2	116
Roxanna, m. William GRAVES, Sept. [ ], 1812	2	43
Rufus, m. Anna PARMELE[E], Sept. 8, 1822, by Asa King, V.D.M.	3	364
Russell, [s. Levi & Sibbel], b. May 6, 1775	2	91

	Vol.	Page
REDFIELD, (cont.)		
Ruth, d. Daniel & Margaret, b. Sept. 9, 1751	2	108
Ruth, d. Daniel, Jr., d. Oct. 11, 1756	2	70
Ruth, [d. Daniel & Margaret], b. Nov. 28, 1756	2	108
Sabrina, [d. Silvanus & Hannah], b. Sept. 28, 1780	2	84
Sally, [d. Seth & Sarah], b. Jan. 7, 1794	2	94
Sally Ann, [d. Eliphalet & Anner], b. May 14, 1792	2	84
Samuel, s. Daniel & Elizabeth, b. Nov. 25, 1741	2	155
Samuel, Dr., m. Nancy FAIRCHILD, May 18, 1782	2	40
Samuel Ashford, [s. Seth & Sarah], b. July 23, 1789	2	94
Samuel Griswold, [s. Jared & Sarah], b. July 30, 1832	2	101
Sarah, [d. Peleg & Sary], b. Dec. 15, 1746	2	141
Sarah, m. Thomas STEEVENS, Jr., June 4, 1770	2	75
Selden, [s. Seth & Sarah], b. June 24, 1785	2	94
Seth, [s. George & Trial], b. Jan. 17, 1757	2	98
Seth, m. Sarah PIERSON, Dec. 2, 1779	2	38
Seth, s. Seth & Sarah, b. July 17, 1782; d. July 18, 1782	2	94
Seth, s. Seth & Sarah, b. [ ]	2	94
Sherman, [s. Seth & Sarah], b. June 26, 1783	2	94
Sibe, [d. Constant & Amandey], b. Dec. 18, 1786	2	87
Sibble, [d. Levi & Sibbel], b. May 2, 1783	2	91
Silvanus, [s. George & Trial], b. Dec. 30, 1754	2	98
Silvanus, m. Sarah FRANKLIN, July 13, 1774	2	75
Silvanus Graves, s. Oren & Rachel, b. Sept. 18, 1798	2	93
Seleuster, s. Daniel & Elizabeth, b. May 13, 1744 (Sylvester)	2	155
Silvester, m. Martha MERRELL, Nov. 26, 1770	2	74
Silvester, [s. Silvester & Martha], b. Aug. 18, 1776	2	82
Simeon, [s. Daniel & Margaret], b. Dec. 12, 1752	2	108
Sophronia, m. Anson TRIBBLE, Apr. 15, 1849, by Rev. E. Swift	3	407
Sybil, see under Sibble		
Sylvester, see under Silvester		
Thankfull, [d. Elnathan & Priscella], b. Sept. 2, 1770	2	89
Thankfull, m. David GRISWOLD, Dec. 25, 1794	2	39
Theodore, [s. Constant & Amandey], b. Oct. 1, 1782	2	87
Theophilus, m. Priscilla GRINNELL, Dec. 24, 1706	2	192
Theophilus, s. Theophilus & Priscilla, b. Sept. 6, 1718	1	70
Theophilus, m. Mary BUELL, Sept. 4, 1740	2	146
Theophilus, m. Martha GRAY, Dec. 3, 1750	2	119
Theophilus, d. Jan. 29, 1770	2	71
Theophilus, [s. Levi & Sibbel], b. May 12, 1771	2	91
Trial, d. Silvanus & Hannah, b. Nov. 14, 1774	2	84
Truman, s. Seth & Sarah, b. Sept. 23, 1780	2	94
Warriner, [s. Silvanus & Hannah], b. July 1, 1785	2	84
Wealthy Maria, [d. Jared & Sarah], b. Jan. 9, 1828	2	101
William, s. Theophilus & Priscilla, b. Dec. 5, 1727	2	182
William, s. Eliphalet & Anner, b. Feb. 3, 1768	2	84
William, [s. Ambrose & Lois], b. Oct. 30, 1792	2	107
William, [s. Oren & Rachel], b. May 31, 1807	2	93
William Austin, [s. Oren & Rachel], b. May 16, 1800; d. Sept. 3, 1806	2	93
William B., m. Betsey ELDERKIN, b. of Killingworth, Oct. 17, 1821, by Hart Talcott	3	362
Zina, [d. Silvanus & Hannah], b. Aug. 6, 1778	2	84

KILLINGWORTH VITAL RECORDS 113

	Vol.	Page
REDFIELD, (cont.)		
-----, child of [George & Abiga[i]l, d. Apr. 15, 1769	2	71
RICHMOND, Polly W., m. Frederick DAVIS, Nov. 24, 1845, by Rev. E. Swift	3	404
RITTER, John, of New Haven, m. Welthia HILLIARD, of Killingworth, Apr. 5, 1826, by Sylvester Selden	3	372
ROBARDS, John, s. John, b. Apr. 3, 1727	2	155
ROBINSON, Giles H., of Durham, m. Matilda BUELL, of Killingworth, [Mar.] 12, [1829], by Rev. David Smith of Durham	3	379
Mary Ann, of Durham, m. Samuel S. BLATCHLEY, of Madison, Dec. 23, 1827, by Rev. Peter G. Clark	3	375
ROGERS, Amos, s. Samuel & Elizabeth, b. Nov. 26, 1735	2	159
Amos, s. Sam[ue]ll & Elizabeth, d. Oct. 22, 1751	2	68
Amos, s. Samuel & Elizabeth, b. Apr. 6, 1766	2	89
Elizabeth, d. Samuel & Elizabeth, b. Nov. 27, 1733	2	159
Elizabeth, w. of Samuel, d. Feb. 1, 1743/4	1	88
Hannah, d. Samuel & Elizabeth, b. July 4, 1741	2	159
Patience, m. Joseph FARNUM, Feb. 14, 1754	2	120
Samuel, s. Samuel & Elizabeth, b. Jan. 29, 1738/9	2	159
Samuel, m. Elizabeth WILLCOCKS, Aug. 22, 1760	2	118
Trial, d. Samuel & Elizabeth, b. Jan. 31, 1744	2	159
Trial, m. Roswell STEEVENS, Dec. 30, 1768	2	73
ROSE, Alvan P., of North Guilford, m. Dency R. GAYLORD, of Killingworth, Oct. 12, 1837, by Rev. E. Swift	3	395
Hannah, m. Henry EARL, Feb. 3, 1726/7	2	193
Stephen W., m. Meriam R. BUELL, May 28, 1846, by Rev. E. Swift	3	405
Timothy S., of Guilford, m. Sylvia M. CHATFIELD, of Killingworth, June 27, 1839, by Rev. E. Swift	3	398
ROSS, Dudley P., m. Eunice E. TURNER, b. of Killingworth, [Nov.] 4, [1829], by Benjamin R. Skinner	3	378
ROSSETTER, ROSSETER, Benjamin, s. Josiah & Elizabeth, b. Dec. 8, 1748	2	128
David, s. John, Jr. & Mary, b. Sept. 20, 1766	2	89
David, of Newburyport, m. Lucy KELSEY, of Killingworth, May 13, 1832, by Rev. Luke Wood	3	382
Elizabeth, d. Josiah & Mary, b. June 10, 1712	2	180
Easther, [d. John & Jemima], b. Apr. 14, 1750; d. Jan. 18, 1752	2	151
Easther, d. John & Jemima, b. Oct. 29, 1753	2	151
Fanny of Killingworth, m. Benj[ami]n H. STEVENS, of Hamilton, N.Y., Sept. 21 1835, by Rev. Baruck Beckwith of Saybrook	3	389
Jemima, d. John & Jemima, b. Oct. 21, 1741	2	151
Jemime, w. of John, d. June 20, 1750	2	70
John, s. John, b. May 12, 1670	1	72
John, s. Josiah & Mary, b. Dec. 19, 1710	2	180
John, m. Jemima BRISTOL, June 21, 1739	2	145
John, s. John & Jemima, b. Apr. 15, 1743	2	151
John, m. Mary GRAY, Apr. 10, 1751	2	117
John, m. Submit WRIGHT, Feb. 21, 1766	2	118
John, Jr., m. Mary KELCEY, Dec. 19, 1766	2	74
John, [s. John, Jr. & Mary], b. Jan. 3, 1775	2	89
John, d. Aug. 29, 1818	2	78
Josiah, s. Josiah & Mary, b. Oct. 29, 1714	2	180
Josiah, m. Elizabeth WELLMAN, Apr. 12, 1744	2	146

	Vol.	Page
ROSSETTER, ROSSETER, (cont.)		
Josiah, [s. Josiah & Elizabeth], b. June 18, 1751; d. June 10, 1752	2	128
Josiah, d. Sept. 23, 1751	2	70
Josiah, [s. Josiah & Elizabeth], b. Mar. 16, 1752; d. Nov. 10, 1753	2	128
Mary, w. of Josiah, d. July 14, 1739	1	89
Mary, d. John & Jemima, b. May 28, 1740	2	151
Mary, w. of John, d. Apr. 1, 1755	2	70
Mary, d. John & Mary, b. Jan. 14, 1770	2	84
Mary, [d. John, Jr. & Mary], b. Jan. 14, 1770	2	89
Mary, w. of John, 2d, d. Oct. 17, 1795	2	76
Noah, of Killingworth, m. Jane WILLIAMS, of Philadelphia, Jan. 5, 1827, by Rev. Pierpont Brockett	3	374
Patience, d. Josiah & Elizabeth, b. Mar. 11, 1747	2	128
Ruth, d. Josiah & Elizabeth, b. Nov. [ ], 1754	2	128
Samuel, s. John & Jemima, b. July 9, 1748	2	151
Samuel, m. Mehitabel KELSEY, b. of Killingworth, Sept. 30, 1834, by Rev. Luke Wood	3	385
Sarah, m. Abraham PIERSON, May 9, 1716	2	192
Sarah, d. Josiah & Elizabeth, b. July 25, 1745	2	128
Thankfull, d. Josiah & Mary, b. Sept. 17, 1717	2	180
Thankfull, m. John KELCEY, Mar. 14, 1746	2	119
RUSSEL[L], RUSSILL, Chauncey, m. Lois BUELL, Jan. 18, 1846, by Rev. E. Swift	3	404
Hannah, m. Samuel STEEVENS, Dec. 24, 1741	2	146
RUTTY, RUTTE, RUTTEY, RUTY, Abiga[i]ll, d. Edward, b. Feb. 15, 1695/6	1	75
Abigaile, w. of Edward, Jr., d. Dec. 4, 1710	1	81
Abigail, d. Edward & Mary, b. Mar. 1, 1740	2	151
Abegal, d. Samuel & Patience, b. Aug. 6, 1748	2	160
Abigail, m. Hezekiah LANE, Sept. 18, 1760	2	118
Abner, [s. Levi, 2d, & Hannah], b. Apr. 6, 1803	2	156
Alfred, s. Levi, 2d, & Hannah, b. Nov. 8, 1801	2	156
Alfred, [s. Samuel & Lydia], b. Mar. 4, 1813	2	90
Asa, s. Daniel & Sary, b. Aug. 6, 1744	2	147
Asa, s. Jonah & Sarah, b. Sept. 25, 1768	2	87
Asenthath, [d. Michael & Thankfull], b. Oct. 21, 1808	2	85
Cary, d. Edward, b. Jan. 8, 1689	1	75
Catharine, d. Edward & Mary, b. Feb. 19, 1753; d. June 3, 1754	2	151
Catharine, m. William CARTER, June 11, 1798; d. Mar. 21, 1809	2	43
Daniel, s. Edward & Rachel, b. Jan. 14, 1715/6	2	179
Daniel, m. Sarah RUTTY, Apr. 30(?), 1741	2	146
Daniel, m. Mary HODGKIN, Jan. 3, 1753	2	120
Daniel, s. [Daniel] & Mary, b. Mar. 10, 1756	2	147
Daniel, s. Daniel, d. July 1, 1759	2	70
Daniel Alvin, [s. Samuel & Lydia], b. Aug. 11, 1808	2	90
Deborah, [d. Sam[ue]ll & [E]unice, b. Nov. 2, 1784	2	96
Edward, m. Rebeckah STEVENS, May 6, 1678	1	66
Edward, s. Edward, b. Aug. 27, 1680	1	75
Edward, m. Abagale BARBER, Jan. 18, 1709/10	2	192
Edward, s. Edward, Jr. & Abigail, b. June 3, 1710	2	179
Edward, m. Rachel SHETHER, May 12, 1713	2	192
Edward, d. May 1, 1714	1	81
Edward, m. Judeth WRIGHT, Sept. 17, 1722	2	193

KILLINGWORTH VITAL RECORDS   115

	Vol.	Page
RUTTY, RUTTE, RUTTEY, RUTY(cont.)		
Edward, m. Kathren EATON, Dec. 22, 1736	2	145
Edward, m. Mary PURPLE, Feb. 1, 1739	2	145
Edward, d. Jan. 22, 1758	2	70
Edward, d. Oct. 8, 1776, ae 66 y.	2	66
Edward, [s. Michael & Thankfull], b. Jan. 28, 1806	2	85
Edward, m. Rebina BLATCHLEY, Feb. 15, 1832, by Asa King	3	382
Edward R.*, s. Edward, Jr., d. Aug. 6, 1721 (*correction (Ezrah) handwritten in margin of original manuscript)	1	81
Electa, [d. Michael & Thankfull], b. June 1, 1803	2	85
Electta, m. Charles CAMPBELL, Oct. 15, 1823, by Asa King	3	365
Eliza, m. Asa M. BOLLES, May 28, 1828, by Rev. David Baldwin	3	391
Elizabeth, d. Daniel & Mary, b. Apr. 5, 1760	2	147
[E]unice, [d. Sam[ue]ll & [E]unice], b. Dec. 28, 1777	2	96
Ezra, s. Edward & Rachel, b. May 27, 1721	2	179
Ezra, s. Samuel & Patience, b. Sept. 14, 1741	2	160
Ezra, [s. Jonah & Sarah], b. Dec. 23, 1771	2	87
Ezra, [s. Levi, 2d, & Hannah], b. May 11, 1806	2	156
Ezrah, [see Edward R.]		
Hannah, d. Samuel & Lydia, b. Oct. 27, 1806; d. Nov. 14, 1806	2	90
Hannah, [d. Levi, 2d, & Hannah], b. Sept. 1, 1808	2	156
Hannah, w. of Levi, 2d, d. Sept. 2, 1808	2	78
Hannah, of Killingworth, m. Bela BURR, of Haddam, Nov. 7, 1836, by Rev. E. Swift	3	393
Ireny, m. Jedediah BEMOT, Mar. 27, 1747	2	120
Janna, s. Edward & Mary, b. Aug. 10, 1742	2	151
Janah, d. Daniel & Mary, b. Feb. 22, 1754	2	147
Jared, [s. Michael & Thankfull], b. July 22, 1811	2	85
Jared, m. Polly LANE, Apr. 23, 1837, by Rev. E. Swift	3	394
Jeresha, d. Daniel & Sar[ah], b. Jan. 29, 1749	2	147
Jerusha, [d. Levi & Jerusha], b. Dec. 3, 1780	2	88
Jerusha, [s. Michael & Thankfull], b. Mar. 13, 1801	2	85
John, s. Edward & Mary, b. Feb. 26, 1747/8	2	151
John, m. Tamar WILLCOX, Jan. 10, 1776	2	38
Josiah, m. Sarah KELCEY, Dec. 30, 1763	2	74
Judeth, w. of Edward, d. Apr. 16, 1734	1	81
Julia, m. Eber KELSEY, b. of Killingworth, Dec. 6, 1821, by Hart Talcott	3	363
July R., m. Samuel A. LYNDE, Jan. 1, 1861, by Rev. Hiram Bell	3	418
Kathren, w. of Edward, Jr., d. Feb. 9, 1737/8	1	89
Levi, s. Edward & Mary, b. Jan. 23, 1744/5	2	151
Levi, m. Jerusha GRISWOLD, Feb. 28, 1771	2	73
Levi, [s. Levi & Jerusha], b. May 29, 1774	2	88
Levi, 2d, m. Hannah HULL, Feb. 18, 1801	2	42
Lewis, [s. Samuel & Lydia], b. Oct. 26, 1810	2	90
Lewis, [s. Michael & Thankfull], b. Jan. 26, 1814	2	85
Loes, d. Samuel & Patience, b. Dec. 16, 1736	2	160
Lydia, m. Alfred PARMELE[E], Mar. 18, 1824, by Asa King	3	367
Marcy, d. Edward, b. Feb. 16, 1678	1	75
Martha, [d. John & Tamar], b. Mar. 22, 1779	2	14
Martha, m. Michael NETTLETON, Dec. 22, 1799	2	43
Mary had child Content SALIEF, b. Sept. 5, 1782	2	132
Mary, m. Jacob HAYDEN, Aug. 14, 1784	2	39

	Vol.	Page
RUTTY, RUTTE, RUTTEY, RUTY, (cont.)		
Mary, wid. of Edward, d. Dec. 3, 1790, ae 77 y.	2	66
Mary J., m. Andrew W. **BURR**, Sept. 29, 1841, by Rev. E. Swift	3	400
Mercy, m. Abel **CLARK**, Sept. 20, 1769	2	73
Michael, s. Levi & Jerusha, b. Mar. 18, 1772	2	88
Michael, m. Thankfull **PARMELE[E]**, Feb. 4, 1798	2	42
Oren, m. Louisa **GRAVES**, Mar. 2, 1831, by Asa King	3	380
Phebe, d. Edward, b. Apr. 23, 1687	1	75
Phebe, m. George **HULL**, Dec. 2, 1708	2	192
Philip, s. John & Tamar, b. Sept. [ ], 1776; d. Sept. [ ], 1776	2	14
Polly, [d. John & Tamar], b. July 29, 1785	2	14
Polly, m. Parker **STEEVENS**, June 16, 1813	2	181
Rachel, w. of Edward, Jr., d. Sept. 11, 1721	1	81
Rachel, d. Samuel & Patience, b. June 30, 1735	2	160
Rebeckah, d. Edward, b. Apr. 8, 1685	1	75
Rebecca, m. Peter **FARNUM**, May 21, 1712	2	192
Rebeckah, d. Edward & Rachel, b. Apr. 4, 1719	2	179
Rebeckah, wid. of Edward, d. Feb. 26, 1737	1	81
Rebeckah, m. Joseph **GRISWOLD**, Dec. 4, 1745	2	146
Rebeckah, d. Daniel & Sarah, b. Dec. 13, 1747	2	147
Samuell, s. Edward & Rachel, b. Feb. 7, 1713/4	2	179
Samuel, m. Patience **WRIGHT**, Apr. 1, 1735	2	145
Samuel, s. Samuel & Patience, b. July 13, 1739	2	160
Samuel, s. Edward & Mary, b. July 30, 1755	2	151
Samuel, s. Sam[ue]ll & [E]unice, b. July 13, 1775	2	96
Samuel, m. [E]un[i]es **KELCEY**, Jan. 5, 1776	2	73
Samuel, m. Lydia **NETTLETON**, Feb. 19, 1806	2	42
Samuel Lebbeus, s. Samuel & Lydia, b. Apr. 30, 1815	2	90
Sarah, m. John **NETTLETON**, Dec. 29, 1729	2	191
Sarah, m. Daniel **RUTTY**, Apr. 30(?), 1741	2	146
Sarah, d. Daniel & Sarah, b. Dec. 18, 1742	2	147
Sarah, w. of Daniel, d. Aug. 10, 1751	2	68
Silvia, d. Michael & Thankfull, b. Mar. 22, 1799	2	85
Sylvia E., of Killingworth, m. Alden D. **NETTLETON**, of Mereden, Nov. 19, 1856, by Rev. Hiram Bell	3	414
Thomas, s. Edward, b. July 7, 1691	1	75
Uriah, [s. Samuel & Lydia], b. Aug. 7, 1817	2	90
SALIEF, Content, child of Mary **RUTTY**, b. Sept. 5, 1782	2	132
SARGEANT, Nancy, of Hartford, m. William Seward **PIERSON**, May 30, 1814	2	43
SCRANTON, Henry E., of Madison, m. Sarah A. **CRANE**, of Killingworth, Oct. 10, [1853], by Rev. Hiram Bell	3	411-12
SEARS, Joseph B., of Middletown, m. Adaline C. **BLATCHLEY**, of Haddam, Sept. 15, 1851, by Rev. Geo[rge] L. Fuller	3	409
SELDEN, Sarah G., m. Sylvester W. **TURNER**, Sept. 14, 1848, by Rev. E. G. Swift	3	407
SESSEN, Martha, m. Josiah **BUELL**, June 20, 1716	2	192
SEWARD, SEAWARD, Concurrence, [twin with Damares], d. William & Concurrence, b. June 15, 1743	2	159
Concurrence, w. of Rev. William, d. Dec. 7, 1753	2	70
Concurrence, m. Martin **LORD**, Jan. 28, 1768	2	74
Concurrence, Mrs., m. Martin **LORD**, Jan. 28, 1768	2	82
Damares, [twin with Concurrence], d. William & Concurrence, b.		

	Vol.	Page
SEWARD, SEAWARD, (cont.)		
June. 15, 1743	2	159
Damaries, m. Ezra **NETTLETON**, Apr. 21, 1774	2	73
Eliakim, s. Joseph & Elizabeth, b. Oct. 16, 1748	2	123
John, s. William & Concurrence, b. Sept. 14, 1750; d. Oct. 1, 1750	2	159
John, s. Rev. William & Mabel, b. Oct. 17, 1762; d. Oct. 26, 1763	2	96
John Punderson, [s. Rev. William & Mabel], b. Apr. 21, 1765	2	96
Joseph, s. Joseph & Elizabeth, b. Oct. 28, 1750	2	123
Mabel, w. of Rev. [ ], d. June 18, 1768	2	71
Mary, d. William & Concurrence, b. Dec. 14, 1745	2	159
Mary, m. Dodo **PIERSON**, June 15, 1748	2	119
Mary, m. James **HULL**, Nov. 11, 1773	2	75
Mindwell, d. Joseph & Elizabeth, b. Nov. 28, 1753	2	123
R[e]uben, s. Joseph & Elizabeth, b. Oct. 16, 1759	2	123
William, m. Mrs. Concurrence **STEEVENS**, Sept. 21, 1742	2	146
William, s. William & Concurrence, b. Nov. 9, 1747	2	159
William, 2d, Rev., m. Mrs. Mabel **SMITH**, Mar. 19, 1761	2	118
William, Dea., d. May 31, 1764	2	71
Will[ia]m, Rev., m. Mrs. Sarah **STUDERD**, Nov. 11, 1775	2	73
William, b. Nov. 17, 1787	2	79
Zurishaddii, [child of Rev. William & Mabel], b. Jan. 5, 1777	2	96
SHALLOR, Nathaniell, s. Thomas, b. Dec. 16, 1677	1	75
SHETHER, SHETHEN, SHETHAR,, Deborah, d. Samuell, b. Feb. 12, 1691	1	77
Deborah, d. John & Dorkes, b. June 7, 1715	2	180
Deborah, m. Jedediah **BUELL**, May 6, 1736	2	145
Dorcas, w. of John, d. Nov. 7, 1748	2	68
Elizabeth, d. John, b. Nov. 20, 1679	1	75
Elizabeth, m. William **KELCEY**, Aug. 26, 1697	2	192
Elizabeth, w. of Sergt. John, d. Feb. 5, 1717/8	1	81
Hannah, d. John, b. Nov. 25, 1681	1	75
Hannah, m. Thomas **HULL**, Dec. 10, 1685	1	66
John, m. Elizabeth **WALLMAN**, Jan. 9, 1678	1	66
John, s. John, b. Mar. 23, 1684/5	1	75
John, m. Dorkes **STILES**, Jan. 7, 1712/13	2	192
John, s. John & Dorkes, b. Oct. 10, 1713	2	180
John, s. John, d. Mar. 2, 1715, ae 4 m. 22 d.	1	81
John, s. John & Dorkes, b. Feb. 17, 1717/18	2	180
John, Sergt., d. May 12, 1721	1	81
John, m. Patience **HOLMES**, May 3, 1744	2	146
John, m. Mary **NETTLETON**, Apr. 15, 1747	2	119
John, Jr., d. Sept. 21, 1750	2	68
John, s. Sam[ue]ll & Sarah, b. May 6, 1751	2	121
John, Ens., d. June 17, 1751	2	68
Mary, d. Samuell, b. Sept. 17, 1689	1	77
Mary, m. Abraham **PIERSON**, Feb. 1, 1709/10	2	192
Mary, d. John & Mary, b. Sept. 22, 1750	2	122
Rachel, m. Edward **RUTTEY**, May 12, 1713	2	192
Samuel, s. John & Dorkes, b. Apr. 30, 1726	2	180
Samuel, m. Sarah **JONES**, Aug. 1, 1750	2	120
SHIPMAN, Joseph, s. Elias & Rebeckah, b. Feb. 15, 1748/9	2	130
Rebeckah, m. Theophilus **MORGAN**, Dec. 7, 1752	2	120
SIMMONS, Jonathan P., of Westmoreland, N.Y., m. Amelia A. **LANE**,		

	Vol.	Page
SIMMONS, (cont.		
of Killingworth, Sept. 17, 1832, by Rev. W[illia]m Denison	3	383
SITHERN, Hannah, m. John **BAYLEY**, Nov. 3, 1730	2	191
SITTER (?), Abigail, m. Stephen **GRISWOLD**, Oct. 24, 1722	2	193
SKINNER, Ann Eliza, d. Benjamin R., & Eliza, b. Nov. 18, 1829	2	158
SMITH, Anne, [d. Enoch & Anna], b. Oct. 4, 1786	2	113
Anne, w. of Enoch, d. June 27, 1797	2	77
Betsey, [d. Enoch & Anna], b. May 9, 1784	2	113
Charles, [s. Samuel & Sarah], b. Feb. 26, 1796	2	99
Daniel W., of East Lyme, m. Sarah A. **PARMELEE**, of Killingworth, Aug. 20, [1853], by Rev. Hiram Bell	3	411
David, 2d, of Haddam, m. Mercy **GRISWOLD**, Nov. 24, 1825, by Asa King	3	371
Dorothy, m. Reuben **TOWNER**, June 7, 1781	2	38
Ebenezer, s. Thomas, b. Feb. 15, 1670	1	69
Elizabeth, d. Thomas, b. Dec. 1, 1676 (Perhaps Dec. 4)	1	69
Elnathan, m. Hannah **WILLIAMS**, Feb. 15, 1727/8	2	191
Elnathan, m. Mehetable **BUELL**, Feb. 18, 1729/30	2	191
Elnathan, s. Elnathan & Mehitable, b. Sept. 7, 1736	2	184
Elnathan, d. Dec. 3, 1772	2	77
Enoc[h], m. Anna **LANE**, Jan. 30, 1775	2	73
Enoch, m. Hannah **PECK**, Dec. 30, 1797	2	40
Freeman, [s. Enoch & Anna], b. Aug. 15, 1789; d. Aug. 31, 1792	2	113
Hannah, d. Elnathan & Hannah, b. Jan. 15, 1728/9	2	184
Hannah, w. of Elnathan, d. Jan. 29, 1728/9	1	81
Hannah, m. Abraham **TURNER**, Jan. 24, 1752	2	120
Jesse, [s. Samuel & Sarah], b. May 7, 1793	2	99
John, s. Elnathan & Mehitable, b. Nov. 23, 1743	2	184
John, [s. Samuel & Sarah], b. Aug. 24, 1782	2	99
Jonathan, [s. Samuel, 3rd, & Polly], b. Mar. 11, 1814	2	144
Luecretia, d. Elnathan & Mehitable, b. Feb. 11, 1745	2	184
Lucretia, [d. Samuel & Sarah], b. Dec. 5, 1801; d. Apr. 23, 1802	2	99
Lediah, d. Elnathan & Mehitable, b. Sept. 9, 1741	2	184
Ledyer, [s. Enoch & Anna], b. July 12, 1778	2	113
Mabel, d. Elnathan & Mehitable, b. Feb. 11, 1730/1	2	184
Mabel, Mrs., m. Rev. William **SEAWARD**, 2d, Mar. 19, 1761	2	118
Mabel, [d. Samuel & Sarah], b. Oct. 6, 1787	2	99
Margaret, d. Tho[ma]s, b. Mar. 6, 1667/8	1	69
Martha, m. Josiah **STEEVENS**, Feb. 10, 1724/5	2	193
Martha, d. Elnathan & Mehitable, b. June 28, 1738	2	184
Martha, m. Haug[h]ton **BUTLER**, Feb. 25, 1770	2	75
Martha, [d. Samuel & Sarah], b. Jan. 25, 1791	2	99
Mehetabel, w. of [Elnathan], d. Sept. 14, 1779	2	77
Rachell, m. Daniel **HURD**, Feb. 10, 1718/19	2	192
Rachel, d. Elnathan & Mehitable, b. Nov. 12, 1734	2	184
Rachel, m. Eliab **PARMELE[E]**, Feb. 10, 1757	2	117
R[e]uben Clark, [s. Samuel, 3rd, & Polly], b. June 13, 1809	2	144
Sally, d. Samuel, 3rd, & Polly, b. Nov. 18, 1808	2	144
Samuel, [s. Elnathan & Mehitable], b. May 20, 1752	2	184
Samuel, m. Sarah **BUEL**, Aug. 12, 1776	2	42
Samuel, [s. Enoch & Anna], b. Dec. 30, 1781	2	113
Samuel, [s. Samuel & Sarah], b. May 3, 1785	2	99
Samuel, 3rd, m. Priscilla **CLARK**, Apr. 6, 1808	2	43

KILLINGWORTH VITAL RECORDS 119

	Vol.	Page
SMITH, (cont.)		
Samuel, [s. Samuel, 3rd, & Polly], b. July 6, 1811	2	144
Sarah, [d. Samuel & Sarah], b. Mar. 23, 1780	2	99
Siba, d. Samuel & Sarah, b. July 23, 1777	2	99
Sibel*, d. Elnathan & Mehetable, b. Jan. 9, 1733 (*correction (Sibe) handwritten on original manuscript))	2	184
Thomas, s. Tho[ma]s, b. Feb. 1, 1665	1	69
Thomas, s. Thomas, b. Jan. 3, 1673	1	69
Welthe, d. Enoch & Anna, b. Jan. 30, 1776	2	113
SMITHSON, Hannah, Mrs., m. Jared **ELIOT**, Oct. 26, 1710	2	192
SNOW, Abel, [s. John], b. May 24, 1773	2	124
Anne, m. David **BALDWIN**, Apr. 2, 1807	2	42
Arther, [s. John], b. Mar. 20, 1777	2	124
Deliliah J., m. Denslow C. **PARMELEE**, Nov. 21, 1860, by Rev. Hiram Bell	3	418
Flora, m. David K. **STEVENS**, Nov. 8, 1859, by Rev. Hiram Bell	3	417
Hepehzibeck, [child of John], b. May 20, 1782	2	124
James, s. John, b. Apr. 29, 1763	2	124
John, [s. John], b. July 25, 1769	2	124
Luther, [s. John], b. May 26, 1780	2	124
Luther, m. Cornelia **LEE**, Dec. 6, 1858, by Rev. Hiram Bell	3	416
Martin, m. Mary A. **WALKLEY**, Oct. 25, 1832, by Rev. Luke Wood	3	383
Mary, [d. John], b. Aug. [ ], 1771	2	124
Roxanna S., m. Laura **HULL**, May 7, 1849, by Rev. E. Swift	3	408
Rufus, [s. John], b. Dec. 1, 1774	2	124
Sally, of Killingworth & Samuel **WRIGHT**, of Saybrook, had int. pub. Nov. 30, 1820, by Hart Talcott	3	358
Sarah, [d. John], b. Sept. 14, 1767	2	124
Sarah A., m. W[illia]m H. **SWAN**, Aug. 26, 1857, by Rev. N. J. Burton, at Fair Haven	3	415
William, [s. John], b. Aug. 24, 1765	2	124
William, m. Abigail **STEVENS**, Nov. 8, 1826, by Asa King	3	374
SPEEDFIELD, Constant, m. Amanda **BUELL**, Apr. 9, 1778	2	73
SPENCER, Benjamin, of Killingworth, m. Mary **CLARK**, of Madison, "last evening" [Jan. 27, 1836], by Lewis Foster	3	390
Benj[ami]n E., of Greensborough, Ga., m. Charlotte G. **HURD**, of Killingworth, [, 1832], by Rev. Luke Wood	3	382
Beulah, m. Jedediah **PIERSON**, Jr., Dec. 14, 1775	2	39
Colens C., m. Sarah D[e]WOLF, b. of Killingworth, Feb. 10, 1822, by Hart Talcott	3	363
David, 2d, of Haddam, m. Prudence **WILCOX**, of Killingworth, June 8, 1826, by Rev. Simon Shailor, of Haddam	3	372
Deborah, m. Stephen **KELCEY**, Oct. 18, 1725	2	191
Emily M., m. Seth **WHITMORE**, Nov. 12, 1858, by Rev. Hiram Bell	3	416
Frances A., of Haddam, m. Heman **HOTCHKISS**, of Killingworth, Sept. 29, 1855, by Rev. James Noyes, at Haddam	3	413
James, s. John & Dotha, b. Oct. 9, 1792	2	102
James H., m. Ann **HULL**, b. of Killingworth, Jan. 21, 1838, by Rev. E. Swift	3	396
Jehoshaphat, m. Clarissa **WILLCOX**, Dec. 6, 1821, by Asa King	3	362
John C., of Troy, N.Y., m. Susan A. **KELSEY**, of Killingworth, June		

	Vol.	Page
SPENCER, (cont.)		
25, 1837, by Lewis Foster	3	395
Joseph, [s. John & Dotha], b. Sept. 20, 1794	2	102
Phebe, m. Benj[ami]n CARTER, Feb. 23, 1761	2	118
Samuel P., m. Clarrissa KELSEY, Mar. 12, 1850, by Rev. E. Swift	3	408
Sarah, m. Zadock WELLMAN, Dec. 11, 1754	2	117
William, m. Mrs. Clarrissa M. BURR, May 20, 1861, by Rev. Henry Gidman	3	418
STALLION, Margaret, m. Pasco FFOTT*, Dec. 30, 1678 (*FOOT)	1	66
STANNARD, Abigail, m. Washington YOUNG, Apr. 24, 1844, by E. Swift	3	403
Anna, m. Eliphalet REDFIELD, June 15, 1767	2	74
Cynthia, m. John S. STEVENS, May 10, 1846, by Rev. E. Swift	3	404
Darius, of Saybrook, m. Betsey KELSEY, of Killingworth, Mar. 21, 1827, by Rev. Pierpont Brockett	3	375
Edward, Capt., m. Beulah JONES, b. of Westbrook, Oct. 27, 1824, by Rev. Pierpont Brocket	3	368
George, 2d, of Saybrook, m. Betsey BUELL, of Killingworth, Sept. 30, 1835, by Rev. Lewis Foster	3	389
Henry, m. Polly E. STEVENS, b. of Killingworth, Oct. 7, [1835], by Lewis Foster	3	389
Jacob, of Killingworth, m. Hepsibah CLARK, of Saybrook, Aug. 7, 1831, by Rev. Luke Wood	3	380
Jemima, m. Benjamin HILL, Dec. 6, 1795	2	39
Lydia, m. Daniel GRAVES, May 23, 1754	2	117
Lydia, m. John WELLMAN, b. of Killingworth, Oct. 14, 1824	3	368
Lydia A., m. Henry A. BUELL, b. of Killingworth, Apr. 2, 1838, by Lewis Foster	3	396
Lynde H., m. Susan M. KELSEY, b. of Killingworth, [Jan.] 24, [1828], by Peter Crocker	3	379
Mary, m. Amos STEEVENS, Dec. 2, 1734	2	145
Polly, of Saybrook, m. George NORTON, of N. Killingworth, Feb. 12, 1837, by Lewis Foster	3	394
Silvia, m. Nathan LANE, b. of Killingworth, Mar. 15, 1822, by Hart Talcott	3	363
STANTON, Adam, m. Elizabeth TREAT, Dec. 4. 1777	2	38
Eliza, [d. Adam & Elizabeth], b. June 1, 1780	2	133
Elizabeth Mary, [d. John & Caroline E.], b. July 23, 1829	2	92
John, [s. Adam & Elizabeth], b. Oct. 19, 1786	2	133
John, m. Caroline Elizabeth ELLIOTT, Mar. 29, 1825, by Rev. Pierpont Brocket	3	369
John, s. John & Caroline E., b. June 28, 1826	2	92
Mary, d. Adam & Elizabeth, b. Oct. 23, 1778	2	133
Sally, [d. Adam & Elizabeth], b. Feb. 18, 1790	2	133
STEVENS, STEAVENS, STEEVENS, Aaron, s. Amos & Mary, b. Mar. 8, 1735	2	142
A[a]ron, s. Samuel & Elizabeth, b. Apr. 25, 1736	2	155
Aaron, m. Sarah WILLCOCKS, May 3, 1759	2	118
Aaron, [s. Aaron & Lois], b. Apr. 29, 1762	2	82
Abell, s. Thomas & Deborah, b. Feb. 18, 1698	2	179
Abel, s. Thomas & Dorothea, b. June 27, 1745	2	132
Abigail, [twin with Joseph], d. Thomas, b. Apr. 23, 1666	1	69
Abagall, d. John, b. Oct. 3, 1704	1	75

KILLINGWORTH VITAL RECORDS 121

	Vol.	Page
STEVENS, STEAVENS, STEEVENS, (cont.)		
Abigail, m. Andrew TOOLEY, Nov. 24, 1735	2	145
Abigail, [d. Ebenezer & Lucey], b. Feb. 7, 1752	2	142
Abigail, m. Joel KELCEY, Dec. 22, 1774	2	75
Abigail, [d. Thomas, Jr. & Sarah], b. Jan. 2, 1783	2	128
Abigail, d. Feb. 4, 1803, ae 20 y.	2	78
Abigail, d. Parker & Roxanna, b. July 26, 1804	2	181
Abigail, m. William SNOW, Nov. 8, 1826, by Asa King	3	374
Abner, [s. Eliphalet & Susannah], b. Oct. 17, 1770	2	114
Abraham, m. Rebecca FFARNUM, Feb. 3, 1737	2	145
Ada, [d. Samuell & Carterline], b. July 17, 1776	2	99
Adelia, m. Abraham A. DOOLITTLE, Dec. 13, 1837, by Rev. David Smith	3	396
Alfred, b. Dec. 5, 1794	2	79
Alfred, [s. Elias, 2d, & Mercy], b. Sept. 17, 1808	2	141
Alfred, m. Sally NORTON, Jan. 11, 1830, by Asa King	3	381
Ama, d. Peter & Patience, b. Oct. 16, 1774	2	82
Amasa, s. Stiles & Marcy, b. Apr. 27, 1750	2	129
Amos, s. James & Hannah, b. May 22, 1711	1	77
Amos, m. Mary STANNARD, Dec. 2, 1734	2	145
Amos, s. Amos & Mary, b. Aug. 8, 1743	2	142
Ame, d. James & Hannah, b. Dec. 10, 1730	2	157
Amy, d. Peter & Patience, b. Nov. 16, 1774	2	85
Angeline Elizabeth, d. H[eman] W. & Kasandra, b. Oct. 30, 1833	2	24
Ann, d. James & Hannah, b. Dec. 23, 1733	2	157
Anna, [d. Eliphalet & Susannah], b. Sept. 7, 1768 or 1769	2	114
Artemisha, [d. Aaron & Sarah], b. Feb. 19, 1763	2	98
Asa, [d. Thomas & Dorothea], b. Aug. 20, 1749	2	132
Asa M., m. Emily A. REDFIELD, b. of Killingworth, Dec. 2, 1838, by Rev. E. Swift	3	398
Asenath, d. Ebenezer & Lucey, b. Mar. 2, 1750	2	142
Augustus, [s. Jonathan & Marcy], b. Apr. 13, 1747; d. Apr. 20, 1747	2	105
Augustus W., m. Sarah S. DAVIS, Oct. 31, 1847, by E. Swift	3	406
Augustus W., m. Amarancy A. NETTLETON, b. of Killingworth, June 6, 1852, by Rev. Hiram Bell	3	410
Augustus Washington, [s. Parker & Polly], b. Jan. 25, 1824	2	24
Barnabus, s. Jonathan & Marcy, b. Apr. 27, 1753; d. July 22, 1754	2	105
Barnabus, s. Jonathan & Marcy, b. Apr. 11, 1756	2	105
Benagor, s. Jonathan & Marcy, b. Dec. 21, 1761	2	105
Benjamin, s. Joseph & Deborah, b. Jan. 12, 1719/20	2	179
Benj[ami]n H., of Hamilton, N.Y., m. Fanny ROSSETTER of Killingworth, Sept. 21, 1835, by Rev. Baruck Beckwith, of Saybrook	3	389
Betsey, [d. Elias, 2d, & Mercy], b. July 16, 1798	2	141
Carlos Wilson, [s. Parker & Polly], b. Sept. 26, 1828	2	24
Charles, s. Daniel & Est[h]er, b. Mar. 13, 1726	2	189
Charles, [s. Daniel, 2d, & Neomy], b. Apr. 17, 1758	2	98
Charles, m. Sarah STEEVENS, Apr. 24, 1759	2	120
Charles, m. Polly CURTIS, Feb. 22, 1835, by Rev. Lewis Foster	3	387
Charles Grinel, [s. Elias & Lusilla], b. Apr. 17, 1792	2	113
C[h]loe, [d. Roswell & Trial], b. Dec. 19, 1772	2	111
Christopher, s. William & Ruhamah, b. Sept. 13, 1738	2	160
Christopher, m. Naomy STEEVENS, Sept. 27, 1764	2	74
Christopher, m. Naomi STEEVENS, Sept. 27, 1764	2	75

	Vol.	Page
STEVENS, STEAVENS, STEEVENS, (cont.)		
Clarinda, d. Aaron & Sarah, b. Jan. 5, 1761	2	98
Clarrissa Maria, [d. Philander & Hetta], b. May 11, 1826	2	122
Concurrence, Mrs., m. William SEWARD, Sept. 21, 1742	2	146
Cynthia, d. Peter & Patience, b. July 18, 1784	2	82
Damaris, d. Israel & Lydia, b. Aug. 6, 1745	2	160
Demerous, m. Daniel NETTLETON, Nov. 24, 1777	2	73
Dan, s. Thomas & Rem[em]ber, b. Nov. 23, 1739	2	157
Dan, s. Thomas, Jr., & Sarah, b. Sept. 28, 1770	2	128
Daniell, s. Josiah, b. Oct. 18, 1701	1	78
Daniel, m. Est[h]er CHATFIELD, Jan. 14, 1724/5	2	193
Daniel, [s. Daniel & Est[h]er], b. Oct. 7, 1732	2	189
Daniel, Jr., m. Neomy CHATFIELD, May 15, 1754	2	117
Daniel, 2d, d. Oct. 14, 1759	2	70
Daniel, m. Rachel HULL, Dec. 17, 1795	2	40
Daniel, [s. Daniel & Rachel], b. Aug. 21, 1803	2	85
Daniel, m. Caroline HOPSON, b. of Madison, Nov. 12, 1843, by Rev. E. Swift	3	402
Derius, s. Timothy & Mary, b. Aug. 30, 1730	2	185
Darius, m. Lois WHAPELS, Apr. 6, 1752	2	68
Darius, m. Loise W[H]APLES, Apr. 6, 1752	2	120
Dasithaous(?), d. John, b. Oct. 8, 1697	1	75
Dasithaous, see also Dotheseas		
David, s. Thomas & Rem[em]ber, b. Jan. 25, 1736	2	157
David, [s. Reuben & Dency], b. Jan. 7, 1771	2	94
David, [s. Peleg & Martha], b. Mar. 19, 1806	2	115
David K., m. Flora SNOW, Nov. 8, 1859, by Rev. Hiram Bell	3	417
Deborah, d. Thomas & Deborah, b. Mar. 28, 1697	2	179
Deborah, m. Joseph STEEVENS, Mar. 25, 1714	2	192
Deborah, m. Thomas HULL, Dec. 25, 1735	2	145
Deborah, d. Ebenezer & Lucey, b. Nov. 10, 1743	2	142
Dency, m. Philip H. REDFIELD, Jan. 28, 1830, by Asa King	3	381
Dolly, [d. Peleg & Martha], b. Apr. 17, 1810	2	115
Dorethea, d. Thomas & Dorethea, b. June 30, 1752	2	132
Dotheseas, m. Timothy CHITTENDEN, Feb. 14, 1721/2	2	191
Dotheseas, see also Dasithaous		
Eadye, d. Ebenezer & Lucy, b. Mar. 12, 1748/9	2	142
Ebenezer, s. Thomas, b. Jan. 26, 1670	1	69
Ebenezer, s. John, b. Sept. 27, 1695	1	75
Ebenezer, m. Jane REDFIELD, Apr. 27, 1698	2	192
Ebenezer, s. Jonathan & Deborah, b. Apr. 4, 1713	2	195
Ebenezer, d. Nov. 13, 1738	1	89
Ebenezer, m. Lucy GRISWOLD, Dec. 3, 1742	2	146
Ebenezer, [s. Thomas, Jr. & Sarah], b. June 4, 1772	2	128
Eber, [s. Hiel & Jane], b. Aug. 11, 1771	2	95
Edmon, [s. Hiel & Jane, b. July 22, 1777	2	95
Eli, [s. Thomas, Jr. & Sarah], b. Dec. 3, 1789	2	128
Eli, m. Hannah GRAVES, Mar. 15, 1821, by Asa King, V.D.M.	3	360
Eliakim, s. John & Elizabeth, b. Feb. 16, 1710/11	2	180
Eliakim, s. William & Ann Perry, b. Apr. 13, 1744 (Perhaps Eliakim Perry)	2	142
Elias, s. Nehemiah & Jane, b. Oct. 15, 1740 ((Elijah) handwritten on original manuscript)	2	154

KILLINGWORTH VITAL RECORDS 123

	Vol.	Page
STEVENS, STEAVENS, STEEVENS, (cont.)		
Elias, [s. Hiel & Jane], b. Sept. 22, 1764	2	95
Elias, [s. Samuell & Carterline], b. Dec. 24, 1768	2	99
Elias, m. Lusilla CHAPMAN, Jan. 24, 1787	2	38
Elias, 2d, m. Mercy PARMELE, Jan. 10, 1796	2	42
Elias H., m. Millisant H. WILLCOX, b. of Killingworth, Aug. 27, 1827, by Rev. Pierpont Brockett	3	376
Elias Kirtland, [s. Elias & Lusilla], b. Apr. 10, 1794	2	113
Elifalet, s. Samuel & Elizabeth, b. Mar. 2, 1731/2	2	155
Eliphalet, m. Susannah BLACKLEY, Jan. 21, 1762	2	118
Elisha, s. Samuel & Elizabeth, b. Aug. 7, 1739	2	155
Eliza F., m. Henry L. WELLMAN, Oct. 20, 1859, by Rev. Hiram Bell	3	417
Elizabeth, d. Thomas, b. July 14, 1668	1	69
Elizabeth, w. of Samuell, d. May 30, 1701	1	80
Elizabeth, wid. of John, d. ~~Sept. 11, 1720~~ (correction (Feb. 29, 1728) handwritten on original manuscript)	1	80
Elizabeth, d. John & Elizabeth, b. Apr. 17, 1724	2	180
Elizabeth, m. John HUBBARD, Aug. 30, 1724	2	193
Elizabeth, d. Timothy & Mary, b. Mar. 12, 1726	2	185
Elizabeth, d. Samuel & Elizabeth, b. Dec. 23, 1730	2	155
Elizabeth, d. Samuel & Hannah, b. Oct. 21, 1742	2	147
Elizabeth, m. Silvanus KELCEY, Nov. 9, 1749	2	119
Elizabeth, m. Wise WRIGHT, July 3, 1753	2	120
Elizabeth, m. Elisha CRANE, Sept. 26, 1754	2	117
Elizabeth, d. Eliphalet & Susannah, b. Jan. 28, 1763	2	114
Elizabeth, d. Oliver & Elizabeth, b. Feb. 18, 1765	2	91
Ellsworth Cleveland, s. Heman W. & Cas[s]andra, b. Oct. 24, 1843	2	24
Ealnathan, s. Josiah, b. Apr. 13, 1703 (Elnathan)	1	78
Elnathan, s. Elnathan & Mary, b. Jan. 28, 1729/30	2	190
Elnathan, Jr., m. Surviah WILLIAMS, Nov. 25, 1754	2	117
Elnathan, 2d, m. Zerviah WILLIAMS, Dec. 25, 1754	2	75
Elnathan, m. Hannah BURRUS, Nov. 27, 1766	2	75
Elnathan, [s. Elnathan & Hannah], b. Dec. 6, 1770	2	80
Est[h]er, [d. Daniel & Est[h]er], b. Mar. 14, 1734	2	189
Est[h]er, d. Timothy & Mary, b. June 11, 1741	2	185
Esther, d. Stiles & Esther, b. Mar. 15, 1754	2	129
Eunice, [d. Christopher & Neomey], b. Aug. 24, 1770	2	88
Evelyn E., s. Jedediah, b. Feb. 3, 1834	2	45
Ezra, s. Nathan, b. Sept. 5, 1764	2	86
Grace, d. Samuel & Elizabeth, b. July 6, 1729	2	155
Grace, [d. Nathaniel & Abigail], b. Sept. 11, 1751	2	153
Grace, d. Sam[ue]ll & Caterline, b. July 7, 1760	2	99
Hannah, d. James, b. Apr. 8, 1679	1	72
Hannah, d. James, b. Jan. 23, 1702[*/3] (*addition (/3) handwritten on original manuscript)	1	77
Hannah, d. Thomas & Deborah, b. Jan. 21, 1703	2	179
Hannah, m. Nathan KELCEY, Nov. 24, 1725	2	193
Hannah, m. Thomas HEALEY, Aug. 28, 1727	2	191
Hannah, d. James & Hannah, b. Apr. 27, 1736	2	157
Hannah, d. Samuel & Hannah, b. Dec. 22, 1745	2	147
Hannah, m. Daniel CRANE, Jr., July 24, 1754	2	73
Hannah, Mrs., m. Daniel CRANE, July 24, 1754	2	120

STEVENS, STEAVENS, STEEVENS, (cont.)

	Vol.	Page
Hannah, [d. Elias, 2d, & Mercy], b. Nov. 7, 1803	2	141
Hannah, [d. Peleg & Martha], b. May 4, 1808	2	115
Hannah, m. Abner NETTLETON, Mar. 25, 1829, by Asa King	3	378
Heman Willys, [s. Parker & Roxanna], b. Aug. 19, 1806	2	181
Henry, s. John, b. Oct. 11, 1699	1	75
Henry Chapman, [s. Elias & Lusilla], b. Sept. 3, 1810; d. Nov. 2, 1811	2	113
Hervey, [s. Elias & Lusilla], b. Apr. 1, 1799	2	113
Hervey, m. Elizabeth KILBOURNE, b. of Killingworth, Dec. 6, 1821, by Hart Talcott	3	363
Hiel, s. Elnathan & Mary, b. Mar. 22, 1737	2	190
Hiel, m. Jane KELCEY, Nov. 11, 1761	2	118
Hiel, [d. Hiel & Jane], b. Sept. 2, 1766	2	95
Hiel, s. Hiel, d. Feb. 6, 1784	2	72
Hiel, d. Mar. 7, 1784	2	72
Hiel, s. Elias & Lusilla, b. Nov. 5, 1787	2	113
Hipsaba, d. Nehemiah & Jane, b. Apr. 15, 1743	2	154
Hubbel, [twin with Osbon], s. Elnathan & Mary, b. Mar. 23, 1735	2	190
Israil, s. James & Hannah, b. Sept. 14, 1708	1	77
Israell, m. Ledea KELCEY, Nov. 30, 1732	2	191
Israel, [s. Israel & Lydia], b. Sept. 7, 1747	2	160
Israel, 2d, m. Sarah KELCEY, Dec. 2, 1771	2	74
James, s. James, b. Oct. 7, 1676	1	72
James, s. James, b. Mar. 27, 1706	1	77
James, m. Hannah HURD, Nov. 5, 1729	2	191
James, s. Nehemiah & Jane, b. Nov. 3, 1737	2	154
James, s. James & Hannah, b. July 8, 1738, at Litchfield	2	157
James, s. Samuel & Hannah, b. Dec. 24, 1747	2	147
James, 3rd, m. Marcy BAILEY, Mar. 20, 1760	2	117
James, [s. Peter & Patience], b. July 1, 1790	2	82
Jane, d. Nehemiah & Jane, b. May 8, 1745	2	154
Jane, [d. Israel & Lydia], b. May 30, 1752	2	160
Jane, wid. of Ebenezer, d. July 9, 1752	2	69
Jane, [d. Hiel & Jane], b. Aug. 7, 1768	2	95
Jared, s. Elnathan & Mary, b. [ ]	2	190
Jedediah Chapman, [s. Elias & Lusilla], b. May 5, 1807	2	113
Jemima, d. John & Elizabeth, b. Mar. 11, 1726/7	2	180
Jemima, m. Benjamin GRIFFETH, Dec. 25, 1746	2	119
Jemima, d. Israel & Lydia, b. Mar. 30, 1750	2	160
Jemima, m. James HAMILTON, May 25, 1775	2	42
Jeremiah, m. Concurrance CRANE, Mar. 9, 1731/2	2	191
Jeremiah, s. Jeremiah & Concurrence, b. May 3, 1733; d. June 1, 1734	2	159
Jeremia[h], s. Jeremiah & Concurrence, b. July 11, 1735	2	159
Jeremiah, d. Aug. 9, 1739, in the 33rd y. of his age	1	89
Jeremiah, d. Oct. 5, 1755	2	71
Jeremiah, [s. Eliphalet & Susannah], b. Mar. 18, 1765	2	114
Jerus[h]a, d. Josiah, b. Oct. 19, 1704	1	78
Jerusha, m. Daniel GRISWOLD, Mar. 9, 1722	2	193
Jerusha, d. Samuel & Elizabeth, b. Oct. 27, 1737	2	155
Jerusha, d. Israel & Lydia, b. Aug. 8, 1743	2	160
Jerusha, [d. Daniel & Est[h]er], b. Nov. 10, 1744	2	189

KILLINGWORTH VITAL RECORDS 125

	Vol.	Page
STEVENS, STEAVENS, STEEVENS, (cont.)		
Jerusha, m. Edward HOWD, July 25, 1765	2	41
Jerusha, m. Julius DUDLEY, Oct. 15, 1829	2	24
Jerusha, m. Julius DUDLEY, Oct. 15, 1829, by Asa King	3	378
Johannah, d. Isreal & Lydia, b. July 8, 1736	2	160
Joannah, m. John LANE, Oct. 26, 1755	2	117
Joel, s. Samuel & Elizabeth, b. May 31, 1743	2	155
Joel H., m. Olive KELSEY, b. of North Killingworth, Oct. 16, 1833, by E. Swift	3	383
Joel Hull, [s. Parker & Roxanna], b. Sept. 20, 1808	2	181
John, s. Sergt. Thomas, m. Abiga[i]ll COBLE, Apr. 29, 1684	1	67
John, s. John, b. Dec. 29, 1689	1	75
John, m. Elizabeth GRINNELL, Mar. 15, 1709/10	2	192
John, s. John & Elizabeth, b. Jan. 21, 1715/16	2	180
John, s. John, d. ~~Feb. 29, 1728~~ (correction (Sept. 11, 1720) handwritten on original manuscript)	1	80
John, s. Elnathan & Mary, b. Jan. 8, 1731/2	2	190
John, s. Elnathan & Mary, b. May 7, 1733	2	190
John, s. Samuel & Elizabeth, b. July 24, 1734	2	155
John, s. William & Ruhamah, b. Aug. 4, 1740	2	160
John, s. Samuel & Elizabeth, d. Oct. 5, 1742	1	88
John, s. Samuel & Hannah, b. Apr. 9, 1744	2	147
John, s. Samuel & Elizabeth, b. Feb. 5, 1745	2	155
John, Capt., d. Dec. 4, 1745	1	80
John, s. Elnathan & Zerviah, 2d, b. Jan. 4, 1756	2	80
John, s. Elnathan & Serviah, b. Jan. 4, 1756	2	101
John, s. Elnathan, 2d, d. Apr. 14, 1779	2	72
John, [s. Hiel & Jane], b. Aug. 12, 1782	2	95
John S., m. Cynthia STANNARD, May 10, 1846, by Rev. E. Swift	3	404
John Sherman, [s. Parker & Polly], b. Oct. 23, 1818	2	24
John Sherman, [s. Parker & Polly], b. Oct. 23, 1818	2	181
Jonas, s. Elnathan & Mary, b. Jan. 6, 1740/1	2	190
Jonathan, s. Thomas, b. ~~Jan.~~* 2, 1675 (*correction (June) handwritten on original manuscript)	1	69
Jonathan, s. Jonathan & Deborah, b. July 3, 1711	2	195
Jonathan, m. Mary HULL, Feb. 15, 1727/8	2	191
Jonathan, m. Marcy HOLMES, Dec. 3, 1741	2	146
Jonathan, s. Jonathan & Mascey, b. Apr. 3, 1745	2	148
Jonathan, [s. Jonathan & Marcy], b. Apr. 3, 1746	2	105
Jonathan, d. June 2, 1746	1	93
Jonathan, [s. Peter & Patience], b. Mar. 29, 1782; d. Aug. 6, 1784	2	82
Jonathan, [s. Peter & Patience], b. Aug. 21, 1786	2	82
Joseph, [twin with Abigail], s. Thomas, b. Apr. 23, 1666	1	69
Joseph, s. John, b. July 27, 1693	1	75
Joseph, m. Deborah STEEVENS, Mar. 25, 1714	2	192
Joseph, s. Joseph & Deborah, b. Mar. 17, 1726	2	182
Joseph, [s.Elnathan & Hannah], b. Aug. 2, 1762(?)	2	80
Josiah, s. William, b. Dec. 19, 1670	1	71
Josiah, m. Sarah ~~STUBELL~~*, June 25, 1699 (*correction (HUBELL) handwritten on original manuscript)	1	67
Josiah, s. Josiah, b. Mar. 25, 1700	1	78
Josiah, m. Martha SMITH, Feb. 10, 1724/5	2	193
Josiah, d. Dec. 17, 1726	1	80

	Vol.	Page
STEVENS, STEAVENS, STEEVENS, (cont.)		
Josiah, s. Daniel & Est[h]er, b. Jan. 6, 1727/8	2	189
Josiah, s. Nathaniel & Abigail, b. Oct. 21, 1743	2	153
Josiah, m. [ ], June 20, 1752	2	120
Josiah, m. Mary GRAY, Jan. 27, 1763	2	118
Josiah, [s. Josiah & Mary], b. Dec. 4, 1765	2	94
Josiah, s. Josiah [ ]	2	189
Judeth, d. William, b. Oct. 1, 1668	1	71
Juliania, d. Hiel & Jane, b. Feb. 2, 1763	2	95
Juliane, [d. Samuell & Carterline], b. Feb. 18, 1771	2	99
Lana A., of Killingworth, m. Jonas P. CURTIS, of Bristol, Jan. 15, 1852, by Rev. Hiram Bell	3	410
Leander, s. Peleg & Martha, b. Aug. 12, 1802	2	115
Leveret, s. William & Ruhamah, b. Sept. 19, 1742	2	160
Levi, [s. Thomas & Dorothea], b. June 17, 1747	2	132
Levi, [s. Phillip & Sarah], b. Jan. 23, 1770	2	84
Lois, d. Aaron & Lois, b. Jan. 24, 1760	2	82
Lois, of Killingworth, m. W[illia]m BANGS, of Middletown, [Nov. 26, 1829], by Rev. David Smith, of Durham	3	379
Louisa, [d. Elias & Lusilla], b. May 1, 1801	2	113
Louisa, m. Stephen WILLCOCK, Jr., b. of Killingworth, Jan. 4, 1821, by Hart Talcott	3	359
Lucinda, [d. Christopher & Neomey], b. Aug. 31, 1772; d. ten weeks after	2	88
Lucinda, [d. Christopher & Neomey], b. Mar. 16, 1777	2	88
Luse, d. Thomas & Rem[em]ber, b. Oct. 23, 1732	2	157
Lucey, d. Ebenezer & Lucy, b. Jan. 20, 1744	2	142
Lucy, [d. Luke & Lydia], b. Jan. 6, 1770	2	97
Luke, s. Timothy & Mary, b. Aug. 4, 1736	2	185
Luke, m. Lydia CHITTENDEN, Mar. 19, 1762	2	73
Lydyah, d. James & Hannah, b. Aug. 15, 1715	2	181
Lediah, d. Josiah & Martha, b. Nov. 27, 1725	2	189
Lidea, d. Israel & Lydia, b. June 18, 1741	2	160
Lidea, m. Isaac PARKER, Sept. 25, 1743	2	146
Lidea, m. Samuel PIERSON, Nov. 23, 1743	2	119
Lyde, d. Elnathan & Mary, b. June 27, 1748	2	130
Lydia, d. Daniel, 2d, & Neomy, b. Oct. 26, 1755	2	98
Lydia, m. Jonathan HURD, Dec. 31, 1761	2	118
Lydia, [d. Hiel & Jane], b. June 22, 1775	2	95
Lydea, d. Elnathan & Mary, b. May 4, [ ]	2	190
Lyman E., m. Fidelia C. HULL, b. of Killingworth, Aug. 7, [1853], by Rev. Hiram Bell	3	411
Lyman Edwards, [s. Parker & Polly], b. July 21, 1821	2	24
Mabel, [d. Aaron & Sarah], b. Apr. 12, 1769	2	98
Mabel, m. Luther BARNUM (her 2nd marriage), Sept. 22, 1803	2	43
Mabel R., m. Charles E. PARMELEE, Apr. 25, 1858, by Rev. Hiram Bell	3	415
Mabel Rosetta, d. [Philander & Hetta], b. Dec. 17, 1830	2	122
Marcy, d. William, b. Nov. 2, 1677	1	71
Marcey, d. James, b. Mar. 7, 1684/5	1	72
Marcy, [d. Jonathan & Marcy], b. Feb. 13, 1750	2	105
Margaret, m. William WELLMAN, Jr., Dec. 17, 1750	2	120
Maria, of Madison, m. Gerard C. FOWLER, of Northford, Sept. 30,		

KILLINGWORTH VITAL RECORDS 127

	Vol.	Page
STEVENS, STEAVENS, STEEVENS, (cont.)		
1845, by Rev. E. Swift	3	403
Maria C., m. Comfort PROUT, Oct. 19, 1842, by Rev. E. Swift	3	401
Martha, m. Abel WILLCOCKS, Dec. 18, 1728	2	191
Martha, d. Elnathan & Mary, b. Mar. 30, 1745	2	190
Martha, [d. Elnathan & Zerviah], b. Apr. 11, 1758	2	80
Mary, d. James, b. Dec. 3, 1674	1	72
Mary, w. of William, d. Aug.* last day, 1703 (*correction (Apr.) handwritten on original manuscript)	1	80
Mary, m. Samuel WILLCOCKS, Nov. 8, 1720	2	193
Mary, d. Timothy & Mary, b. June 5, 1728	2	185
Mary, m. Thomas TURNEY, Aug. 19, 1728	2	191
Mary, d. Elnathan & Mary, b. Nov. 13, 1728	2	190
Mary, d. Samuel & Elizabeth, b. Apr. 17, 1741	2	155
Mary, d. Elnathan & Mary, b. June 9, 1743	2	190
Mary, d. Amos & Mary, b. Nov. 23, 1745	2	142
Mary, [d. Elnathan & Zerviah], b. July 21, 1760	2	80
Mary, d. Luke & Lydia, b. Nov. 14, 1764	2	97
Mary, m. Dan PARMELE, Jan. 20, 1768	2	73
Mary J., m. Nelson P. HILLS, Oct. 6, 1859, by Rev. Levi Griswold	3	417
Mary Lane, [d. Peleg & Martha], b. Jan. 17, 1813	2	115
Mehetable, [d. Elnathan & Hannah], b. June 15, 1773	2	80
Melissa A., [d. Jedediah], b. June 27, 1835	2	45
Mercy, w. of Elias, 2d, d. Mar. 19, 1820	2	78
Miles, m. Marcy WELLMAN, Apr. 17, 1746	2	119
Miles, m. Esther TIBBELS, May 24, 1753	2	117
Moses, s. William & Ruhamah, b. Aug. 30, 1747	2	160
Moses, [d. Christopher & Neomey], b. May 12, 1774	2	88
Nancy, of Killingworth, m. Adam Lord PEPETTON, of Frankfort, N.Y., Nov. 28, 1831, by Rev. Luke Wood	3	381
Neome, d. Amos & Mary, b. Apr. 23, 1737	2	142
Neomey, d. Stiles & Marcy, b. Nov. 17, 1747	2	129
Naomy, m. Christopher STEEVENS, Sept. 27, 1764	2	74
Naomi, m. Christopher STEEVENS, Sept. 27, 1764	2	75
Nathan, [s. Daniel & Est[h]er], b. May 31, 1740	2	189
Nathan, m. [ ], Nov. 12, 1762	2	74
Nathaniel, m. Abigail BUELL, Feb. 17, 1737	2	145
Nathaniel, s. Nathaniel & Abigail, b. Oct. 8, 1739	2	153
Nathaniel, [s. Elias & Lusilla], b. Dec. 4, 1803	2	113
Nathaniel F., of Saybrook, m. Sarane T. WILCOX, of Killingworth, Nov. 27, 1832, by Rev. Luke Wood	3	386
Nehemiah, s. James & Hannah, b. June 26, 1713	1	77
Nehemia[h], m. Jane BENIT, Nov. 25, 1736	2	145
Olive, [d. Jonathan & Marcy], b. May 28, 1757	2	105
Olive, [d. Eliphalet & Susannah], b. Feb. 9, 1767	2	114
Olive, d. Roswell & Trial, b. Oct. 21, 1768	2	111
Olliver, s. Nathaniel & Abigail, b. Nov. 10, 1737	2	153
Oliver, m. Elizabeth PLATTS, Mar. 8, 1764	2	74
Oliver, [s. Hiel & Jane], b. Feb. 15, 1779	2	95
Oren Sherman, [s. Heman W. & Kasandra], b. Oct. 19, 1837	2	24
Orrin, s. Abel & Rachel, b. May 28, 1773	2	84
Osbon, [twin with Hubbal], s. Elnathan & Mary, b. Mar. 23, 1735	2	190
Pardon, [d. Samuell & Carterline], b. Dec. 6, 1773	2	99

BARBOUR COLLECTION

	Vol.	Page
STEVENS, STEAVENS, STEEVENS, (cont.)		
Parker, s. Thomas & Dorothy, b. June 13, 1743	2	158
Parker, [d. Thomas, Jr., & Sarah], b. Dec. 30, 1774	2	128
Parker, m. Roxanna HULL, Dec. 6, 1802	2	181
Parker, m. Polly RUTTY, June 16, 1813	2	181
Patience, d. James, b. Apr. 24, 1683	1	72
Patience, [d. Jonathan & Marcy], b. Sept. 16, 1748	2	105
Patience, d. Jonathan & Mascey, b. Sept. 16, 1748	2	148
Patience, m. Peter STEEVENS, Oct. 8, 1773	2	73
Peleg, [s. Thomas, Jr. & Sarah], b. July 4, 1780	2	128
Peleg, m. Martha REDFIELD, May 5, 1801	2	41
Peter, s. John, b. Jan.* 21, 1686 (*correction (Feb.) handwritten on original manuscript)	1	75
Peter, [s. James & Hannah], b. Dec. 9, 1751	2	157
Peter, m. Patience STEEVENS, Oct. 8, 1773	2	73
Phebe, d. Thomas, b. Feb. 21, 1672	1	69
Pheby, d. John, b. Jan. 18, 1684	1	75
Phebe, d. John, d. Nov. 4, 1688	1	80
Phebe, d. John, b. May 2, 1706	1	75
Phebe, d. Abraham & Rebecca, b. Sept. 6, 1742	2	153
Phebe, d. Josiah, b. June 12, 1751	2	108
Phebe, [d. Peter & Patience], b. [ ] 31, 1780	2	82
Philander, [s. Reuben, 2d, & Lydia], b. Sept. 3, 1799	2	85
Philander, m. Hetta HULL, Jan. 18, 1824, by A. King	3	366
Philetta, [d. Reuben, 2d, & Lydia], b. Oct. 11, 1803	2	85
Philetta, [d. of Philander & Hetta], b. June 30, 1828	2	122
Philip, s. Nathaniel & Abigail, b. Aug. 1, 1741	2	153
Phillip, m. Sarah KELCEY, Mar. 30, 1768	2	74
Phillip, s. Phillip & Sarah, b. Dec. 28, 1768	2	84
Philo, [s. Peleg & Martha], b. Nov. 20, 1803	2	115
Phenius, s. Timothy & Mary, b. Aug. 23, 1721	2	185
Phenias, s. Timothy & Mary, b. Apr. 25, 1733	2	185
Polly, [d. Aaron & Sarah], b. Dec. 28, 1766	2	98
Polly, [d. Oliver & Elizabeth], b. Jan. 5, 1767	2	91
Polly, [d. Reuben & Dencey], b. Mar. 22, 1769	2	94
Polly, m. Nathan PARMELE, Dec. 24, 1789	2	38
Polly, [d. Elias & Lusilla], b. May 30, 1790	2	113
Polly E., m. Henry STANNARD, b. of Killingworth, Oct. 7, [1835], by Lewis Foster	3	389
Polly Maria, [d. Reuben, 2d, & Lydia], b. Aug. 9, 1795	2	85
Rachel, d. Thad[d]eus & Rachel, b. May 10, 1748	2	130
Randolph P., m. Emily J. NORTON, Oct. 25, 1847, by E. Swift	3	406
Randolph Philander, s. Philander & Hetta, b. Dec. 6, 1824	2	122
Rebeckah, m. Edward RUTTEY, May 6, 1678	1	66
Rebecca, d. Joseph & Deborah, b. Feb. 2, 1723/4	2	179
Rebecca, d. Abraham & Rebecca, b. Mar. 12, 1740	2	153
Rebeckah, d. Josiah & Mary, b. Nov. 10, 1763	2	94
Rebina, [d. Daniel, 2d, & Neomy], b. Sept. 9, 1757	2	98
Rebina, m. Daniel BLATCHLEY, Jan. 27, 1780	2	38
Remember, w. of Thomas, d. Dec. 7, 1739	1	89
R[e]uben, [s. Daniel & Est[h]er, b. May 8, 1738	2	189
Reubern, [s. Reuben & Dency], b. June 17, 1766	2	94
Reuben, Jr., m. Lydia HULL, Dec. 11, 1791	2	38

KILLINGWORTH VITAL RECORDS

	Vol.	Page
STEVENS, STEAVENS, STEEVENS, (cont.)		
R[h]oda, [d. Nathan], b. Sept. 19, 1766	2	86
Rhoda, m. Charles E. WELLMAN, Oct. 19, 1846, by Rev. E. Swift	3	405
Roger, s. Abraham & Rebecca, b. Mar. 21, 1738	2	153
Rosetta, d. Daniel & Rachel, b. Mar. 6, 1801; d. Oct. 31, 1803	2	85
Rosel, s. Jeremiah & Concurrence, b. Dec. 7, 1737; d. Nov. 26, 1741	2	159
Roswell, s. Jonathan & Marcy, b. May 26, 1742	2	105
Ros[w]ell, s. Jonathan & Mascey, b. May 26, 1742	2	148
Rozell, [child of Daniel & Est[h]er], b. May 1, 1746	2	189
Roswell, m. Trial ROGERS, Dec. 30, 1768	2	73
Roswell, d. Dec. 3, 1773	2	72
Roswell, [s. Peter & Patience], b. Aug. 16, 1776	2	82
Roswell, [s. Peter & Patience], b. Sept. 16, 1776	2	85
Ruhamah, d. William & Ruhamah, b. Apr. 20, 1735	2	160
Ruhamah, [d. Christopher & Neomey], b. Oct. 25, 1768	2	88
Ruth, m. Eliakim HULL, Nov. 28, 1744	2	146
Sabra M., m. Harlow C. LEWIS, Dec. 5, 1847, by E. Swift	3	406
Sally, d. Elias, 2d, & Mercy, b. May 30, 1796	2	141
Sally, of Killingworth, m. Capt. Thomas COE, of Madison, Oct. 24, 1837, by Lewis Foster	3	395
Samuel, s. John & Elizabeth, b. May 7, 1718	2	180
Samuel, m. Elizabeth PLATZ, Jan. 31, 1726/7	2	193
Samuel, s. Samuel & Elizabeth, b. Dec. 22, 1727	2	155
Samuel, s. Amos & Mary, b. Oct. 22, 1739	2	142
Samuel, m. Hannah RUSSILL, Dec. 24, 1741	2	146
Samuel, m. Cat[h]erine WHITMAN, Oct. 29, 1759	2	117
Samuel, s. Sam[ue]ll & Carterline, b. Aug. 4, 1762	2	99
Samuel, [s. Hiel & Jane], b. June 24, 1773	2	95
Samuel, of Killingworth, m. Ann PROUT, of Durham, Feb. 25, 1838, by Rev. E. Swift	3	396
Samuel L., m. Polly Ann KELSEY, b. of Killingworth, Aug. 21, 1823, by Hart Talcott	3	366
Samuel Leander, [s. Elias & Lusilla], b. Oct. 18, 1796	2	113
Sarah, d. James, b. Jan. 20, 1680	1	72
Sarah, w. of Thomas, d. Feb. 4, 1691	1	80
Sarah, d. Thomas & Deborah, b. Dec. 15, 1700	2	179
Sarah, d. Joseph & Deborah, b. Sept. 8, 1718	2	182
Sarah, d. Daniel & Est[h]er, b. Apr. 17, 1729	2	189
Sarah, d. Joseph & Deborah, b. Mar. 18, 1731, at Branford	2	182
Sarah, d. Nehemiah & Jane, b. Apr. 15, 1741	2	154
Sarah, m. Silus WILLCOCKS, Aug. 27, 1747	2	119
Sarah, d. Nathaniel & Abigail, b. Mar. 30, 1749	2	153
Sarah, d. Charles & Sarry, b. Dec. 30, 1750	2	121
Sarah, w. of Charles, d. Feb. 18, 1750/1	2	68
Sarah, m. Charles STEEVENS, Apr. 24, 1759	2	120
Sarah, [d. Aaron & Sarah], b. Feb. 17, 1765	2	98
Sarah, m. Elisha KELCEY, 2d, Jan. 13, 1774	2	73
Sarah, m. Capt. Job WRIGHT, Feb. 9, 1775	2	73
Sarah, [d. Thomas, Jr. & Sarah], b. Oct. 27, 1777	2	128
Sarah, m. Aaron PARMELE[E], July 20, 1786	2	75
Sarah L., m. John MUNSON, of Wallingford, Nov. 27, 1851, by Rev. Hiram Bell	3	410
Seth, [s. Peter & Patience], b. May 19, 1788	2	82

130   BARBOUR COLLECTION

	Vol.	Page
STEVENS, STEAVENS, STEEVENS, (cont.)		
Silva, d. Reuben & Dency, b. Nov. 10, 1762	2	94
Silvia, d. Reuben, 2d, & Lydia, b. July 14, 1793	2	85
Simeon, s. Timothy & Mary, b. Aug. 2, 1723	2	185
Sophia L., m. Ellsworth HULL, Sept. 28, 1845, by Rev. E. Swift	3	403
Stiles, s. Jonathan & Deborah, b. June 26, 1723	2	195
Tempe, d. Sam[ue]ll & Hannah, b. Nov. 26, 1749	2	147
Thankfull, d. James & Hannah, b. Oct. 13, 1742	2	157
Thankful, d. Nathaniel & Abigail, b. Dec. 19, 1746	2	153
Thankfull, [d. Nathan], b. Dec. 11, 1768	2	86
Thankfull, d. of Jeremiah, of Killingworth, m. Leverett COOK, of Wallingford, Dec. 29, 1830, by Samuel West	3	380
Thomas, Sr., d. Nov. 18, 1685	1	80
Thomas, m. Hannah EVETS, June 3, 1686	1	67
Thomas, s. Joseph & Deborah, b. Feb. 8, 1714/5	2	179
Thomas, s. Joseph & Deborah, b. Feb. 8, 1714/15	2	182
Thomas, m. Remember BALDWIN, Feb. 3, 1731/2	2	191
Thomas, m. Dorothy PARKER, May 11, 1740	2	145
Thomas, s. Thomas & Rem[em]ber, b. Feb. 6, 1741	2	157
Thomas, Jr., m. Sarah REDFIELD, June 4, 1770	2	75
Thomas, [s. Thomas, Jr. & Sarah], b. Nov. 25, 1787	2	128
Thomas A., m. Maria L. CRANE, Jan. 1, 1838, by Rev. E. Swift	3	396
Thomas Alfred, s. Parker & Polly, b. June 10, 1814	2	24
Thomas Alfred, s. Parker & Polly, b. June 10, 1814	2	181
Timothy, d. Feb. 21, 1711/12	1	80
Timothy, m. Mary TOOLEY, Nov. 30, 1720	2	193
Wealthian, d. Samuel & Caterline, b. Apr. 8, 1759	2	99
Wealthy, [d. Samuell & Carterline], b. May 6, 1765	2	99
William, s. John, b. Sept. 24, 1702* (*correction (170[1]) handwritten on original manuscript)	1	75
William, s. Samuel & Maletiah, b. Feb. 2, 1715/16	2	160
William, m. Ruhamah EARL, Aug. 26, 1734	2	191
William, s. William & Ruhamah, b. Sept. 1, 1736	2	160
William, s. Christopher & Neomey, b. Feb. 22, 1767	2	88
William, [s. Luke & Lydia], b. Oct. 6, 1767	2	97
W[illia]m H., m. Sarah M. GRISWOLD, Nov. 24, 1858, by Rev. Hiram Bell	3	416
William Henry, s. Heman W. & Parmelia, b. Aug. 12, 1831	2	24
William Parker, [s. Parker & Roxanna], b. July 6, 1811	2	181
William Parker, [s. Parker & Polly], b. Mar. 31, 1816	2	24
William Parker, [s. Parker & Polly], b. Mar. 31, 1816	2	181
Zedy, d. John & Elizabeth, b. June 26, 1721	2	180
Ziruah, d. Israel & Lydia, b. Aug. 17, 1734	2	160
Zeruia, d. Israel & Lidea, d. June 28, 1738	1	89
Zeruia, d. Israel & Lydia, b. Apr. 28, 1739	2	160
Zerviah, m. Jonathan KELCEY, Dec. 18, 1760	2	118
Zerviah, w. of Elnathan, 2d, Aug. 10, 1765	2	72
Zerviah, [d. Elnathan & Hannah], b. Jan. 18, 1768	2	80
-----, 3d, s. of Jonathan & Mascey, b. Apr. 13, 1747; d. Apr. 20, 1747	2	148
-----, s. [Parker & Polly], b. June 12, 1827	2	24
STILES, Dorkes, m. John SHETHER, Jan. 7, 1712/13	2	192
STOCKES, Charles E., of Westbrook, m. Laura BUELL, of Killingworth, Sept. 18, 1851, by Rev. Hiram Bell	3	409

KILLINGWORTH VITAL RECORDS 131

	Vol.	Page
STODDARD, [see also STUDERD], Zophar C., of New Haven, m. Orpha GRISWOLD, of Killingworth, Jan. 23, 1821, by Asa King, V.D.M.	3	359
STONE, Abner Hill, s. Jedediah, Jr. & Molle, b. Apr. 17, 1789	2	121
Alvord A., m. Lydia A. EVARTS, Oct. 16, 1850, by Rev. E. G. Swift	3	409
Anne, [d. Jedediah & Irene], b. June 19, 1761	2	33
Gilbert S., m. Sabrina FRANCIS, Jan. 4, 1860, by Rev. H. Scofield	3	417
Irene, [d. Jedediah & Irene], b. Sept. 22, 1771	2	33
Irene, [d. Julius & Molly], b. Mar. 15, 1806	2	131
Irene, w. of Jedediah, d. Oct. 8, 1809	2	33
Jedediah, m. Irene HILL, July 9, 1755	2	33
Jedediah, [s. Jedediah & Irene], b. June 26, 1757	2	33
Jedediah, Jr., m. Molly TOST(?), June 19, 1788 (POST?)	2	39
Jedediah, d. Jan. 19, 1816	2	78
Jedediah, 2d, m. Philite PARMELE[E], Nov. 17, 1825, by Asa King	3	371
Jedediah, m. Matilda PARMELEE, Oct. 22, 1845, by Rev. E. Swift	3	403
John, of Madison, m. Julia A. REDFIELD, of Killingworth, Nov. 29, 1838, by Rev. E. Swift	3	398
Julius, [s. Jedediah & Irene], b. Sept. 7, 1769	2	33
Julius, s. Julius & Molly, b. Aug. 21, 1801	2	131
Julius, m. Rhoda LEET, May 19, 1846, by Rev. E. Swift	3	404
Lois, [d. Jedediah & Irene], b. Oct. 22, 1777; d. Nov. 4, 1797	2	33
Mary A., m. Reuben HUBBARD, Jan. 4, 1860, by Rev. H. Scofield	3	417
Mine, [child of Jedediah & Irene], b. July 9, 1764	2	33
Olive A., of Madison, m. Charles D. KELSEY, of Killingworth, Oct. 18, 1843, by Rev. E. O. Beers. Witnesses: David P. Kelsey, Millesant P. Beers	3	402
Thankfull, m. Nathan WILLCOCKS, Jan. 11, 1760	2	118
Willys, [s. Jedediah, Jr. & Molle], b. Oct. 3, 1793	2	121
-----, child of [Jedediah & Irene], st. b. July 13, 1756	2	33
STOREY, Nehemiah, m. Zediah TURNER, Mar. 16, 1780	2	75
STREET, Elizabeth, d. Robert & Lydia, b. Feb. 4, 1771	2	84
Robert, m. Elizabeth KELCEY, Mar. 10, 1767	2	74
STRONG, Patience, m. Jonathan LANE, Sept. 17, 1730	2	191
Submit, m. Josiah HULL, Mar. 19, 1739	2	145
STUBELL, Sarah, m. Josiah STEVENS, June 25, 1699	1	67
STUDERD, [see also STODDARD], Sarah, Mrs., m. Rev. Will[ia]m SEWARD, Nov. 11, 1775	2	73
SWAN, W[illia]m H., m. Sarah A. SNOW, Aug. 26, 1857, by Rev. N. J. Burton, at Fair Haven	3	415
TALLMAGE, Sarah, m. Nathaniel FARNUM, Sept. 23, 1724	2	193
TAYLOR, TAILOR, Abigail, of Killingworth, m. Peckham HALL, of R.I., Mar. 4, 1832, by Rev. Nathaniel Kellogg	3	382
Susannah, m. Edward WILLCOX, Jan. 4, 1801	2	33
TEAL, TEEL, TEELL, TEELLS, Benj[ami]n, s. Oliver & Ruth, b. Oct. 4, 1748	2	125
Metelday, d. Oliver & Ruth, b. Feb. 1, 1750	2	125
Oliver, m. Ruth HURD, Nov. 14, 1747	2	119
Phebe, d. Sam[ue]ll & Dianah, b. Jan. 2, 1754	2	132
Samuel, m. Diannah CHITTENDEN, Nov. 3, 1756	2	117
Samuel, m. Hannah FIELD, Jan. 13, 1757	2	117
Sarah, d. Jesse & Elizabeth, b. Nov. 17, 1747	2	126

	Vol.	Page
TECY, Elizabeth had s. Samuel, b. May 5, 1730	2	155
Samuel had s. Elizabeth, b. May 5, 1730	2	155
THATCHER, Anna, m. Nathan LANE, Mar. 2, 1742	2	146
Mary, m. Robert LANE, July 4, 1744	2	146
THOMPSON, [see also **THOMSON**], Daniel, of Durham, m. Harriet WRIGHT, of Killingworth, Mar. 29, 1831, by Rev. Nathaniel Kellogg. Witnesses: Barber Grinnell, Clarissa Johnson	3	380
Hiram, m. Marilla HILL, b. of Killingworth, Nov. 28, 1839, by Rev. E. Swift	3	398
THOMSON, [see also **THOMPSON**], Andrew Jackson, [s. Charles & Lydia], b. Feb. 7, 1821	2	130
Daniel, s. Charles & Lydia, b. Jan. 24, 1811	2	130
Edward, [s. Charles & Lydia], b. Mar. 24, 1817	2	130
Lydia Dianna, [d. Charles & Lydia], b. Dec. 13, 1814	2	130
William, [s. Charles & Lydia], b. Oct. 14, 1812	2	130
TIBBELS, TIBBELL, Esther, m. Miles STEEVENS, May 24, 1753	2	117
Nancy, of Haddam, m. David BAILEY, Dec. 8, 1831, by Asa King	3	381
Nathan, Rev., of The New York Annual Conference,, m. Huldah F. KELSEY, of Killingworth, June 6, 1847, by Rev. Aaron S. Hill	3	406
TISDEL, Phebe, [d. Will[ia]m & Sarah], b. Feb. 24, 1778	2	80
Rebeckah, d. Will[ia]m & Sarah, b. Jan. 31, 1773	2	80
Sarah, [d. Will[ia]m & Sarah], b. Oct. 31, 1776	2	80
Will[ia]m, [s. Will[ia]m & Sarah], b. Jan. 27, 1775	2	80
TOLES, W[illia]m, Dr., m. Elizabeth M. WILCOX, June 22, 1826, by Asa King	3	372
TOOLEY, TOOLE, Abigail, d. Andrew & Abigaile, b. June 25, 1745	2	162
Agness, d. Cristanda, b. Dec. 14, 1664	1	74
Amos, of Madison, m. Harriet BRISTOL, of Killingworth, Nov. 2, 1828, by Rev. Peter G. Clark	3	377
Andrew, s. Cristanda, b. June 3, 1690	1	74
Andrew, s. Andrew & Sarah, b. Feb. 4, 1715/6	2	160
Andrew, m. Abigail STEEVENS, Nov. 24, 1735	2	145
Andrew, s. Andrew & Abigail, b. Apr. 9, 1741	2	162
Andrew, d. [ ], 1783, ae 73 y.	2	76
Benjamin, s. Christopher & Concurrence, b. Sept. 9, 1758	2	94
Christopher, d. Jan. 28, 1717/8	1	81
Christopher, s. Joseph & Hannah, b. Oct. 2, 1737	2	128
Christopher, [s. Christopher & Concurrence], b. Dec. 27, 1760	2	94
Cristanda*, twin with Elizabeth, s. Cristanda*, b. Oct. 4, 1692 (*corrections (ouer & Cristouer, respectively) handwritten on original manuscript)	1	74
Elizabeth, twin with Cristanda, d. Cristanda, b. Oct. 4, 1692	1	74
Est[h]er, d. Cristanda & Elizabeth, b. Aug. 9, 1705	1	74
Frederick W., of Killingworth, m. Grace V. DOUD, of Madison, June 6, 1856, by Phinehas Blakeman, at North Madison	3	414
Gershom, s. Joseph & Hannah, b. Apr. 2, 1741	2	128
Hannah, [twin with Josiah], d. Joseph & Hannah, b. Feb. 14, 1752	2	128
Jeremiah, s. Andrew & Abigail, b. Apr. 11, 1736	2	162
Jeremiah, d. Sept. 13, 1752	2	69
Johannah, b. Dec. 18, 1702	1	74
John, s. Cristanda, b. July 23, 1697	1	74
John, s. Andrew & Abigail, b. Sept. 29, 1739	2	162

	Vol.	Page
TOOLEY, TOOLE, (cont.)		
John, s. William & Hannah, b. June 3, 1761	2	112
John, d. Mar. 30, 1785, ae 88 y.	2	76
Joseph, s. Joseph & Hannah, b. Feb 2, 1739	2	128
Joseph, m. Ann **HOLIBURT**, Oct. 26, 1753	2	120
Josiah, [twin with Hannah], s. Joseph & Hannah, b. Feb. 14, 1752	2	128
Judeth, d. Cristanda, b. Nov. 29, 1687	1	74
Lemuel, s. Joseph & Hannah, b. Jan. 2, 1749	2	128
Mary, b. June 4, 1700	1	74
Mary, m. Timothy **STEEVENS**, Nov. 30, 1720	2	193
Peter, s. Andrew & Abigail, b. Apr. 9, 1743	2	162
Samuel, s. Andrew & Abigail, b. Oct. 5, 1737	2	162
Samuel, d. Apr. 30, 1777 (Arnold Copy has "Pully")	2	72
Sarah, m. Abraham **WILLCOCKS**, Apr. 15, 1742	2	146
Temperance, d. Joseph & Hannah, b. Apr. 13, 1744	2	128
William, b. Sept. 23, 1694	1	74
TOST, Molly, m. Jedediah **STONE**, Jr., June 19, 1788	2	39
TOWNER, Abraham, m. Sibel **BUSHNELL**, Feb. 2, 1763	2	118
Betsey, [d. Reuben & Dorothy], b. Apr. 15, 1783	2	100
Dolly Smith, [d. Reuben & Dorothy], b. Dec. 12, 1793	2	100
Fanny R., m. Buckminster B. **ELDERKIN**, b. of Killingworth, June 20, 1824, by Rev. Pierpont Brocket	3	368
Heman, [s. Reuben & Dorothy], b. June 26, 1791	2	100
John Smith, [s. Reuben & Dorothy], b. Mar. 15, 1785	2	100
Leonard, [s. Reuben & Dorothy], b. July 28, 1789	2	100
Luther, [s. Reuben & Dorothy], b. June 29, 1796	2	100
Lydia, m. Ichabod **WARD**, Jan. 21, 1781	2	75
Reuben, m. Dorothy **SMITH**, June 7, 1781	2	38
Reuben, s. Reuben & Dorothy, b. Oct. 19, 1781	2	100
Richard, m. Deborah **CRANE**, Mar. 6, 1716	2	192
Selden, [s. Reuben & Dorothy], b. Mar. 10, 1787	2	100
Silvia, m. Nathaniel **GRISWOLD**, Feb. 7, 1821, by Asa King, V.D.M.	3	359
TREAT, Elizabeth, m. Adam **STANTON**, Dec. 4, 1777	2	38
TRIBBLE, Anson, m. Dancy **DOUD**, b. of Killingworth, Aug. 16, 1820, by Rev. Hart Talcott. Int. pub.	3	358
Anson, m. Sophronia **REDFIELD**, Apr. 15, 1849, by Rev. E. Swift	3	407
TRIP, Eli B., of Saybrook, m. Lydia **HULL**, of Killingworth, Nov. 28, 1839, by Rev. E. Swift	3	398
TROYDEL(?), Will[ia]m, m. Sarah **ISBEL**, Dec. 30, 1772	2	73
TRYON, [see also **TURNERRY**], Stephen, m. Abigail **PIERSON**, b. of Killingworth, Jan. 15, 1821, by Hart Talcott	3	360
TUCKER, Hiram, m. Amelia A. **HULL**, July 6, 1846, by Rev. E. Swift	3	405
Stephen, m. Elizabeth **WARD**, June 25, 1767	2	74
TURNER, [see also **TURNERRY** and **TURNEY**], Abraham, s. Benjamin & Martha, b. Aug. 6, 1726	2	187
Abraham, m. Martha **DAVIS**, Dec. 25, 1744	2	146
Abraham, m. Hannah **SMITH**, Jan. 24, 1752	2	120
Abraham, m. Hannery **ELY**, Apr. 3, 1766	2	74
Abrah[a]m Ely, [s. Abraham & Hannah], b. Nov. 13, 1767; d. Nov. 15, 1768	2	107
Abrah[a]m Ely, [s. Abraham & Hannah], b. June 4, 1771	2	107
Adeline, m. Stephen T. **NORTON**, June 6, 1861, by Rev. Hiram		

	Vol.	Page
TURNER, (cont.)		
Bell	3	418
Anna, [d. Abraham & Hannah], b. June 9, 1775	2	107
Benjamin, m. Martha **CHAPMAN**, Mar. 31, 1720	2	193
Benjamin, s. Benjamin & Martha, b. May 27, 1722	2	187
Benjamin, Jr., m. Elizabeth **GRIFFEN**, Nov. 15, 1753	2	120
Calvin, [s. Abraham & Hannah], b. Aug. 19, 1773	2	107
Constant, [d. Abraham & Hannah], b. Apr. 3, 1777	2	107
Constantine, s. Abra[ha]m & Hannah, b. May 1, 1754	2	107
Elizabeth, d. Benjamin & Martha, b. Jan. 17, 1720/1	2	187
Emeline, m. Anson **KELSEY**, b. of Killingworth, Jan. 11, 1826, by Rev. Pierpont Brocket	3	371
Eunice E., m. Dudley P. **ROSS**, b. of Killingworth, [Nov.] 4, [1829], by Benjamin R. Skinner	3	378
Hannah, d. Abraham & Hannah, b. Dec. 29, 1760	2	107
Hannah, w. of Abraham, d. Jan. 19, 1761	2	71
Hannah, m. Nathan **BUEL**, Jan. 23, 1792	2	39
Isaac, s. Benjamin & Martha, b. Feb. 10, 1727/8	2	187
Isaac, m. Mary **BALDWIN**, Sept. 14, 1758	2	120
Jacob, s. Benjamin & Martha, b. May 3, 1731	2	187
Jacob, m. Jane **WOODWORTH**, Aug. 15, 1754	2	117
Jane, m. Samuel E. **TYLER**, b. of Killingworth, Mar. 25, 1832, by Rev. Nathaniel Kellogg	3	382
Jemima, d. Benjamin & Martha, b. Feb. 23, 1733/4	2	187
Jemima, m. Dan **KELCEY**, Feb. 5, 1753	2	120
John, [twin with Martha], s. Benj[ami]n & Elizabeth, b. Nov. 4, 1764	2	143
John, [s. Abraham & Hannah], b. Apr. 13, 1768	2	107
John Arnold, [s. John & Ruth], b. Feb. 27, 1810	2	96
Julia, d. Rufus & Sarah, b. June 5, 1820	2	16
Julia, of Killingworth, m. W[illia]m K. **VAILL**, of New York, Jan. 17, 1842, by Rev. E. Swift	3	401
Lucey, d. Benjamin & Martha, b. July 16, 1739	2	187
Lidea, d. Benjamin & Martha, b. Jan. 31, 1746/7	2	143
Martha, d. Benjamin & Martha, b. Jan. 21, 1723/4	2	187
Martha, m. Nathaniel **KELCEY**, June 20, 1746	2	119
Mathea, w. of Benjamin, Jr., d. June 1, 1752	2	70
Martha, w. of Benj[ami]n, d. Aug. 30, 1752	2	69
Martha, [twin with John], d. Benj[ami]n & Elizabeth, b. Nov. 4, 1764	2	143
Mereb, [child of Abraham & Hannah], b. Nov. 3, 1769	2	107
Oreb, [s. Abraham & Hannah], b. June 17, 1756	2	107
Paul, s. Benjamin & Martha, b. May 25, 1748	2	143
Pall, s. Benj[ami]n, Jr., d. Nov. 15, 1751	2	69
Paul, [s. Benjamin & Martha], b. Feb. 16, 1752	2	143
Peter, s. Benjamin & Martha, b. Oct. 3, 1745	2	143
Peter, s. Benj[ami]n, Jr., d. Dec. 16, 1751	2	69
Polly, m. David **PARMELE**, Dec. 5, 1787	2	38
R[e]uben, s. Benjamin & Martha, b. Aug. 24, 1736	2	187
Rosannah, [d. Jacob & Jane], b. Apr. 8, 1759	2	112
Ruth, w. of John, d. May 3, 1810	2	78
Sabre, d. Abraham & Hannah, b. July 12, 1752	2	107
Sidney, [s. Rufus & Sarah], b. Dec. 23, 1823	2	16
Solomon, s. Benj[ami]n & Martha, b. Dec. 8, 1749	2	143

KILLINGWORTH VITAL RECORDS 135

	Vol.	Page
TURNER, (cont.)		
Submit, d. Isaac & Mary, b. Dec. 20, 1749	2	121
Submit, m. Samuel GRISWOLD, Mar. 4, 1773	2	38
Sylvester W., m. Sarah G. SELDEN, Sept. 14, 1848, by Rev. E. G. Swift	3	407
Sylvester Worster, [s. Rufus & Sarah], b. Mar. 12, 1822	2	16
William, s. Jacob & Jane, b. Jan. 7, 1756	2	112
William Abraham Dailey, s. John & Ruth, b. Jan. 6, 1809	2	96
Zediah, m. Nehemiah STOREY, Mar. 16, 1780	2	75
TURNERRY, [see also TURNER AND TRYON], Abigayle, d. Ananias, b. Feb. 14, 1674	1	71
John, s. Ananias, b. May 12, 1669	1	71
John, s. Ananias, b. Oct. 7, 1670	1	71
Thomas, s. Ananias, b. Apr. 7, 1673	1	71
TURNEY, [see also TURNER AND TURNERRY], Thomas, m. Mary STEEVENS, Aug. 19, 1728	2	191
TYLER, Catharine C., m. Eber NEAL, Feb. 7, 1848, by E. Swift	3	407
Drusilla A., of Haddam, m. Nathan T. DICKINSON, Sept. 27, 1830, by Asa King	3	379
Horace J., m. Almira M. PHELPS, Oct. 9, 1850, by Rev. E. G. Swift	3	409
Lydia, of Killingworth, m. William BARTHOLOMEW, of Wallingford, Aug. 27, 1835, by Rev. E. Swift	3	387
Samuel E., m. Jane TURNER, b. of Killingworth, Mar. 25, 1832, by Rev. Nathaniel Kellogg	3	382
VAILL, W[illia]m K., of New York, m. Julia TURNER, of Killingworth, Jan. 17, 1842, by Rev. E. Swift	3	401
WAKELEY, [see also WALKLEY], Esther, m. David WRIGHT, May 27, 1742	2	146
WALDRON, Abigail, d. Nath[anie]ll, b. June 31 (sic), 1761	2	92
Buzi, [child of Nath[anie]ll], b. Apr. 8, 1765	2	92
Rachel, [d. Nath[anie]ll], b. Apr. 7, 1763	2	92
WALKER, Elizabeth, m. Jared ELIOT, Jr., May 10, 1757	2	117
Sarah, Mrs., m. Joseph ELIOT, June 7, 1748	2	119
WALKLEY, [see also WAKELEY], Mary A., m. Martin SNOW, Oct. 25, 1832, by Rev. Luke Wood	3	383
WALLSTONE, John, m. Annah WRIGHT, Feb. 6, 1677	1	67
Thomas, s. Job*, b. Nov. 13, 1674* (*corrections (Joh[n]) and (1678), respectively, handwritten on original manuscript)	1	69
WARD, WARDE, Abi, d. Pelatia & Jerusha, b. July 2, 1734	2	189
Abi, d. Pelatia & Jerusha, b. Sept. 27, 1745	2	189
Abigayle, d. Andrew, b. Sept. 15, 1672	1	73
Abigail, d. Pelatia & Jerusha, b. Jan. 22, 1731/2	2	189
Ambrose, s. Peter & Deborah, b. Dec. 6, 1747	2	184
Ambrose, m. Lois MAYGS*, Jan. 2, 1771 *(Meigs)	2	73
Ambrose, m. Loes WARD*, Jan. 2, 1771 *(Should be "Meigs")	2	184
Andrew, m. Deb[o]rah GAY*, Nov. 19, 1691 (*correction handwritten on original manuscript)	1	67
Ann, d. Josiah & Phebe, b. Nov. 28, 1728	2	190
Annah, d. Pelatia & Jerusha, b. Apr. 28, 1740	2	189
Asael, s. Pelatia & Jerusha, b. Nov. 20, 1726	2	189
Assel, m. Esther FRANKLIN, Dec. 4, 1748	2	119
Cloy, d. Peter & Deborah, b. Jan. 1, 1743/4	2	184
David, s. Josiah & Phebe, b. May 18, 1739	2	190

	Vol.	Page
WARD, WARDE, (cont.)		
Deborah, d. Peter & Deborah, b. Feb. 21, 1733/4	2	184
Deborah, [twin with Joy], d. Peter & Deborah, b. Oct. 2, 1739	2	184
Deborah, w. of Peter, d. May 7, 1750	2	68
Deborah, [d. Levi & Mary], b. June 12, 1774	2	86
Elizabeth, m. Stephen **TUCKER**, June 25, 1767	2	74
Esther, d. Ira & Ledy, b. May 4, 1726	2	189
Fanny, d. Ichabod & Lydia, b. Apr. 11, 1782	2	131
Hester, d. Andrew, b. May 2, 1684	1	73
Hester, d. Andrew, d. June 17, 1684	1	79
Ichabod, s. Peter & Mary, b. Apr. 2, 1707	1	78
Ichabod, s. Pelatia & Jerusha, b. Nov. 11, 1736	2	189
Ichabod, s. Pelatia & Jerusha, b. May 1, 1743	2	189
Ichabod, s. Peter & Deborah, b. Mar. 1, 1750	2	184
Ichabod, m. Lydia **TOWNER**, Jan. 21, 1781	2	75
Ira, s. Peter, b. Aug. 30, 1704	1	78
Ira, m. L[y]dia **PARMELE[E]**, Oct. [ ], 1730	2	193
James, s. Ira & Ledy, b. Feb. 8, 1728/9	2	189
James, m. Mary **WILLCOCKS**, July 14, 1751	2	120
James, m. Amy **CRANE**, Feb. 6, 1754	2	120
Jerusha, d. Pelatia & Jerusha, b. Dec. 11, 1728	2	189
Jerusha, d. Josiah & Phebe, b. Dec. 26, 1738	2	190
Jerusha, m. Noah **ISBEL**, Dec. 28, 1748	2	119
John, s. Andrew, b. Mar. 16, 1671	1	73
John, s. Levi & Mary, b. June 11, 1769	2	86
Josiah, s. Josiah & Phebe, b. June 7, 1734	2	190
Joy, [twin with Deborah], d. Peter & Deborah, b. Oct. 3, 1739	2	184
Lebatia, m. Jerusha **KELCEY**, Dec. 30, 1725	2	193
Levi, s. Peter & Deborah, b. Nov. 26, 1745	2	184
Levi, m. Mary **MEIGS**, June 8, 1765	2	74
Levi, [s. Levi & Mary], b. July 29, 1771	2	86
Ledy, d. Ira & Ledy, b. Sept. 7, 1727	2	189
Lidea, m. Giels **WILLCOCKS**, Aug. 8, 1749	2	120
Loes, m. Ambrose **WARD**, Jan. 2, 1771 (Arnold Copy has "Lois Ward") (Meigs handwritten in margin of original manuscript)	2	184
Mary, d. Peter & Mary, b. Apr. 10, 1713	1	78
Mary, m. John **PALMER**, Jan. 15, 1729/30	2	191
Mary, d. Pelatia & Jerusha, b. Mar. 12, 1730	2	189
Mary, m. John **GRISWOLD**, Jr., Jan. 13, 1748/9	2	119
Mary, w. of James, d. Feb. 9, 1753	2	69
Marib, d. Ira & Ledya, b. Sept. 13, 1733	2	189
Merab, m. Peleg **DOWD**, July 2, 1752	2	120
~~Meteniah~~*, d. Peter & Mary, b. Mar. 24, 1718 (*correction (Marcy) handwritten in margin of original manuscript)	1	78
Matteni, d. Ira & Ledya, b. July 25, 1737	2	189
Meteniah, m. Jeremiah **BUELL**, May 7, 1741	2	146
Mindwell, d. Josiah & Phebe, b. Jan. 27, 1736	2	190
Molle, d. Ira & Ledya, b. Nov. 21, 1742	2	189
Molly, m. Rufus **HANDY**, Aug. 16, 1767	2	74
Naome, d. Peter & Deborah, b. Jan. 1, 1736/7	2	184
Neomy, m. Jarius **HANDY**, May 15, 1755	2	117
Pelatiah, s. Peter, b. Dec. 27, 1699	1	78
Peter, s. Andrew, b. Oct. 14, 1676	1	73

KILLINGWORTH VITAL RECORDS 137

	Vol.	Page
WARD, WARDE, (cont.)		
Petter, m. Mary JOY, Mar. 30, 1698	1	67
Peter, s. Peter & Mary, b. Oct. 11, 1709	1	78
Peter, m. Deborah BUELL, Apr. 13, 1733	2	191
Peter, Jr., m. Hannah ISBEL, Feb. 5, 1752	2	120
Peter, Jr., d. Dec. 23, 1755	2	70
Peter, Capt., d. Dec.18, 1763	2	71
Phebe, d. Josiah & Phebe, b. June 29, 1727	2	190
Polly, [d. Ichabod & Lydia], b. Aug. 15, 1791	2	131
Rebecca, d. Josiah & Phebe, b. Sept. 13, 1730	2	190
Samuell, s. Andrew, b. Sept. 24, 1680	1	73
Samuell, s. Andrew, d. Aug.* 30, 1681 (*correction (Apr.) handwritten on original manuscript)	1	79
Sarah, d. Andrew, b. Nov. 15, 1674	1	73
Sarah, d. Ira & Lydia, b. May 5, 1732	2	189
Sarah, m. Barnabus WELLMAN, Apr. 7, 1752	2	120
Simon Peter, s. Peter & Deborah, b. Oct. 19, 1737	2	184
Submit, d. Asael & Est[h]er, b. Mar. 2, 1750	2	124
Temperance, d. James & Mary, b. Mar. 9, 1752	2	131
Temperence, m. Elias ISBELL, Sept. 24, 1772	2	38
Tryall, d. Ira & Lydia, b. Aug. 7, 1730	2	189
William, s. Andrew, b. Oct. 18, 1678	1	73
William, [s. Ichabod & Lydia], b. June 13, 1785	2	131
WARDELL, D. Clinton, of Augusta, N.Y., m. Harriett S. HURD, of Killingworth, May 5, 1833, by Rev. Luke Wood	3	383
WASCOT, Ruth, m. Samuel WILLCOXSON, Jan. 1, 1696	1	67
WATROUS, WATEROUS, Aba, [child of Joseph & Abigail], b. Nov. 23, 1757	2	148
Amelia, of Killingworth, m. Hezekiah BURLINGHAM, of Essex Borough, Jan. 25, 1826, by Rev. Pierpont Brocket	3	372
Amos D., m. Adeline A. POST, of Killingworth, Feb. 18, 1827, by Asa King	3	374
Elezier, [twin with Josiah], s. Joseph & Abigail, b. Apr. 8, 1755	2	148
Elizabeth, d. Joseph & Abigail, b. Apr. 24, 1742	2	148
Emery C., of Chester, m. Lydia JONES, of Chester, Nov. 26, [1854], by Rev. Hiram Bell	3	412
Grace, m. Daniel CHITTENDEN, Dec. 1, 1751	2	117
Hepsibath, [d. Joseph & Abigail], b. Aug. 22, 1752	2	148
James, s. Joseph & Abigail, b. Mar. 13, 1744	2	148
John, s. Joseph & Abigail, b. Jan. 19, 1747/8	2	148
Joseph, m. Mary BUELL, Feb. 3, 1713/14	2	192
Joseph, m. Abigail BALDWIN, July 6, 1741	2	146
Josiah, [twin with Elezier], s. Joseph & Abigail, b. Apr. 8, 1755	2	148
Leander, m. Martha A. EVARTS, Nov. 24, 1859, by Rev. Hiram Bell	3	417
Mary S., of Killingworth, m. Joseph B. WILLCOX, of Saybrook, Sept. 20, 1835, by Rev. Lewis Foster	3	389
Sarah, m. John CARTER, Jr., Nov. 25, 1760	2	118
Sidney, m. Artemissia D. HULL, Oct. 24, 1858, by Rev. Hiram Bell	3	416
Submit, d. Joseph & Abigail, b. Mar. 3, 1746	2	148
WELLMAN, WALLMAN, WELMAN, WILLMAN, Barnabus, s. Gideon & Concurrance, b. June 17, 1730	2	184
Barnabus, m. Sarah WARD, Apr. 7, 1752	2	120

	Vol.	Page
WELLMAN, WALLMAN, WELMAN, WILLMAN, (cont.)		
Barnabus, [s. Barnabus & Sarah], b. Sept. 15, 1756	2	105
Beniamin, s. William, b. Dec. 26, 1697	1	76
Benjamin, s. William & Ruth, b. Jan. 12, 1726/7	2	186
Benjamin, m. Mary DIVOLL, Nov. 13, 1755	2	117
Benjamin, m. Patience GRISWOLD, Feb. 28, 1756	2	120
Benjamin, [s. Zadock], b. Feb. 18, 1772	2	100
Charles E., m. Rhoda STEVENS, Oct. 19, 1846, by Rev. E. Swift	3	405
Chauncey, d. Nov. 24, 1841	2	66
Concurrance, [twin with Lydia], d. Gideon & Concurrance, b. Sept. 8, 1733	2	184
Concurrence, w. of Gideon, d. Feb. 14, 1740	1	89
David, [s. Zadock & Sarah], b. Jan. 4, 1776	2	100
Elihu, s. Gideon & Concurrance, b. Dec. 19, 1724	2	184
Elihu, m. Ame GRIFFEN, Apr. 17, 1744	2	146
Elihu, s. Elihu & Ame, b. Mar. 1, 1747/8	2	130
Elijah, s. William & Margaret, b. June 8, 1776	2	89
Elizabeth, m. Jared GAY, May 23, 1671	1	66
Elizabeth, m. John SHETHEN*, Jan. 9, 1678 (correction (R) handwritten on original manuscript)	1	66
Elizabeth, d. William & Ruth, b. Mar. 18, 1723	2	186
Elizabeth, w. of William, d. Jan. 5, 1728/9, ae 68	1	81
Elizabeth, w. of William, d. Oct. 27, 1732	1	81
Elizabeth, m. Josiah ROSSETTER, Apr. 12, 1744	2	146
Elizabeth, d. Zadock & Sarah, b. May 4, 1774	2	100
Emily E., m. John L. WILCOX, b. of Killingworth, Mar. 28, 1839, by Rev. E. Swift	3	398
Freelove, d. Barnabus & Sarah, b. May 22, 1753	2	105
Gideon, s. William, b. May 2, 1694	1	76
Gideon, m. Concurrence HULL, Apr. 14, 1720	2	193
Gideon, s. William & Ruth, b. June 17, 1735	2	186
Gideon, s. William, d. Dec. 31, 1736, ae 18 m.	1	80
Gideon, s. William & Ruth, b. Sept. 30, 1737	2	186
Gideon, m. Rebecca DOWD, Feb. 13, 1741	2	146
Gideon, s. William, d. Dec. 7, 1762	2	71
Gidion, s. Benj[ami]n & Molly, b. May 21, 1763; d. Sept. 9, 1763	2	110
Gideon, s. Benj[ami]n & Molly, b. Oct. 3, 1764	2	110
Grace, d. William, Jr., & Margaret, b. Oct. 20, 1752	2	107
Hannah, d. William & Ruth, b. Dec. 27, 1744	2	186
Hannah, d. Zadock & Sarah, b. Dec. 9, 1758	2	100
Hannah, [d. Zadock & Sarah], b. June 26, 1764	2	100
Henry L., m. Eliza F. STEVENS, Oct. 20, 1859, by Rev. Hiram Bell	3	417
James, s. Barnabus & Sarah, b. June 10, 1763	2	105
Jemima, m. George HULL, Jr., Dec. 11, 1782	2	116
Jerusha, d. William & Ruth, b. Apr. 1, 1732	2	186
Jerusha, m. Gideon PARKER, Feb. 27, 1755	2	117
Jerusha, [d. Benjamin & Molly], b. Jan. 27, 1767	2	110
Joel, [s. William & Margaret], b. Sept. 2, 1758	2	107
John, [s. Barnabus], b. Jan. 9, 1761	2	105
John, s. Benj[ami]n & Molly, b. Apr. 8, 1761	2	110
John, m. Lydia STANNARD, b. of Killingworth, Oct. 14, 1824, by [ ]	3	368
John Spencer, [s. Zadock], b. Jan. 9, 1769	2	100

	Vol.	Page
WELLMAN, WALLMAN, WELMAN, WILLMAN, (cont.)		
Jonathan, [s. Zadock & Sarah], b. July 4, 1762	2	100
Lemuel, s. Zadock, b. Mar. 26, 1766	2	100
Lorenzo, m. Clarinda GAYLORD, b. of Killingworth, Feb. 13, 1842, by Rev. E. G. Swift	3	400
Lydia, [twin with Concurrance], d. Gideon & Concurrance, b. Sept. 8, 1733	2	184
Lydia, m. Silas KELCEY, Mar. 16, 1757	2	118
Lydia, [d. Benjamin & Molly], b. Sept. 24, 1771	2	110
Lydia, m. David CRITTENDEN, Sept. 24, 1856, by Rev. Hiram Bell	3	414
Lydia A., m. Lucius HULL, Nov. 7, 1847, by Rev. E. Swift	3	406
Marcy, d. William, b. Mar. 26, 1692	1	76
Marcy, d. Gideon & Concurrance, b. Oct. 6, 1726	2	184
Marcy, m. Miles STEEVENS, Apr. 17, 1746	2	119
Marcey, [d. Elihu & Ame], b. Feb. 15, 1752	2	130
Marcy, [d. Benjamin & Mary], b. Nov. 28, 1759	2	110
Maria, m. Thomas C. WILCOX, Jr., Nov. 7, 1847, by Rev. E. Swift	3	406
Mary, d. Gideon & Concurrance, b. Dec. 11, 1722	2	184
Mary, m. Edward GRAY, Mar. 7, 1744	2	146
Mercy, m. Jonathan LANE, Feb. 1, 1710/11	2	192
Molly, [d. Barnabus & Sarah], b. Mar. 13, 1755	2	105
Molle, [d. Benjamin & Molly], b. Jan. 14, 1768	2	110
Patience, w. of Benj[amin], d. Nov. 20, 1754	2	70
Patience, d. Benjamin & Mary, b. Sept. 28, 1756	2	110
Paul, s. Barnabus, b. Apr. 15, 1757	2	105
Phebe, [d. Zadock], b. Nov. 2, 1770	2	100
Philena, m. W[illia]m CHATFIELD, b. of Killingworth, July 25, 1830, by Aaron Dutton	3	379
Ruth, d. William & Ruth, b. Feb. 27, 1728/9	2	186
Ruth, m. Capt. Samuel CRANE, Sept. 8, 1749	2	73
Ruth, m. Sam[ue]ll CRANE, Sept. 28, 1749	2	119
Ruth, d. Benjamin & Patience, b. Nov. 15, 1754	2	110
Samuel, s. Will, b. Jan. 19, 1667	1	68
Samuel, s. Gideon & Concurrance b. Apr. 21, 1721	2	184
Samuel, [s. William, Jr. & Margaret], b. Aug. 14, 1754	2	107
Samuel, [s. Zadock], b. Oct. 12, 1767	2	100
Samuel, s. Zadock, d. Oct. 17 or 18, 1775	2	72
Samuel, [s. William & Margaret], b. May 27, 1782	2	89
Sarah, d. Will, b. Oct. 16, 1665	1	68
Sarah, [twin with William], d. Zadock & Sarath, b. March 7, 1756	2	100
Sarah, [d. Barnabus], b. Jan. 31, 1759	2	105
Sarah, d. Zadock, d. Oct. 17 or 18, 1775	2	72
Silas, m. Mary M. HURD, Nov. 3, 1833, by Rev. Luke Wood	3	384
Temperance, [d. Benjamin & Mary], b. Aug. 7, 1758	2	110
William, s. William, b. Mar. [8*], 1696 (*(8) handwritten on original manuscript)	1	76
William, m. Ruth HURD, June 14, 1722	2	193
William, s. Gideon & Concurrance, b. Aug. 11, 1728	2	184
William, m. Elizabeth GRISWOLD, June 25, 1730	2	191
William, Sergt., d. Aug. 25, 1736	1	81
William, Jr., m. Margaret STEEVENS, Dec. 17, 1750	2	120
William, s. William & Mary, b. Oct. 5, 1751	2	152

	Vol.	Page
WELLMAN, WALLMAN, WELMAN, WILLMAN, (cont.)		
William, d. Nov. 12, 1753	2	69
William, [twin with Sarah], s. Zadock & Sarath, b. Mar. 7, 1756	2	100
William, s. William & Margaret, b. Sept. 5, 1756	2	107
William, [s. William & Margaret], b. Apr. 22, 1778	2	89
Zadock, s. William & Ruth, b. Feb. 12, 1724/5	2	186
Zadock, m. Sarah **SPENCER**, Dec. 11, 1754	2	117
Zadock, s. Zadock & Sarah, b. Sept. 2, 1760	2	100
WEST, Ann, Mrs., m. Samuel R. **DIBBELL**, b. of Killingworth, Feb. 4, 1828, by Peter Crocker	3	376
[WESTCOTT], [see under **WASCOT**]		
WESTOVER, Elizabeth, d. Jonas, b. May 3, 1670	1	69
Hannah, d. Jonas, b. Apr. 8, 1668	1	69
Jane, d. Jonas, b. Mar. 26, 1672	1	69
Margaret, d. Jonas, b. Feb. 19, 1665	1	69
[WHAPLES], WAPLES, WHAPELS, Lois, m. Darius **STEVENS**, Apr. 6, 1752	2	68
Loise, m. Darius **STEAVENS**, Apr. 6, 1752	2	120
WHEDEN, W[illia]m F., of Madison, m. Sarah J. **DAVIS**, of Killingworth, Sept. 10, [1852], by Rev. Hiram Bell	3	411
WHEELER, WHELLER, Elizabeth, m. John **HULL**, Nov. 18, 1735	2	145
Phebe, m. John **CRANE**, Dec. 10, 1747	2	119
William N., of North Guilford, m. Sylvia M. **HULL**, of Killingworth, May 23, 1838, by Rev. E. Swift	3	397
WHITE, Fanny, m. James H. **KELSEY**, b. of Killingworth, June 27, 1821, by Hart Talcott	3	362
WHITING, George D., of Whitneyville, m. Julia E. **BUELL**, of Killingworth, May 9, 1841, by Rev. E. Swift	3	400
WHITMAN, Caterine, m. Samuel **STEEVENS**, Oct. 29, 1759	2	117
Sarah, d. Daniel & Sarah, b. Oct. 17, 1764	2	90
WHITMORE, Seth, m. Emily M. **SPENCER**, Nov. 12, 1858, by Rev. Hiram Bell	3	416
WHITTLESEY, WHITTLECEY, WITTLECEY, WITTLESE, Dorethea, [d. Stephen & Elizabeth], b. Apr. 21, 1753	2	122
Elisabeth, [d. Stephen & Elizabeth], b. Apr. 15, 1751	2	122
Francis, Capt., m. Mary **HILLIARD**, b. of Killingworth, Jan. 19, 1834, by Rev. Luke Wood	3	384
Hannah, d. Stephen & Elizabeth, b. Jan. 17, 1750	2	122
Hester, m. David **WRIGHT**, May 27, 1742	2	74
Stephen, m. Elizabeth **HULL**, Mar. 7, 1749	2	119
Submit, d. Stephen & Elizabeth, b. Jan. 23, 1756	2	122
WILCOX, WILLCOCKS, WILLCOKS, WILLCOX, WILLCOXS, [see also **WILCOXSON**], Aaron, s. David & Mary, b. June 12, 1727	2	188
Aaron, m. Mabel **LORD**, Oct. 28, 1805	2	43
Aaron, [s. Moses & Huldah], b. Mar. 8, 1814	2	14
Abel, m. Martha **STEEVENS**, Dec. 18, 1728	2	191
Abel, s. Abell & Martha, b. Mar. 3, 1731/2	2	189
Abel, m. Mary **HULL**, Nov. 25, 1756	2	117
Abel, s. Abel, 2d, & Mary, b. Nov. 16, 1757	2	133
Abel, d. Sept. 17, 1784	2	76
Abel, 2d, m. Bathsheba **CLARK**, Feb. 9, 1786	2	75
Abel, s. Abner & Philanday, b. Nov. 5, 1803	2	88

KILLINGWORTH VITAL RECORDS 141

	Vol.	Page
WILCOX, WILLCOCKS, WILLCOKS, WILLCOX, WILLCOXS, (cont.)		
Abel, Dea., d. Jan. 3, 1807	2	77
Abel, m. Rebecca **PARMELEE**, Oct. 24, 1847, by E. Swift	3	406
Abigail, d. Joseph & Rebecca, b. Apr. 29, 1736	2	189
Abigail, d. Joseph & Rebecca, b. Aug. 23, 1743	2	189
Abigail, [d. Daniel & Hannah], b. Aug. 13, 1753	2	125
Abigail, [d. Joseph & Grace], b. Oct. 9, 1793	2	149
Abijah, s. John & Hannah, b. Dec. 3, 1706	2	185
Abner, s. Josiah & Keziah, b. July 10, 1748	2	157
Abner, [s. Giels & Lydia], b. Sept. 25, 1758	2	121
Abner, [s. Abel & Mary], b. Nov. 3, 1764	2	133
Abner, m. Philinda **WILLCOX**, Jan. 17, 1803	2	41
Abner, [s. Abner & Philandey], b. June 30, 1810	2	88
Abraham, s. John & Hannah, b. Nov. 14, 1715	2	185
Abraham, m. Sarah **TOOLEY**, Apr. 15, 1742	2	146
Ada, [d. Joseph & Grace], b. Dec. 25, 1783	2	149
Adah, of Killingworth, m. Benjamin **DAVENPORT**, of Lauville, N.Y., Sept. 26, 1803, by J.B. Andrews	2	42
Adam, s. Joseph & Rebecca, b. Apr. 1, 1734	2	189
Adam, m. Esther **POST**, Dec. 19, 1763	2	75
Almira, m. Joseph **DOWD**, b. of Killingworth, May 18, 1831, by Rev. Mark Mead	3	380
Alva Nathaniell, [s. Stephen, Jr. & Louisa], b. May 18, 1827	2	16
Ame, d. Daniel & Hannah, b. Mar. 28, 1743	2	157
Amelia, [d. Joseph & Grace], b. Nov. 4, 1785	2	149
Amos, s. John & Hannah, b. Feb. 1, 1725/6	2	185
Amos, s. Abraham & Sarah, b. Jan. 6, 1745/6	2	143
Ann Elimina, [d. Bela & Amanda], b. Sept. 6, 1826	2	92
Anna, m. Ebenezer **CRANE**, Sept. 6, 1723	2	193
Annah, d. Josiah & Keziah, b. Apr. 25, 1735	2	157
Anne, [twin with Moses], d. [Abel & Mary], b. May 18, 1772	2	133
Asa, s. Stephen & Mary, b. Dec. 17, 1741	2	159
Asa, [s. Stephen, Jr. & Sarah], b. June 3, 1772	2	116
Asa, m. Deborah H. **BRAINARD**, Nov. 12, 1799	2	40
Beler, [s. Joseph & Grace], b. Sept. 21, 1795; d. Nov. 16, 1795	2	149
Bele, [s. Joseph & Grace], b. Jan. 11, 1799	2	149
Bela, m. Amanda **GRUMBEY**, Dec. 4, 1823, by A. King	3	365
Benjamin, s. Daniel & Hannah, b. Mar. 30, 1732	2	157
Benjamin, [s. Elnathan & Thankfull], b. Oct. 27, 1764	2	81
Benjamin, [twin with Deborah, s. Nathan, 3rd, & Rachel], b. Feb. 19, 1783	2	83
Benjamin, d. Oct. 26, 1829	2	66
Betsey Asenath, d. Bela & Amanda, b. Jan. 10, 1825	2	92
Caleb, [s. Abel & Mary], b. Sept. 11, 1769	2	133
Calvin, [s. Nathan, 3rd, & Rachel], b. Apr. 27, 1781	2	83
Caty Ann, [d. Nathan, 2d, & Elizabeth], b. Aug. 20, 1801	2	97
Celia Elizabeth, [d. Bela & Amanda], b. Jan. 30, 1830	2	92
Cerenday, d. Giels & Lydia, b. July 16, 1754*; d. Aug. 8, 1752 (*1750?)	2	121
Charles, s. Silas & Sarah, b. Aug. 5, 1748	2	124
Charles, s. Silas & Sarah, d. Oct. 30, 1751	2	69
Charles, [s. Silas & Sarah], b. Nov. 8, 1751	2	124

WILCOX, WILLCOCKS, WILLCOKS, WILLCOX, WILLCOXS,
(cont.)

	Vol.	Page
Charles Lord, [s. Aaron & Mabel], b. Apr. 7, 1808	2	14
Charles Steevens, [s. Elijah, Jr. & Mary], b. Oct. 6, 1786	2	14
Clarissa, m. Jehoshaphat SPENCER, Dec. 6, 1821, by Asa King	3	362
Concurrence Seward, d. Moses & Huldah, b. Mar. 24, 1801	2	14
Cornelia C., m. Joseph L. LANE, Aug. 21, 1857, by Rev. Hiram Bell	3	415
Cynthia, [d. Moses & Huldah], b. Feb. 6, 1807	2	14
Daniel, m. Hannah BUELL, Apr. 1, 1731	2	191
Daniel, s. Daniel & Hannah, b. May 4, 1747	2	157
Daniel, s. Benj[amin] & Elizabeth, b. May 1, 1760	2	122
David, m. Mary HUCHESON, Dec. 10, 1723	2	193
David, s. David & Mary, b. Apr. 5, 1725	2	188
David, s. Abraham & Sarah, b. Feb. 15, 1742/3	2	143
Deborah, [twin with Benjamin, d. Nathan, 3rd, & Rachel], b. Feb. 19, 1783	2	83
Dina, m. Samuell HARRIS, Jan. 15, 1723/4	2	193
Ebenezer, s. John & Hannah, b. Feb. 11, 1717/18	2	185
Ebenezer, s. Nathaniel & Mindwell, b. Feb. 21, 1740	2	148
Ebenezer, [s. Abel & Mary], b. May 3, 1766	2	133
Ebenezer, m. Mary NETTLETON, May 2, 1782	2	38
Ebenezer, d. Dec. 14, 1820	2	78
Ebenezer Haydon, [s. Moses & Huldah], b. July 2, 1810	2	14
Edward, m. Susannah TAILOR, Jan. 4, 1801	2	33
Eliab, s. Josiah & Keziah, b. Feb. 23, 1731/2	2	157
Elias, s. David & Mary, b. Oct. 27, 1729	2	188
Elias, [s. Joseph & Grace], b. Oct. 16, 1790	2	149
Elias Stephen, [s. Stephen, Jr. & Louisa], b. Aug. 25, 1824	2	16
Elihu, s. Jonathan & Experience, b. Apr. 8, 1734	2	160
Elihu, [s. Simeon & Lucretia], b. Oct. 7, 1770	2	88
Elijah, m. Sarah WILLCOCKS, Aug. 3, 1756	2	73
Elijah, s. Elijah & Sarah, b. July 13, 1757	2	103
Elijah, Jr., m. Mary FRENCH, Apr. 30, 1778	2	38
Elijah, d. Nov. 30, 1801	2	77
Elisha, m. Mary BEACH, Nov. 8, 1733	2	145
Elisha, s. Elisha & Mary, b. June 29, 1740	2	162
Elisha, [s. Adam & Esther], b. Oct. 2, 1768	2	106
Eliza, s.* Joseph & Rebecca, b. July 18,1725 (*Probably a dau.)	2	189
Eliza, d. Nathan, 2d, & Elizabeth, b. July 6, 1788	2	97
Eliza M., d. Edward & Susanna, b. Feb. 20, 1803	2	82
Elizabeth, d. John & Hannah, b. Aug. 15, 1709	2	185
Elizabeth, m. Abner FARNUM, Jan. 8, 1719	2	117
Elizabeth, d. Thomas & Martha, b. July 27, 1727	2	160
Elizabeth, d. Abel & Martha, b. Sept. 26, 1738	2	158
Elizabeth, d. Thomas & Martha, d. Apr. 15, 1740	1	89
Elizabeth, d. Jonathan & Experience, b. Mar. 2, 1742	2	160
Elizabeth, d. Josiah & Keziah, b. Jan. 26, 1745/6	2	157
Elizabeth, m. Samuel ROGERS, Aug. 22, 1760	2	118
Elizabeth, m. David Parmele KELSEY, Nov. 27, 1817	2	16
Elizabeth, of Killingworth, m. William S. KELSEY, of Saybrook, Mar. 12, 1837, by Lewis Foster	3	394
Elizabeth M., m. Dr. W[illia]m TOLES, June 22, 1826, by Asa King	3	372
Elnathan, s. William & Ruth, b. Feb. 10, 1733/4	2	158

KILLINGWORTH VITAL RECORDS 143

	Vol.	Page
WILCOX, WILLCOCKS, WILLCOKS, WILLCOX, WILLCOXS (cont.)		
Elnathan, m. Thankfull BENNETT, June 17, 1761	2	73
Est[h]er, d. Abel & Martha, b. May 14, 1742	2	158
Esther, m. Jedediah BUELL, Jr., Nov. 29, 1769	2	73
Eunes, d. Jeremiah & Rebecca, b. Jan. 12, 1742/3	2	147
[E]unice, d. Benj[ami]n & Elizabeth, b. Aug. 24, 1758	2	122
Eunice, [d. Stephen & Mary], b. June 2, 1751	2	159
[E]unise, d. Benjamin & Elizabeth, d. Feb. 21, 1776	2	72
Eunice, [d. Nathan, 2d, & Elizabeth], b. Apr. 12, 1790	2	97
Experience, d. Jonathan & Experience, b. Sept. 13, 1738	2	160
Experience, [d. Simeon & Lucretia], b. Apr. 4, 1782	2	88
Fanny Woodbury, [d. Aaron & Mabel], b. Sept. 29, 1820	2	14
Francis S., m. Sabra A. EVARTS, Nov. 24, 1859, by Rev. Hiram Bell	3	417
Frederic Williams, [s. Nathaniel & Fanny], b. Feb. 5, 1816	2	103
Giles, s. Samuel & Mary, b. Nov. 23, 1727	2	185
Giels, m. Lidea WARD, Aug. 8, 1749	2	120
Giles, [s. Giels & Lydia], b. Aug. 23, 1756	2	121
Giles, d. Dec. 27, 1760	2	71
Grase, d. Silas & Sarah, b. July 11, 1755	2	124
Grace, m. Joseph WILLCOX, Mar. 4, 1776	2	39
Grace, [d. Joseph & Grace], b. Oct. 13, 1796; d. Nov. [ ], 1797	2	149
Hannah, d. John & Hannah, b. Mar. 28, 1722	2	185
Hannah, wid. of Nath[anie]ll, d. Dec. 21, 1727	1	81
Hannah, w. of Lieut. Joseph, d. Feb. 12, 1729/30	1	80
Hannah, d. Joseph & Rebecca, b. Dec. 7, 1731	2	189
Hannah, m. Gershom PALMER, Oct. 4, 1733	2	191
Hanna[h], d. Daniel & Hannah, b. June 14, 1734	2	157
Hannah, d. Elisha & Mary, b. July 8, 1738	2	162
Hannah, m. Ephraim BLIN, Oct. 30, 1740	2	146
Hannah, d. Abraham & Sarah, b. Jan. 16, 1750	2	143
Hannah, m. Oliver COLLINS, Oct. 22, 1761	2	118
Hannah, [d. Stephen, Jr. & Sarah], b. May 19, 1775	2	116
Hannah, d. Joseph & Grace, b. Jan. 2, 1777	2	149
Harriet Newell, [d. Aaron & Mabel], b. Dec. 8, 1817	2	14
Harvey, m. Lydia WRIGHT, Nov. 11, 1829, by Asa King	3	381
Henry, s. Abel, 2d, & Bathsheba, b. Feb. 20, 1787	2	123
Henry Pierson, [s. Capt. Joseph & Phebe], b. Feb. 11, 1792	2	132
Hervey, m. Lydia WRIGHT, Nov. 11, 1829, by Asa King	3	378
Hettean, m. Alfred PELTON, Sept. 8, 1826, by Peter Crocker	3	373
Hiel, s. Thomas & Martha, b. Feb. 11, 1731/2; d. June 28, 1733	2	160
Hiel, s. Thomas & Martha, b. May 3, 1734	2	160
Hipsiba, d. Stephen & Mary, b. July 5, 1736	2	159
Hipsabath, m. John LEWES, Sept. 24, 1767	2	74
Horace H., of Middletown, m. Elvira L. LANE, of Killingworth, [, 1852], by Rev. Hiram Bell	3	410
Horatio Nelson, [s. Aaron & Mabel], b. July 7, 1809	2	14
Huldah, [d. Moses & Huldah], b. Dec. 19, 1808	2	14
James, s. Jonathan & Experience, b. Mar. 16, 1744	2	160
James, [s. Giels & Lydia], b. July 23, 1754	2	121
Jared, [s. Elijah, Jr. & Mary], b. June 10, 1790	2	14
Jason, [s. Elijah & Sarah], b. Jan. 22, 1759	2	103

WILCOX, WILLCOCKS, WILLCOKS, WILLCOX, WILLCOXS, (cont.)

	Vol.	Page
Jason, [s. Elijah, Jr. & Mary], b.Dec. 28, 1780	2	14
Jemima, d. Daniel & Hannah, b. Feb. 24, 1745	2	157
Jeremiah, [s. Nathan, 3rd, & Rachel], b. Nov. 19, 1785	2	83
Jerusha, d. Nathan & Mindwell, b. May 28, 1755	2	148
Jesse, s. Stephen & Mary, b. Oct. 4, 1744	2	159
Jesse, [child of Adam & Esther], b. June 8, 1774	2	106
Joel, [s. Nathaniel & Mindwell], b. Dec. 5, 1753	2	148
Joel, [s. Nathan], b. Aug. 24, 1762	2	93
Johannah, [d. Simeon & Lucretia], b. Apr. 11, 1774	2	88
John, s. John & Hannah, b. Jan. 1, 1704/5	2	185
John, Jr., d. Mar. 27, 1732	1	79
John, s. William & Ruth, b. Apr. 4, 1732	2	158
John, Lieut., d. Feb. 9, 1733/4	1	79
John, s. Nathaniel & Mindwell, b. Sept. 16, 1734* (*1737?)	2	148
John, s. Elisha & Mary, b. Aug. 21, 1736	2	162
John, [s. Nathaniel & Mindwell], b. Sept. 14, 1745	2	148
John, s. Nathaniel & Fanny, b. Mar. 21, 1814	2	103
John Hopson, s. Asa & Deborah Hopson, b. Sept. 8, 1800	2	98
John L., m. Emily E. WELLMAN, b. of Killingworth, Mar. 28, 1839, by Rev. E. Swift	3	398
Jonathan, m. Experience WILLIAMS, June 30, 1732	2	191
Jonathan, s. Jonathan & Experience, b. Mar. 8, 1736	2	160
Jonathan, s. Jonathan & Experience, b. Sept. 19, 1753	2	160
Joseph, m. Rebecca HURD, Aug. 13, 1724	2	193
Joseph, s. Joseph & Rebecca, b. Sept. 11, 1728; d. June 15, 1747	2	189
Joseph, m. Elizabeth ARNELL, Mar. 22, 1732	2	191
Joseph, s. Joseph, b. Sept. 13, 1742	2	190
Joseph, s. Dea. Joseph & Rebecca, b. Sept. 18, 1747	2	189
Joseph, Lieut., d. Sept. 29, 1747	1	80
Joseph, s. Stephen & Mary, b. Jan. 22, 1755	2	159
Joseph, m. Grace WILLCOX, Mar. 4, 1776	2	39
Joseph, Maj., had negro twins Ce[a]sar & Prima, b. Dec. 15, 1777	2	132
Joseph, [s. Joseph & Grace], b. Sept. 5, 1778	2	149
Joseph, Lieut., m. Phebe MORGAN, Jan. 30, 1785	2	38
Joseph B., of Saybrook, m. Mary S. WATROUS, of Killingworth, Sept. 20, 1835, by Rev. Lewis Foster	3	389
Joseph Morgan, [s. Capt. Joseph & Phebe], b. Mar. 15, 1790	2	132
Joseph Samuel, [s. Bela & Amanda], b. Feb. 5, 1828	2	92
Josiah, m. Keziah KELCEY, Mar. 3, 1731	2	120
Josiah, s. Josiah & Keziah, b. May 14, 1739	2	157
Josiah, s. Silas & Sarah, b. Sept. 15, 1753	2	124
Josiah, [s. Elnathan & Thankfull], b. Aug. 22, 1770	2	81
Keziah, d. Josiah & Keziah, b. June 3, 1742	2	157
Leah, d. Abel & Martha, b. Mar. 3, 1745	2	158
Linus L., m. Fanny M. BUELL, Oct. 5, 1858, by Rev. Henry Scofield	3	415
Loes, m. Ebenezer HULL, May 18, 1732	2	191
Loes, d. Daniel & Hannah, b. Jan. 20, 1740/1	2	157
Loiza, m. William R. GLADWIN, b. of Killingworth, July 20, 1834, by Rev. E. Swift	3	384
Louisa, d. Aaron & Mabel, b. Sept. 24, 1806	2	14

KILLINGWORTH VITAL RECORDS 145

	Vol.	Page
WILCOX, WILLCOCKS, WILLCOKS, WILLCOX, WILLCOXS, (cont.)		
Lucretia, , d. Simeon & Lucretia, b. Mar. 28, 1767	2	88
Lucretia, w. of Simeon, d. Oct. 17, 1777	2	72
Luce, d. Daniel & Hannah, b. Oct. 13, 1738	2	157
Lucy, d. Joseph & Rebecca, b. Feb. 11, 1741	2	189
Lucy Miller, [d. Nathan, 3rd, & Rachel], b. Feb. 12, 1796	2	83
Lusha, [child of Benjamin & Elizabeth], b. Dec. 22, 1764	2	122
Luther, s. Nathan, 3rd, & Rachel, b. Apr. 26, 1781	2	83
Ledie, [twin with Mary], d. Stephen & Mary, b. Sept. 7, 1734	2	159
Ledia, m. Samuel BUEL, Jan. 1, 1734/5	2	145
Lydia, [d. Jonathan & Experience], b. Nov. 7, 1751	2	160
Lydia, [d. Simeon & Lucretia], b. Aug. 28, 1772	2	88
Lydia, [d. Stephen, Jr. & Sarah], b. Nov. 23, 1779	2	116
Lidia, m. William BUEL, Aug. 9, 1784	2	39
Lydia, [d. Nathan, 3rd, & Rachel], b. Sept. 19, 1791	2	83
Mabel, [d. Nathaniel & Mindwell], b. Apr. 14, 1747	2	148
Mabel, [d. Stephen & Mary], b. Dec. 6, 1752	2	159
Mabel, [d. Aaron & Mabel], b. Oct. 31, 1815	2	14
Mabel Maria, [d. Nathan, 2d, & Elizabeth], b. Sept. 18, 1798	2	97
Marg[a]ret, d. John & Hannah, b. Apr. 20, 1712	2	185
Margaret, m. Hiel KELCEY, May 10, 1737	2	145
Martha, d. Abel & Martha, b. Sept. 30, 1729	2	189
Martha, m. Isa[a]c KELCEY, Feb. 7, 1754	2	120
Martha, [d. Elijah & Sarah], b. Jan. 6, 1762	2	103
Martha, d. Elnathan & Thankfull, b. Mar. 21, 1762	2	81
Martha, [d. Benjamin & Elizabeth], b. Aug. 22, 1762	2	122
Martha, w. of Abel, d. Feb. 24, 1776	2	72
Martha, [d. Joseph & Grace], b. May 12, 1788	2	149
Martin, [s. Aaron & Mabel], b. Mar. 3, 1811	2	14
Mary, d. Samuel & Mary, b. Feb. 4, 1732/3	2	185
Mary, [twin with Ledie], d. Stephen & Mary, b. Sept. 7, 1734	2	159
Mary, w. of Sam[ue]ll, Jr., d. Apr. 24, 1740	1	89
Mary, m. James WARD, July 14, 1751	2	120
Mary, Mrs., m. Abraham HURD, Nov. 15, 1753	2	117
Mary, [d. Abel, 2d, & Mary], b. Jan. 31, 1760	2	133
Mary, [d. Ebenezer & Mary], b. Dec. 3, 1785	2	81
Mary, m. Samuel PRATT, Nov. 5, 1789	2	42
Mary, wid. of Stephen, d. Dec. 13, 1795	2	77
Mary, d. Nathan & Elizabeth, b. June 22, 1803	2	97
Mary, [d. Abner & Philandey], b. June 29, 1806	2	88
Mary, wid. of Ebenezer, d. Mar. 19, 1827	2	78
Mary, d. Samuel & Mary, b. [ ]	2	185
Mary Amanda, [d. Bela & Amanda], b. Jan. 27, 1832	2	92
Mary Ann, [d. Nathaniel & Fanny], b. June 20, 1818	2	103
Mary Emily, [d. Moses & Huldah], b. Dec. 29, 1804	2	14
Mary L., m. Wyllys DUDLEY, b. of Killingworth, Dec. 24, 1834, by Rev. Ephraim G. Swift	3	385
Mary W., of Killingworth, m. Nathan W. LOOMIS, of Hartford, Jan. 1, 1832, by Rev. Luke Wood	3	382
Millisant H., m. Elias H. STEVENS, b. of Killingworth, Aug. 27, 1827, by Rev. Pierpont Brockett	3	376
Mindwell, d. John & Hannah, b. Jan. 2, 1713	2	185

WILCOX, WILLCOCKS, WILLCOKS, WILLCOX, WILLCOXS,
(cont.)

	Vol.	Page
Mindwell, m. Nathaniel WILLCOCKS, Oct. 23, 1733	2	146
Mindwell, d. Nathaniel & Mindwell, b. Sept. 22, 1734	2	148
Mindwell, m. Joseph FARNUM, Sept. 27, 1755	2	117
Molly, d. Elijah, Jr. & Mary, b. Feb. 21, 1779	2	14
Moses, s. David & Mary, b. Dec. 13, 1732	2	188
Moses, [twin with Anne], s. [Abel & Mary], b. May 18, 1772	2	133
Moses, m. Huldah LORD, Apr. 9, 1800	2	43
Moses, [s. Moses & Huldah], b. June 27, 1812	2	14
Nancy, [d. Nathan, 2d, & Elizabeth], b. Feb. 28, 1792	2	97
Nathan, s. Joseph & Rebecca, b. Mar. 29, 1730	2	189
Nathan, s. Thomas & Martha, b. Mar. 30, 1741	2	160
Nathan, [s. Nathaniel & Mindwell], b. June 27, 1742	2	148
Nathan, [s. Stephen & Mary], b. Nov. 4, 1758	2	159
Nathan, m. Thankfull STONE, Jan. 11, 1760	2	118
Nathan, s. Nathan, b. Nov. 16, 1760	2	93
Nathan, 3rd, m. Rachel BENNETT, Nov. 18, 1779	2	38
Nathan, [s. Simeon & Lucretia], b. June 1, 1780	2	88
Nathan, 2d, m. Elizabeth ELIOT, Oct. 15, 1787	2	38
Nathan, [s. Nathan, 3rd, & Rachel], b. May 12, 1799	2	83
Nathan Eliot, [s. Nathan, 2d, & Elizabeth], b. Apr. 9, 1794	2	97
Nathaniel, m. Mindwell WILLCOCKS, Oct. 23, 1733	2	146
Nathaniel, d. Dec. 14, 1755	2	70
Nathaniel, s. Ebenezer & Mary, b. Nov. 3, 1783	2	81
Nathaniel, d. Nov. 13, 1762	2	71
Nathaniel, m. Fanny MANN, Apr. 7, 1813	2	43
Nathaniel Henderson, [s. Nathaniel & Fanny], b. Mar. 1, 1825	2	103
Oziel, s. Thomas & Martha, b. Jan. 25, 1729	2	160
Pamela, m. Zina BUELL, b. of Killingworth, [Dec.] 23, [1828], by Peter Crocker	3	377
Pardon, [d. Nathan, 3rd, & Rachel], b. Dec. 19, 1789; d. Jan. 19, 1791	2	83
Peninah, d. Thomas & Martha, b. Feb. 14, 1739	2	160
Peter, s. Thomas & Martha, b. May 26, 1736	2	160
Philemon, [s. Giels & Lydia], b. Sept. 2, 1760	2	121
Philinda, [d. Joseph & Grace], b. May 12, 1780	2	149
Philinda, m. Abner WILLCOX, Jan. 17, 1803	2	41
Phenias, s. Stephen & Mary, b. Jan. 13, 1746/7	2	159
Phenehas Caleb, [s. Moses & Huldah], b. Dec. 6, 1820	2	14
Polle, [d. Elijah & Sarah], b. Mar. 2, 1775	2	103
Polly, [d. Stephen, Jr. & Sarah], b. Aug. 19, 1777	2	116
Polly, m. William CARTER, June 22, 1797; d. Nov. 12, 1797	2	43
Polly, d. Stephen & Sarah, b. Oct. 19, 1798	2	116
Potter, [twin with William, s. Benjamin & Elizabeth], b. Dec. 26, 1765	2	122
Prudence, of Killingworth, m. David SPENCER, 2d, of Haddam, June 8, 1826, by Rev. Simon Shailor, of Haddam	3	372
Rachel, d. Abell & Martha, b. Oct. 28, 1734	2	189
Rachel, d. Abel & Marth[a], d. June 19, 1753	2	70
Rachel, d. Abel & Mary, b. Aug. 16, 1762	2	133
Rachel, m. Samuel BUEL, Sept. 28, 1780	2	75
Rachel, [d. Nathan, 3rd, & Rachel], b. Oct. 12, 1793	2	83

KILLINGWORTH VITAL RECORDS 147

	Vol.	Page
WILCOX, WILLCOCKS, WILLCOKS, WILLCOX, WILLCOXS, (cont.)		
Rebecca, d. Joseph & Rebecca, b. Jan. 29, 1726/7	2	189
Rebeckah, d. Adam & Esther, b. Sept. 20, 1764; d. Mar. 25, 1770	2	106
Rebeckah, [d. Adam & Esther], b. Sept. 1, 1770	2	106
Rebecca, d. Capt. Joseph & Phebe, b. May 9, 1786	2	132
Rebecca M., of Killingworth, m. William F. **BRAINARD**, of Haddam, July 4, 1855, by Rev. Hiram Bell	3	413
R[e]uben, [s. Elijah & Sarah], b. Oct. 19, 1765	2	103
Reuben, [s. Elijah, Jr. & Mary], b. July 26, 1788	2	14
Rossell, s. Josiah & Keziah, b. Dec. 31, 1736	2	157
Roswell, [s. Adam & Esther], b. Jan. 22, 1778	2	106
Rovena, [d. Elijah, Jr. & Mary], b. July 7, 1792	2	14
Roxa, [d. Elijah, Jr. & Mary], b. Sept. 2, 1794	2	14
Ruth, w. of Samuel, Sr., d. Jan. 16, 1728/9	1	80
Ruth, m. Benjamin **KELCEY**, Apr. 29, 1741	2	146
Sabra, m. Rufus **CRANE**, Sept. 13, 1826, by A. King	3	373
Sally, m. Isaiah **KELCEY**, Jan. 15, 1794	2	39
Samuel, m. Mary **STEEVENS**, Nov. 8, 1720	2	193
Samuel, s. Samuel & Mary, b. Jan. 25, 1722/3	2	185
Samuel, m. Kathren **DALTON**, Apr. 25, 1734	2	191
Samuel, Jr., d. June 24, 1746	1	93
Samuel, [s. Giels & Lydia], b. Aug. 19, 1752	2	121
Sarah, m. William **KELCEY**, Dec. 15, 1720	2	193
Sarah, d. Thomas & Martha, b. Mar. 10, 1725	2	160
Sarah, d. William & Ruth, b. July 31, 1729	2	155
Sarah, d. William & Ruth, b. July 31, 1729	2	158
Sarah, d. Stephen & Mary, b. Jan. 1, 1737/8	2	159
Sarah, d. Joseph & Rebecca, b. Dec. 7, 1738	2	189
Sarah, d. Abraham & Sarah, b. Feb. 26, 1748	2	143
Sarah, m. Ebenezer **KELCEY**, Apr. 12, 1749	2	120
Sarah, d. Daniel & Hannah, b. Apr. 30, 1749	2	125
Sarah, d. John & Grase, b. May 15, 1754	2	131
Sarah, m. Elijah **WILLCOCKS**, Aug. 3, 1756	2	73
Sarah, m. Aaron **STEEVENS**, May 3, 1759	2	118
Sarah, [d. Elijah & Sarah], b. Mar. 26, 1769	2	103
Sarah, d. Stephen & Sarah, b. May 1, 1769	2	116
Sarah, [d. Simeon & Lucretia], b. Dec. 15, 1769	2	88
Sarah, w. of Stephen, d. Feb. 1, 1796	2	76
Sarah H., [d. Edward & Susanna], b. June 24, 1808	2	82
Sarah H., of Killingworth, m. George W. **IVES**, of Danbury, Dec. 27, 1831, by Rev. Luke Wood	3	382
Sarah Lurilla, d. Stephen, Jr. & Louisa, b. Dec. 30, 1821	2	16
Sarah M., of Killingworth, m. J. A. **AYRES**, of Hartford, Oct. 1, 1840, by Rev. E. Swift	3	399
Sarane T., of Killingworth, m. Nathaniel F. **STEVENS**, of Saybrook, Nov. 27, 1832, by Rev. Luke Wood	3	386
Silus, s. John & Hannah, b. Feb. 20, 1719/20	2	185
Silus, m. Sarah **STEEVENS**, Aug. 27, 1747	2	119
Silas, [s. Silas & Sarah], b. Feb. 20, 1749	2	124
Silas, d. Dec. 22, 1755	2	70
Sillus, [d. Joseph & Grace], b. Nov. 30, 1781	2	149
Silence, m. George **CHATFIELD**, Oct. 30, 1713	2	192

WILCOX, WILLCOCKS, WILLCOKS, WILLCOX, WILLCOXS, (cont.)

	Vol.	Page
Simeon, s. Jonathan & Experience, b. Apr. 2, 1740	2	160
Simeon, m. Lucretia KELCEY, Dec. 28, 1765	2	74
Simeon, [s. Simeon & Lucretia], b. Apr. 10, 1776	2	88
Simeon, m. Phebe KELCEY, May 21, 1778	2	73
Solomon, [s. Stephen & Sarah], b. Oct. 5, 1802	2	116
Sophronia, m. Jeremiah B. NORTON, Apr. 21, 1844, by Rev. E. Swift	3	403
Stephen, m. Mary PIERSON, May 10, 1733	2	191
Stephen, s. Stephen & Mary, b. Jan. 8, 1740	2	159
Stephen, 2d, m. Sarah HULL, Dec. 1, 1763	2	118
Stephen, d. Dec. 22, 1781	2	72
Stephen, m. Sarah DAVIS, Jan. 10, 1797	2	40
Stephen, [s. Stephen & Sarah], b. Dec. 27, 1799	2	116
Stephen, Jr., m. Louisa STEVENS, b. of Killingworth, Jan. 4, 1821, by Hart Talcott	3	359
Stephen, Dea., d. Jan. 20, 1823	2	78
Stephen, m. Catharine A. PHELPS, Oct. 28, 1849, by Rev. E. Swift	3	408
Stephen Pierson, [s. Nathan, 2d, & Elizabeth], b. May 25, 1796	2	97
Submit, d. Daniel & Hannah, b. June 19, 1736	2	157
Susanna, [d. Capt. Joseph & Phebe], b. Apr. 16, 1788	2	132
Susannah, w. of Edward, d. May 20, 1827, ae 52 y. 8 m.	2	33
Susannah T., [d. Edward & Susanna], b. Dec. 28, 1813	2	82
Sibbel, d. Jonathan & Experience, b. Mar. 26, 1738* (*1748?)	2	160
Sibell, m. Lucy* REDFIELD, July 3, 1765 (*Should be "Levi")	2	118
Sible, [d. Benjamin & Elizabeth], b. May 2, 1768	2	122
Syllina, [d. Elijah, Jr. & Mary], b. Oct. 8, 1784	2	14
Tamor, d. Abel & Martha, b. Feb. 14, 1747/8	2	158
Tamar, m. John RUTTEY, Jan. 10, 1776	2	38
Thankfull, [d. Nathan], b. Dec. 16, 1764	2	93
Thankfull, [d. Nathan, 3rd, & Rachel], b. Apr. 13, 1788	2	83
Thomas C., Jr., m. Maria WELLMAN, Nov. 7, 1847, by Rev. E. Swift	3	406
Thomas Clark, [s. Abel, 2d, & Bathsheba], b. Oct. 24, 1790	2	123
Urias, s. Stephen & Mary, b. Mar. 13, 1748/9	2	159
William, m. Ruth BLANCHARD, Feb. 3, 1728/9	2	191
William, s. William & Ruth, b. Nov. 23, 1730	2	158
William, [twin with Potter], [s. Benjamin & Elizabeth], b. Dec. 26, 1765	2	122
William, [s. Nathaniel & Fanny], b. Oct. 29, 1822	2	103
William, m. Sarah GRIFFETH, b. of Killingworth, Sept. 11, 1823, by Hart Talcott	3	366
William, d. Mar. 8, 1830	2	66
William, of Madison, m. Sally L. U. L'HOMMEDIEU, of Baybrook, Sept. 20, 1835, by Rev. Lewis Foster	3	389
William C., of New York, m. Elizabeth M. OLCOTT, of Killingworth, Aug. 8, 1827, by Rev. Pierpont Brockett	3	376
William Hopson, [s. Asa & Deborah Hopson], b. Nov. 13, 1803	2	98
William Lord, [s. Moses & Huldah], b. Nov. 7, 1802	2	14
William T., m. Minerva GAYLORD, Mar. 7, 1832, by Asa King	3	382
Zubrah, [child of Simeon & Lucretia], b. Dec. 8, 1778	2	88

	Vol.	Page
WILCOXSON, WILLCOCKSON, WILLCOXSON, WILCOCKSON,		
[see also **WILCOX**], Abel, s. Joseph, b. Oct. 6, 1702	1	78
Annah, d. Samuell, b. Oct. 12, 1699	1	78
Daniell, s. Nathaniell, b. Dec. 1, 1702	1	77
David, s. Joseph, b. Mar. 10, 1700	1	78
~~Dianiah~~*, d. Samuell, b. Nov. 7, 1697 (*correction (Marah) handwritten in margin of original manuscript)	1	78
Elisha, s. Joseph, b. Jan. 12, 1704	1	78
Han[n]ah, d. Joseph, b. Jan. 19, 1665	1	68
Hannah, m. Peter **FARNUM**, Dec. 8, 1686	1	67
Hannah, d. Joseph, b. Jan. 16, 1694	1	78
Jeremiah, s. Samuel & Ruth, b. Feb. 11, 1716/17	1	78
Jonathan, s. Nathaniell, b. Sept. 22, 1705	1	77
Joseph, s. Joseph, b. Jan. 17, 1695	1	78
Joseph, m. Hannah **KELSEY**, Feb. 14, 1695	1	67
Josiah, s. Samuell & Ruth, b. Apr. 4, 1706	1	78
Loes, d. Samuell & Ruth, b. May 3, 1708	1	78
Lidiah, d. Joseph & Hannah, b. July 28, 1713	1	78
Marah (see Dianiah)		
Mary, w. of Obadiah, d. Aug. 8, 1670	1	79
Nathaniel, s. Joseph, b. Aug. 29, 1668	1	68
Nathaniell, m. Han[n]ah **LANE**, Nov. 21, 1695	1	67
Nathaniell, s. Nathaniell, b. July 19, 1700	1	77
Nathaniell, d. June 13, 1712	1	80
Ruth, d. Samuel & Ruth, b. June 9, 1711	1	78
Samuel, m. Ruth **WASCOT**, Jan. 1, 1696	1	67
Samuell, s. Samuell, b. Nov. 18, 1696	1	78
Sarah, m. John **MEIGGS**, Mar. 7, 1665	1	66
Sarah, d. Nath[anie]ll, b. Aug. 21, 1696	1	77
Stephen, s. Joseph & Hannah, b. July 12, 1706	1	78
Thomas, s. Nathaniell, b. July 9, 1698	1	77
William, s. Joseph, b. Jan. 9, 1671	1	68
William, s. Samuell, b. July 18, 1703	1	78
WILLAND, [see under **WILLARD**]		
WILLARD, WILLAND, Daniel, s. Nathan & Esther, b. Aug. 4, 1749	2	103
Hannah, m. Hiel **BUELL**, Feb. 17, 1745/6	2	119
Hezekiah P., m. Lydia **NETTLETON**, Jan. 31, 1861, by Rev. Hiram Bell	3	418
Jerusha, m. Nathaniel **FARNUM**, July 18, 1739	2	145
Nathan, d. June 30, 1772	2	72
-----, of Madison, m. Mrs. Ruth **BUTLER**, of Killingworth, Apr. 26, 1747*, by Rev. E. Swift (*1847?)	3	406
WILLIAMS, Abraham, s. Thomas & Experience, b. Oct. 2, 1710	2	179
Abraham, s. Thomas, d. Dec. 23, 1710	1	81
Benjamin, [twin with Joseph, s. Nathaniel & Lydia], b. Feb. 2, 1774; d. Mar. 28, 1774	2	116
Bathiah, d. Augustian, b. May 5, 1686	1	76
Charles, m. Clarissa **KELSEY**, b. of Killingworth, Feb. 8, 1822, by Hart Talcott	3	363
Dan, [s. Nathaniel & Lydia], b. May 15, 1766	2	116
Daniell, s. Augustain, b. Sept. 9, 1683	1	76
Daniell, s. Thomas & Experience, b. Jan. 2, 1708/9	1	78
Edward, m. Mary Jane **HULL**, Feb. 28, 1861, by Rev. Hiram Bell	3	418

WILLIAMS, (cont.)

	Vol.	Page
Elizabeth, d. John & Elizabeth, b. Dec. 3, 1722, at East Haddam	2	189
Elizabeth, m. Robert HURD, Nov. 11, 1724	2	193
Elizabeth, d. Nathaniel & Elizabeth, b. Jan. 5, 1744/5	2	157
Elizabeth, w. of Nathan[ie]ll, d. Jan. 3, 1766	2	71
Experience, d. Thomas & Experience, b. Aug. 9, 1712	2	196
Experience, m. Jonathan WILLCOCKS, June 30, 1732	2	191
Frederick W., of Saybrook, m. Eliza A. KERKUM, of Guilford, [Jan.] 8, [1829], by Peter Crocker	3	377
Hannah, d. Augustian, b. Jan. 10, 1680	1	76
Hannah, d. Thomas, b. June 13, 1705	1	78
Hannah, m. Elnathan SMITH, Feb. 15, 1727/8	2	191
Helon, [d. Nathaniel & Lydia], b. Apr. 8, 1770	2	116
Hiel, [s. Nathaniel & Lydia], b. July 2, 1764	2	116
Jane, of Philadelphia, m. Noah ROSSETTER, of Killingworth, Jan. 5, 1827, by Rev. Pierpont Brockett	3	374
John, d. in the 4th month of the 50th y. of his age (1767?)	2	71
John, s. Thomas & Experience, b. July 26, 1717	2	196
John, m. Sele RATHBON, of Lyme, Dec. 17, 1755	2	74
Jonathan, [s. Nathaniel & Elizabeth], b. Nov. 29, 1750	2	157
Jonathan, s. John & Sebe, b. Feb. 17, 1757	2	141
Joseph, s. Nathaniel & Elizabeth, b. Mar. 16, 1732	2	157
Joseph, [twin with Benjamin, s. Nathaniel & Lydia], b. Feb. 2, 1774; d. Mar. 28, 1774	2	116
Joshua R., of South Glastonbury, m. Mary LANE, of Killingworth, Sept. 19, 1836, by Lewis Foster	3	393
Lucy A., m. Nathaniel A. HURD, b. of Killingworth, Sept. 27, [1836], by Lewis Foster	3	393
Lidea, m. Nathaniel WILLIAMS, Dec. 29, 1763	2	121
Leda, [d. Nathaniel & Lydia], b. Mar. 18, 1768	2	116
Margaret, m. Samuel S. ELLIOTT, Mar. 18, 1779	2	73
Mary, d. Robert, b. June 5, 1671	1	70
Mary, d. Robert, b. June 5, 1671	1	72
Mary, d. Thomas & Experience, b. Feb. 1, 1719/20	2	196
Mary, d. Thomas, d. Feb. 16, 1720/21	1	81
Masey, d. Nathaniel & Elizabeth, b. Jan. 19, 1747/8 (Marey?)	2	157
Mat[t]hew, s. Augustian, b. Oct. 20*, 1688 (*correction (27) handwritten on original manuscript)	1	76
Matthew, m. Mary WRIGHT, May 7, 1717	2	192
Nathaniell, s. Thomas, b. Feb. 18, 1706/7	1	78
Nathaniel, m. Elizabeth LANE, Dec. [ ], 1730	2	191
Nathaniel, s. Nathaniel & Elizabeth, b. Nov. 30, 1742	2	157
Nathaniel, m. Lydia [ ], Dec. 29, 1763	2	116
Nathaniel, Jr., m. Lydia KELCEY, Dec. 29, 1763	2	118
Nathaniel, m. Lidea WILLIAMS*, Dec. 29, 1763 (*Should be KELSEY)	2	121
Sam[ue]ll, s. Sarah, b. May 10, 1746	2	125
Sarah, d. Thomas & Experience, b. May 7, 1715	2	196
Sarah had s. Sam[ue]ll, b. May 10, 1746	2	125
Selina, m. Linus DAVIS, Nov. 1, 1821, by Asa King	3	362
Seth, [s. Nathaniel & Lydia], b. Feb. 8, 1772	2	116
Sybil, of Killingworth, m. Ezra JAMES, of Saybrook, Dec. 24, 1820, by Hart Talcott	3	359

KILLINGWORTH VITAL RECORDS 151

	Vol.	Page
WILLIAMS, (cont.)		
Thomas, m. Experience HAYDEN, Sept. 28, 1704	1	67
Thomas, d. Sept. 17, 1722	1	81
Wealthy Ann, m. Herman K. FARNUM, Jan. 20, 1813	2	43
William Henry, s. William & Parmelia, b. Jan. 9, 1822	2	14
Zeruiah, d. Nathaniel & Elizabeth, b. Dec. 15, 1733	2	157
Zerviah, m. Elnathan STEEVENS, 2d, Dec. 25, 1754	2	75
Surviah, m. Elnathan STEEVENS, Jr., Nov. 25, 1754	2	117
WOOD, Luke C., m. Caroline BUELL, b. of Killingworth, Sept. 15, 1834, by Rev. Luke Wood	3	384
WOODBRIDGE, John, s. John, b. Oct. 22, 1673	1	73
Mercy, d. John, b. Sept. 27, 1672	1	73
WOODCOCK, Bartholomew, s. Barnabus & Elizabeth, b. Dec. 26, 1742	2	147
WOODMANSEE, Sarah, m. John NETTELTON, Jan. 21, 1691/2	1	67
WOODRUFF, Abigail, m. Adin PARMELE[E], 2d, Apr. 27, 1837, by Rev. E. Swift	3	394
Elisha, m. Nancy WRIGHT, Aug. 23, 1846, by Rev. E. Swift	3	405
Hannah, of Killingworth, m. Joy GRISWOLD, of Guilford, Aug. 27, 1835, by Rev. E. Swift	3	387
Orville C., of Guilford, m. Angeline E. PARMELEE, of Killingworth, Nov. 12, 1856, by Rev. Hiram Bell	3	414
WOODSTOCK, Fanny, of Killingworth, m. W[illia]m L'HOMMEDIEU, of Saybrook, Oct. 23, 1826, by Rev. Pierpont Brocket	3	374
WOODWORTH, Jane, m. Jacob TURNER, Aug. 15, 1754	2	117
WORTHINGTON, Mary, Mrs., m. Aaron ELIOT, Feb. 14, 1744/5	2	119
WRIGHT, Abiga[i]ll, d. John & Mary, b. July 29*, 1715 (correction (19) handwritten on original manuscript)	1	69
Abigail, [d. John & Elizabeth], b. Nov. 4, 1748	2	116
Abigail, [d. John & Elizabeth], b. Nov. 4, 1748; d. Oct. 30, 1751	2	141
Achsah L., m. Hon. Austin OLCOTT, b. of Killingworth, Sept. 12, 1835, by Rev. Luke Wood	3	388
Ambrose, s. James & Submit, b. Aug. 14, 1749; d. Sept. 27, 1749	2	124
Annah, m. John WALLSTONE, Feb. 6, 1677	1	67
Asa, [s. John & Elizabeth], b. Sept. 3, 1746	2	116
Asa, [s. John & Elizabeth], b. Sept. 3, 1746	2	141
Beniamin, Sr., d. Mar. 29, 1676/7	1	79
Beniamin, m. Elizabeth HAND, Apr. 5, 1705	2	192
Beniamin, s. Beniamin & Elizabeth, b. Jan. 18, 1705/6	2	196
Benj[ami]n, [s. David & Hester], b. Feb. 27, 1759	2	90
Benjamin, s. James & Submit, b. Aug. 23, 1760	2	124
Benjamin, m. Ruth GRENNEL, Oct. 5, 1783	2	75
Calvin, d. May 30, 1804	2	77
Catharine C., m. William P. JOHNSON, Feb. 6, 1845, by Rev. E. Swift	3	402
Charles B., of Westbrook, m. Charlotte E. FRANKLIN, of Killingworth, Sept. 3, 1843, by Rev. E. Swift	3	401
Charles Russell, of Saybrook, m. Mabel KELSEY, of Killingworth, Oct. 20, 1824, by Sylvester Selden	3	369
Chauncey Duglass, [s. Thomas Duglass & Anne], b. Jan. 28, 1810	2	124
Christopher, [s. James & Submit], b. Sept. 29, 1752	2	124
Daniel, s. John & Mary, b. Feb. 5, 1707/8	1	69
Daniell, d. Dec. 12, [1675*] (*handwritten addition to original		

BARBOUR COLLECTION

	Vol.	Page
WRIGHT, (cont.)		
Manuscript)	1	79
David, s. Beniamin & Elizabeth, b. Aug. 27, 1716	2	196
David, m. Hester **WHITTLESEY**, May 27, 1742	2	74
David, m. Esther **WAKELEY**, May 27, 1742	2	146
David, [s. David & Hester], b. Oct. 31, 1756	2	90
David, Lieut., d. Feb. 18, 1761	2	71
Dinah, [twin with Ruben, d. John & Elizabeth], b. Sept. 30, 1757	2	116
Elediah, d. Beniamin & Elizabeth, b. Oct. 26, 1714	2	196
Elediah, see also Lydia		
Elizabeth, d. Joseph & Elizabeth, b. Aug. 8, 1676	1	72
Elizabeth, w. of Joseph, d. Nov. 12, 1702	1	80
Elizabeth, d. Beniamin & Elizabeth, b. July 6, 1719	2	196
Elizabeth, m. Hezekiah **KELCEY**, Jan. 9, 1722/3	2	193
Elizabeth, [d. Nathan & Lucy], b. Nov. 20, 1766	2	93
Fanny, of Saybrook, m. Heman N. **HULL**, of Killingworth, Dec. 22, 1833, by Rev. Ephraim Swift	3	386
Frederick, m. Submit **KELSEY**, b. of Killingworth, Dec. 1, 1825, by Rev. Pierpont Brocket	3	371
Hannah, [d. David & Hester], b. Feb. 15, 1753	2	90
Hannah, m. James **WRIGHT**, Jan. 21, 1780	2	121
Harrieott, d. Benjamin & Ruth, b. Jan. 16, 1784	2	112
Harriet, of Killingworth, m. Daniel **THOMPSON**, of Durham, Mar. 29, 1831, by Rev. Nathaniel Kellogg. Witnesses: Barber Grinnell, Clarissa Johnson	3	380
Hester, [d. David & Hester], b. Oct. 31, 1750	2	90
Hester, [d. Job & Sarah], b. Apr. 24, 1779	2	80
James, Sr., d. Mar. 16, 1726/7	1	79
James, m. Submit **BUELL**, Nov. 7, 1743	2	119
James, s. James & Submit, b. Feb. 6, 1757	2	124
James, d. July 6, 1762	2	71
James, s. James & Temperance, b. July 26, 1762	2	114
James, m. Hannah **BURRUS**, Nov. 19, 1779	2	75
James, m. Hannah **WRIGHT**, Jan. 21, 1780	2	121
James Burus, s. James & Hannah, b. Jan. 21, 1780	2	87
James Burrows, s. James & Hannah, b. Jan. 21, 1780	2	114
Jeremiah, s. Beniamin & Elizabeth, b. Aug. 14, 1712	2	196
Jeremiah, s. Benjamin, d. Apr. 9, 1727	1	79
Jerusha, d. Nathan & Lucy, b. Sept. 31 (sic), 1763	2	93
Job, s. David & Hester, b. Sept. 8, 1746	2	90
Job, s. David & Est[h]er, b. Sept. 28, 1746	2	147
Job, Capt., m. Sarah **STEEVENS**, Feb. 9, 1775	2	73
Job, [s. Job & Sarah], b. Mar. 23, 1777	2	80
John, m. Mary **KELCEY**, May 2, 1705	2	192
John, s. John & Mary, b. Sept. 6, 1711	1	69
John, m. Phebe **LARG**(?), May 24, 1733	2	191
John, m. Elizabeth [ ], Dec. 26, 1743	2	74
John, m. Elizabeth **CHITTENDEN**, Dec. 26, 1744	2	146
John, [s. John & Elizabeth], b. June 12, 1763	2	116
Jonathan, [s. John & Elizabeth], b. Mar. 2, 1766	2	116
Jonathan, m. Sally M. **WRIGHT**, b. of Killingworth, Apr. 5, 1823, by Hart Talcott	3	365
Jonathan, Capt., m. Abigail **KELSEY**, b. of Killingworth, Oct. 5,		

KILLINGWORTH VITAL RECORDS 153

	Vol.	Page
WRIGHT, (cont.)		
1825, by Rev. Pierpont Brocket	3	370
Joseph, Sr., d. Feb. 19, 1703/4	1	81
Joshua, s. John & Mary, b. Dec. 30, 1719	1	69
Josiah, s. Beniamin & Elizabeth, b. Oct. 18, 1708	2	196
Judeth, m. Edward RUTTY, Sept. 17, 1722	2	193
Julia, m. Alvin DAVIS, [Nov. 28, 1827], by Asa King	3	376
Lucretia Bebe, d. Thomas Duglass & Anne, b. Dec. 30, 1805	2	124
Lucy, m. David BLACKLEY, May 20, 1752	2	120
Lucy, m. Nathan WRIGHT, Nov. 6, 1762	2	93
Ledia, d. James Wright & Hannah Carter, b. Sept. 17, 1725	2	155
Lydia, m. Hervey WILCOX, Nov. 11, 1829, by Asa King	3	378
Lydia, m. Harvey WILCOX, Nov. 11, 1829, by Asa King	3	381
Lydia, see also Elediah		
Marcy, m. Peter FFARNUM, Mar. 27, 1717	2	192
Martin, s. David & Esther, b. May 22, 1743	2	147
Mary, m. Matthew WILLIAMS, May 7, 1717	2	192
Mary Hudson, [d. Thomas Duglass & Anne], b. Feb. 22, 1807	2	124
Mary P., m. Washington L. EVARTS, Dec. 13, 1846, by Rev. David Baldwin	3	407
Nancy, m. Lyman KELSEY, b. of Killingworth, July 16, 1823, by Hart Talcott	3	366
Nancy, m. Elisha WOODRUFF, Aug. 23, 1846, by Rev. E. Swift	3	405
Nathan, s. John & Elizabeth, b. Dec. 9, 1744	2	116
Nathan, s. John & Elizabeth, b. Dec. 29, 1744	2	141
Nathan, m. Lucy WRIGHT, Nov. 6, 1762	2	93
Nathaniel, m. Betsey PARMELE[E], Mar. 6, 1822, by Asa King	3	363
Patience, m. Samuel RUTTEY, Apr. 1, 1735	2	145
Paul, s. David & Est[h]er, b. Nov. 16, 1744	2	147
Polly, [d. Nathan & Lucy], b. June the last, 1769	2	93
Polly, m. Albert A. CARTER, Sept. 28, 1833, by David Wright	3	385
Prudence, d. Baniamin & Elizabeth, b. Jan. 21, 1709/10	2	196
R[e]uben, [twin with Dinah], s. [John & Elizabeth], b. Sept. 30, 1757	2	116
Sabra, [d. John & Elizabeth], b. [ ] 20, 1760	2	116
Sally M., m. Jonathan WRIGHT, b. of Killingworth, Apr. 5, 1823, by Hart Talcott	3	365
Samuel, of Saybrook, & Sally SNOW, of Killingworth, had int. pub. Nov. 30, 1820, by Hart Talcott	3	358
Sarah, m. Walter GRISWOLD, Oct. 24, 1723	2	193
Sarah, d. Job & Sarah, b. Nov. 9, 1775	2	80
Sophia, m. Stephen CHATFIELD, Nov. 28, 1845, by Rev. E. Swift	3	404
Submit, [d. James & Submit], b. Dec. 4, 1754	2	124
Submit, m. John ROSSETTER, Feb. 21, 1766	2	118
Temperance, d. David & Hester, b. Jan. 21, 1761	2	90
Uraricos(?), s. David & Est[h]er, b. Oct. 24, 1748	2	147
William, [s. David & Hester], b. Mar. 21, 1755	2	90
W[illia]m, of Saybrook, m. Louisa POST, of Killingworth, Jan. 11, 1825, by Sylvester Selden	3	369
Wise, m. Elizabeth STEEVENS, July 3, 1753	2	120
Wise, s. Wise & Elizabeth, b. Mar. 7, 1755	2	111
YOUNG, YOUNGS, Anna, [d. Joseph & Cloe], b. Apr. 2, 1785; d. July 12, 1787	2	83
Charles Price, [s. Joseph & Cloe], b. Dec. 5, 1790	2	83

	Vol.	Page
YOUNG, YOUNGS, (cont.)		
Hannah, m. R[e]uben **BUELL**, June 13, 1743	2	146
Henry, [s. Joseph & Cloe], b. Sept. 10, 1786	2	83
Joseph, m. C[h]loe **GRISWOLD**, Dec. 13, 1781	2	38
Joseph, s. Joseph & C[h]loe, b. Dec. 11, 1782	2	83
Nancy, [d. Joseph & C[h]loe], b. June 20, 1788	2	83
Walter Griswold, [s. Joseph & C[h]loe], b. Mar. 19, 1784	2	83
Washington, m. Abigail **STANNARD**, Apr. 24, 1844, by E. Swift	3	403
NO SURNAME		
Elizabeth, m. John **WRIGHT**, Dec. 26, 1743	2	74
Hannah, m. Daniel **KELCEY**, 3rd, Dec. 14, 1738	2	120
Lucy, m. Sam[ue]ll **HULL**, Dec. 22, 1767	2	74
Lydia, m. Nathaniel **WILLIAMS**, Dec. 29, 1763	2	116
Martha, m. Ishi **FRANKLIN**, Aug. 19, 1772	2	124
Mercy, m. Samuel **KELCEY**, Jan. 13, 1772	2	115
Phebe, m. Theophilus **MORGAN**, Oct. 15, 1761	2	74
Sarah, m. John **HULL**, Jan. [ ], 1766	2	74
Sarah, m. Rev. [ ] **LANE**, Nov. 11, 1773	2	73

LEDYARD VITAL RECORDS
1836 - 1855

	Page
ADAMS, Fanny, d. James, ae 46 y. & Julia A., ae 31 y., b. July 15, 1854	75-76
James, m. Julia STODDARD, b. of Ledyard, Feb. 22, 1849, by Nathaniel Chapman, J.P.	32
ALEXANDER, Mary Jane, of Stonington, m. John S. Williams, of Ledyard, Feb. 22, 1852, by Christopher Newton, J.P.	40
ALLEN, [see also ALLYN], Franklin, of Groton, m. Nancy E. BROWN, of Bozrah, July 4, 1854, by Rev. S. H. Peckham	68
Mary, of Ledyard, m. Gurdon B. HYDE, of Franklin, Feb. 15, 1837, by James Allen, J.P.	2
Raymond, m. Mary E. BROWN, b. of Chaplin, Sept. 18, 1848, by Timothy Tuttle	32
ALLYN, [see also ALLEN], Albert Munro, [s. James, Jr. & Fanna], b. July 28, 1805; d. Oct. 22, 1815	49
Ardelia, m. Latham MAYNARD, b. of Ledyard, Sept. 7, 1842, by Timothy Tuttle	12
Benajah Avery, [s. James, Jr. & Fanna], b. Nov. 27, 1796	49
Betsey, m. Daniel PACKER, b. of Ledyard, Feb. 10, 1849, by Rev. Stephen H. Peckham	33
Caroline M., m. George H. BRIEN, b. of Ledyard, Feb. 9, 1853, by Timothy Tuttle	61
Charlotte, M., m. Charles T. McCRACKEN, b. of Ledyard, Sept. 8, 1844, by Timothy Tuttle	17
Elisha S., m. Mary Ann O'BRIEN, b. of Ledyard, June 17, 1851, by Timothy Tuttle	39
Francis William, [s. James, Jr. & Fanna], b. May 21, 1810; d. Dec. 13, 1828	49
Henrietta, m. Stephen M. STODDARD, b. of Ledyard, Aug. 28, 1838, by Rev. Timothy Tuttle	4
James, Jr., m. Fanna AVERY, Nov. 30, 1795, by Amos Geer, in Groton	49
James, d. May 25, 1848, ae 78 y.	55
James Stanton, [s. James, Jr. & Fanna], b. Oct. 21, 1798	49
Joseph A., m. Lois M. PARK[E], b. of Ledyard, Apr. 30, 1853, by Rev. S. H. Peckham	62
Margaret J., m. James A. BILLINGS, b. of Ledyard, Dec. 28, 1852, by Timothy Tuttle	60
Maria S., of Ledyard, m. Henry LARRABEE, Mar. 17, 1853, by E. J. Hinks	62
Martha, b. Apr. 17, 1784, in Groton; m. Stephen BILLINGS, Apr. 9, 1809, by John G. Wightman, of Groton	48
Mary Ann Caroline, [d. James, Jr. & Fanna], b. Jan. 30, 1802	49
Mary E., m. William Williams, b. of Ledyard, Apr. 26, 1848, by Timothy Tuttle	30
Nathaniel B., Capt., of Providence, R.I., m. Sarah Jane BRADFORD, of Gales Ferry, Sept. 15, 1852, by E. J. Hinks	60
Nicholas, m. Fanny C. MAYNARD, b. of Ledyard, Dec. 24, 1843, by Timothy Tuttle	14
Prudence, m. Asa L. Avery, b. of Ledyard, Feb. 6, 1841, by Seth	

ALLYN, (cont.)

	Page
Burrows, J.P	9
Richard B., s. Jacob, a laborer, ae 24 y., & Jane Ann, ae 22 y., b. Jan. 25, 1854	75-76
Sarah A., of Ledyard, m. Elijah BAILEY, Jr., of N. Stonington, Nov. 23, 1842, by Timothy Tuttle	12
Sarah A., m. Oscar F. COMSTOCK, b. of Ledyard, May 21, 1854, by Timothy Tuttle	67
Susan, d. June 26, 1850	55
Susan E., m. Adam LARRABEE, b. of Ledyard, Aug. 6, 1837, by Guy C. Stoddard, J.P.	3
Susan M., m. Ichabod CHAPMAN, Jr., b. of Ledyard, June 11, 1843, by Timothy Tuttle	14
Thomas, d. May 20, 1849, ae 82 y.	55
Thomas Holmes, [s. James, Jr. & Fanna], b. Feb. 20, 1813	49
Thomas Stanton, [s. James, Jr. & Fanna], d. Apr. 16, 1822	49
_____, -. Joseph & Lois, ae 17 y., b. Mar. 13, 1854	75-76

AMESBURY, Levi, of Stonington, m. Prudence AVERY, of Ledyard, Nov. 26, 1850, by Timothy Tuttle — 37

AMIDON, Isaac C., m. Lydia PACKER, Dec. 25, 1844, by Rev. Lawton Cady — 18

ANDERSON, Joseph, of New York, m. Mary Ann MAYNARD, of Ledyard, Jan. 6, 1850, by Rev. Stephen H. Peckham — 35

ANDREW, George, of Preston, m. Betsey R. BRADFORD, of Ledyard, Aug. 7, 1836, by Ralph Hurlbutt, J.P. — 1

APPLEMAN, Gustavus A., of Groton, m. Prudence A. WILLIAMS, of Ledyard, [, 1841], by Timothy Tuttle — 10

ARTHUR, Ralph, m. Eunice S. PERKINS, b. of Ledyard, Apr. 5, 1846, by Rev. Lyman Leffingwell — 23

Ralph, m. Eunice PERKINS, Apr. 5, 1846, at Gales Ferry, by Rev. Lyman Leffingwell — 24

William M., of New London, m. Amelia AVERY, of Ledyard, Feb. 6, 1853, by Timothy Tuttle — 61

AVERY, Albert G., m. Emily GEER, b. of Ledyard, Mar. 21, 1837, by Timothy Tuttle — 2

Amelia, of Ledyard, m. William M. ARTHUR, of New London, Feb. 6, 1853, by Timothy Tuttle — 61

Ardelia, of Ledyard, m. Henry TUTTLE, of Yates, N.Y., Oct. 18, 1842, by Timothy Tuttle — 12

Asa L., m. Prudence ALLYN, b. of Ledyard, Feb. 6, 1841, by Seth Burrows, J.P. — 9

Augusta, of Ledyard, m. Park S. AVERY, of Salina, N.Y., Sept. 24, 1840, by Dexter Potter — 8

Bethiah W., m. Edmund SPICER, b. of Ledyard, Nov. 16, 1836, by Timothy Tuttle — 2

Eliza Ann, of Ledyard, m. Cyrus MERRET, of Norwalk, Ct., June 22, 1845, by Geo[rge] W. Avery, J.P. — 20

Erasmus, of Preston, m. Eunice S. WILLIAMS, of Ledyard, Jan. 21, 1847, by Timothy Tuttle — 26

Fanna, m. James ALLYN, Jr., Nov. 30, 1795, by Amos Geer, in Groton — 49

Florence, d. Joseph, b. Mar. 25, 1850 — 74

George W., m. Frances DAVIS, b. of Ledyard, Aug. 31, 1845, by Zephaniah Watrous — 21

Isaac, m. Henrietta BILLINGS, b. of Ledyard, May 14, 1850, by

LEDYARD VITAL RECORDS 157

	Page
AVERY, (cont.)	
Timothy Tuttle	35
James B., m. Sarah Frances CULVER, b. of Ledyard, Apr. 16, 1840, by Timothy Tuttle	7
Joseph A., m. Lucinda CLARK, b. of Ledyard, Sept. 2, 1838, by Rev. Timothy Tuttle	5
Margary, d. Oct. 1, 1849, ae 74 y.	56
Mary, d. Nov. 1, 1847, ae 73 y.	55
Park S., of Salina, N.Y., m. Augusta AVERY, of Ledyard, Sept. 24, 1840, by Dexter Potter	8
Prudence, of Ledyard, m. Levi AMESBURY, of Stonington, Nov. 26, 1850, by Timothy Tuttle	37
AYER, George, m. Julia Ann STODDARD, b. of Ledyard, May 13, 1839, by Timothy Tuttle	6
BABCOCK, Caroline, m. Stephen GRAY, b. of Ledyard, Jan. 19, 1840, by Charles Bennett, J.P.	7
Charles, of Westerly, R.I., m. Levina BROWN, of Ledyard, Nov. 13, 1836, by Timothy Tuttle	1
George, m. Emily MAYNARD, of Ledyard, Jan. 26, 1840, by Nathan Brewster, J.P.	7
Ichabod, d. Jan. 23, 1849, ae 90 y. (b. in Westerly, R.I.(?))	55
Phillis, m. Mark DANIELS, b. of Ledyard, Mar. 3, 1844, by Rev. Stephen H. Peckham	16
BABSON, David, m. Harriet L. CONGDON, Dec. 25, 1844, by Rev. Lawton Cady	18
BAILEY, Elijah, Jr., of N. Stonington, m. Sarah A. ALLYN, of Ledyard, Nov. 23, 1842, by Timothy Tuttle	12
George A., m. Mary A. STODDARD, b. of Ledyard, July 15, 1840, by Timothy Tuttle	8
Henry E., m. Hannah T. STODDARD, b. of Ledyard, Oct. 28, 1838, by John Brewster, J.P.	5
Henry T., s. Elijah, ae 30 y. & Sarah, ae 26 y., b. Mar. 8, 1849	73
Pauline A. D., of Ledyard, m. Levi PERKINS, of Groton, Apr. 18, 1837, by Ralph Hurlbutt, J.P.	3
BALL, Gurdon, m. Melinda PERKINS, b. of Ledyard, Oct. 23, 1836, by Ralph Hurlbutt, J.P.	1
Thomas A., s. Gardiner, ae 49 y. & Malinda, ae 40 y., b. Mar. 9, 1848	73
Van Rens[s]alear, of Stonington, m. Olive GALLUP, of Ledyard, Jan. 1, 1846, by W[illia]m C. Walker	22
BARBER, Ethan O., m. Frances A. GRAY, Feb. 24, 1839, by William M. Williams, J.P.	6
BARNES, Amos D., [s. Nathan], b. Apr. 6, 1826	51
Eliza, [d. Nathan], b. Apr. 23, 1820	51
Ellen, [d. Nathan], b. Dec. 27, 1835	51
Ellen, m. Jackson WILLIAMS, b. of Ledyard, Jan. 26, 1852, by Rev. S. H. Peckham	61
Lucy Ann, of Ledyard, m. Martin M. GREEN, of Voluntown, Oct. 29, 1848, by Rev. Stephen H. Peckham	32
Lydia, [d. Nathan], b. Oct. 17, 1829	51
Mary E., [d. Nathan], b. Jan. 17, 1828	51
Nancy, [d. Nathan], b. May 11, 1817	51
Nathan W., m. Harriet WAY, b. of Ledyard, Oct. 28, 1841, by Timothy	

	Page
BARNES, (cont.)	
Tuttle	10
Nathan M., [s. Nathan], b. Oct. 23, 1824	51
Nehemiah, [s. Nathan], b. Dec. 25, 1837	51
Samuel, [s. Nathan], b. Feb. 3, 1839	51
William, [s. Nathan], b. June 30, 1832	51
BARROWS, Sarah, m. Elkanah HEWETT, b. of Preston, Apr. 14, 1851, by Rev. Stephen H. Peckham	39
BENNETT, William, of Stonington, m. Harriet STANTON, of Ledyard, Apr. 9, 1843, by Charles Bennett, J.P.	14
BILL, John W., of Lyme, m. Prudence GALLUP, of Ledyard, Aug. 4, 1836, by Timothy Tuttle	1
Sarah, b. May 7, 1793; m. Capt. Jacob GALLUP, [ ]	50
BILLINGS, Anna Stanton,. [d. Stephen & Martha], b. Sept. 1, 1814	48
Cynthia, [d. Stephen & Martha], b. Jan. 11, 1810	48
Hannah Adelia, [d. Stephen & Martha], b. June 12, 1812	48
Henrietta, [d. Stephen & Martha], b. Oct. 25, 1824	48
Henrietta, m. Isaac AVERY, b. of Ledyard, May 14, 1850, by Timothy Tuttle	35
James A., m. Margaret J. ALLYN, b. of Ledyard, Dec. 28, 1852, by Timothy Tuttle	60
James Allyn, [s. Stephen & Martha], b. Feb. 24, 1821	48
Martha, of Ledyard, m. Jonah WITTER, Jr., of Preston, Jan. 5, 1837, by Rev. John G. Wightman	2
Patty, [d. Stephen & Martha], b. Apr. 18, 1817	48
Stephen, b. Sept. 25, 1781, in Groton; m. Martha ALLYN, Apr. 9, 1809, by John G. Wightman, of Groton	48
Stephen, Jr., [s. Stephen & Martha], b. Nov. 23, 1818	48
-----, [d. Stephen & Martha], b. June 27, 1829; d. June 27, 1829	48
BINKS, Cynthia, m. Joseph PAGE, b. of Ledyard, Apr. 5, 1846, by Rev. Stephen H. Peckham	23
BLAKE, Samuel*, shoemaker, ae 46 y., of Ledyard, m. Lucy CHRISTY, ae 27 y., June 11, 1854, by John W. Case (*His second marriage)	65-66
BLIVEN, Joshua, of Stonington, m. Eliza MURPHY, of Ledyard, Sept. 3, 1854, by Rev. S. H. Peckham	69
BOLLES, John, of Waterford, m. Nancy CHAPMAN, of Ledyard, Mar. 26, 1845, by Rev. Cyrus Miner	19
John, s. John, ae 28 y. & Nancy, ae 22 y., b. Jan. 26, 1848	73
BRACKETT, Susan, m. Stephen D. CASWELL, b. of Preston, July 3, 1853, by Rev. S. H. Peckham	63
BRADFORD, Betsey R., of Ledyard, m. George ANDREW, of Preston, Aug. 7, 1836, by Ralph Hurlbutt, J.P.	1
Sarah Jane, of Gales Ferry, m. Capt. Nathaniel B. ALLYN, of Providence, R.I., Sept. 15, 1852, by E. J. Hinks	60
BRAMBLE, Joseph M., of North Lyme, m. Harriet C. FOSTER, of Norwich, July 2, 1848, by Rev. Stephen H. Peckham	31
BRAND, -----, --. Christopher, ae 36 y. & Temperance, ae 32 y., b. May 4, 1848	73
BREWSTER, Cynthia Eliza, [d. Nathan & Eliza], b. Oct. 17, 1838	45
Franklin, m. Sarah Elmira STODDARD, b. of Groton, Nov. 29, 1832, by Timothy Tuttle	45
Harriet, [d. Franklin & Sarah Elmira], b. Feb. 23, 1836	45
Harriet, m. Robert LAMB, b. of Ledyard, May 8, 1854, by Timothy Tuttle	67
John, Jr., m. Mary E. WILLIAMS, b. of Ledyard, Apr. 2, 1840, by Rev. Ira	

LEDYARD VITAL RECORDS 159

	Page
BREWSTER, (cont.)	
R. Steward	8
William Franklin, [s. Franklin & Sarah Elmira], b. Jan. 1, 1834	45
BRIEN, [see also **O'BRIEN**], George H., m. Caroline M. **ALLYN**, b. of Ledyard, Feb. 9, 1853, by Timothy Tuttle	61
BROWN, Albert M., [s. Albert], b. June 22, 1838	52
Avery W., b. Dec. 5, 1805; m. Annis **HOLDREDGE**, July 21, 1834	53
Caroline, of Ledyard, m. Erastus **DAVISON**, of New York, July 3, 1854, by Rev. John W. Geer	68
Cynthia, [d. Avery W. & Annis], b. May 22, 1836 [sic]	53
Cynthia, m. Elias D. **COMSTOCK**, b. of Ledyard, Nov. 20, 1853, by Rev. S. H. Peckham	64
Daniel, m. Susannah **GRAY**, b. of Ledyard, Dec. 2, 1837, by James Allen, J.P.	4
Daniel H., [s. Avery W. & Annis], b. Oct. 11, 1840	53
Elias, [s. Avery W. & Annis], b. Aug. 27, 1838	53
Erastus J., [s. Avery W. & Annis], b. Apr. 4, 1854	53
Fanny E., [d. Albert], b. Jan. 22, 1843	52
Fanny F., [d. Avery W. & Annis], b. Mar. 28, 1851	53
Franklin L., [s. Albert], b. Mar. 24, 1837	52
Hannah, [d. Avery W. & Annis], b. July 11, 1836 [sic]	53
Happy L., [d. Albert], b. Feb. 10, 1839	52
James A., [s. Avery W. & Annis], b. Mar. 25, 1845	53
James J., d. Feb. 19, 1849, ae 42 y.	55
James Jay, of Ledyard, m. Sophia Elizabeth **CRANDALL**, of Groton, Nov. 29, 1840, by Rev. Erastus Denison	9
John, of Colchester, m. Martha S. **STODDARD**, of Ledyard, July 8, 1847, by Rev. Geo[rge] W. Winchester, of Uncasville	27
Levina, of Ledyard, m. Charles **BABCOCK**, of Westerly, R.I., Nov. 13, 1836, by Timothy Tuttle	1
Lillie A., [d. Avery W. & Annis], b. Aug. 30, 1858	53
Lucy, of Preston, m. Deac. John **MYERS**, of Ledyard, Jan. 29, 1854, by Rev. S. H. Peckham	64
Lucy A., milliner, b. in Groton, ae 27 y., now of Ledyard, m. Daniel **MANZER**, merchant, b. in Isle of Jersey, ae 28 y., now of Williamsburg, N.Y., Nov. 8, 1853, by Obadiah House	65-66
Mary E., m. Raymond **ALLEN**, b. of Chaplin, Sept. 18, 1848, by Timothy Tuttle	32
Nancy A., [d. Avery W. & Annis], b. Apr. 27, 1843	53
Nancy E., of Bozrah, m. Franklin **ALLEN**, of Groton, July 4, 1854, by Rev. S. H. Peckham	68
Nathaniel, [s. Avery W. & Annis], b. Aug. 5, 1835	53
Richard, of Preston, m. Mary A. **CRARY**, of N. Stonington, June 4, 1854, by Rev. S. H. Peckham	68
Sarah, of Westerly, R.I., m. Francis S. **WEST**, of Island of Jersey, Eng., Sept. 24, 1836, by Asa L. Geer, J.P.	1
Sarah E., [d. Avery W. & Annis], b. Feb. 27, 1847	53
Sarah M., of Ledyard, m. David W. **CORNNELL**, of New London, Jan. 12, 1843, by Rev. Edmund A. Standish	13
Seth L., s. Albert, b. Mar. 2, 1850	74
Thomas F., [s. Albert], b. Apr. 24, 1840	52
William D., m. Nancy W. **HOLMES**, b. of Stonington, June 14, 1846, by Timothy Tuttle	24

	Page
BROWN, (cont.)	
William N., [s. Avery W. & Annis], b. Mar. 27, 1849	53
-----, s. Avery W., ae 44 y. & Annis, ae 36 y., b. Mar. 15, 1849	73
BUDDINGTON, Esther, of Ledyard, m. Deac. Coddington **CULVER**, of Groton, Mar. 19, 1839, by Rev. John G. Wightman	5
Pre[s]cilla, of Ledyard, m. Zebulon **CHAPELL**, of Groton, Oct. 20, 1839, by Guy C. Stoddard, J.P.	6
Rhoda A., of Ledyard, m. Angell **STEAD**, of Norwich, Oct. 18, 1837, by Rev. Asa R. Steward	3
BURDICK, Luther H., of Charlestown, R.I., m. Lucretia **STODDARD**, of Ledyard, Aug. 16, 1846, by Timothy Tuttle	25
BURROWS, Isaac A., mechanic, of Depuit, N.Y., ae 35 y., m. Hannah Eliza **THOMAS**, of Ledyard, ae 27 y., Nov. 13, 1854, by Rev. S. S. Chapin, of Preston	65-66
CASWELL, CASSWELL, Joseph W., of Preston, m. Ardelia **STEWART**, of N. Stonington, July 1, 1849, by Rev. Stephen H. Peckham	36
Oliver S., of Norwich, m. Abby C. **WILLCOX**, of Stonington, Aug. 3, 1851, by Rev. S. H. Peckham	39
Stephen D., m. Susan **BRACKETT**, b. of Preston, July 3, 1853, by Rev. S. H. Peckham	63
CHAPELL, Zebulon, of Groton, m. Precilla **BUDDINGTON**, of Ledyard, Oct. 20, 1839, by Guy C. Stoddard, J.P.	6
CHAPMAN, Abiah, m. Josiah F. **PHILLIPS**, Oct. 26, 1851, by Zephaniah Watrous	40
Albert, of Ledyard, m. Eliza J. **PERKINS**, of Groton, Jan. 16, 1844, by Rev. Stephen H. Peckham	15
Anna, m. Asa **CHAPMAN**, b. of Ledyard, Aug. 23, 1846, by Rev. Stephen H. Peckham	25
Asa, m. Anna **CHAPMAN**, b. of Ledyard, Aug. 23, 1846, by Rev. Stephen H. Peckham	25
Betharia, m. Samuel S. **MAINE**, b. of N. Stonington, Feb. 6, 1849, by Rev. Stephen H. Peckham	33
Betsey E., m. Henry W. **MYERS**, b. of Groton, Dec. 5, 1847, by Rev. Stephen H. Peckham	28
Courtland, m. Prudence A. **STODDARD**, b. of Ledyard, Oct. 16, 1836, by Ralph Hurlbutt, J.P.	1
Dudley B., of New London, m. Hannah **WHIPPLE**, of Ledyard, Feb. 22, 1846, by Zephaniah Watrous	22
Emily, m. Jonathan **CRANDALL**, b. of Ledyard, Sept. 3, 1843, by Nathan Daboll, J.P.	14
Henry, s. Asa, ae 22 y. & Nancy, ae 20 y., b. June 10, 1848	73
Ichabod, Jr., m. Susan M. **ALLYN**, b. of Ledyard, June 11, 1843, by Timothy Tuttle	14
Jared, of Preston, m. Elizabeth L. **PALMER**, of Wilmington, Del., Dec. 31, 1846, by Rev. Joseph M. Waite, of Poquetonnock	26
John C., m. Esther **WATROUS**, June 29, 1851, by Zephaniah Watrous	39
Levi, s. Levi, ae 46 y. & Lovina, ae 38 y., b. Mar. 31, 1849	73
Loran C., s. Ori & Content, b. Apr. 23, 1850	74
Lucy E., d. Ori, ae 34 y. & Content, ae 42 y., b. Jan. 9, 1848	73
Lydia Ann, m. Lyman **CHAPMAN**, b. of Ledyard, Nov. 13, 1842, by Nathan Daboll, J.P.	13
Lyman, m. Lydia Ann **CHAPMAN**, b. of Ledyard, Nov. 13, 1842, by Nathan Daboll, J.P.	13

LEDYARD VITAL RECORDS 161

Page

CHAPMAN, (cont.)
Maria D., d. W[illia]m E. & Sally A., b. July 23, 1854   74
Mary, m. Isaac A. LESTER, b. of Ledyard, Oct. 7, 1838, by Guy C.
   Stoddard, J.P.   5
Nancy, of Ledyard, m. John BOLLES, of Waterford, Mar. 26, 1845, by Rev.
   Cyrus Miner   19
Nathan, m. Hepsibah WHIPPLE, b. of Ledyard, July 19, 1846, by
   Zephaniah Watrous   25
Prentice A., s. Courtland, ae 38 y. & Prudence, ae 30 y., b. Feb. 9, 1849   73
Reuben, m. Emily LAMB, Mar. 12, 1837, by Rev. John G. Wightman   3
Romain Augustus, s. Courtland, a farmer, ae 41 y. & Prudence, ae 31 y., b.
   Jan. 10, 1854   75-76
Roswell, m. Mary Ann WILLCOX, b. of Ledyard, June 29, 1845, by Rev.
   Stephen H. Peckham   20
Sarah M., m. John E. PERKINS, b. of Ledyard, May 28, 1848, by Rev.
   Lathrop P. Weaver   31
William E., m. Sally M. LESTER, b. of Ledyard, Aug. 7, 1853, by Timothy
   Tuttle   63
[CHESEBROUGH], CHEESEBRO, Lydia Jane, m. Henry W. STANTON, b.
   of Ledyard, Jan. 10, 1848, by Henry W. Avery, J.P.   27
Nancy M., m. John A. FISH, b. of Groton, Dec. 18, 1853, by Timothy Tuttle   64
CHRISTY, Lucy, ae 27 y., m. Samuel BLAKE, a shoemaker, ae 46 y., of
   Ledyard, June 11, 1854, by John W. Case   65-66
CHURCH, James, of Montville, m. Juliet G. O'BRIEN, of Ledyard, Sept. 14,
   1847, by Timothy Tuttle   27
Purdy, of Montville, m. Sanford STODDARD, of Ledyard, Feb. 1, 1852, by
   Timothy Tuttle   40
CLARK, Amos W., s. Thomas J. & Harriet, b. Dec. 4, 1849   74
Charles, s. Thomas J. & Harriet, b. Oct. 3, 1852   74
Edwin, m. Sally L. MORGAN, Aug. 20, 1844, by Rev. Lawton Cady, of
   Uncasville & Gales Ferry   17
Eliza Ursula, of Ledyard, m. Alfred A. PARKERSON, of Westerly, R.I.,
   Oct. 24, 1847, by Rev. Geo[rge] H. Winchester   28
Estella, d. William, ae 22 y. & Carolina, ae 19 y., b. Feb. 1, 1849   74
Francis, of Brooklyn, m. Sarah M. HEATH, of Ledyard, Mar. 4, 1841, by
   Henry W. Avery, J.P.   9
Julia Ann, of Ledyard, m. Edwin S. ROBINSON, of Providence, R.I., Nov.
   24, 1836, by Ralph Hurlbutt, J.P.   2
Lucinda, m. Joseph A. AVERY, b. of Ledyard, Sept. 2, 1838, by Rev.
   Timothy Tuttle   5
Mary E., of Ledyard, m. John PERKINS, of Groton, Oct. 29, 1848, by
   Nathan Daboll, J.P.   32
Thomas J., m. Harriet WILLIAMS, Sept. 1, 1844, by Henry W. Avery, J.P.   17
William, m. Claris[s]a ROACH, b. of Ledyard, Aug. 3, 1845, by Nathan
   Daboll, J.P.   21
-----, d. Thomas J., ae 29 y. & Harriet, ae 21 y., b. Feb. 5, 1849   74
COLE, John B., of Cuba, N.Y., m. Sophia STODDARD, of Ledyard, June 9,
   1845, by Timothy Tuttle   20
Joseph, of Cuba, N.Y., m. Amelia STODDARD, of Ledyard, June 24, 1840,
   by Timothy Tuttle   8
COMSTOCK, Elias D., m. Cynthia BROWN, b. of Ledyard, Nov. 20, 1853, by
   Rev. S. H. Peckham   64
Henry, of Groton, m. Delia PERKINS, of Ledyard, Mar. 26, 1837, by

	Page
COMSTOCK, (cont.)	
Ralph Hurlbutt, J.P.	2
Henry, Capt., b. in Groton, d. Mar. 23, 1854, ae 42 y. Married	77-78
Jesse, Capt., of Montville, m. Frances NEWBURY, of Ledyard, Jan. 25, 1838, by Guy C. Stoddard, J.P.	4
Oscar F., m. Sarah A. ALLYN, b. of Ledyard, May 21, 1854, by Timothy Tuttle	67
Thomas, farmer, b. in Groton, d. Oct. 17, 1854, ae 67 y. Married	77-78
CONGDON, Harriet, m. Joseph MOXLEY, Apr. 9, 1844, by Rev. Henry R. Knapp, of Preston	16
Harriet L., m. David BABSON, Dec. 25, 1844, by Rev. Lawton Cady	18
Jeremiah, Capt. of Montville, m. Harriet D. MINER, of Ledyard, June 23, 1839, by Timothy Tuttle	6
COOKE, Nehemiah B., Rev., of Stonington, m. Anna Maria TUTTLE, of Ledyard, Nov. 29, 1838, by Timothy Tuttle	5
CORNNELL, David W., of New London, m. Sarah M. BROWN, of Ledyard, Jan. 12, 1843, by Rev. Edmund A. Standish	13
COTTRELL, George, m. Rhoda SENSAMAN, b. of Ledyard, Dec. 16, 1844, by Henry Hallett, J.P.	18
George, of Ledyard, m. Eunice FAGANS, of Preston, Feb. 7, 1851, by Rev. Stephen H. Peckham	37
CRANDALL, Amanda, of Ledyard, m. Solomon PERKINS, Oct. 24, 1852, by E. J. Hinks	60
Ashbel W., s. Stiles & Caroline L., b. Sept. 2, 1849	74
Emma Jane, d Jonathan, ae 32 y. & Emily, ae 28 y., b. Feb. 18, 1849	74
Jonathan, m. Emily CHAPMAN, b. of Ledyard, Sept. 3, 1843, by Nathan Daboll, J.P.	14
Mary C., of Ledyard, m. James E. HILL, of Norwich, Sept. 3, 1840, by Timothy Tuttle	8
Sophia Elizabeth, of Groton, m. James Jay BROWN, of Ledyard, Nov. 29, 1840, by Rev. Erastus Denison	9
CRARY, Mary A., of N. Stonington, m. Richard BROWN, of Preston, June 4, 1854, by Rev. S. H. Peckham	68
CROUCH, CHROUCH, Christian, m. Paul WHIPPLE, Feb. 25, 1844, by Zephaniah Watrous	15
Content, d. Dec. 2, 1849	55
Delight, m. Enoch WHIPPLE, b. living in Ledyard, Apr. 20, 1851, by Zephaniah Watrous	38
John, of Ledyard, m. Eleanor SCOTT, of Oxford, May 5, 1849, by William Morgan, J.P.	33
Matilda, d. Zachariah, ae 32 y. & Delight, ae 28 y., b. June 3, 1849	74
Nathan, s. David, ae 43 y. & Elizabeth, ae 32 y., b. July 5, 1848	73
Timothy, m. Betsey WHIPPLE, Apr. 13, 1846, by Zephaniah Watrous	24
Timothy, Jr., d. Sept. 19, 1849	56
Timothy A., s. Timothy, ae 23 y. & Betsey, ae 22 y., b. Jan. 2, 1849	74
CROWELL, Benjamin, of Yarmouth, Mass., m. Betsey STODDARD, of Ledyard, Dec. 27, 1841, by Timothy Tuttle	11
CRUMB, Edwin H., of Westerly, R.I., m. Hannah E. STANTON, of Ledyard, Apr. 26, 1853, by Rev. S. H. Peckham	62
CULVER, Coddington, Deac., of Groton, m. Esther BUDDINGTON, of Ledyard, Mar. 19, 1839, by Rev. John G. Wightman	5
Sarah Frances, m. James B. AVERY, b. of Ledyard, Apr. 16, 1840, by Timothy Tuttle	7

LEDYARD VITAL RECORDS 163

	Page
DANIELS, Mark, m. Phillis **BABCOCK**, of Ledyard, Mar. 3, 1844, by Rev. Stephen H. Peckham	16
Mark, of Ledyard, m. Lucinda **RANDALL**, of N. Stonington, Dec. 10, 1854, by Henry Hallett, J.P.	69
DART, Welthia N., m. William F. **HEMPSTEAD**, Nov. 23, 1841, by George W. Avery, J.P.	11
DAVIS, Dudley, of Stonington, m. Francena **GALLUP**, of Ledyard, Oct. 27, 1841, by Rev. Erastus Denison	10
Eliza, of Ledyard, m. Stephen W. **MURPHY**, of Groton, May 23, 1841, by Russell Gallup, J.P.	10
Frances, m. George W. **AVERY**, b. of Ledyard, Aug. 31, 1845, by Zephaniah Watrous	21
George, black man, b. [ ], in Lebanon; d. Mar. 5, 1849, ae 41 y.	55
Ichabod, Jr., m. Polly **WHIPPLE**, Aug. 31, 1845, by Zephaniah Watrous	21
Julia, of Preston, m. Nathaniel B. **GUY**, of Ledyard, Nov. 19, 1837, by Calvin Wolcott	4
DAVISON, Erastus, of New York, m. Caroline **BROWN**, of Ledyard, July 3, 1854, by Rev. John W. Geer	68
DENNIS, Lucy, of Griswold, m. Charles **SPICER**, of Preston, Aug. 11, 1844, by Timothy Tuttle	17
DEWARE, Ellen, d. John , a laborer, & Mary, b. Feb. 4, 1854	75-76
DICKENSON, Alfred, b. [ ], in Ledyard, residence England, d. July [ ], 1847, ae 2 y.	55
DILLEBY, Lydia Ann, of Norwich, m. David B. **JOHNSON**, of Lisbon, Oct. 8, 1848, by Rev. S. H. Peckham	32
DUNHAM, Lydia W., of Glastonbury, m. Edward **OLMSTEAD**, of East Hartford, Feb. 24, 1850, by Ella Dunham, Elder	35
DWYER, Elizabeth, d. John, ae 27 y. & Mary, ae 23 y., b. June 26, 1848	73
James, s. John, b. Apr. 3, 1850	74
ECCLESTONE, Mary Ann, m. Jonathan C. **WHIPPLE**, b. of Ledyard, July 26, 1846, by Zephaniah Watrous	26
EDGECOMB, Mary, b. Sept. 24, 1789; m. John S. **MOXLEY**, Jan. 24, 1813	51
Nathan B., of N. Stonington, tanner, ae 24 y., s. Nathan S., m. Prudence M. **HALLETT**, ae 18 y., d. Henry, of Ledyard, Aug. 5, 1852, by N. H. Matteson	42
Thomas A., of Stonington, m. Harriet N. **REYNOLDS**, of Ledyard, Jan. 1, 1853, by Timothy Tuttle	61
ETHERIDGE, Asa J., of Montville, m. Susan E. **FORSYTH**, of Ledyard, Feb. 1, 1854, by Obadiah House	67
FAGANS, FAGINS, Delicius, m. Nancy **FAGINS**, b. of Ledyard, Mar. [ ], 1851, by Rev. S. H. Peckham	40
Eunice, of Preston, m. George **COTTRELL**, of Ledyard, Feb. 7, 1851, by Rev. Stephen H. Peckham	37
Nancy, m. Delicius **FAGINS**, b. of Ledyard, Mar. [ ], 1851, by Rev. S. H. Peckham	40
FANNING, Phebe, m. John **FORSYTH**, b. of Ledyard, July 3, 1836, by William M. Williams, J.P.	1
William, m. Mary Ann **GALLUP**, b. of Ledyard, July 21, 1836, by William Williams, J.P.	1
FARLEY, Ellen, of N. Stonington, m. Ebenezer **GALLUP**, Jr., of Ledyard, Dec. 30, 1852, by Rev. Geo[rge] M. Carpenter	60
FENNER, William F. C., m. Mary E. **WINCHESTER**, of Groton, May 19, 1839, by Augustus B. Collins	6

BARBOUR COLLECTION

	Page
FISH, Augustus N., of Groton, m. Betsey **WILCOX**, of Ledyard, Dec. 26, 1847, by Rev. Stephen H. Peckham	29
John A., m. Nancy M. **CHEESEBRO[UGH]**, b. of Groton, Dec. 18, 1853, by Timothy Tuttle	64
Sarah Jane, of Groton, m. Frederick **REYNOLDS**, of Groton, Sept. 11, 1853, by Christopher Newton, J.P.	63
William R., of Groton, m. Lydia W. **WILLIAMS**, of Ledyard, Jan. 19, 1848, by Rev. Erastus Denison, of Groton	29
FORSYTH, John, m. Phebe **FANNING**, b. of Ledyard, July 3, 1836, by William M. Williams, J.P.	1
Susan E., of Ledyard, m. Asa J. **ETHERIDGE**, of Montville, Feb. 1, 1854, by Obadiah House	67
FOSTER, Harriet C., of Norwich, m. Joseph M. **BRAMBLE**, of North Lyme, July 2, 1848, by Rev. Stephen H. Peckham	31
FOX, Ann Maine, of Ledyard, m. George S. W. **MILLER**, of Hartford, Ct., Apr. 5, 1852, by Seth S. Chapin	41
FRINK, Dudley, of Stonington, m. Mary Ann **LAMB**, of Ledyard, Feb. 25, 1844, by Rev. Erastus Denison, of Groton	15
FULLER, Ebenezer S., of Lisbon, m. Ledia **REYNOLDS**, of Ledyard, Nov. 25, 1838, by Nathan Brewster, J.P.	5
GALLUP, Anna, [d. Capt. Avery & Mary], b. July 13, 1835	47
Anne, d. Dec. 21, 1848, ae 83 y.	55
Annis F., of Ledyard, m. W[illia]m H. **MYERS**, of Norwich, Dec. 31, 1843, by Rev. Dexter Potter, of Poquetonnock	15
Avery, 2d, Capt., m. Eunice Ann **STODDARD**, b. of Ledyard, June 28, 1852, by James Geer, J.P.	41
Catharine, b. [ ], in Westerly, R.I.; d. Sept. 13, 1849, ae 47 y.	55
Christopher, d. July 31, 1849, ae 85 y.	55
Ebenezer, Jr., of Ledyard, m. Ellen **FARLEY**, of N. Stonington, Dec. 30, 1852, by Rev. Geo[rge] M. Carpenter	60
Edward, [Capt. Avery & Mary], b. Sept. 14, 1850	47
Eliza, m. Samuel S. **LAMB**, b. of Ledyard, Mar. 20, 1842, by Rev. Earl P. Salisbury	11
Elizabeth, [d. Capt. Avery & Malinda], b. Oct. 8, 1828	47
Emily, [Capt. Avery & Mary], b. Mar. 25, 1846	47
Francina, [d. Capt. Jacob], b. Apr. 20, 1821	50
Francena, of Ledyard, m. Dudley **DAVIS**, of Stonington, Oct. 27, 1841, by Rev. Erastus Denison	10
Jacob, Capt., b. Apr. 24, 1787; m. Parthenia **MORGAN**, [ ]; m. Sarah **BILL**, [ ]	50
Jacob L., [s. Capt. Jacob], b. Nov. 27, 1818	50
Jacob L., m. Elizabeth **SPICER**, b. of Ledyard, Apr. 14, 1841, by Rev. Erastus Denison	9
Jullia, of Preston, m. Jacob A. **GEER**, of Ledyard, Oct. 20, 1847, by Timothy Tuttle	28
Lauriston, d. Aug. 31, 1848, ae 32 y.	55
Lavina S., m. Charles H. **STANTON**, b. of Ledyard, Nov. 28, 1847, at Groton, by Rev. Erastus Denison, of Groton	28
Lucy, [d. Capt. Avery & Mary], b. Jan. 16, 1840	47
Luke, m. Mary **WELLS**, b. of Ledyard, Apr. 7, 1850, by Timothy Tuttle	35
Margaret, b. [ ], in West Springfield, Mass.; d. July 17, 1849, ae 70 y.	55
Mary, [d. Capt. Avery & Mary], b. Sept. 16, 1843	47

LEDYARD VITAL RECORDS 165

	Page
GALLUP, (cont.)	
Mary Ann, m. William **FANNING,** b. of Ledyard, July 21, 1836, by William Williams, J.P.	1
Nathan, s. Christo M., ae 39 y. & Anna S., ae 34 y., b. Oct. 13, 1848	74
Nelson, m. Emily E. **MINER,** b. of Ledyard, Sept. 4, 1850, by Timothy Tuttle	36
Olive, of Ledyard, m. Van Rens[s]lear **BALL** of Stonington, Jan. 1, 1846, by W[illia]m C. Walker	22
Polly, d. Nov. 30, 1847, ae 81 y.	55
Prudence; [d. Capt. Jacob], b. Sept. 27, 1815	50
Prudence, of Ledyard, m. John W. **BILL,** of Lyme, Aug. 4, 1836, by Timothy Tuttle	1
Rufus M., m. Betsey **GRAY,** b. of Ledyard, Nov. 8, 1842, by Timothy Tuttle	12
Sarah, m. William M. **GRAY,** b. of Ledyard, Nov. 28, 1839, by Timothy Tuttle	7
Sarah Ann W., [d. Capt. Jacob], b. Sept. 23, 1835	50
Simeon, [s. Capt. Avery & Mary], b. Aug. 16, 1837	47
Susan, d. Dec. 6, 1847, ae 20 y.	55
William Avery, [s. Capt. Avery & Malinda], b. June 9, 1826	47
GATES, Esther M., of Preston, m. Thomas B. **GRAY,** Jr., of Ledyard, Mar. 5, 1848, by Rev. Stephen H. Peckham	29
GAY, Abby, of Ledyard, m. William **WILKINSON,** of N. Stonington, June 8, 1845, by Rev. Stephen H. Peckham	20
GEER, GERE, Almira L., of Ledyard, m. William **TINKER,** of Westfield, Mass., Nov. 27, 1845, by Timothy Tuttle	22
Emily, m. Albert G. **AVERY,** b. of Ledyard, Mar. 21, 1837, by Timothy Tuttle	2
Hannah C., m. William **WHIPPLE,** b. of Ledyard, Nov. 22, 1840, by Zephaniah Watrous	9
Isaac Gallup, s. Jacob A., ae 30 y. & Julia, ae 25 y., b. July 24, 1848	73
Jacob A., of Ledyard, m. Julia **GALLUP,** of Preston, Oct. 20, 1847, by Timothy Tuttle	28
John P., of Preston, m. Hannah **HALLET,** of Ledyard, Mar. 28, 1841, by Rev. Nathan E. Shailer, of Preston	9
Lucy Ann, m. Timothy **WHIPPLE,** Oct. 2, 1842, by Zephaniah Watrous. Witnesses: Noah Whipple, Jr., Amos Whipple, William Whipple	12
Prudence Emma, d. Jacob A., & Julia, b. July 26, 1850	74
Robert, [s. James L. & Prudence A.], b. Mar. 23, 1837	43
Thankful, m. Nathan **WHIPPLE,** Aug. 31, 1845, by Zephaniah Watrous	21
GEORGE, Amos, of Ledyard, m. Emma **WHEELER,** of N. Stonington, Apr. 11, 1852, by Eld. Preserved S. Green	41
Austin, m. Sabrina **NELLSON,** b. of Ledyard, Aug. 1, 1851, by Rev. S. H. Peckham	40
Lucretia, of Ledyard, m. Jabez **NILES,** of Groton, Mar. 17, 1845, by Rev. Stephen H. Peckham	19
Roswell A., s. Peter & Sally, b. Jan. 10, 1848 (people of color)	73
GLEASON, Mary Jane, d. James, a laborer, & Bridget, b. Apr. 15, 1854	75-76
GLOSENDER, John, of Ledyard, m. Olive **ROATH,** of Preston, Jan. 11, 1847, by Rev. Daniel Dorchester	26
GOLDSMITH, Richard, of Greeneville, m. Hannah H. **HEMPSTEAD,** of Ledyard, Oct. 11, 1840, by Geo[rge] W. Avery, J.P.	8
GRANT, Mercy A., of Ledyard, m. Clark **HEWITT,** Jr., of Preston, Oct. 2, 1838, by Timothy Tuttle	5

	Page
GRAY, Betsey, m. Rufus M. GALLUP, b. of Ledyard, Nov. 8, 1842, by Timothy Tuttle	12
Frances A., m. Ethan O. BARBER, Feb. 24, 1839, by William M. Williams, J.P.	6
Philip B., m. Mary D. MYERS, b. of Ledyard, Dec. 2, 1849, by Rev. Stephen H. Peckham	34
Stephen, m. Caroline BABCOCK, b. of Ledyard, Jan. 19, 1840, by Charles Bennett, J.P.	7
Susan M., m. Stanton MAINE, b. of Ledyard, Sept. 4, 1842, by Christopher Newton, J.P.	12
Susannah, m. Daniel BROWN, b. of Ledyard, Dec. 2, 1837, by James Allen, J.P.	4
Thomas B., Jr., of Ledyard, m. Esther M. GATES, of Preston, Mar. 5, 1848, by Rev. Stephen H. Peckham	29
William M., m. Sarah GALLUP, b. of Ledyard, Nov. 28, 1839, by Timothy Tuttle	7
W[illia]m W., s. Benjamin S., b. Dec. 9, 1849	74
GREEN, Martin M., of Voluntown, m. Lucy Ann BARNES, of Ledyard, Oct. 29, 1848, by Rev. Stephen H. Peckham	32
GRISWOLD, Alfred, engineer, of Providence, R.I., ae 24 y., m. Frances STODDARD, of Ledyard, ae 24 y., Oct. 11, 1853, by Obadiah House. (born in Norwich)	65-66
Fanny, d. Alfred, an engineer, ae 25 y. & Frances, ae 25 y., b. July 12, 1854	75-76
GUY, Nathaniel B., of Ledyard, m. Julia DAVIS, of Preston, Nov. 19, 1837, by Calvin Wolcott	4
HALEY, Mary P., of Ledyard, m. John E. WILLIAMS, of Stonington, Aug. 14, 1842, by Timothy Tuttle	11
HALLET, HALLETT, Hannah, of Ledyard, m. John P. GERE, of Preston, Mar. 28, 1841, by Rev. Nathan E. Shailer, of Preston	9
Prudence M., ae 18 y., d. Henry, of Ledyard, m. Nathan S. EDGECOMB, tanner, ae 24 y., s. Nathan S., of N. Stonington, Aug. 5, 1852, by N. H. Matteson	42
HALSEY, Harriet Augusta, m. John R. STORY, Oct. 23, 1837, by Calvin Wolcott	4
HANDY, Joseph, of Groton, m. Sarah PERKINS, of Ledyard, July 22, 1849, by Ella Dunham Elder	34
HARPER, Fanny, of New York City, m. Manasser MINER, of Stonington, June 18, 1848, by Timothy Tuttle	31
HAYWARD, William G., of Griswold, m. Frances J. MAYNARD, of Ledyard, Sept. 3, 1854, by Timothy Tuttle	69
HEADY, Samuel, d. Mar. 17, 1850	55
HEATH, Esther P., m. Appleton PECKHAM, b. of Ledyard, Mar. 22, 1846, by Rev. Stephen H. Peckham	23
Lydia, m. Rossiter MAYNARD, b. of Ledyard, Sept. 16, 1838, by Christopher Newton, J.P.	5
Sarah M., of Ledyard, m. Francis CLARK, of Brooklyn, Mar. 4, 1841, by Henry W. Avery, J.P.	9
HEDDON, Orlando S., 2d, m. Abby C. MINER, b. of Stonington, July 11, 1844, by Rev. Cyrus Miner	16
HEMPSTEAD, HAMSTEAD, HEMSTEAD, HEMPSTED, Hannah H., of Ledyard, m. Richard GOLDSMITH, of Greeneville, Oct. 11, 1840, by Geo[rge] W. Avery, J.P.	8
John W., of Groton, m. Frances M. LAMB, of Ledyard, June 28, 1840, by	

LEDYARD VITAL RECORDS 167

	Page
HEMPSTEAD, HAMSTEAD, HEMSTEAD, HEMPSTED, (cont.)	
Rev. John G. Wightman	8
Stephen, blacksmith, b. in New London, d. Jan. 3, 1854, ae 76 y. Married.	77-78
William, m. Eliza Ann **PERKINS**, b. of Ledyard, June 17, 1838, by Guy C. Stoddard, J.P.	4
William A., s. W[illia]m F., ae 38 y. & Wealthian, ae 26 y., b. Mar. 18, 1849	73
William F., m. Welthia N. **DART**, Nov. 23, 1841, by George W. Avery, J.P.	11
-----, d. William, a carpenter, ae 39 y. & Eliza Ann, ae 36 y., b. Aug. 23, 1854	75-76
HEWITT, HEWIT, HEWETT, Bridget A., m. James **McCRACKEN**, b. of Ledyard, June 18, 1850, by Ella Dunham, Elder	35
Charles E., of Ledyard, m. Lovisa **WHIPPLE**, of Preston, Sept. 17, 1837, by Rev. Calvin Wolcott	3
Clark, Jr., of Preston, m. Mercy A. **GRANT**, of Ledyard, Oct. 2, 1838, by Timothy Tuttle	5
Elkanah, m. Sarah **BARROWS**, b. of Preston, Apr. 14, 1851, by Rev. Stephen H. Peckham	39
Ellen J., of Ledyard, m. Warren S. **HEWETT**, of N. Stonington, Sept. 4, 1853, by Timothy Tuttle	63
Warren S., of N. Stonington, m. Ellen J. **HEWITT**, of Ledyard, Sept. 4, 1853, by Timothy Tuttle	63
HILL, HILLS, Hannah, m. Stephen **HOLDREDGE**, b. of Ledyard, Mar. 10, 1839, by Christopher Newton, J.P.	5
James E., of Norwich, m. Mary C. **CRANDALL**, of Ledyard, Sept. 3, 1840, by Timothy Tuttle	8
HOGG, Michael, s. John & Alice, b. Apr. 20, 1854	75-76
HOLDREDGE, Almyra, m. Elder Stephen H. **PECKHAM**, b. of Ledyard, Sept. 2, 1850, by Rev. Cyrus Miner	36
Annis, b. July 8, 1812; m. Avery W. **BROWN**, July 21, 1834	53
Daniel, m. Eliza **MAINE**, b. of Ledyard, Sept. 11, 1845, by Rev. Stephen H. Peckham	22
Jacob R., s. Randall, ae 37 y. & Emily, ae 33 y., b. Mar. 12, 1848	73
John, d. July 20, 1848, ae 65 y.	55
Stephen, m. Hannah **HILLS**, b. of Ledyard, Mar. 10, 1839, by Christopher Newton, J.P.	5
HOLMES, Charles Dudley, [s. Lucy (?)], b. Apr. 18, 1844	52
Nancy W., m. William D. **BROWN**, b. of Stonington, June 14, 1846, by Timothy Tuttle	24
Nathan W., of Norwich, m. Harriet M. **MAYNARD**, of Ledyard, Sept. 1, 1850, by Rev. Stephen H. Peckham	36
HOUSE, George, m. Maryetta **PARTRIDGE**, b. of Preston, Jan. 29, 1854, by Rev. S. H. Peckham	64
HURLBUTT, Sarah B., of Ledyard, ae 31 y., m. Amos C. **STEARNES**, farmer, of Pike, Penn., ae 32 y., June 18, 1854, by John W. Case	65-66
-----, d. Ralph, ae 41 y., & Margaret, ae 35 y., b. Sept. 4, 1849	73
-----, d. Sept. 12, 1849, ae 8 d.	55
HYDE, Gurdon B., of Franklin, m. Mary **ALLEN**, of Ledyard, Feb. 15, 1837, by James Allen, J.P.	2
INGRAM, Amos, of Ledyard, m. Betsey **TURNER**, of Preston, Aug. 6, 1837, by James Allen, J.P.	3
JOHNSON, David B., of Lisbon, m. Lydia Ann **DILLEBY**, of Norwich, Oct. 8, 1848, by Rev. S. H. Peckham	32
KENNY, Sarah, of Preston, m. John **WITTSHIRE**, of East Haddam, May 27,	

	Page
KENNY, (cont.)	
1849, by Rev. S. H. Peckham	33
KIMBALL, Amos L., [s. Erastus B. & Lydia], b. Apr. 24, 1826	49
Erastus N., [s. Erastus B. & Lydia], b. Mar. 30, 1828	49
James, twin with John, [s. Erastus B. & Lydia], b. Mar. 7, 1836	49
John, twin with James, [s. Erastus B. & Lydia], b. Mar. 7, 1836	49
Lucy M., [d. Erastus B. & Lydia], b. Mar. 9, 1833	49
Lydia Ann, [d. Erastus B. & Lydia], b. Apr. 28, 1824	49
Sally L., [d. Erastus B. & Lydia], b. May 9, 1830	49
KNIGHT, Olive G., d. Horace, ae 28 y. & Mary, ae 38 y., b. Mar. 30, 1849	74
LAMB, Emily, m. Reuben CHAPMAN, Mar. 12, 1837, by Rev. John G. Wightman	3
Frances M., of Ledyard, m. John W. HAMSTEAD, of Groton, June 28, 1840, by Rev. John G. Wightman	8
Mary Ann. of Ledyard, m. Dudley FRINK, of Stonington, Feb. 25, 1844, by Rev. Erastus Denison, of Groton	15
Patience, m. Austin SPICER, b. of Ledyard, Apr. 4, 1854, by Rev. S. H. Peckham	68
Permelia, of Ledyard, m. James TURNER, of Groton, Nov. 24, 1844, by Rev. Cyrus Miner	18
Robert, m. Harriet BREWSTER, b. of Ledyard, May 8, 1854, by Timothy Tuttle	67
Samuel S., m. Eliza GALLUP, b. of Ledyard, Mar. 20, 1842, by Rev. Earl P. Salisbury	11
LARRABEE, Adam, Capt., b. Mar. 14, 1787; m. Hannah G. LESTER, Sept. 21, 1817	44
Adam, m. Susan E. ALLYN, b. of Ledyard, Aug. 6, 1837, by Guy C. Stoddard, J.P.	3
Charles, [s. Capt. Adam & Hannah G.], b. June 20, 1821	44
Ellen, [d. Capt. Adam & Hannah G.], b. Feb. 19, 1828	44
Emeline, [d. Capt. Adam & Hannah G.], b. Feb. 9, 1837	44
Frank, [s. Capt. Adam & Hannah G.], b. Sept. 10, 1834	44
Hannah, [d. Capt. Adam & Hannah G.], b. Nov. 23, 1825	44
Hannah, of Ledyard, m. Elias H. WILLIAMS, of Garnaville, Iowa, Apr. 26, 1849, by Timothy Tuttle	33
Hannah G., w. Capt. Adam, d. Mar. 15, 1837	44
Henry, [s. Capt. Adam & Hannah G.], b. Apr. 15, 1830	44
Henry, m. Maria S. ALLYN, of Ledyard, Mar. 17, 1853, by E. J. Hinks	62
John, [s. Capt. Adam & Hannah G.], b. Nov. 29, 1823	44
Nathan Frederick, [s. Capt. Adam & Hannah G.], b. Oct. 11, 1818	44
William, [s. Capt. Adam & Hannah G.], b. Jan. 20, 1832	44
LATHAM, Elizabeth, b. July 23, 1775; m. John SPICER, 2d, Sept. 7, 1794	53
Fanny Eliza, d. Thomas M., smack master, ae 41 y. & Julia A., ae 38 y., b. Sept. 3, 1854	75-76
Frances M., of Ledyard, m. Moses K. STANDISH, of Preston, Apr. 27, 1851, by Timothy Tuttle	38
George, of Groton, m. Freelove NILES, of Ledyard, Jan. 19, 1845, by Belton A. Copp, J.P.	19
Hollowell, of Groton, m. Mary STODDARD, of Ledyard, June 22, 1852, at her father's residence, by Rev. E. F. Hinks	41
Louisa, of Ledyard, m. Horace D. STANDISH, of Preston, Nov. 30, 1843, by Rev. Henry R. Knapp	15
Nancy M., of Ledyard, m. James M. WAKELEY, of Neversink, N.Y., Mar.	

	Page
LATHAM, (cont.)	
13, 1853, by Rev. Nehemiah B. Cook, of Stonington	62
Silas W., m. Susan M. **PECKHAM**, b. of Ledyard, Mar. 14, 1852, by Rev. Stephen H. Peckham	41
Thomas M., m. Sarah E. **MULKEY**, b. of Ledyard, June 30, 1839, by Guy C. Stoddard, J.P.	6
Thomas M., m. Julia A. **TURNER**, b. of Ledyard, June 9, 1844, by Rev. Cyrus Miner	16
William, b. [ ], in Groton; d. Jan. 30, 1849, ae 84 y.	55
LEE, Sarah F., of Ledyard, m. Lafayette **PARK[E]**, of N. Stonington, May 3, 1846, by Timothy Tuttle	23
LEONORD, Silas, of N. Adams, Mass., m. Sally **SMITH**, of Ledyard, June 22, 1837, by Rev. Daniel Dorchester	3
LESTER, Caroline (or Emeline), ae 24 y., m. Capt. Orlando **STODDARD**, mariner, ae 26 y., of Ledyard, June 14, 1854, by John W. Case	65-66
Emeline, [see Caroline]	
Frank Lee, s. Isaac A. & Mary, b. Apr. 23, 1850	74
Hannah G., b. June 8, 1798; m. Capt. Adam **LARRABEE**, Sept. 21, 1817	44
Isaac A., m. Mary **CHAPMAN**, b. of Ledyard, Oct. 7, 1838, by Guy C. Stoddard, J.P.	5
Prudence, m. Ephraim **STODDARD**, b. of Ledyard, June 9, 1844, by Nathan Daboll, J.P.	16
Sally M., m. William E. **CHAPMAN**, b. of Ledyard, Aug. 7, 1853, by Timothy Tuttle	63
William J., s. Isaac A., ae 38 y. & Mary, ae 33 y., b. Feb. 7, 1848	73
MAINE, Alexander, s. Elias R., ae 26 y. & Abby, ae 30 y., b. Oct. 19, 1847	73
Deborah B., m. Joseph **MORGAN**, b. of Ledyard, Feb. 6, 1853, by Rev. S. H. Peckham	62
Eliza, m. Daniel **HOLDREDGE**, b. of Ledyard, Sept. 11, 1845, by Rev. Stephen H. Peckham	22
Fanny S., of Ledyard, m. George B. **PARK[E]**, of Groton, Apr. 30, 1845, by Rev. S. N. Peckham	20
Frances S., s. Stanton, ae 29 y. & Susan M., ae 22 y., b. July 6, 1848	73
Harriet, twin with Henry, d. Warren, ae 34 y. & Hannah, ae 36 y., b. Nov. 7, 1849	74
Henry, twin with Harriet, s. Warren, ae 34 y. & Hannah, ae 36 y., b. Nov. 7, 1849	74
Isabel J., d. George E. & Lucy A., b. Nov. 7, 1849	74
Lois, of Ledyard, m. Isaac F. **PARTELOW**, of N. Stonington, July 31, 1853, by Timothy Tuttle	63
Samuel S., m. Betharia **CHAPMAN**, b. of N. Stonington, Feb. 6, 1849, by Rev. Stephen H. Peckham	33
Seth, m. Mary Annah **WOODWARD**, b. of N. Stonington, Aug. 27, 1848, by Rev. S. H. Peckham	31
Stanton, m. Susan M. **GRAY**, b. of Ledyard, Sept. 4, 1842, by Christopher Newton, J.P.	12
Surviah, d. Corrander, ae 33 y. & Louisa, ae 30 y., b. Aug. 13, 1849	73
-----, d. Elias R., ae 34 y. & Abby E., ae 26 y., b. Apr. 7, 1849	74
-----, d. W[illia]m L., ae 37 y., & Sarah A., ae 31 y., b. June 9, 1849	74
MANZER, Daniel, b. in Isle of Jersey, merchant, ae 28 y., now of Williamsburg, N.Y., m. Lucy A. **BROWN**, b. in Groton, Milliner, ae 27 y., now of Ledyard, Nov. 8, 1853, by Obadiah House	65-66
MAT[T]HEWSON, Rufus W., m. Susan E. **WILLIAMS**, b. of Gales Ferry	

	Page
MAT[T]HEWSON, (cont.)	
(Ledyard), Dec. 5, 1849, by Ella Dunham, Elder	34
MAYNARD, Augustus E., s. Shubael & Hannah, b. July 4, 1842	56
Byron, s. Joseph, b. Aug. 21, 1849	74
Emily, of Ledyard, m. George **BABCOCK**, Jan. 26, 1840, by Nathan Brewster, J.P.	7
Fanny C., m. Nicholas **ALLYN**, b. of Ledyard, Dec. 24, 1843, by Timothy Tuttle	14
Frances J., of Ledyard, m. William G. **HAYWARD**, of Griswold, Sept. 3, 1854, by Timothy Tuttle	69
Harriet M., of Ledyard, m. Nathan W. **HOLMES**, of Norwich, Sept. 1, 1850, by Rev. Stephen H. Peckham	36
Jesse, b. Sept. 4, 1761, in Groton, now Ledyard	1
Jesse, b. Sept. 4, 1761	45
Latham, m. Ardelia **ALLYN**, b. of Ledyard, Sept. 7, 1842, by Timothy Tuttle	12
Mary Ann, of Ledyard, m. Joseph Anderson, of New York, Jan. 6, 1850, by Rev. Stephen H. Peckham	35
Rossiter, m. Lydia **HEATH**, b. of Ledyard, Sept. 16, 1838, by Christopher Newton, J.P.	5
William E., d. Sept. 20, 1847, ae 2 y.	55
William H., m. Mary A. **HEATH**, Aug. 27, 1854, by Ambrose Reynolds, J.P.	68
McCLELLAND, McLELLAN, James Warren, of Norwich, m. Mary Esther **STANTON**, of Ledyard, June 21, 1854, by Timothy Tuttle	67
Lewis, of Vermont, m. Emer **SHURRAGAR**, of Preston, Oct. 22, 1854, by Rev. S. H. Peckham	69
McCRACKEN, Charles T., m. Charlotte M. **ALLYN**, b. of Ledyard, Sept. 8, 1844, by Timothy Tuttle	17
Cyrus A., s. Charles, ae 25 y. & Charlotte, ae 21 y., b. Aug. 19, 1848	73
Cyrus M., d. Aug. 2, 1849	55
James, m. Bridget A. **HEWITT**, b. of Ledyard, June 18, 1850, by Ella Dunham, Elder	35
Mary Louisa, d. Charles, b. July 12, 1850	74
-----, stillborn child of James & Bridget, May 29, 1854	77-78
McGUIRE, MAGGUIRE, Charles, m. Hannah **WHIPPLE**, b. of Ledyard, Mar. 26, 1848, by Samuel W. Wood, J.P.	30
Dunn, m. Sally **WHIPPLE**, Nov. 11, 1849, by Zephaniah Watrous	34
-----, d. Charles, ae 21 y. & w. ae 21 y., b. May 8, 1849	74
MERREL, Edward A., of New London, m. Lovina R. **PERKINS**, of Ledyard, Mar. 20, 1842, by Nathan Daboll, J.P.	11
MERRET, Cyrus, of Norwalk, Ct., m. Eliza Ann **AVERY**, of Ledyard, June 22, 1845, by Geo[rge] W. Avery, J.P.	20
MILLER, George S.W., of Hartford, Ct., m. Ann Maine **FOX**, of Ledyard, Apr. 5, 1852, by Seth S. Chapin	41
MINER, Abby C., m. Orlando S. **HEDDON**, 2d, b. of Stonington, July 11, 1844, by Rev. Cyrus Miner	16
Emily E., m. Nelson **GALLUP**, b. of Ledyard, Sept. 4, 1850, by Timothy Tuttle	36
Harriet D., of Ledyard, m. Capt. Jeremiah **CONGDON**, of Montville, June 23, 1839, by Timothy Tuttle	6
Manasser, of Stonington, m. Fanny **HARPER**, of New York City, June 18, 1848, by Timothy Tuttle	31
MITCHELL, Phebe Ann, of Groton, m. Nathan **WATROUS**, of Ledyard, July	

LEDYARD VITAL RECORDS 171

	Page
MITCHELL, (cont.)	
15, 1852, by Henry Watrous	42
MORGAN, Hannah, b. May 18, 1787, in Groton; m. Jonathan STODDARD, 2d, Dec. 20, 1812, in Groton, by Stephen Avery, of N. Stonington	46
Joseph, s. Simeon, ae 30 y. & Phebe, ae 24 y., b. July [ ], 1848	73
Joseph, m. Deborah B. MAINE, b. of Ledyard, Feb. 6, 1853, by Rev. S. H. Peckham	62
Margaret E., of Ledyard, m. James W. MURRY, of Stonington, July 4, 1852, by Timothy Tuttle	42
Maria, of Ledyard, m. Francis NOYES, of Stonington, Apr. 6, 1848, by Timothy Tuttle	29
Parthenia, b. Sept. 4, 1794; m. Capt. Jacob GALLUP, [ ]	50
Sally L., m. Edwin CLARK, Aug. 20, 1844, by Rev. Lawton Cady, of Uncasville & Gales Ferry	17
Sybel, of Ledyard, m. Marvin SMITH, of Montville, Mar. 12, 1845, by Timothy Tuttle	19
MOXLEY, Albert E., [s. John S. & Mary], b. Jan. 7, 1818	51
John S., b. July 15, 1788; m. Mary EDGECOMB, Jan. 24, 1813	51
Joseph, [s. John S. & Mary], b. Aug. 7, 1823	51
Joseph, m. Harriet CONGDON, Apr. 9, 1844, by Rev. Henry R. Knapp, of Preston	16
Mary, [w. John S.], d. Sept. 7, 1843	51
Solon, [s. John S. & Mary], b. Nov. 10, 1813; d. July 8, 1834	51
MULKEY, Sarah E., m. Thomas M. LATHAM, b. of Ledyard, June 30, 1839, by Guy C. Stoddard, J.P.	6
MURFIT, John D., s. Lyman D., b. Sept. 2, 1849	74
MURPHY, Eliza, of Ledyard, m. Joshua BLIVEN, of Stonington, Sept. 3, 1854, by Rev. S. H. Peckham	69
Stephen W., of Groton, m. Eliza DAVIS, of Ledyard, May 23, 1841, by Russell Gallup, J.P.	10
MURRY, James W., of Stonington, m. Margaret E. MORGAN, of Ledyard, July 4, 1852, by Timothy Tuttle	42
MYERS, Henry W., m. Betsey E. CHAPMAN, b. of Groton, Dec. 5, 1847; by Rev. Stephen H. Peckham	28
John, Deac., of Ledyard, m. Lucy BROWN, of Preston, Jan. 29, 1854, by Rev. S. H. Peckham	64
Mary D., m. Philip B. GRAY, b. of Ledyard, Dec. 2, 1849, by Rev. Stephen H. Peckham	34
W[illia]m H., of Norwich, m. Annis F. GALLUP, of Ledyard, Dec. 31, 1843, by Rev. Dexter Potter, of Poquetonnock	15
NELLSON, Sabrina, m. Austin GEORGE, b. of Ledyard, Aug. 1, 1851, by Rev. S. H. Peckham	40
NEWBURY, Frances, of Ledyard, m. Capt. Jesse COMSTOCK, of Montville, Jan. 25, 1838, by Guy C. Stoddard, J.P.	4
NEWTON, Abel, b. Dec. 12, 1746; m. Sylvia NEWTON, Nov. 11, 1787; d. June 13, 1815, ae 68 y.	54
Abel, [s. Abel], b. Feb. 28, 1774	54
Anner, [d. Abel], b. Sept. 5, 1784; d. Dec. 24, 1844, ae 59 y.	54
Bedany, [s. Abel], b. Dec. 6, 1785	54
Christopher, b. Dec. 27, 1790; m. Polly STANDISH, May 30, 1813	50
Christopher, [s. Abel & Sylvia], b. Dec. 27, 1790	54
Cyrus, [s. Abel & Sylvia], b. May 5, 1792; d. May 21, 1848, ae 56 y.	54
Demington H., [s. Christopher & Polly], b. Apr. 5, 1817	50

NEWTON, (cont.)
 Gustavus C., [s. Christopher & Polly], b. Apr. 26, 1823; d. Jan. 14, 1847, ae
  23 y., in Tennessee   50
 John J., m. Charity NORMAN, b. of Ledyard, Aug. 11, 1844, by Timothy
  Tuttle   17
 Julia A., [d. Christopher & Polly], b. Mar. 26, 1815   50
 Julia A., of Ledyard, m. Elihu H. PALMER, of Salem, Mar. 23, 1848, by
  Timothy Tuttle   30
 Lodowick, [s. Abel], b. June 5, 1787; d. June 30, 1847, ae 60 y.   54
 Lucy, [d. Abel & Sylvia], b. Feb. 4, 1794   54
 Margery, [d. Abel], b. June 5, 1775; d. Oct. 1, 1849, ae 74 y.   54
 Mark, [s. Abel], b. Nov. 12, 1779; d. Nov. 29, 1804, ae 24 y.   54
 Martha, [d. Abel], b. Feb. 6, 1778; d. Oct. 11, 1835, ae 57 y.   54
 Nancy, [d. Abel], b. Aug. 16, 1781; d. June 23, 1800, ae 19 y.   54
 Patty, d. May 30, 1853, ae 61 y.   56
 Sally, [d. Abel & Sylvia], b. June 17, 1788; d. Jan. 24, 1849, ae 61 y.   54
 Sally, d. Jan. 24, 1849, ae 61 y.   55
 Sylvia, b. Mar. 9, 1755; m. Abel NEWTON, Nov. 11, 1787; d. Apr. 16,
  1836, ae 81 y.   54
NILES, Freelove, of Ledyard, m. George LATHAM, of Groton, Jan. 19, 1845, by
 Belton A. Copp, J.P.   19
 Jabez, of Groton, m. Lucretia GEORGE, of Ledyard, Mar. 17, 1845, by
  Rev. Stephen H. Peckham   19
 Jane A., d. Jabez, ae 69 y. & Creeda, ae 43 y., b. Apr. 4, 1848 (blacks)   73
NOBLES, James, of Hartford, m. Eliza Ann SMITH, of Ledyard, Nov. 4, 1839,
 by Nehemiah B. Cooke   6
NORMAN, Charity, m. John J. NEWTON, b. of Ledyard, Aug. 11, 1844, by
 Timothy Tuttle   17
 Thomas, d. Aug. 22, 1847, ae 64 y.   55
NOYES, Francis, of Stonington, m. Maria MORGAN, of Ledyard, Apr. 6, 1848,
 by Timothy Tuttle   29
O'BRIEN, [see BRIEN], Juliet G., of Ledyard, m. James CHURCH, of
 Montville, Sept. 14, 1847, by Timothy Tuttle   27
 Mary Ann, m. Elisha S. ALLYN, b. of Ledyard, June 17, 1851, by Timothy
  Tuttle   39
OLMSTEAD, Edward, of East Hartford, m. Lydia W. DUNHAM, of
 Glastonbury, Feb. 24, 1850, by Ella Dunham, Elder   35
O'NEIL, James, laborer, b. in Ireland, d. Oct. 13, 1854, ae 44 y. Married.   77-78
PACKER, Daniel, m. Betsey ALLYN, b. of Ledyard, Feb. 10, 1849, by Rev.
 Stephen H. Peckham   33
 Denison B., d. Feb. 8, 1848, ae 2 y.   55
 Lydia, m. Isaac C. AMIDON, Dec. 25, 1844, by Rev. Lawton Cady   18
 Margaret, d. Denison, ae 32 y. & Mary, ae 24 y., b. Mar. 22, 1849   73
PAGE, Joseph, m. Cynthia BINKS, b. of Ledyard, Apr. 5, 1846, by Rev. Stephen
 H. Peckham   23
PALMER, Elihu H., of Salem, m. Julia A. NEWTON, of Ledyard, Mar. 23,
 1848, by Timothy Tuttle   30
 Elizabeth L., of Wilmington, Del., m. Jared CHAPMAN, of Preston, Dec.
  31, 1846, by Rev. Joseph M. Waite, of Poquetonnock   26
 Emily, d. Dec. 20, 1847, ae 31 y.   55
PARK[E], Ebenezer, Jr., of Canterbury, m. Phebe WILLIAMS, of Ledyard, Nov.
 14, 1836, by Timothy Tuttle   2
 George B., of Groton, m. Fanny S. MAINE, of Ledyard, Apr. 30, 1845, by

LEDYARD VITAL RECORDS 173

	Page
PARK[E], (cont.)	
Rev. S. H. Peckham	
Lafayette, of N. Stonington, m. Sarah F. LEE, of Ledyard, May 3, 1846, by Timothy Tuttle	20
Lois M., m. Joseph A. ALLYN, b. of Ledyard, Apr. 30, 1853, by Rev. S. H. Peckham	23
Lucy Ann, of Ledyard, m. Joseph SPAULDING, of N. Stonington, Mar. 17, 1852, by Rev. Stephen H. Peckham	62
PARKERSON, Alfred A., of Westerly, R.I., m. Eliza Ursula CLARK, of Ledyard, Oct. 24, 1847, by Rev. Geo[rge] H. Winchester	40
PARTELOW, Isaac F., of N. Stonington, m. Lois MAINE, of Ledyard, July 31, 1853, by Timothy Tuttle	28
PARTRIDGE, Maryetta, m. George HOUSE, b. of Preston, Jan. 29, 1854, by Rev. S. H. Peckham	63
PEABODY, Emma E., of Norwich, m. Orrin WADE, of Preston, May 24, 1852, by Rev. S. H. Peckham	64
PECKHAM, Appleton, m. Esther P. HEATH, b. of Ledyard, Mar. 22, 1846, by Rev. Stephen H. Peckham	61
Benjamin B., m. Hannah E. REYNOLDS, b. of Ledyard, Oct. 19, 1851, by Rev. S. H. Peckham	23
Mary, b. [ ], in Springfield, Mass.; d. Apr. 24, 1849, ae 76 y.	40
Robert, of Ledyard, m. Almyra SHELDON, of Preston, June 14, 1846, by Rev. Stephen H. Peckham	55
Sally O., of Ledyard, m. Daniel SHELDON, of Preston, Mar. 23, 1845, by Rev. Stephen H. Peckham	25
Stephen H., Elder, m. Almyra HOLDREDGE, b. of Ledyard, Sept. 2, 1850, by Rev. Cyrus Miner	20
Susan M., m. Silas W. LATHAM, b. of Ledyard, Mar. 14, 1852, by Rev. Stephen H. Peckham	36
PERKINS, Asa, of Ledyard, m. Sabra PERKINS, of Groton, Sept. 19, 1843, by Timothy Tuttle	41
Delia, of Ledyard, m. Henry COMSTOCK, of Groton, Mar. 26, 1837, by Ralph Hurlbutt, J.P.	14
Eliza A., d. Miner, ae 29 y. & Mary E., ae 26 y., b. Aug. 23, 1848	2
Eliza Ann, m. William HEMPSTED, b. of Ledyard, June 17, 1838, by Guy C. Stoddard, J.P.	73
Eliza J., of Groton, m. Albert CHAPMAN, of Ledyard, Jan. 16, 1844, by Rev. Stephen H. Peckham	4
Eunice, m. Ralph ARTHUR, Apr. 5, 1846, at Gales Ferry, by Rev. Lyman Leffingwell	15
Eunice S., m. Ralph ARTHUR, b. of Ledyard, Apr. 5, 1846, by Rev. Lyman Leffingwell	24
Eva, d. Lorenzo D., farmer, ae 31 y. & Prudence May, ae 24 y., b. Nov. 11, 1854	23
Jane E., d. John E., ae 27 y. & Sarah M. ae 26 y., b. Apr. 13, 1849	75-76
John, of Groton, m. Mary E. CLARK, of Ledyard, Oct. 29, 1848, by Nathan Daboll, J.P.	73
John E., m. Sarah M. CHAPMAN, b. of Ledyard, May 28, 1848, by Rev. Lathrop P. Weaver	32
Julia, d. John, a farmer, ae 30 y. & Frances, ae 26 y., b. Feb. [ ], 1847	31
Levi, of Groton, m. Pauline A. D. BAILEY, of Ledyard, Apr. 18, 1837, by Ralph Hurlbutt, J.P.	73
Lovina R., of Ledyard, m. Edward A. MERREL, of New London, Mar.	3

	Page
PERKINS, (cont.)	
20, 1842, by Nathan Daboll, J.P.	11
Lyman, d. July [ ], 1847, ae 2 y.	55
Marina F., of Ledyard, m. Henry H. **WILLIAMS**, of Hartford, Mar. 6, 1842, by Nathan Daboll, J.P.	11
Mary E., of Groton, m. Prentice A. **PERKINS**, Ledyard, Apr. 6, 1854, by Timothy Tuttle	67
Melinda, m. Gurdon **BALL**, b. of Ledyard, Oct. 23, 1836, by Ralph Hurlbutt, J.P.	1
Prentice A., of Ledyard, m. Mary E. **PERKINS**, of Groton, Apr. 6, 1854, by Timothy Tuttle	67
Sabra, of Groton, m. Asa **PERKINS**, of Ledyard, Sept. 19, 1843, by Timothy Tuttle	14
Sally, d. [ ], in Montville; d. Dec. 25, 1847, ae 65 y.	55
Sarah, of Ledyard, m. Joseph **HANDY**, of Groton, July 22, 1849, by Ella Dunham, Elder	34
Seabury, s. John A., ae 35 y. & Lucinda, ae 34 y., b. Sept. 26, 1847	73
Solomon, m. Amanda **CRANDALL**, of Ledyard, Oct. 24, 1852, by E. J. Hinks	60
-----, s. Shubael, ae 26 y., & Ellen, ae 20 y., b. June 17, 1849	73
PHILLIPS, Josiah F., m. Abiah **CHAPMAN**, Oct. 26, 1851, by Zephaniah Watrous	40
PITMAN, Christopher T., of Norwich, m. Prudence M. **STANTON**, of Ledyard, Oct. 13, 1839, by Rev. Henry Lyon, of Norwich	6
POTTER, Ella, d. Caleb P., a clerk, ae 30 y. & Eliza, ae 27 y., b. June 13, 1854	75-76
Peter, of New London, m. Mary Ann **WILLIAMS**, of Ledyard, Jan. 1, 1843, by Charles Bennett, J.P.	13
RANDALL, Lucinda, of N. Stonington, m. Mark **DANIELS**, of Ledyard, Dec. 10, 1854, by Henry Hallett, J.P.	69
REYNOLDS, Frederick, of Groton, m. Sarah Jane **FISH**, of Groton, Sept. 11, 1853, by Christopher Newton, J.P.	63
Hannah E., m. Benjamin B. **PECKHAM**, b. of Ledyard, Oct. 19, 1851, by Rev. S. H. Peckham	40
Harriet N., of Ledyard, m. Thomas A. **EDGECOMB**, of Stonington, Jan. 1, 1853, by Timothy Tuttle	61
Jonathan, Jr., m. Frances E. **TUTTLE**, b. of Ledyard, Feb. 6, 1853, by Rev. S. H. Peckham	62
Ledia, of Ledyard, m. Ebenezer S. **FULLER**, of Lisbon, Nov. 25, 1838, by Nathan Brewster, J.P.	5
ROACH, Albert, d. Nov. 22, 1847, ae 23 y.	55
Claris[s]a, m. William **CLARK**, b. of Ledyard, Aug. 3, 1845, by Nathan Daboll, J.P.	21
Lucy A., m. Simeon A. **STODDARD**, b. of Ledyard, Aug. 18, 1844, by Nathan Daboll, J.P.	18
ROATH, Olive, of Preston, m. John **GLOSENDER**, of Ledyard, Jan. 11, 1847, by Rev. Daniel Dorchester	26
ROBINSON, Edwin S., of Providence, R.I., m. Julia Ann **CLARK**, of Ledyard, Nov. 24, 1836, by Ralph Hurlbutt, J.P.	2
ROGERS, Henry, b. [ ], in Waterford,; d. Aug. 10, 1848, ae 41 y.	55
Henry H., of Waterford, m. Julia Abby **SMITH**, of Ledyard, Mar. 10, 1851, by Timothy Tuttle	38
SATTERLEE, Dwight A., m. Charity H. **STODDARD**, b. of Ledyard, Apr. 2, 1851, by Timothy Tuttle	38

LEDYARD VITAL RECORDS 175

	Page
SATTERLEE, (cont.)	
John G., of Oakfield, N.Y., m. Julia A. SATTERLE[E], of Ledyard, Aug. 27, 1850, by Timothy Tuttle	36
Julia A., of Ledyard, m. John G. SATTERLEE, of Oakfield, N.Y., Aug. 27, 1850, by Timothy Tuttle	36
SCHOONMAKER, Amelia, of Saugetus, N.Y., m. Romain STODDARD, of Ledyard, Nov. 24, 1852, by E. J. Hinks	60
SCOTT, Eleanor, of Oxford, m. John CROUCH, of Ledyard, May 5, 1849, by William Morgan, J.P.	33
SENSAMAN, Rhoda, m. George COTTRELL, b. of Ledyard, Dec. 16, 1844, by Henry Hallett, J.P.	18
SHAPLEY, John, of Cazenovia, N.Y., m. Mary L. SMITH, of Ledyard, Sept. 8, 1841, by Rev. Augustus B. Collins, of Preston	10
SHELDON, Almyra, of Preston, m. Robert PECKHAM, of Ledyard, June 14, 1846, by Rev. Stephen H. Peckham	25
Daniel, of Preston, m. Sally O. PECKHAM, of Ledyard, Mar. 23, 1845, by Rev. Stephen H. Peckham	20
SHOLES, James W., s. George W., ae 50 y. & Cynthia, ae 46 y., b. Aug. 4, 1848	73
SHURRAGAR, Emer, of Preston, m. Lewis McLELLAN, of Vermont, Oct. 22, 1854, by Rev. S. H. Peckham	69
SMITH, Austin Avery, [s. Prentice P.], b. May 21, 1824	43
Eliza Ann, of Ledyard, m. James NOBLES, of Hartford, Nov. 4, 1839, by Nehemiah B. Cooke	6
Frances H., [s. Prentice P.], b. Apr. 24, 1832	43
Harriet R., d. Leonard C., ae 41 y. & Harriet N., ae 34 y., b. May 6, 1849	73
Henry N., [s. Prentice P.], b. Apr. 18, 1827	43
John O., [s. Prentice P.], b. Oct. 6, 1819	43
Julia Abby, of Ledyard, m. Henry H. ROGERS, of Waterford, Mar. 10, 1851, by Timothy Tuttle	38
Leonard C., m. Harriet N. TUTTLE, b. of Ledyard, Sept. 15, 1841, by Timothy Tuttle	10
Lucian, [s. Prentice P.], b. July 1, 1829	43
Marvin, of Montville, m. Sybel MORGAN, of Ledyard, Mar. 12, 1845, by Timothy Tuttle	19
Mary Ann, d. W[illia]m & Margaret, b. May 6, 1854	74
Mary L., [d. Prentice P.], b. Jan. 25, 1822	43
Mary L., of Ledyard, m. John SHAPLEY, of Cazenovia, N.Y., Sept. 8, 1841, by Rev. Augustus B. Collins, of Preston	10
Olive, d. Almarine P., ae 40 y. & P.C., ae 37 y., b. Feb. 27, 1848	73
Prentice O., [s. Prentice P.], b. Aug. 3, 1817	43
Sally, of Ledyard, m. Silas LEONARD, of N. Adams, Mass., June 22, 1837, by Rev. Daniel Dorchester	3
Sally M., [d. Prentice P.], b. Sept. 30, 1815	43
Samuel Austin, of New London, m. Sally G. STODDARD, of Ledyard, Nov. 3, 1845, by Timothy Tuttle	22
William Curtis, [s. Prentice P.], b. July 2, 1835	43
W[illia]m Henry, s. W[illia]m & Margaret, b. Jan. 13, 1853	74
SPAULDING, Joseph, of N. Stonington, m. Lucy Ann PARK[E], of Ledyard, Mar. 17, 1852, by Rev. Stephen H. Peckham	40
SPICER, Abigail, [d. John, 2d, & Elizabeth], b. Aug. 21, 1797	53
Austin, m. Patience LAMB, b. of Ledyard, Apr. 4, 1854, by Rev. S. H. Peckham	68
Charles, of Preston, m. Lucy DENNIS, of Griswold, Aug. 11, 1844, by	

	Page
SPICER, (cont.)	
Timothy Tuttle	17
Cynthia, [d. John, 2d, & Elizabeth], b. Sept. 5, 1817; d. Feb. 28, 1818	53
Edmund, [s. John, 2d, & Elizabeth], b. Jan. 11, 1812	53
Edmund, m. Bethiah W. **AVERY**, b. of Ledyard, Nov. 16, 1836, by Timothy Tuttle	2
Elizabeth, [d. John, 2d, & Elizabeth], b. Feb. 21, 1815	53
Elizabeth, m. Jacob L. **GALLUP**, b. of Ledyard, Apr. 14, 1841, by Rev. Erastus Denison	9
Fanny, [d. John, 2d, & Elizabeth], b. Aug. 20, 1804	53
Gurdon Bill, [s. John, 2d, & Elizabeth], b. Nov. 14, 1806; d. Sept. 8, 1816	53
Hannah, m. Herbert P. **SPICER**, b. of Preston, Feb. 7, 1836, by Asa A. Geer, J.P.	44
Herbert, [s. Herbert P. & Hannah], b. Aug. 10, 1839	44
Herbert P., m. Hannah **SPICER**, b. of Preston, Feb. 7, 1836, by Asa A. Geer, J.P.	44
Isaac, [s. John, 2d, & Elizabeth], b. Sept. 19, 1799	53
John, 2d, b. Aug. 14, 1770; m. Elizabeth **LATHAM**, Sept. 7, 1794	53
John Seabury, [s. John, 2d, & Elizabeth], b. Apr. 30, 1802; d. Sept. [ ], 1829	53
Mary Avery, [d. John, 2d, & Elizabeth], b. Mar. 28, 1809; d. July 9, 1824	53
Prudence, [d. John, 2d, & Elizabeth], b. May 1, 1795	53
Sarah E., d. Edmund, ae 36 y. & Bethia, ae 31 y., b. Aug. 3, 1847	73
STANDISH, Eunice, d. May 24, 1848, ae 74 y.	55
Horace D., of Preston, m. Louisa **LATHAM**, of Ledyard, Nov. 30, 1843, by Rev. Henry R. Knapp	15
Levi, d. May 23, 1848, ae 84 y.	55
Moses K., of Preston, m. Frances M. **LATHAM**, of Ledyard, Apr. 27, 1851, by Timothy Tuttle	38
Polly, b. Apr. 11, 1792; m. Christopher **NEWTON**, May 30, 1813	50
STANTON, Charles H., m. Lavina S. **GALLUP**, of Ledyard, Nov. 28, 1847, at Groton, by Rev. Erastus Denison, of Groton	28
Edwin W., of Preston, m. Mary Ann **STANTON**, of Ledyard, Feb. 19, 1846, by Oliver Hewitt, J.P.	23
Hannah E., of Ledyard, m. Edwin H. **CRUMB**, of Westerly, R.I., Apr. 26, 1853, by Rev. S. H. Peckham	62
Harriet, of Ledyard, m. William **BENNETT**, of Stonington, Apr. 9, 1843, by Charles Bennett, J.P.	14
Henry W., m. Lydia Jane **CHEESEBRO[UGH]**, b. of Ledyard, Jan. 10, 1848, by Henry W. Avery, J.P.	27
Isaac W., m. Lucy **WILLIAMS**, b. of Ledyard, Nov. 26, 1849, by Rev. Stephen H. Peckham	34
Mary Ann, of Ledyard, m. Edwin W. **STANTON**, of Preston, Feb. 19, 1846, by Oliver Hewitt, J.P.	23
Mary Esther, of Ledyard, m. James Warren **McCLELLAND**, of Norwich, June 21, 1854, by Timothy Tuttle	67
Prudence M., of Ledyard, m. Christopher T. **PITMAN**, of Norwich, Oct. 13, 1839, by Rev. Henry Lyon, of Norwich	6
STARR, John R., of Groton, m. Betsey A. **TURNER**, of Ledyard, Apr. 29, 1845, by Rev. Simeon B. Bailey	19
STEAD, Angell, of Norwich, m. Rhoda A. **BUDDINGTON**, of Ledyard, Oct. 18, 1837, by Rev. Asa R. Steward	3
STEARNES, Amos C., farmer, of Pike, Penn., ae 32 y., m. Sarah B. **HURLBUTT**, of Ledyard, ae 31 y., June 18, 1854, by John W. Case	65-66

	Page
STEWART, Ardelia, of N. Stonington, m. Joseph W. CASWELL, of Preston, July 1, 1849, by Rev. Stephen H. Peckham	36
STODDARD, Amelia, of Ledyard, m. Joseph COLE, of Cuba, N.Y., June 24, 1840, by Timothy Tuttle	8
Asa B., m. Amanda M. THOMAS, b. of Ledyard, Mar. 2, 1843, by Timothy Tuttle	13
Benjamin F., s. Isaac A., ae 27 y. & Celia M., ae 32 y., b. July 9, 1848	73
Betsey, of Ledyard, m. Benjamin CROWELL, of Yarmouth, Mass., Dec. 27, 1841, by Timothy Tuttle	11
Charity H., m. Dwight A. SATTERLEE, b. of Ledyard, Apr. 2, 1851, by Timothy Tuttle	38
Charles H., m. Sarah J. THOMAS, b. of Ledyard, Aug. 16, 1852, by Timothy Tuttle	42
Ephraim, m. Prudence LESTER, b. of Ledyard, June 9, 1844, by Nathan Daboll, J.P.	16
Eunice Ann, [d. Jonathan, 2d, & Hannah], b. Oct. 18, 1828	46
Eunice Ann, m. Capt. Avery GALLUP, 2d, b. of Ledyard, June 28, 1852, by James Geer, J.P.	41
Fanny, of Ledyard, m. Joseph TIBBETTS, of Boston, Mass., Nov. 10, 1845, by Timothy Tuttle	22
Frances, of Ledyard, ae 24 y., b. in Groton, m. Alfred GRISWOLD, engineer, ae 24 y., b. in Norwich, now of Providence, R.I., Oct. 11, 1853, by Obadiah House	65-66
Franklin, s. Edmund, ae 47 y. & Lucy, ae 40 y., b. Sept. 14, 1849	74
Hannah T., m. Henry E. BAILEY, b. of Ledyard, Oct. 28, 1838, by John Brewster, J.P.	5
Hannah, Temperance, [d. Jonathan, 2d, & Hannah], b. Feb. 23, 1816	46
James A., s. Stephen M., ae 35 y. & Henrietta, ae 34 y., b. Oct. 18, 1848	74
James Gallup, [s. Jonathan, 2d, & Hannah], b. Jan. 9, 1826, twin with Sally Gallup	46
Jonathan, 2d, b. Mar. 16, 1783, in Groton; m. Hannah MORGAN, Dec. 20, 1812, in Groton, by Stephen Avery, of N. Stonington	46
Jonathan, d. Sept. 29, 1847, ae 82 y.	55
Julia, m. James ADAMS, b. of Ledyard, Feb. 22, 1849, by Nathaniel Chapman, J.P.	32
Julia Ann, m. George AYER, b. of Ledyard, May 13, 1839, by Timothy Tuttle	6
Lucretia, of Ledyard, m. Luther H. Burdick, of Charlestown, R.I., Aug. 16, 1846, by Timothy Tuttle	25
Lucy Elizabeth, [d. Jonathan, 2d, & Hannah], b. Apr. 9, 1820	46
Lucy Elizabeth, [d. Jonathan, 2d, & Hannah], d. May 23, 1822	46
Martha S., of Ledyard, m. John BROWN, of Colchester, July 8, 1847, by Rev. Geo[rge] W. Winchester, of Uncasville	27
Mary, m. Sanford B. STODDARD, b. of Ledyard, Sept. 14, 1842, by Timothy Tuttle	12
Mary, d. July 1, 1848, ae 80 y.	55
Mary, of Ledyard, m. Hollowell LATHAM, of Groton, June 22, 1852, at her father's residence, by Rev. E. F. Hinks	41
Mary A., m. George A. BAILEY, b. of Ledyard, July 15, 1840, by Timothy Tuttle	8
Mary Amy, [d. Jonathan, 2d, & Hannah], b. Jan. 4, 1823	46
Orlando, Capt., mariner, ae 26 y., of Ledyard, m. Caroline (or Emeline) LESTER, ae 24 y., June 14, 1854, by John W. Case	65-66

STODDARD, (cont.)
Perez F., d. Feb. 10, 1849, ae 22 y. — 55
Prudence A., m. Courtland CHAPMAN, b. of Ledyard, Oct. 16, 1836, by
  Ralph Hurlbutt, J.P. — 1
Romain, of Ledyard, m. Amelia SCHOONMAKER, of Saugetus, N.Y.,
  Nov. 24, 1852, by E. J. Hinks — 60
Roswell, d. Aug. 24, 1854, ae 4 m. 17 d. — 77-78
Sally G., of Ledyard, m. Samuel Austin SMITH, of New London, Nov. 3,
  1845, by Timothy Tuttle — 22
Sally Gallup, twin with James Gallup, [d. Jonathan, 2d, & Hannah], b. Jan. 9,
  1826 — 46
Sanford, of Ledyard, m. Purdy CHURCH, of Montville, Feb. 1, 1852, by
  Timothy Tuttle — 40
Sanford B., m. Mary STODDARD, b. of Ledyard, Sept. 14, 1842, by
  Timothy Tuttle — 12
Sanford B., s. Sanford B., ae 35 y. & Mary, ae 33 y., b. Dec. 5, 1848 — 74
Sarah Elmira, m. Franklin BREWSTER, b. of Groton, Nov. 29, 1832, by
  Timothy Tuttle — 45
Simeon A., m. Lucy A. ROACH, b. of Ledyard, Aug. 18, 1844, by Nathan
  Daboll, J.P. — 18
Simeon Avery, [s. Jonathan, 2d, & Hannah], b. May 10, 1818 — 46
Sophia, of Ledyard, m. John B. COLE, of Cuba, N.Y., June 9, 1845, by
  Timothy Tuttle — 20
Stephen M., m. Henrietta ALLYN, b. of Ledyard, Aug. 28, 1838, by Rev.
  Timothy Tuttle — 4
William Austin, [s. Jonathan, 2d, & Hannah], b. Mar. 18, 1814 — 46
William Austin, [s. Jonathan, 2d, & Hannah], d. Sept. 12, 1834 — 46
STORY, John R., m. Harriet Augusta HALSEY, Oct. 23, 1837, by Calvin
  Wolcott — 4
STRICTLAND, _____, s. James, a laborer, & Sally, b. Dec. 26, 1854 — 75-76
TANNER, Abel, of Ledyard, formerly of Warwick, R.I., m. Clarissa
  WATROUS, of Groton, July 5, 1846, by Zephaniah Watrous — 24
Freelove H., m. Amos WATROUS, 2d, b. of Groton, Jan. 19, 1851, by
  Henry W. Avery, J.P. — 37
THOMAS, Amanda M., m. Asa B. STODDARD, b. of Ledyard, Mar. 2, 1843, by
  Timothy Tuttle — 13
Hannah A., d. [   ], in Groton; d. Nov. 24, 1847, ae 44 y. — 55
Hannah Eliza, of Ledyard, ae 27 y., m. Isaac A. BURROWS, mechanic, of
  Depuit, N.Y., ae 35 y., Nov. 13, 1854, by Rev. S. S. Chapin, of
  Preston — 65-66
Sarah J., m. Charles H. STODDARD, b. of Ledyard, Aug. 16, 1852, by
  Timothy Tuttle — 42
THOMPSON, Eliza, d. Dudley R. & Fanny, b. Nov. [ ], 1848 — 73
TIBBETTS, Joseph, of Boston, Mass., m. Fanny STODDARD, of Ledyard, Nov.
  10, 1845, by Timothy Tuttle — 22
TINKER, William, of Westfield, Mass., m. Almira L. GEER, of Ledyard, Nov.
  27, 1845, by Timothy Tuttle — 22
TURNER, Betsey, of Preston, m. Amos INGHAM, of Ledyard, Aug. 6, 1837, by
  James Allen, J.P. — 3
Betsey A., of Ledyard, m. John R. STARR, of Groton, Apr. 29, 1845, by
  Rev. Simeon B. Bailey — 19
Eliza M., [d. Allyn D. & Nancy A.], b. June 18, 1850 — 48
James, of Groton, m. Permelia LAMB, of Ledyard, Nov. 24, 1844, by Rev.

	Page
TURNER, (cont.)	
Cyrus Miner	18
James M., [s. Allyn D. & Nancy A.], b. May 27, 1844	48
Julia A., m. Thomas M. LATHAM, b. of Ledyard, June 9, 1844, by Rev. Cyrus Miner	16
Nancy M., [d. Allyn D. & Nancy A.], b. Jan. 5, 1838	48
Sarah E., [d. Allyn D. & Nancy A.], b. Sept. 25, 1847	48
Thomas D., [s. Allyn D. & Nancy A.], b. Mar. 8, 1835	48
W[illia]m H. H. [s. Allyn D. & Nancy A.], b. May 18, 1841	48
TUTTLE, Anna Maria, of Ledyard, m. Rev. Nehemiah B. COOKE, of Stonington, Nov. 29, 1838, by Timothy Tuttle	5
Frances E., m. Jonathan REYNOLDS, Jr., b. of Ledyard, Feb. 6, 1853, by Rev. S. H. Peckham	62
Harriet N., m. Leonard C. SMITH, b. of Ledyard, Sept. 15, 1841, by Timothy Tuttle	10
Henry, of Yates, N.Y., m. Ardelia AVERY, of Ledyard, Oct. 18, 1842, by Timothy Tuttle	12
WADE, Orrin, of Preston, m. Emma E. PEABODY, of Norwich, May 24, 1852, by Rev. S. H. Peckham	61
WAKELEY, James M., of Neversink, N.Y., m. Nancy M. LATHAM, of Ledyard, Mar. 13, 1853, by Rev. Nehemiah B. Cook, of Stonington	62
WALEY, William M., of New London, m. Mary WHIPPLE, of Ledyard, Mar. 7, 1847, by Zephaniah Watrous	27
WATROUS, Amos, 2d, m. Freelove H. TANNER, b. of Groton, Jan. 19, 1851, by Henry W. Avery, J.P.	37
Clarrissa, of Groton, m. Abel TANNER, of Ledyard, formerly of Warwick, R.I., July 5, 1846, by Zephaniah Watrous	24
Content, of Groton, m. Daniel WATROUS, Jr., of Ledyard, July 4, 1852, by Henry Watrous	42
Daniel, Jr., of Groton, m. Phebe WHIPPLE, of Ledyard, Aug. 3, 1845, by Zephaniah Watrous	21
Daniel, of Groton, m. Christina WHIPPLE, of Ledyard, Dec. 15, 1850, by Zephaniah Watrous	37
Daniel, Jr., of Ledyard, m. Content WATROUS, of Groton, July 4, 1852, by Henry Watrous	42
Desire, of Ledyard, m. Henry WHIPPLE, of Groton, Dec. 4, 1842, by Zephaniah Watrous	13
Elizabeth, of Groton, m. Samuel G. WHIPPLE, of Ledyard, Mar. 11, 1838, by Zephaniah Watrous	4
Esther, m. John C. CHAPMAN, June 29, 1851, by Zephaniah Watrous	39
Fanny, of Groton, m. Noah WHIPPLE, Jr., of Ledyard, Mar. 11, 1838, by Zephaniah Watrous	4
Hannah, m. James WATROUS, b. of Ledyard, Aug. 31, 1851, by Henry Watrous	39
James, m. Hannah WATROUS, b. of Ledyard, Aug. 31, 1851, by Henry Watrous	39
Julia, m. Samuel WHIPPLE, Jr., Nov. 14, 1841, by Zephaniah Watrous	10
Mary, m. Jabez WHIPPLE, Jr., Nov. 8, 1840, by Zephaniah Watrous	9
Mary Isabel, d. Zephaniah, Jr., ae 43 y. & Abiah, ae 41 y., b. Apr. 16, 1849	74
Nathan, of Ledyard, m. Phebe Ann MITCHELL, of Groton, July 15, 1852, by Henry Watrous	42
Robert, s. Silas, Jr., ae 24 y., & Rachel, ae 20 y., b. May [ ], 1849	74
WAY, Harriet, m. Nathan W. BARNES, b. of Ledyard, Oct. 28, 1841, by	

	Page
WAY, (cont.)	
Timothy Tuttle	10
WELDEN, Content, d. Dec. 16, 1849	55
WELLS, Mary, m. Luke GALLUP, b. of Ledyard, Apr. 7, 1850, by Timothy Tuttle	35
Oliver, of Stonington, m. Mary WILLIAMS, of Ledyard, July 19, 1840, by William Williams, J.P.	8
WEST, Francis S., of Island of Jersey, Eng., m. Sarah BROWN, of Westerly, R.I., Sept. 24, 1836, by Asa L. Geer, J.P.	1
WHEELER, Emma, of N. Stonington, m Amos GEORGE, of Ledyard, Apr. 11, 1852, by Eld. Preserved S. Green	41
WHIPPLE, Amos, m. Sally WHIPPLE, b. of Ledyard, Nov. 24, 1839, by Zephaniah Watrous	7
Amos E., s. Cyrus, ae 24 y. & Delight, ae 24 y., b. Dec. 21, 1848	74
Amos L., s. Amos & Sally, b. Aug. 4, 1849	74
Betsey, m. Timothy CHROUCH, Apr. 13, 1846, by Zephaniah Watrous	24
Christina, of Ledyard, m. Daniel WATROUS, of Groton, Dec. 15, 1850, by Zephaniah Watrous	37
Cyrus, m. Delight WHIPPLE, Apr. 5, 1846, by Zephaniah Watrous	24
Delight, m. Cyrus WHIPPLE, Apr. 5, 1846, by Zephaniah Watrous	24
Enoch, m. Delight CHROUCH, b. living in Ledyard, Apr. 20, 1851, by Zephaniah Watrous	38
Eunice, d. Paul, ae 23 y. & Delight, ae 20 y., b. Oct. 5, 1848	74
Hannah, of Ledyard, m. Dudley B. CHAPMAN, of New London, Feb. 22, 1846, by Zephaniah Watrous	22
Hannah, m. Charles McGUIRE, b. of Ledyard, Mar. 26, 1848, by Samuel W. Wood, J.P.	30
Harriet Ann, of Ledyard, m. Jabez WHIPPLE, of New London, Apr. 16, 1848, by Henry W. Avery, J.P.	30
Henry, of Groton, m. Desire WATROUS, of Ledyard, Dec. 4, 1842, by Zephaniah Watrous	13
Hepsibah, m. Nathan CHAPMAN, b. of Ledyard, July 19, 1846, by Zephaniah Watrous	25
Jabez, Jr., m. Mary WATROUS, Nov. 8, 1840, by Zephaniah Watrous	9
Jabez, of New London, m. Harriet Ann WHIPPLE, of Ledyard, Apr. 16, 1848, by Henry W. Avery, J.P.	30
John B., m. Mary WHIPPLE, June 12, 1842, by Zephaniah Watrous	11
Jonathan, Jr., m. Lucy WHIPPLE, Apr. 10, 1842, by Zephaniah Watrous	11
Jonathan C., m. Mary Ann ECCLESTONE, b. of Ledyard, July 26, 1846, by Zephaniah Watrous	26
Julia, d. Apr. 17, 1848, ae 8 m.	55
Julia, d. Apr. 17, 1848, ae 9 m.	55
Julia, d. Nathan, ae 24 y. & Ann, ae 22 y., b. Sept. 2, 1848	73
Lovisa, of Preston, m. Charles E. HEWIT[T], of Ledyard, Sept. 17, 1837, by Rev. Calvin Wolcott	3
Lucy, m. Jonathan WHIPPLE, Jr., Apr. 10, 1842, by Zephaniah Watrous	11
Lucy, d. Jonathan, ae 29 y. & Lucy, ae 25 y., b. Dec. 4, 1848	74
Mary, m. John B. WHIPPLE, June 12, 1842, by Zephaniah Watrous	11
Mary, of Ledyard, m. William M. WALEY, of New London, Mar. 7, 1847, by Zephaniah Watrous	27
Matilda, d. Aug. 6, 1848, ae 23 y.	55
Mirann, d. Paul, ae 26 y. & Christiance, ae 27 y., b. May 2, 1849	74
Nathan, m. Thankful GEER, Aug. 31, 1845, by Zephaniah Watrous	21
Noah, Jr., of Ledyard, m. Fanny WATROUS, of Groton, Mar. 11, 1838, by	

LEDYARD VITAL RECORDS

	Page
WHIPPLE, (cont.)	
Zephaniah Watrous	4
Noah W., s. Noah, Jr., ae 32 y. & Fanny, ae 27 y., b. Nov. 10, 1847	73
Paul, m. Christian CROUCH, Feb. 25, 1844, by Zephaniah Watrous	15
Paul, s. Paul, ae 26 y. & Christan, ae 24 y., b. Aug. 10, 1847	73
Phebe, of Ledyard, m. Daniel WATROUS, Jr., of Groton, Aug. 3, 1845, by Zephaniah Watrous	21
Polly, m. Ichabod DAVIS, Jr., Aug. 31, 1845, by Zephaniah Watrous	21
Sally, m. Amos WHIPPLE, b. of Ledyard, Nov. 24, 1839, by Zephaniah Watrous	7
Sally, m. Dunn McGUIRE, Nov. 11, 1849, by Zephaniah Watrous	34
Samuel, Jr., m. Julia WATROUS, Nov. 14, 1841, by Zephaniah Watrous	10
Samuel, d. June 6, 1848, ae 28 y.	55
Samuel G., of Ledyard, m. Elizabeth WATROUS, of Groton, Mar. 11, 1838, by Zephaniah Watrous	4
Timothy, m. Lucy Ann GEER, Oct. 2, 1842, by Zephaniah Watrous. Witnesses: Noah Whipple, Jr., Amos Whipple, William Whipple	12
William, m. Hannah C. GEER, b. of Ledyard, Nov. 22, 1840, by Zephaniah Watrous	9
_____, s. Jonathan C., ae 23 y. & Mary Ann, ae 17 y., b. Mar. 1, 1848	73
_____, d. Timothy, ae 26 y. & Thankful, ae 22 y., b. Sept. 10, 1848	74
_____, s. Amos, ae 30 y. & Sally, ae 26 y., b. Aug. 4, 1849	74
WILCOX, WILLCOX, Abby C., of Stonington, m. Oliver S. CASSWELL, of Norwich, Aug. 3, 1851, by Rev. S. H. Peckham	39
Betsey, of Ledyard, m. Augustus N. FISH, of Groton, Dec. 26, 1847, by Rev. Stephen H. Peckham	29
Mary Ann, m. Roswell CHAPMAN, b. of Ledyard, June 29, 1845, by Rev. Stephen H. Peckham	20
WILKINSON, William, of N. Stonington, m. Abby GAY, of Ledyard, June 8, 1845, by Rev. Stephen H. Peckham	20
WILLIAMS, Elias H., of Garnaville, Iowa, m. Hannah LARRABEE, of Ledyard, Apr. 26, 1849, by Timothy Tuttle	33
Eunice S., of Ledyard, m. Erasmus AVERY, of Preston, Jan. 21, 1847, by Timothy Tuttle	26
Harriet, m. Thomas J. CLARK, Sept. 1, 1844, by Henry W. Avery, J.P.	17
Henry H., of Hartford, m. Marina F. PERKINS, of Ledyard, Mar. 6, 1842, by Nathan Daboll, J.P.	11
Jackson, m. Ellen BARNES, b. of Ledyard, Jan. 26, 1852, by Rev. S. H. Peckham	61
John D., m. Tinett WILLIAMS, b. of Ledyard, Apr. 12, 1840, by Rev. John G. Wightman	7
John E., of Stonington, m. Mary P. HALEY, of Ledyard, Aug. 14, 1842, by Timothy Tuttle	11
John S., of Ledyard, m. Mary Jane ALEXANDER, of Stonington, Feb. 22, 1852, by Christopher Newton, J.P.	40
Lucy, m. Isaac W. STANTON, b. of Ledyard, Nov. 26, 1849, by Rev. Stephen H. Peckham	34
Lydia W., of Ledyard, m. William R. FISH, of Groton, Jan. 19, 1848, by Rev. Erastus Denison, of Groton	29
Mary, of Ledyard, m. Oliver WELLS, of Stonington, July 19, 1840, by William Williams, J.P.	8
Mary Ann, of Ledyard, m. Peter POTTER, of New London, Jan. 1, 1843, by Charles Bennett, J.P.	13

WILLLIAMS, (cont.)
Mary E., m. John BREWSTER, Jr., b. of Ledyard, Apr. 2, 1840, by Rev. Ira
    R. Steward   8
Phebe, of Ledyard, m. Ebenezer PARK[E], Jr., of Canterbury, Nov. 14,
    1836, by Timothy Tuttle   2
Prudence A., of Ledyard, m. Gustavus A. APPLEMAN, of Groton,
    [, 1841], by Timothy Tuttle   10
Roger S., s. Roger, ae 51 y. & Theody, ae 42 y., b. Nov. 1, 1847   73
Shapleigh, of Ledyard, m. Mary YORK, of Norwich, Dec. 24, 1846, by Rev.
    Stephen H. Peckham   26
Susan E., m. Rufus W. MAT[T]HEWSON, b. of Gales Ferry (Ledyard),
    Dec. 5, 1849, by Ella Dunham, Elder   34
Tinett, m. John D. WILLIAMS, b. of Ledyard, Apr. 12, 1840, by Rev. John
    G. Wightman   7
William, m. Mary E. ALLYN, b. of Ledyard, Apr. 26, 1848, by Timothy
    Tuttle   30
_____, d. Henry, ae 38 y. & Marina, ae 27 y., b. Mar. 8, 1848   73
WINCHESTER, Mary E., of Groton, m. William F. C. FENNER, May 19, 1839,
    by Augustus B. Collins   6
WITTER, Jonah, Jr., of Preston, m. Martha BILLINGS, of Ledyard, Jan. 5,
    1837, by Rev. John G. Wightman   2
WITTSHIRE, John, of East Haddam, m. Sarah KENNY, of Preston, May 27,
    1849, by Rev. S. H. Peckham   33
WOODBRIDGE, Polly, d. Nov. 21, 1849   55
WOODMANSEY, Esther Jane, d. Denison & Malinda, b. Mar. [ ], 1849   73
WOODWARD, Mary Annah, m. Seth MAINE, b. of N. Stonington, Aug. 27,
    1848, by Rev. S. H. Peckham   31
YERRINGTON, Edward F., s. Benjamin F., ae 23 y. & Lucy E., ae 19 y., b. Jan.
    1, 1848   73
YORK, Mary, of Norwich, m. Shapleigh WILLIAMS, of Ledyard, Dec. 24,
    1846, by Rev. Stephen H. Peckham   26

LISBON VITAL RECORDS
1786 - 1850

	Vol.	Page
ABBOT, ABBOTT, Lucy, m. William **ABBOT**, b. of Wilton, N.H., Nov. 20, 1837, by Rev. Levi Nelson	1	73
William, m. Lucy **ABBOT**, b. of Wilton, N.H., Nov. 20, 1837, by Rev. Levi Nelson	1	73
Zebediah, of Milton, N.H., m. Mary Ann **HYDE**, of Lisbon, Sept. 24, 1827, by Rev. Seth Bliss, of Jewett City	1	66
ABELL, Alpheas, [s. Andrew & Mary], b. Sept. 6, 1800	1	41
Alpheus, m. Fanny **BROWN**, Dec. 14, 1823, by Andrew Lee, Clerk	1	66
Andrew, Jr., [s. Andrew & Mary], b. Nov. 4, 1818	1	41
Andrew, [s. Alpheas & Fanny], b. Apr. 20, 1824	1	66
Andrew, d. Nov. 6, 1834	1	41
Betsey, of Lisbon, m. Mial **PIERCE**, of Franklin, May 17, 1841, by Comfort D. Fillmore, Deac.	1	87
Daniel, s. Andrew & Mary, b. Nov. 4, 1798	1	41
Daniel Bishop, [s. Alpheas & Fanny], b. May 14, 1827, in Franklin	1	66
Elizabeth Lord, [d. Alpheas & Fanny], b. Apr. 13, 1830	1	66
Lura, [d. Andrew & Mary], b. Sept. 29, 1806	1	41
Maria Elizabeth, [d. Andrew & Mary], b. Jan. 21, 1810	1	41
Mary, [d. Andrew & Mary], b. June 21, 1803	1	41
Nathan J., [s. Andrew & Mary], b. Apr. 13, 1815	1	41
Oliver, [s. Alpheas & Fanny], b. Aug. 2, 1833	1	66
Rebecca, [d. Andrew & Mary], b. May 2, 1812	1	41
ADAMS, AADAM, Abigail, m. Reuben **BISHOP**, Nov. 27, 1808	1	18
Abigail, of Canterbury, m. Reuben **BISHOP**, of Lisbon, Nov. 27, 1808	1	94
Edward, [s. Roswell & Sarah], b. Sept. 16, 1819	1	56
Frances, m. Newton **PECK**, of Canterbury, Sept. 12, 1836, by Rev. Levi Nelson	1	75
Jabez Ensworth, [s. William & Phyllys], b. Feb. 27, 1788	1	15
Jeremiah Kinsman, [s. Roswell & Sarah], b. Sept. 26, 1826	1	56
John, of Norwich, m. Fanny **TUBBS**, of Lisbon, May 8, 1833, by Rev. Levi Nelson	1	82
John Frances, m. Marian **LYON**, Oct. 13, 1824, by Andrew Lee, Clerk	1	69
Lucy, [d. William & Phyllys], b. Dec. 14, 1779	1	15
Lucy S., of Mansfield, m. Reuben **BISHOP**, of Lisbon, Dec. 3, 1828	1	94
Lydia, of Lisbon, m. Erastus **BINGHAM**, of Windham, Dec. 24, 1821	1	47
Lydia, wid. Phinehas, d. Mar. 9, 1831	1	9
Mary Kinsman, [d. Roswell & Sarah], b. Oct. 12, 1824	1	56
Nathaniel Bishop, [s. Phinehas & Lydia], b. June 17, 1802	1	9
Neddie, d. Oct. 17, 1862, ae 8	3	76
Phinehas, m. Lydia **BISHOP**, Apr. 4, 1790	1	9
Phinehas, Jr., [s. Phinehas & Lydia], b. Dec. 11, 1797	1	9
Phinehas, d. Dec. 30, 1830	1	9

	Vol.	Page

ADAMS, AADAM, (cont.)
Rosina, of Canterbury, m. Elisha P. BRANCH, of Lisbon, Nov. 9,
  1835, by Chester Tilden — 1 — 83
Roswell, of Lisbon, m. Sarah KINSMAN, of Plainfield, Feb. 7,
  1810, by Rev. Joel Benedict, Plainfield — 1 — 56
Roswell, farmer, widower, d. Apr. 29, 1859, ae 77 — 3 — 73
Russell, [s. William & Phyllys], b. May 8, 1782 — 1 — 15
Sarah Douglass, [d. Roswell & Sarah], b. Jan. 22, 1822 — 1 — 56
Susanna, [d. Roswell & Sarah], b. July 5, 1815 — 1 — 56
Susannah, of Lisbon, m. James JOHNSON, of Griswold, Feb. 7,
  1837, by Rev. Levi Nelson — 1 — 39
Sibel, [d. William & Phyllys], b. Nov. 13, 1777 — 1 — 15
Sibil M., of Lisbon, m. Edward SPAULDING, of Brooklin, May 4,
  1841, by Rev. Levi Nelson — 1 — 97
Sibel Maria, [d. Roswell & Sarah], b. June 20, 1811 — 1 — 56
Thomas Kinsman, [s. Roswell & Sarah], b. July 8, 1813 — 1 — 56
We[a]lthy, m. Joseph BISHOP, May 1, 1783 — 1 — 2
William, m. Phyllys ENSWORTH, Dec. 18, 1776 — 1 — 15
William, [s. Roswell & Sarah], b. Sept. 5, 1817; d. Jan. 5, 1822 — 1 — 56
ADGET, Asahel, of Montville, m. Susan PERKINS, of Lisbon, Dec. 12,
  1826, by Rev. Levi Nelson — 1 — 77a
AKINS, William, ae 21, m. Abby CHAPMAN, ae 18, Nov. [ ], 1848 — 2 — 1
ALEXANDER, Eliza, teacher, single, d. Feb. 2, 1867, ae 20 y. — 3 — 79
  Harvey G., m. Eliza Jane PRESTEN, b. of Lisbon, Apr. 19, 1843, by
    Rev. A. L. Whitman — 1 — 105
  Jane, single, d. Apr. 10, 1869, ae 16 y. — 3 — 80
  Jane E., d. Harvey G., farmer, b. June 21, 1851 — 2 — 10
  William H., s. Henry G., farmer, ae 35, & Eliza A., ae 34, b. [ ] — 2 — 8
ALLEN, Barnabus Huntington, [s. Ebenezer & Harriet], b. Aug. 29, 1830 — 1 — 37
  Desire, m. Avander FULLER, Jan. 1, 1828, by Andrew Lee, Pastor — 1 — 54
  Ebenezer, m. Elizabeth BINGHAM, Dec. 1, 1814 — 1 — 37
  Ebenezer, m. Lydia BASS, May 28, 1818 — 1 — 37
  Ebenezer, Dea., m. Harriet MORGAN, b. of Lisbon, Nov. 21, 1821,
    by Rev. Levi Nelson — 1 — 37
  Ebenezer Bingham, [s. Ebenezer & Elizabeth], b. Dec. 26, 1816 — 1 — 37
  Elisha Morgan, [s. Ebenezer & Harriet], b. June 29, 1824 — 1 — 37
  Elizabeth, [w. Ebenezer], d. Jan. 10, 1817 — 1 — 37
  Ethan, [s. Ebenezer & Harriet], b. Sept. 9, 1822 — 1 — 37
  Harriet Maria, [d. Ebenezer & Harriet], b. Oct. 29, 1833 — 1 — 37
  Hellen C., d. Alexander, farmer, & Caroline M., b. Oct. 6, 1849 — 2 — 13
  Jacob, of Canterbury, m. Mariammee BRANCH, of Lisbon, Apr. 19,
    1841, by Rev. Levi Nelson — 1 — 70
  John, of Windham, m. Ruth W. BINGHAM, of Lisbon, Mar. 19,
    1835, by Rev. Daniel Waldo — 1 — 77
  Lucretia, [d. Ebenezer & Harriet], b. Mar. 20, 1826 — 1 — 37
  Lucretia, ae 25, of Lisbon, m. Eugene A. HYDE, editor, ae 25, b.
    Norwich, res. West Farms, N.Y., [ ], 1850, by Rev. L.
    Nelson — 2 — 11
  Lydia, w. Eben[eze]r, d. Jan. 7, 1821 — 1 — 37
  Lydia, housekeeper, married, b. Mass., d. Feb. 24, 1858, ae 26 — 3 — 72
  Lydia E., m. Barzillai H. BISHOP, b. of Lisbon, [Apr.] 17, 1837, by
    Rev. Daniel Waldo — 1 — 51
  Lydia Elizabeth, [d. Ebenezer & Lydia], b. Mar. 28, 1819 — 1 — 37

LISBON VITAL RECORDS 185

	Vol.	Page
ALLEN, (cont.)		
Merrell, farmer, b. Canterbury, res. Canterbury, m. Lydia Ann PERRY, Sept. 2, 1850, by Rev. E. W. Robinson	2	11
Olive Paine, [d. Ebenezer & Lydia], b. Sept. 21, 1820; d. Jan. 6, 1821	1	37
Rhoda, Jr., m. William P. SPICER, Sept. 7, 1826, by Rev. Andrew Lee	1	69
Samuel Coit Morgan, [s. Ebenezer & Harriet], b. June 13, 1828	1	37
AMES, [see also EAMES], Charles Caleb, [s. Bradford, b. Jan. 10, 1829, in Preston	1	96
Elles, d. Feb. 23, 1848, ae 62	2	3
Jacob Meech, [s. Bradford], b. Dec. 29, 1830, in Preston	1	96
John F., farmer, ae 20, of Lisbon, m. Lucy HAYWARD, ae 21, Oct. 31, 1848, by Rev. L. Nelson	2	1
Rebecca, housekeeper, married, d. Oct. 17, 1873, ae 47 y.	3	81
Sarah Tyler, [d. Bradford], b. Mar. 22, 1834	1	96
ANSON, Alfred C., m. Eliza A. DOWNING, b. of Lisbon, Apr. 14, 1843, by Rev. B. Cook, of Jewett City	1	105
APLY, Abby W., m. John JACKSON, b. of Griswold, Oct. 1, 1833, by Rev. Levi Nelson	1	45
Abigail, d. Aug. 19, 1828	1	17
Festus, m. Merabah JUSTIN, b. of Canterbury, July 10, 1821, by Amos Read, Elder	1	44
ARMSTRONG, William Palmer, [s. John G. & Catharine], b. Sept. 14, 1831	1	49
ASHTON, Hugh, of Blackburn, England, m. Hannah KAZAR, of Lisbon, Sept. 20, 1829, by Rev. Horatio Waldo	1	67
ASPENWALL, Sophia, m. Seth NELSON, Jr., Oct. 23, 1810	1	20
ATWOOD, Miner G., m. Mary D. GINLE, b. of Mansfield, Oct. 6, 1844, by Rev. Levi Nelson (Perhaps "Gurle[y]")	1	111
AUSTIN, Lydia, m. Rev. David HALE, May 19, 1790	1	12
AVERY, Betsey, of Griswold, m. Silas READ, of Lisbon, Dec. 20, 1836, by Rev. Levi Nelson	1	76
Lucy, m. Charles GILKEY, Oct. 15, 1790	1	14
AYER, Joseph, farmer, b. in Stonington, d. Jan. 19, 1848, ae 81	2	3
Thankful, m. W[illia]m LEE, May 27, 1840, by Rev. Joseph Ayer, Jr.	1	99
-----, Mrs. [sic], single, d. Feb. 14, 1854, ae 42	3	67
AYRES, Betsey, b. Stonington, res. Lisbon, widowed, d. May 28, 1860, ae 87	3	74
BABCOCK, Benedict, Jr., of Kirkland, N.Y., m. Juliet HUNTINGTON, of Lisbon, Oct. 6, 1834, by Rev. Levi Nelson	1	67
Denison, of New Hartford, N.Y., m. Lucy BISHOP, of Lisbon, June 16, 1824, by Amos Read, Elder	1	71
BAKER, Benjamin, mechanic, b. Mass., res. Lisbon, d. Dec. 17, 1850, ae 40	2	9
Benjamin B., butcher, ae 38, b. Dorchester, Mass., res. Colchester, m. Matilda LAMPHERE, ae 21, Nov. 5, 1849, by Rev. C. D. Fillmore	2	4
BALDWIN, David Denison, [twin with Mary Brown], s. David & Mary, b. Apr. 12, 1824	1	69
Elijah, m. Hannah BURNHAM, Sept. 10, 1811	1	16
Isaac, of Canterbury, m. Philura CAMPBELL, of Lisbon, Oct. 16, 1820, by Joseph L. Lyon, J.P.	1	42

	Vol.	Page
BALDWIN, (cont.)		
Joseph, d. Nov. 23, 1804	1	2
Mary Brown, [twin with David Denison], d. David & Mary, b. Apr. 12, 1824	1	69
Priscilla, m. Thomas RATHBUN, July 19, 1762	1	35
Thankful, d. Jan. 18, 1824	1	2
BANNING, Mary, d. May 10, 1858, ae 18 d.	3	72
William F., painter, ae 22, of Lyme, m. Cornelia WOOD, ae 19, b. Colchester, res. Lisbon, Nov. 28, 1849, by Rev. L. Nelson	2	4
BARBER, James, m. Ruth STEAVENS, July 12, 1787	1	9
BARNES, Dwight, M. S., single, d. Nov. 9, 1861, ae 16	3	75
Elijah S., of Willimantic, m. Emily PORTER, of Lisbon, Nov. 20, 1832, by Rev. Barnabus Phinney, Hanover Society	1	84
Elijah Smith, s. Eunice Smith, b. Apr. 10, 1810	1	75
Eunice Maria Smith, [d. Elijah S. & Emily], b. May 16, 1840	1	84
Lydia, m. Rufus EAMES, Nov. 21, 1790	1	8
Sarah Ann Porter, [d. Elijah S. & Emily], b. June 19, 1842	1	84
BARRET, Martha, [d. Peter & Martha L.], b. Nov. 1, 1823	1	62
Martha L., [w. Peter], d. Nov. 4, 1823	1	62
Peter, m. Martha L. ORSBORN, b. of Lisbon, Nov. 18, 1822, by Andrew Lee, Clerk	1	62
Peter, m. Elimy CARPENTER, Aug. 22, 1824, by Rev. Andrew Lee	1	62
BASS, Lydia, m. Ebenezer ALLEN, May 28, 1818	1	37
Nathan, b. July 9, 1819	1	61
BATTEY, Edward G., [s. Giles], b. Jan. 4, 1832	1	61
Elizabeth T., of Norwich, m. Horace ROBENSON, of Glastenbury, Oct. 24, 1831, by Rev. Levi Nelson	1	49
Julia A., m. Frederick M. BROWN, b. of Lisbon, Dec. 14, 1837, by Rev. Geo[rge] PERKINS, of Jewett City	1	78
BEATTEY, Sarah, of Lisbon, m. Obadiah FENNER, of Foster, R.I., Nov. 24, 1831, by Rev. Levi Nelson	1	33
BEBEE, William, of Norwich, m. Harriet SLY, of Lisbon, Jan. 14, 1841, by J. V. Wilson, Norwich	1	97
BELDEN, Ambros[e], m. Polly MINGO, July 28, 1793	1	12
BENJAMIN, John R., [s. Jabez L.], b. Feb. 23, 1839	1	47
Mary Ann, farmer, married, d. Aug. 25, 1862, ae 57	3	76
Ruth Ann, [d. Jabez L.], b. Mar. 9, 1837	1	47
BENNETT, Albert F., m. Frances B. BOTTOM, b. of Lisbon, Nov. 20, 1838, by Rev. Levi Nelson	1	96
Albert Henry, [s. Albert F. & Frances B.], b. Sept. 27, 1840	1	96
Amos, m. Diadama BOTTOM, b. of Lisbon, June 22, 1834, by Chester Tilden	1	53
Amos, d. [ ], 1853	3	68
Charles, of Lisbon, m. Sarah SMITH, of Norwich, Oct. 26, 1831, by Rev. Levi Nelson	1	53
Diadama, d. Nov. 29, 1849, ae 57	2	9
Frances L., [d. Albert F. & Frances B.], b. Aug. 9, 1839	1	96
Henry Augustus, s. Amos, b. Dec. 18, 1814	1	41
Julia, of Lisbon, m. Nelson SWAN, of North Stonington, Dec. 9, 1840, by Rev. Charles E. Shailer, Preston	1	83
Mary Ann, m. Benjamin P. BURNHAM, b. of Lisbon, Jan. 4, 1831, by Rev. Levi Nelson	1	45
Mary F., b. Franklin, res. Lisbon, d. Dec. 4, 1860, ae 5 m.	3	74

LISBON VITAL RECORDS

	Vol.	Page
BENNETT, (cont.)		
-----, male, d. Jan. 16, 1863, ae 9 y.	3	77
BENTLEY, George C., s. George, farmer, b. Nov. 26, 1850	2	13
Harriet C., of Norwich, m. Henry JEWETT, of Lisbon, Sept. 27, 1824, by David N. Bentley. Witness: Joseph Jewett	1	79
BIC[K]NEL, Lydia, m. Benjamin BURNHAM, b. of Lisbon, Jan. 29, 1826, by Amos Read, Elder	1	15
BINGHAM, Abel, [s. Asa & Hannah], b. Aug. 26, 1801	1	6
Alice, [d. Ezra], b. Apr. 27, 1835	1	79
Asa, of Lisbon, m. Hannah LORD, of Franklin, Dec. 12, 1793, by And[re]w Lee Clerk	1	6
Charles, [s. Asa & Hannah], b. Nov. 7, 1796	1	6
Eliza, [d. John], b. Mar. 17, 1793	1	31
Eliza Adams, [d. Ezra], b. July 23, 1831	1	79
Elizabeth, m. Ebenezer ALLEN, Dec. 1, 1814	1	37
Emily, of Lisbon, m. William WITTER, of Windham, Jan. 28, 1829, by Andrew Lee	1	88
Erastus, of Windham, m. Lydia Adams, of Lisbon, Dec. 24, 1821	1	47
Ezra, [s. John], b. Oct. 13, 1797	1	31
Henry A., farmer, married, d. Aug. 3, 1866, ae 33 y.	3	79
Henry Adams, [s. Ezra], b. July 13, 1833	1	79
John, [s. John], b. June 9, 1795	1	31
John, Capt., d. Mar. 6, 1835	1	31
Lemuel, [s. Asa & Hannah], b. Apr. 17, 1804	1	6
Mary, [d. Asa & Hannah], b. Feb. 5, 1799	1	6
Nancy, [d. John], b. Apr. 25, 1788	1	31
Nancy, m. William LEE, Apr. 9, 1812	1	51
Nathan Lord, [s. Asa & Hannah], b. [ ]	1	6
Ruth, [d. John], b. Jan. 18, 1800	1	31
Ruth W., of Lisbon, m. John ALLEN, of Windham, Mar. 19, 1835, by Rev. Daniel Waldo	1	77
Sally, m. Nathan BROOKS, b. of Lisbon, Mar. 6, 1798	1	12
Sarah Wheeler, [d. Ezra], b. Feb. 18, 1839	1	79
Susanna, w. John, d. Apr. 15, 1795	1	6
Susanna, [d. Asa & Hannah], b. Aug. 5, 1808	1	6
Tabitha, [d. John], b. Oct. 9 1790	1	31
Thomas, farmer, b. Plainfield, res. Lisbon, widower, d. Sept. 20, 1861, ae 94	3	75
Waldo, [s. John], b. May 23, 1802	1	31
BISHOP, Abigail, b. Nov. 24, 1793	1	29
Abigail, [d. Reuben & Abigail], b. June 6, 1827; d. Aug. 22, 1827	1	94
Abigail, d. Oct. 2, 1827	1	19
Abigail, w. Reuben, d. Oct. 3, 1827	1	94
Abigail, b. Aug. 28, 1830	1	49
Abigail, single, d. Jan. 31, 1855, ae 24	3	69
Amelia, [d. Caleb & Ziporah], b. Dec. 9, 1794	1	7
Barzillair, [s. Joseph & We[a]lthy], b. Jan. 24, 1789	1	2
Barzillai H., b. Apr. 25, 1816	1	49
Barzillai H., m. Lydia E. ALLEN, b. of Lisbon, [Apr.] 17, 1837, by Rev. Daniel Waldo	1	51
Caleb, m. Ziporah TRACY, Apr. 21, 1791	1	7
Caleb, of Lisbon, m. Betsey BROWN, of Preston, Sept. 20, 1820, by Rev. John Hyde, Preston	1	7

BISHOP, (cont.)

	Vol.	Page
Charles, [s. Reuben & Abigail], b. Feb. 13, 1817	1	18
Charles, [s. Reuben & Abigail], b. Feb. 13, 1817	1	94
Cyrus, m. Susanah BISHOP, Jan. 17, 1792	1	10
Cyrus, d. Jan. 15, 1829	1	10
Cyrus, [s. Thomas & Mary], b. Dec. 27, 1829	1	85
Earl, [s. Caleb & Ziporah], b. July 14, 1810	1	7
Earl, [s. Caleb & Ziporah], d. May 3, 1822	1	7
Earl, [s. Elias & Lydia], b. Feb. 17, 1832; d. [ ]	1	87
Ebenezer, Cenr., d. Jan. 6, 1791	1	17
Ebenezer, [s. Samuel & Lucy], b. Jan. 24, 1793; d. May 19, 1795	1	17
Ebenezer, [s. Thomas & Mary], b. Sept. 2, 1832	1	85
Elias, [s. Caleb & Ziporah], b. July 23, 1803	1	7
Elias, m. Lydia HYDE, b. of Lisbon, Nov. 6, 1828, by Rev. Levi Nelson	1	87
Elijah, [s. Caleb & Ziporah], b. Mar. 26, 1797	1	7
Eliza, H., [d. Elias & Lydia], b. May 3, 1830	1	87
Elizabeth, [twin with Mary], d. Barzillai & Lucy, b. July 24, 1828	1	49
Elizabeth, d. Roger A., farmer, ae 29, & Lucy, ae 27, b. Dec. 11, 1850	2	10
Emily, [d. Caleb & Ziporah], b. Dec. 6, 1813	1	7
Emily, d. Jan. 5, 1830	1	7
Ezra, [s. Samuel & Lucy], b. Apr. 9, 1797	1	17
George A., [s. Reuben & Abigail], b. Aug. 25, 1809	1	94
George Adams, [s. Reuben & Abigail], b. Aug. 25, 1809	1	18
Henry, b. Sept. 6, 1786	1	29
Henry F., [s. Reuben & Abigail], b. Apr. 3, 1820	1	94
Henry Fitch, [s. Reuben & Abigail], b. Apr. 3, 1820	1	18
Jabez A., [s. Reuben & Lucy S.], b. May 10, 1830; d. May 13, 1830	1	94
Jabez A., [s. Reuben & Lucy S.], b. June 30, 1832	1	94
Jabez Adams, b. June 30, 1833	1	19
James, Capt., d. Feb. 13, 1790	1	3
James, [s. Reuben & Lucy S.], b. July 11, 1835	1	94
James Lord, [s. Samuel & Lucy], b. Jan. 17, 1799	1	17
John Adams, [s. Reuben & Abigail], b. Jan. 9, 1825	1	18
John Adams, [s. Reuben & Abigail], b. Jan. 9, 1826	1	94
Joseph, m. We[a]lthy AADAM, May 1, 1783	1	2
Joshua, Jr., [s. Reuben & Abigail], b. Apr. 19, 1814	1	18
Joshua, [s. Reuben & Abigail], b. Apr. 19, 1814	1	94
Joshua, m. Mehitable WILLIAMS, b. of Lisbon, Aug. 10, 1840, by Rev. Levi Nelson	1	100
Lee Hyde, [s. Elias & Lydia], b. May 16, 1835; d., [ ]	1	87
Lucy, [d. Caleb & Ziporah], b. May 21, 1792	1	7
Lucy, of Lisbon, m. Denison BABCOCK, of New Hartford, N.Y., June 16, 1824, by Amos Read, Elder	1	71
Lucy, b. Sept. 15, 1824	1	49
Lucy, of Lisbon, m. Joseph A. EDMOND, of Griswold, Mar. 16, 1843, by Rev. Joseph Ayer, Jr.	1	105
Lucy, widowed, d. Jan. 1, 1855, ae 67	3	69
Lucy, factory operative, b. Woodstock, res. Lisbon, single, d. Dec. 30, 1859, ae 55	3	73
Lucy P., m. Roger A. BISHOP, b. of Lisbon, Oct. 31, 1844, by Rev. Joseph Ayer, Jr.	1	111

LISBON VITAL RECORDS 189

	Vol.	Page
BISHOP, (cont.)		
Lucy Strong, [d. Samuel & Lucy], b. Jan. 25, 1801	1	17
Lydia, m. Phinehas ADAMS, Apr. 4, 1790	1	9
Lydia, [d. Reuben & Abigail], b. Sept. 26, 1822	1	18
Lydia Sergeant, [d. Reuben & Abigail], b. Sept. 26, 1822	1	94
Maria, b. Dec. 20, 1791	1	29
Mary, [d. Caleb & Ziporah], b. Dec. 18, 1799; d. Jan. 31, 1800	1	7
Mary, [d. Caleb & Ziporah], b. Sept. 2, 1807	1	7
Mary, m. Thomas BISHOP, b. of Lisbon, Apr. 1, 1828, by Rev. Levi Nelson	1	85
Mary, [twin with Elizabeth], d. Barzillai & Lucy, b. July 24, 1828	1	49
Mary, w. Thomas, d. July 24, 1832	1	85
Mary, b. Sept. 20, 1836	1	85
Nancy, b. Jan. 24, 1780	1	29
Nathan P., b. Feb. 15, 1818	1	49
Nathan P., m. Nancy LEE, b. of Lisbon, Feb. 16, 1840, by Rev. Joseph Ayer	1	100
Rebecca, [d. Samuel & Lucy], b. Jan. 17, 1795	1	17
Reuben, [s. Joseph & We[a]lthy], b. Jan. 27, 1784	1	2
Reuben, m. Abigail ADAMS, Nov. 27, 1808	1	18
Reuben, of Lisbon, m. Abigail ADAMS, of Canterbury, Nov. 27, 1808	1	94
Reuben, of Lisbon, m. Lucy S. ADAMS, of Mansfield, Dec. 3, 1828	1	94
Reuben, farmer, married, d. Dec. 10, 1855, ae 71	3	69
Roger A., m. Lucy P. BISHOP, b. of Lisbon, Oct. 31, 1844, by Rev. Joseph Ayer, Jr.	1	111
Roger A., married, d. Feb. 12, 1855, ae 33	3	69
Roger ADAMS, b. Aug. 12, 1822	1	49
Ruth, m. William SHELDON, Oct. 9, 1780	1	3
Samuel, m. Lucy LORD, Jan. 3, 1792	1	17
Samuel, b. Apr. 8, 1821; d. Apr. 9, [1821]	1	49
Samuel E., b. Sept. 21, 1798	1	29
Sarah Lord, b. Sept. 15, 1790	1	29
Susan[n]ah, m. Cyrus BISHOP, Jan. 17, 1792	1	10
Susannah, d. Dec. 15, 1834	1	85
Thomas, m. Mary BISHOP, b. of Lisbon, Apr. 1, 1828, by Rev. Levi Nelson	1	85
Wealtha, [d. Reuben & Abigail], b. Oct. 9, 1811; d. June 22, 1827	1	94
Wealthy Adams, [d. Reuben & Abigail], b. Oct. 9, 1811; d. June 22, 1827	1	18
William, [s. Samuel & Lucy], b. Sept. 11, 1803	1	17
W[illia]m L., d. Mar. 11, 1866, ae 4 m.	3	79
Ziporah, [w. Caleb], d. July 22, 1819	1	7
BLACKMER, John A., of Mansfield, m. Sarah M. HERRINGTON, of Lisbon, Nov. 7, 1843, by Rev. Levi Nelson	1	108
BLISS, Alexander, of Canterbury, m. Abby S. BRANCH, of Lisbon, Sept. 27, 1840, at Lisbon Newent Society, by Rev. Joseph Ayer, Jr.	1	100
Austin, manufacturer, ae 54, of Lisbon, m. 2d w. Nancy DIMMOCK, ae 38, of Ellington, Mar. 30, 1851, by [ ]	2	11
Austin, farmer, married, d. Jan. 3, 1871, ae 74 y.	3	81
Betsey Ann, [d. Curtis & Anna S.], b. Oct. 24, 1819, at Bridgewater, Penn.	1	39

	Vol.	Page
BLISS, (cont.)		
Curtis, b. Mar. 7, 1789, in Norwich, Long Society	1	39
Curtis, m. Anna S. **JEWETT**, Apr. 18, 1815	1	39
Henry Curtis, [s. Curtis & Anna S.], b. Nov. 12, 1822, at Silver Lake, Penn.	1	39
Mary J., [d. Curtis & Anna S.], b. Feb. 19, 1825	1	39
-----, [d. Curtis & Anna S.], b. Jan. 27, 1817; d. Jan. 28, 1817	1	39
BOTTOM, BOTTUM, Abby, [d James & Laura], b. Oct. 13, 1813	1	40
Ann Elizabeth, [d. Hudson], b. Sept. 17, 1827	1	43
Asael, m. Rebecca **PARKER**, May 29, 1788, Mansfield	1	3
Betsey, [d. Daniel & Betsey], b. Oct. 21, 1790	1	5
Charles, [s. Hudson & Lydia], b. Oct. 21, 1821	1	19
Cynthy G., [d. James & Laura], b. Nov. 12, 1815	1	40
Cynthia G., of Lisbon, m. Andrew G. **FITCH**, of Brookfield, N.Y., Sept. 6, 1835, by Chester Tilden	1	76
Daniel, m Betsey **HYDE**, May 15, 1788	1	5
Darius, m. Lydia **LAWRENCE**, b. of Lisbon, Feb. 14, 1788, by Andr[ew] Lee, Clerk	1	2
Diadama, m. Amos **BENNETT**, b. of Lisbon, June 22, 1834, by Chester Tilden	1	53
Dwight, [s. Hudson], b. June 8, 1830; d. Apr. 28, 1831	1	43
Elisha D., [s. Ephraim & Diadama], b. Dec. 14, 1816	1	59
Ephraim, [s. Asael & Rebecca], b. Oct. 6, 1791	1	3
Ephraim, m. Diadama **DOWNING**, b. of Lisbon, Nov. 21, 1815	1	59
Ephraim, d. Feb. 19, 1818, in Ohio	1	59
Frances B., [s. Ephraim & Diadama], b. Oct. 13, 1818	1	59
Frances B., m. Albert F. **BENNETT**, b. of Lisbon, Nov. 20, 1838, by Rev. Levi Nelson	1	96
George Gilbert, [s. Hudson & Lydia], b. Nov. 8, 1824	1	19
Henry Hudson, [s. Hudson & Lydia], b. Jan. 7, 1814	1	19
Hudson, [s. Darius & Lydia], b. Nov. 12, 1788	1	2
Hudson, m. Lydia **JEWETT**, Dec. 31, 1812	1	19
Hudson, m. Betsey **WILCOX**, b. of Lisbon, May 14, 1837, by Rev. Levi Nelson	1	43
James, [s. Asael & Rebecca], b. Mar. 15, 1790	1	3
James, m. Laura **MORGAN**, Nov. 27, 1811	1	40
Laurens, [s. Hudson], b. Oct. 16, 1834	1	43
Lucinda, [d. Daniel & Betsey], b. Mar. 9, 1789	1	5
Lucy, m. Lee **HYDE**, Oct. 15, 1800	1	10
Lydia, [d. Darius & Lydia], b. Oct. 27, 1794	1	2
Lydia, m. Simon **LATHROP**, Jan. 9, 1814	1	22
Lydia, w. [Hudson], d. Nov. 11, 1834	1	43
Lydia, [w. Darius], d. Apr. 2, 1838	1	2
Lydia M., m. Ezekiel **BRUMLEY**, b. of Lisbon, Sept. 29, 1840, by Rev. Joseph Ayer, Jr.	1	100
Lydia Mariah, [d. Hudson & Lydia], b. Nov. 16, 1818	1	19
Martin, m. Clarissa **HUNTINGTON**, Feb. 7, 1810	1	17
Martin Huntington, [s. Martin & Clarissa], b. Dec. 2, 1810	1	17
Mary, [d. Asael & Rebecca], b. Dec. 28, 1803	1	3
Mary, m. Charles **FULLER**, b. of Lisbon, Mar. 1, 1826, by Rev. D. N. Bentley, in Norwich	1	75
Mary Ann, of Lisbon, m. George W. **LYON**, of Canterbury, Mar. 22, 1842, by Comfort D. Fillmore, Dea.	1	89

	Vol.	Page
BOTTOM, BOTTUM, (cont.)		
Rebeckah, [d. Asael & Rebecca], b. May 15, 1793	1	3
Sophia, [d. Darius & Lydia], b. Sept. 7, 1805	1	2
Sophia, d. Jan. 12, 1851, ae 45	2	12
William, [s. Hudson & Lydia], b. June 3, 1816	1	19
Zachariah P., m. Lydia **TIBBETTS**, b. of Lisbon, Feb. 3, 1828, by Rev. Levi Nelson	1	83
Zachariah P., m. Mary **STEPHENS**, Apr. 27, 1834, by Rev. S. D. Jewett	1	83
Zachariah Parker, [s. Asael & Rebecca], b. Apr. 20, 1797	1	3
BOWEN, Elvira, housekeeper, b. Killingly, res. Lisbon, single, d. Nov. 20, 1865, ae 20	3	79
BRAMAN, Daniel, [s. Daniel], b. Feb. 18, 1793	1	32
Daniel, cooper, b. Exeter, R.I., res. Griswold, married, d. Oct. 18, 1863, ae 78 y.	3	77
Emily, [d. Daniel], b. Sept. 9, 1798	1	32
Emily, m. Ephraim B. **MOREY**, b. of Lisbon, Feb. 20, 1821, by Rev. Levi Nelson	1	44
Hannah Ann Branch, [d. John & Louisa], b. Feb. 16, 1822	1	59
Harriet Elizabeth, b. Dec. 7, 1822. Fees paid by Mrs. Wealthy Bottom	1	90
John, m. Louisa **BRANCH**, b. of Lisbon, Jan. 5, 1820, by Rev. Levi Nelson	1	59
Lucy, [d. Daniel], b. Apr. 25, 1791	1	32
Lydia, [d. Daniel], b. Apr. 5, 1789	1	32
Lydia, m. Jabez **LOVETT**, b. of Lisbon, Jan. 30, 1823, by Andrew Lee, Clerk	1	64
Mary, [d. Daniel], b. Oct. 4, 1795	1	32
Mary, m. Capt. Elisha **WARREN**, b. of Lisbon, Nov. 20, 1823, by Rev. Levi Nelson	1	65
Sabra, m. Jabez **LOVETT**, b. of Lisbon, Apr. 27, 1806, by Rev. Levi Nelson	1	64
BRANCH, Abby S., of Lisbon, m. Alexander **BLISS**, of Canterbury, Sept. 27, 1840, at Lisbon Newent Society, by Rev. Joseph Ayer, Jr.	1	100
Elisha, farmer, b. Canterbury, married, d. Sept. 2, 1857, ae 70	3	71
Elisha P., of Lisbon, m. Rosina **ADAMS**, of Canterbury, Nov. 9, 1835, by Chester Tilden	1	83
Emily, [d. Elisha P. & Rosina], b. Sept. 1, 1839	1	83
Eugene, [s. Elisha P. & Rosina], b. June 26, 1841	1	83
Eugene, U.S. Volunteer, single, d. Jan. 9, 1865, ae 23 y.	3	79
Henrietta, [twin with Henry], [d. Elisha P. & Rosina], b. June 28, 1843	1	83
Henry, [twin with Henrietta, s. Elisha P. & Rosina], b. June 28, 1843	1	83
Jane W., [d. Elisha], b. Mar. 13, 1829; d. Mar. 4, 1831	1	42
Levi, b. Nov. 6, 1787	1	29
Levi J.W., [s. Elisha], b. Aug. 19, 1817	1	42
Lovisa, b. July 28, 1790	1	29
Louisa, m. John **BRAMAN**, b. of Lisbon, Jan. 5, 1820, by Rev. Levi Nelson	1	59
Mariammee, of Lisbon, m. Jacob **ALLEN**, of Canterbury, Apr. 19, 1841, by Rev. Levi Nelson	1	70
Sanford L.F., [s. Elisha], d. Feb. 9, 1833	1	42

	Vol.	Page
BRANCH, (cont.)		
Sarah P., [d. Elisha], b. Oct. 24, 1826	1	42
BREWSTER, Alexander, of Norwich, m. Salindy **BUSHNELL**, of Lisbon, May 27, 1842, by Rev. Joseph Ayer, Jr.	1	103
Cynth[i]a Elizabeth, [d. Nathan], b. Dec. 19, 1831; d. Oct. 29, 1832	1	78
Elias Brown, [s. Nathan], b. July 4, 1830	1	78
Ephraim M., of Griswold, m. Esther **GORDON**, of Lisbon, Feb. 9, 1831, by Rev. Levi Nelson	1	89
Florina, of Canterbury, m. John **STEVENS**, Jr., of Lisbon, Dec. 22, 1796, by Daniel Frost, J.P., Canterbury	1	53
Nancy, w. N[athan], d. May 15, 1834, ae 28	1	78
Nathan, mechanic, b. Preston, res. of Lisbon, d. July 21, 1850, ae 42	2	9
Sally E., b. Sept. 14, 1801	1	40
Sally Eliza, of Lisbon, m. Christopher **COLEGROVE**, of Canterbury, Sept. 14, 1823, by Andrew Lee, Clerk	1	65
BRIGGS, Benaron, [s. Noah], b. Jan. 19, 1819	1	57
Clarica, [d. Noah], b. Dec. 19, 1816	1	57
George Washington, [s. Noah], b. Feb. 22, 1821	1	57
BRIGHAM, Royal, m. Hannah **TRACY**, Aug. 26, 1804	1	24
Royal, [s. Royal & Hannah], b. July 17, 1805	1	24
BRITT, John, b. Willimantic, d. May 11, 1857, ae 1 y.	3	71
BROMLEY, BRUMLEY, Almira, [d. Barstow & Nancy], b. June 8, 1804; d. Oct. 4, 1805	1	64
Barstow, m. Nancy **YARRINGTON**, Mar. 28, 1802	1	64
Barstow, farmer, single, d. July 18, 1854, ae 83	3	67
Calvin Barstow, [s. Barstow & Nancy], b. May 11, 1810	1	64
Caroline Maria, [d. Barstow & Nancy], b. May 4, 1806	1	64
Charles Jewett, [s. Barstow & Nancy], b. Dec. 20, 1822; d. Oct. 28, 1895	1	64
Eliza, of Lisbon, m. Christopher **BROWNING**, of Greeneville, Norwich, Mar. 17, 1836, by Rev. Levi Nelson	1	21
Eliza Francis, d. Sanford, farmer, ae 40, & Rebecca L., b. Feb. 21, 1850	2	8
Elizabeth, [d. Barstow & Nancy], b. Feb. 8, 1814	1	64
Ezekiel; [s. Barstow & Nancy], b. Apr. 20, 1816	1	64
Ezekiel, m. Lydia M. **BOTTUM**, b. of Lisbon, Sept. 29, 1840, by Rev. Joseph Ayer, Jr.	1	100
Frederick B., [s. Sanford & Rebecca L.], b. June 25, 1843; d. Aug. 31, 1843	1	41
Gurdon Chapman, [s. Barstow & Nancy], b. Aug. 23, 1820	1	64
Jennie M., d. July 12, 1870, ae 5 y.	3	80
John Duane, [s. Barstow & Nancy], b. Aug. 8, 1808; d. June 13, 1830	1	64
John S., of Norwich, m. Phebe **DAVIS**, of Canterbury, Apr. 15, 1844, by Rev. Joseph Ayer, Jr.	1	109
Joseph, [s. Barstow & Nancy], b. Jan. 30, 1803; d. May 2, 1880	1	64
Lucy Ann, [d. Barstow & Nancy], b. July 18, 1818	1	64
Lucy Ann, of Lisbon, m. John P. **GAGER**, of Windham, Sept. 25, 1844, by Rev. Levi Nelson	1	110
Maria C., m. Daniel B. **LOVETT**, b. of Lisbon, Jan. 1, 1828, by Rev. Levi Nelson	1	82
Nancy, [w. Barstow], d. Jan. 18, 1842	1	64
Nancy Rebecca, [d. Sanford & Rebecca L.], b. Dec. 17, 1836	1	41
Rebeckah L. R., d. [ ], 1890	1	48

LISBON VITAL RECORDS

	Vol.	Page
BROMLEY, BRUMLEY, (cont.)		
Sanford, m. Rebecca L. **ROSE**, b. of Lisbon, Nov. 26, 1835, by Rev. Levi Nelson	1	41
Sanford, mason, married, d. July 16, 1870, ae 58	3	80
Sanford Safford, [s. Barstow & Nancy], b. Mar. 11, 1812; d. July 17, 1870	1	64
-----, s. Ezekiel, farmer, ae 30, & Maria, b. Jan. 31, 1849	2	5
BROOKS, Abigail Lee, [d. Nathan & Sally], b. July 28, 1803; d. May 4, 1821	1	12
Adeline, [d. Nathan & Sally], b. Apr. 12, 1800; d. May 13, 1820	1	12
Ansen Perkins, [s. Nathan & Sally], b. Dec. 8, 1801	1	12
John Henry, [s. Nathan & Sally], b. June 5, 1805	1	12
Jonathan, [s. Nathan & Sally], b. Nov. 3, 1811	1	12
Nathan, m. Sally **BINGHAM**, b. of Lisbon, Mar. 6, 1798	1	12
Nathan, d. [ ], 1853	3	68
Nathan, farmer, married, d. Jan. 18, 1854, ae 80	3	67
Sally, [d. Nathan & Sally], b. Nov. 16, 1798	1	12
Sally, of Lisbon, m. Henry **LORD**, of Franklin, May 20, 1822, by Andrew Lee, Clerk	1	60
BROWN, Abijah W., b. Sept. 25, 1826	1	52
Alfred F., b. Feb. 17, 1822	1	52
Ann Elizabeth, [d. Tyler & Rhoda], b. Mar. 2, 1813	1	33
Asher Palmer, b. Sept. 24, 1803, in Preston; d. June 25, 1815	1	50
Betsey, of Preston, m. Caleb **BISHOP**, of Lisbon, Sept. 20, 1820, by Rev. John Hyde, Preston	1	7
Caroline, b. May 7, 1806	1	50
Charles W., b. Sept. 6, 1823	1	52
Cornelia, m. Daniel A. **HALL**, b. of Lisbon, Mar. 22, 1840, by Comfort D. Fillmore, Dea.	1	98
Daniel Minor, [s. Tyler & Rhoda], b. Feb. 23, 1819	1	33
Elizabeth, w. W[illia]m, of Preston, d. Dec. 14, 1843, in Lisbon	1	109
Emeline F., b. Oct. [ ], 1825; d. Nov. [ ], 1825	1	52
Emeline F., b. Apr. 27, 1828	1	52
Fanny, m. Alpheas **ABELL**, Dec. 14, 1823, by Andrew Lee, Clerk	1	66
Frederick M., m. Julia A. **BATTEY**, b. of Lisbon, Dec. 14, 1837, by Rev. Geo[rge] Perkins, of Jewett City	1	78
Frederic Minor, b. Dec. 5, 1808	1	50
George Morgan, [s. Tyler & Rhoda], b. May 7, 1811	1	33
Henry D., m. Jane **BURNHAM**, b. of Lisbon, Dec. 27, 1843, by Rev. Levi Nelson	1	109
Henry Denison, b. Apr. 3, 1814	1	50
Jane C., married, d. Feb. 17, 1855, ae 35	3	69
John H., Jr., b. Aug. 4, 1820	1	52
Joseph Tyler, [s. Tyler & Rhoda], b. June 15, 1821; d. Oct. 21, 1822, ae 16 m. 6 d.	1	33
Lydia, b. Mar. 31, 1801, in Preston	1	50
Lydia, m. Elijah **ROSE**, b. of Lisbon, Feb. 20, 1828, by Rev. Levi Nelson	1	84
Lydia Louisa, [d. Nathan & Mary Ann], b. Jan. 28, 1822	1	42
Mary Ann, m. Nathan **BROWN**, b. of Lisbon, Nov. 26, 1820, by Rev. Levi Nelson	1	42
Nathan, m. Mary Ann **BROWN**, b. of Lisbon, Nov. 26, 1820, by Rev. Levi Nelson	1	42

	Vol.	Page
BROWN, (cont.)		
Peggy, d. of Capt. Nathan, m. Samuel **PECKHAM**, Jr., Nov. 8, 1807, by B. Lawton, J.P., Wickford. Witnesses: Daniel Thomas, John Slocum	1	50
Rhoda, housekeeper, b. Preston, res. Lisbon, widow, d. Sept. 30, 1861, ae 75	3	75
Sarah, m. Dea. Joseph **BUSHNELL**, Nov. 27, 1784	1	5
Tyler, m. Rhoda **MORGAN**, Feb. 22, 1810, by Lemuel Tyler	1	32
William Tylor, [s. Tyler & Rhoda], b. May 25, 1815; d. Aug. 20, 1831, ae 16 y. 2 m. 25 d.	1	33
-----, [an infant child of Tyler & Rhoda], d. Nov. 16, 1818	1	33
BROWNING, Christopher, of Greeneville, Norwich, m. Eliza **BRUMLEY**, of Lisbon, Mar. 17, 1836, by Rev. Levi Nelson	1	21
Luther, [s. Christopher], b. July 9, 1839	1	49
Samuel S., of South Kingston, R.I., m. Catharine **MOREY**, of Lisbon, Nov. 29, 1821, by Rev. Levi Nelson	1	46
BRUMLEY, [see under [**BROMLEY**]		
BUCK, Clarissa, of Lisbon, m. Lyman **JACKSON**, of Stonington, Jan. 23, 1823, by Rev. David N. Bentley	1	42
BUD[D]INGTON, Jerusha, m. Asa **READ**, Oct. 19, 1797	1	8
BUGBEE, Clarissa, m. Robert **WATT**, b. of Lisbon, Nov. 28, 1839, by A. L. Whitman, Greenville	1	98
BURDICK, Daniel D., d. Feb. 17, 1874, ae 21 y.	3	82
BURNHAM, Andrew Clark, [s. Capt. Bishop], b. Sept. 25, 1816]	1	52
Benjamin, Jr., b. Feb. 1, 1770	1	15
Benjamin, Jr., m. Aletha **PERKINS**, Jan. 26, 1792	1	15
Benjamin, Capt., d. May 17, 1795	1	55
Benjamin, Capt., d. May 17, 1799	1	34
Benjamin, Capt., m. Lydia **BIC[K]NEL**, b. of Lisbon, Jan. 29, 1826, by Amos Read, Elder	1	15
Benjamin P., [s. Benjamin, Jr. & Aletha], b. Apr. 14, 1800	1	15
Benjamin P., m. Mary Ann **BENNETT**, b. of Lisbon, Jan. 4, 1831, by Rev. Levi Nelson	1	45
Elisha, m. Sarah **TRACY**, Nov. 28, 1793	1	13
Elizabeth H., housekeeper, widowed, d. Apr. 11, 1860, ae 66	3	74
Flora Winslow, b. Feb. 29, 1770	1	33
Hannah, m. Elijah **BALDWIN**, Sept. 10, 1811	1	16
Hannah, w. Capt. B. **BURNHAM**, d. Mar. 30, 1835, ae 90	1	34
Hannah B., [d. Benjamin, Jr. & Aletha], b. Apr. 22, 1807	1	15
Ichabod, b. Oct. 8, 1779	1	59
Ichabod, m. Lydia **GATES**, Apr. 1, 1811	1	59
Ichabod, d. Dec. 11, 1821	1	59
Ichabod, [s. Sarah H.], b. Mar. 20, 1831	1	74
James, d. June 17, 1832, ae 74	1	54
Jane, [d. Capt. Bishop], b. Nov. 27, 1819	1	52
Jane, m. Henry D. **BROWN**, b. of Lisbon, Dec. 27, 1843, by Rev. Levi Nelson	1	109
Jedediah, b. Apr. 3, 1755	1	34
Jedediah, m. Lydia **KENT**, Apr. 27, 1779	1	34
Jedediah, Jr., [s. Jedediah & Lydia], b. Jan. 19, 1786	1	34
Jemima, d. Dec. 11, 1811	1	34
Jemmia, w. Capt. B., d. Sept. 2, 1775	1	55
Joanna, [d. Benjamin, Jr. & Aletha], b. July 30, 1796	1	15

LISBON VITAL RECORDS 195

	Vol.	Page
BURNHAM, (cont.)		
Joshua, [s. Benjamin, Jr. & Aletha], b. Oct. 20, 1792; d. Nov. 17, 1835	1	15
Lydia, [d. Jedediah & Lydia], b. Jan. 19, 1782	1	34
Lydia, of Hampton, m. Elijah **HYDE**, of Lisbon, Oct. 26, 1809	1	10
Lydia, m. Luther **MANNING**, Jan. 10, 1810	1	34
Maria, of Lisbon, m. Thomas **BURNHAM**, of La Salle, Ill., Sept. 30, 1844, by Rev. Levi Nelson	1	110
Mary, [d. Benjamin, Jr. & Aletha], b. Apr. 5, 1798	1	15
Mary, [d. Benjamin P. & Mary Ann], b. Sept. 27, 1831	1	45
Mary, d. Oct. 16, 1874, ae 76 y.	3	82
Sally, [d. Jedediah & Lydia], b. Jan. 27, 1780	1	34
Sam[ue]ll John, [s. Benjamin, Jr. & Aletha], b. July 30, 1810	1	15
Sarah, [d. Ichabod & Lydia], b. Feb. 9, 1816	1	59
Sarah H. of Lisbon, m John H. **RATHBURN**, of Hopkinton, R.I., Aug. 28, 1836, by Tho[ma]s A. Clarke, J.P.	1	74
Sarah P., [d. Benjamin, Jr. & Aletha], b. Aug. 18, 1802	1	15
Susanna, [d. Benjamin, Jr. & Aletha], b. Oct. 2, 1794	1	15
Susannah, of Lisbon, m. Isaac **WILLIAMS**, Jr., of N. Stonington, Apr. 14, 1828, by Rev. Levi Nelson	1	86
Thomas, [s. Jedediah & Lydia], b. Nov. 25, 1788	1	34
Thomas, [s. Benjamin, Jr. & Aletha], b. Nov. 10, 1804	1	15
Thomas, of La Salle, Ill., m. Maria **BURNHAM**, of Lisbon, Sept. 30, 1844, by Rev. Levi Nelson	1	110
BURNS, El[l]en, d. Mikel, manufacturer, & Mary, b. Nov. 22, 1847	2	2
Mary Ann, d. Michael, rubber mfgr., ae 30, & Mary, ae 25, b. July 8, 1849	2	5
BUSHNELL, Abby M., of Norwich, m. Charles J. **WOOD**, of Kinsman, Ohio, May 22, 1831, by Rev. Levi Nelson	1	44
Armanda, [d. David & Amanda], b. June 8, 1826	1	72
Arminda, m. George **CAREW**, farmer, b. Lisbon, res. Kinsman, Ohio, Sept. 18, 1848, by Rev. L. Nelson	2	4
Benjamin Pierce, [s. Charles & Susan], b. Apr. 27, 1817	1	53
Betsey, m. Vine **CUTLER**, Dec. 11, 1795	1	11
Celinda, see under Selinda		
Charles, b. Apr. 1, 1782	1	53
Charles, m. Susan **TUCKERMAN**, May 7, 1816	1	53
Charles Dudley, d. Oct. 17, 1848, ae 10	2	6
Chauncey K., b. Feb. 25, 1805	1	76
Chauncey K., m. Mary E. **FULLER**, b. of Lisbon, Apr. 23, 1832, by Rev. Barnabus Phinney	1	68
Cyrus Partridge, s. Eleazer, farmer, ae 30, & Elizabeth, ae 28, b. Oct. 3, 1848	2	5
David, of Norwich, m. Amanda **POLLY**, of Lisbon, Dec. 23, 1824, by Freeman Tracy, J.P.	1	72
David, [s. David & Amanda], b. Apr. 10, 1825	1	72
David, farmer, married, d. Sept. 9, 1867, ae 88 y.	3	79
Edward Tracy, [s. Nathan, Jr. & Lucy], b. Aug. 2, 1808	1	54
Edwin, [s. Ezra W. & Harriet], b. Feb. 23, 1835	1	68
Eleazer, [s. David & Amanda], b. May 11, 1839	1	72
Eleazer, of Norwich, m. Elizabeth **PARTRIDGE**, of Lisbon, Nov. 18, 1839, by Rev. Levi Nelson	1	98
Eleazer, farmer, married, d. Nov. 5, 1873, ae 55 y.	3	81

	Vol.	Page
BUSHNELL, (cont.)		
Eliza Sisson, [d. Solomon W. & Wealthy M.], b. Mar. 20, 1834	1	84
Elizabeth, w. Dea. Joseph, d. May 19, 1784	1	5
Ellen Willis, [d. Ezra W. & Harriet], b. Oct. 31, 1837	1	68
Ezra W., m. Harriet **HASTINGS**, b. of Lisbon, Apr. 12, 1834, by Rev. Philo Judson	1	68
Ezra W., d. Nov. 13, 1842, ae 42 y. 6 m.	1	68
Frances M., [d. Willard S. & Frances M.], b. June 29, 1827	1	68
Frances M., married, d. July 14, 1855, ae 49	3	69
Garard, m. Celesia **CARVER,** b. of Norwich, Oct. 7, 1827, by Rev. Levi Nelson	1	80
George Washington, [s. Charles & Susan], b. Apr. 22, 1819	1	53
Giles, [s. Charles & Susan], b. Dec. 1, 1820	1	53
Gurdon A., m. Margaret **TANNAHILL,** b. of Lisbon, Mar. 22, 1840, by Rev. Joseph Ayer	1	99
Henry Cutler, [s. Willard S. & Frances M.], b. Feb. 1, 1825	1	68
Henry P., [s. Eleazer S. & Elizabeth], b. Apr. 4, 1841	1	107
Horace, Rev., of Cincinnati, Ohio, m. Caroline **HASTINGS,** of Lisbon, June 17, 1832, by Rev. B. Phinney	1	40
John C., farmer, ae 27, b. in Norwich, res. of Lisbon, m. Mary F. **MA[Y]NARD,** ae 17, June 18, 1848, by Rev. L. Nelson	2	1
John F., [s. Solomon W. & Wealthy M.], b. Mar. 20, 1831	1	84
Joseph, Dea., m. Sarah **BROWN,** Nov. 27, 1784	1	5
Juliana Maria, [d. Solomon W. & Wealthy M.], b. Sept. 6, 1832	1	84
Lucinda, of Lisbon, m. Stephen B. **RAY,** of Norwich, Nov. 17, 1842, by Rev. Levi Nelson	1	104
Lucius T., [s. Theron C. & Kezia E.], b. Mar. 21, 1832	1	85
Lucy, [d. Nathan, Jr. & Lucy], b. Apr. 29, 1806	1	54
Lucy, of Lisbon, m. Charles **JAMES,** of Norwich, Mar. 11, 1827, by Rev. Levi Nelson	1	77
Lyndes E., b. Jan. 20, 1812	1	76
Margaret, m. Crane **KNIGHT,** Jan. 23, 1794	1	9
Mary, [d. David & Amanda], b. Feb. 9, 1832	1	72
Mary, m. Amasa **SQUIRES,** b. Lisbon, res. Norwich, Jan. 12, 1849, by Rev. L. Nelson	2	4
Mary E., [d. Eleazer S. & Elizabeth], b. Aug. 27, 1843	1	107
Mary Elizabeth, d. Edward T., farmer, ae 40, & Irene, ae 35, b. Oct. 6, 1848	2	2
Mary W., single, d. Sept. [ ], 1854, ae 21	3	67
Mary Witter, [d. Chauncey K. & Mary E.], b. July 23, 1833, in Norwich	1	68
Milton S., [s. Willard S. & Frances M.], b. Aug. 19, 1830	1	68
Nathan, Jr., m. Lucy **READ,** b. of Lisbon, Apr. 5, 1802, by David Hale, V.D.M.	1	54
Nathan, d. July 12, 1821	1	53
Orrin Sanford, [s. Edward T.], b. Oct. 10, 1834	1	91
Sally, [d. Nathan, Jr. & Lucy], b. Nov. 10, 1811	1	54
Sally, [d. David & Amanda], b. Mar. 26, 1828	1	72
Samuel K., m. Abby **FARNUM,** b. of Lisbon, Mar. 23, 1828, by Rev. Nelson	1	45
Samuel Read, [s. Nathan, Jr. & Lucy], b. Dec. 28, 1802	1	54
Sarah, of Lisbon, m. Noah L. **SNOW,** of Columbia, Nov. 28, 1844, by Comfort D. Fillmore, Elder	1	111

LISBON VITAL RECORDS

	Vol.	Page
BUSHNELL, (cont.)		
Sarah, d. Feb. 2, 1850, ae 95	2	9
Selinda, [d. Nathan, Jr. & Lucy], b. Apr. 22, 1816	1	54
Salindy, of Lisbon, m. Alexander **BREWSTER**, of Norwich, May 27, 1842, by Rev. Joseph Ayer, Jr.	1	103
Solomon W., m. Wealthy M. **FULLER**, Dec. 15, 1830, by Barnabus Phinney	1	84
Solomon Whipple, [s. Nathan, Jr. & Lucy], b. June 15, 1804	1	54
Theron C., m. Kezia E. Downing, Mar. 8, 1831, by Rev. Barnabus Phinney	1	86
Williard S., m. Frances M. **CUTLER**, b. of Lisbon, Apr. 16, 1824, by Rev. Levi Nelson	1	68
William Martin, [s. Theron C. & Kezia E.], b. Mar. 6, 1834	1	86
Zerviah, m. Thomas **TRACY**, b. of Lisbon, Apr. 2, 1832, by Rev. Levi Nelson	1	59
-----, s. Levetts E., mechanic, ae 35, & Charlotte A., b. Mar. 3, 1850	2	8
-----, d. Edward S., farmer, ae 49, & Ireene, ae 39, by July 24, 1850	2	13
BUTTON, Clarrissa, m. Eliot L. **CHAMPLAIN**, b. of Lisbon, June 7, 1842, by Elisha P. Potter, J.P.	1	103
Joseph, Capt., of Griswold, m. Rachel **READ**, of Lisbon, Sept. 12, 1827, by Rev. Levi Nelson	1	80
BUTTS, Lyman, mechanic, b. Plainfield, married, d. Dec. 31, 1857, ae 59	3	71
CACHECTS, Richard, b. Mar. 2, 1782	1	31
CAHOON, Elizabeth, m. Daniel Whitman **KNIGHT**, Dec. 6, 1787	1	12
CAMPBELL, Betsey, m. Elias **RATHBUN**, b. of Lisbon, Feb. 10, 1824, by Rev. Levi Nelson	1	67
Philura, of Lisbon, m. Isaac **BALDWIN**, of Canterbury, Oct. 16, 1820, by Joseph L. Lyon, J.P.	1	42
CAPRON, Ledgyard, of Preston, m. Olive B. James, of Lisbon, Jan. 28, 1821, by Rev. Levi Nelson	1	44
CAREW, George, farmer, b. Lisbon, res. Kinsman, Ohio, m. Arminda **BUSHNELL**, Sept. 18, 1848, by Rev. L. Nelson	2	4
CARPENTER, Elias T., of South Kingston, R.I., m. Hannah **WILBUR**, of Lisbon, Feb. 24, 1825, by Rev. Levi Nelson	1	73
Elimy, m. Peter **BARRET**, Aug. 22, 1824, by Rev. Andrew Lee	1	62
Hope, ae 23, m. Lewis **WESCOTT**, ae 23, Apr. 1, 1849, by Rev. L. Nelson	2	4
CARTER, Benjamin, of Windham, m. Ellen **COGAN**, of Lisbon, Aug. 26, 1844, by Rev. Joseph Ayer, Jr.	1	110
CARVER, Celesia, m. Garard **BUSHNELL**, b. of Norwich, Oct. 7, 1827, by Rev. Levi Nelson	1	80
CASEY, John, m. Catharine **JACKSON**, Jan. 12, 1795	1	21
CEERA, Huldah, m. Sam[ue]ll **PETERS**, Feb. 23, 1806	1	18
CHAMBERLIN, John P., of Cincinnati, O., m. Elizabeth **PERKINS**, of Lisbon, Aug. 3, 1841, by Rev. Joseph Ayer, Jr.	1	102
CHAMPLAIN, Clark, m. Mary A. **RATHBURN**, b. of Griswold, May 6, 1832, by Rev. Levi Nelson	1	70
Eliot L., m. Clarrissa **BUTTON**, b. of Lisbon, June 7, 1842, by Elisha P. Potter, J.P.	1	103
-----, child of Clark, b. Feb. 9, 1847	2	2
CHAPIN, Alexander, of Windham, m. Emily **GORDON**, of Lisbon, Apr. 16, 1838, by Rev. Joseph Ayer	1	92

	Vol.	Page
CHAPMAN, Abby, ae 18, m. William AKINS, ae 21, Nov. [ ], 1848	2	1
Festus, of Bozrah, m. Eliza HARTSHORN, of Lisbon, Nov. 28, 1833, by Ebenezer Allen	1	52
Isadora E., d. John, farmer, b. Jan. 16, 1851	2	10
Nathan, m. Sarah TIFT, Nov. 28, 1849, by Rev. B. Cook	2	4
CHAPPELL, Ruth, m. John READ, Mar. 29, 1804	1	18
CHILD, Emma B., d. Jan. 6, 1871, ae 43 y.	3	81
CLARK, CLARKE, Abby, d. Henry, farmer, ae 30, & Fanny, b. Jan. 11, 1850	2	8
Andrew, d. Dec. 2, 1831, ae 74	1	50
Celia Maria, m. Duane ROSE, b. of Lisbon, Jan. 2, 1828, by Rev. Levi Nelson	1	82
Elisha Perkins, b. Aug. 11, 1786	1	30
Elizabeth, housekeeper, widowed, d. Jan. 4, 1858, ae 83	3	72
Elizabeth Billings, [d. Elisha], b. Aug. 15, 1830	1	87
Ezra had Shoram, s. Phebe, negro slave, b. Dec. 12, 1787. Sworn to Dec. 8, 1789, Benj[amin] Herrington, Jr., J.P.	1	29
Nancy, widow, d. July 26, 1856, ae 80	3	70
Polly, m. Eleazer JEWETT, b. of Lisbon, Mar. 28, 1820, by Rev. Levi Nelson	1	45
Polly Perkins, b. Aug. 30, 1787	1	30
Sarah, [d. Tho[ma]s J. & Sarah], b. July 29, 1832	1	81
Thomas, [s. Tho[ma]s J. & Sarah], b. Dec. 26, 1830	1	81
Tho[ma]s J., of Canterbury, m. Sarah MOREY, of Lisbon, Mar. 23, 1826, by Rev. Levi Nelson	1	81
COBERT, Michael, d. Nov. 2, 1859, ae 12	3	73
COGAN, Ellen, of Lisbon, m. Benjamin CARTER, of Windham, Aug. 26, 1844, by Rev. Joseph Ayer, Jr.	1	110
COIT, Catharine, of Plainfield, m. Dr. Elisha MORGAN, of Cincinnati, Ohio, Sept. 19, 1836, by Rev. Levi Nelson	1	6
Olive, m. Elisha MORGAN, b. of Preston, June 6, 1771	1	1
COLEGROVE, Ann E.*, ae 22, of Lisbon, m. George W. RICHMOND, farmer, ae 42, b. R. Island, res. Preston, Dec. 17, 1849, by Rev. C. D. Fillmore (*His 2d w.)	2	4
Ann Elizabeth, [d. Christopher, b. Feb. 7, 1828	1	91
Christopher, of Canterbury, m. Sally Eliza BREWSTER, of Lisbon, Sept. 14, 1823, by Andrew Lee, Clerk	1	65
John Gray, [s. Christopher], b. Mar. 2, 1830	1	91
Lydia Amanda, [d. Christopher], b. Apr. 26, 1826	1	91
W[illia]m, [s. Christopher], b. July 31, 1824	1	91
CONGDON, John, of Griswold, m. Sally HANNERBELL, of Groton, June 12, 1823, by Rev. Levi Nelson	1	59
CONNELLY, Michael, laborer, b. Ireland, res. Lisbon, single, d. Apr. 15, 1864, ae 17 y.	3	78
CONNOR, Edward, d. [ ], 1874, ae 69 y.	3	82
Elisha, b. Mar. 13, 1789	1	20
Elisha, m. Elizabeth HERRINGTON, Aug. 2, 1807	1	20
CONOUD, Daniel, b. Stafford, res. Lisbon, d. Dec. 18, 1860, ae 2	3	74
David, d. Dec. 11, 1860, ae 2	3	74
CORBON, Benjamin, tailor, d. Mar. 31, 1848, ae 63	2	3
Frances, d. Mar. 19, 1848, ae 17	2	3
COREY, [see under CORY]		
CORNING, Andrew Parish, [s. Levi C.], b. Mar. 30, 1833	1	92

LISBON VITAL RECORDS   199

	Vol.	Page
CORNING, (cont.)		
Charles Carroll, [s. Levi C.], b. Jan. 25, 1835; d. Oct. 7, 1835	1	92
Charles Carroll, [s. Levi C.], b. Apr. 11, 1838; d. July 21, 1839	1	92
Elizabeth, single, d. Mar. 29, 1854, ae 46	3	67
Levi C., farmer, b. Hartford, married, d. Jan. 29, 1854, ae 43	3	67
Sarah, [d. Levi C.], b. July 31, 1842	1	92
CORY, COREY, John, m. Violet **TRUCK**, Nov. 17, 1799	1	22
Susan F., d. Dwight, farmer, ae 27, & Mary, ae 19, b. Oct. 15, 1847	2	2
-----, d. Dwight, ae 30, & Mary, ae 22, b. May 31, 1851	2	10
CRANDALL, Betsey, b. N. Stonington, res. Lisbon, d. Feb. 25, 1849, ae 17	2	6
Hannah C., d. John, painter, ae 20, & Betsey, ae 17, b. Oct. 15, 1849	2	5
CRAWFORD, -----, female, b. Illinois, res. Lisbon, d. Aug. 31, 1865, ae 6 m.	3	79
CRESE, Lydia, m. Joseph **KING**, b. of Lisbon, July 29, 1824, by Rev. Levi Nelson	1	69
CROCKER, Charlotte, of Lisbon, m. Ephraim **PITCHER**, of Norwich, May 9, 1822, by Rev. Samuel Nott	1	59
CROSBY, Charlotte Louisa, [d. Ezra & Mary], b. Oct. 30, 1823	1	46
Chester, b. Jan. 18, 1801	1	30
Ezra, m. Mary **WARREN**, Dec. 20, 1807	1	46
Harriet Elizabeth, [d. Ezra & Mary], b. July 8, 1821	1	46
Henry Thomas, [s. Ezra & Mary], b. Feb. 13, 1813	1	46
Jerusha Warren, [d. Ezra & Mary], b. Jan. 14, 1811	1	46
John, b. Oct. 24, 1798	1	30
Levi, Dea., d. Dec. 29, 1831, ae 54 y.	1	90
Levi A., farmer, d. Aug. 14, 1849, ae 29	2	6
Levi Alonzo, [s. Ezra & Mary], b. Jan. 22, 1819	1	46
Lydia M., of Lisbon, m. George L. **DAVISON**, of Brooklyn, Nov. 9, 1836, by Rev. Levi Nelson	1	9
Lydia Maria, [d. Ezra & Mary], b. Jan. 18, 1817	1	46
Martin Warren, [s. Ezra & Mary], b. Oct. 11, 1826	1	46
Mary*, ae 35, m. [ ] **DORRANCE**, of Hampton, Sept. [ ], 1851, by Rev. L. Nelson (*His 2d w.)	2	11
Mary Eliza, [d. Ezra & Mary], b. Feb. 28, 1809	1	46
Mary Hyde, [d. Ezra & Mary], b. Feb. 27, 1815	1	46
CROWLEY, Ellen, d. Aug. 9, 1859, ae 1 y.	3	73
James, laborer, b. Ireland, res. Lisbon, married, d. Dec. 26, 1860, ae 32	3	74
CUMMINGS, Charles H., mechanic, ae 23, b. Hampton, res. Lisbon, m. Julia E. **FULLER**, ae 17, b. Windham, Nov. 29, 1850, by Rev. James Robinson	2	7
CURTIN, Benjamin, m. Sarah **LATHROP**, Aug. 27, 1797	1	11
CUTLER, Anna, farmer, married, d. Nov. 9, 1854, ae 45	3	67
Daniel J., m. Mary **STRONG**, Jan. 1, 1799	1	5
Frances M., m. Willard S. **BUSHNELL**, b. of Lisbon, Apr. 16, 1824, by Rev. Levi Nelson	1	68
Hannah Emeline, ae 19, of Lisbon, m. Joseph B. **LATHAM**, carpenter, ae 22, b. Eastford, Ct., res. Ashford, [ ], 1850, by Comfort D. Fillmore	2	11
Henrietta Narissa, [d. Daniel J. & Mary], b. Dec. 11, 1803	1	5
Joseph Lawton, s. Joseph S., carpenter, ae 38, of Providence, R.I., & Nancy P., ae 35, b. Nov. 24, 1850	2	10

	Vol.	Page
CUTLER, (cont.)		
Mary, [d. Daniel J. & Mary], b. June 25, 1800	1	5
Mary Strong, of Lisbon, m. David **SCOVILLE**, of Salisbury, Sept. 25, 1822, by Andrew Lee, Clerk	1	49
Sally, widowed, d. May 26, 1861, ae 76	3	75
Sarah A., ae 19, b. New York, res. Lisbon, m. Norman **SMITH**, farmer, ae 23, b. Lisbon, Nov. 15, 1850, by Rev. C. D. Fillmore	2	7
Vine, m. Betsey **BUSHNELL**, Dec. 11, 1795	1	11
Vine, farmer, married, d. June 12, 1855, ae 84	3	69
-----, st. b. child Joseph S., house carpenter, ae 35, & Nancy P., ae 33, b. Mar. 14, 1849	2	5
DARROW, Fanny A., of Lyme, m. Levi **ORKERY***, of Lisbon, Sept. 6, 1835, by Rev. Levi Nelson (*Ockney?)	1	70
DAVIS, Anna Parker, b. Feb. 18, 1802	1	25
Charles, b. Oct. 24, 1820	1	48
Eunice, laborer, single, d. Jan. 6, 1854, ae 35	3	67
George P., black, d. Oct. [ ], 1874, ae 70 y.	3	82
John, [s. W[illia]m & Mary], b. Oct. 3, 1784	1	2
Joseph, black, d. Apr. 14, 1865, ae 2 y.	3	79
Mary, [d. W[illia]m & Mary], b. Mar. 26, 1787	1	2
Phebe, of Canterbury, m. John S. **BRUMLEY**, of Norwich, Apr. 15, 1844, by Rev. Joseph Ayer, Jr.	1	109
Sylvester, [s. W[illia]m & Mary], b. May 11, 1782	1	2
W[illia]m, m. Mary **RATHBUN**, Oct. 25, 1781	1	2
-----, st. b. child Samuel, farmer, black, ae 36, & Lydia, b. Mar. [ ], 1850	2	8
-----, d. Samuel, farmer, b. July 17, 1851	2	10
-----, sailor, widowed, d. Mar. 25, 1869, ae 68 y.	3	80
-----, infant, black, d. [ ], 1874	3	82
DAVISON, George L., of Brooklyn, m. Lydia M. **CROSBY**, of Lisbon, Nov. 9, 1836, by Rev. Levi Nelson	1	9
DEAN, Lucy, d. Apr. 1, 1818	1	63
DERBY, Mary, housekeeper, b. New York, widowed, d. May 18, 1858, ae 85 y.	3	72
DeWOLF, -----, d. Apr. 10, 1863, ae 4 y.	3	77
DEXTER, Phebe Ann, [d. William & Sally], b. Nov. 8, 1818, in Fairfield, N.Y.	1	39
William B., m. Sally **JEWETT**, Oct. 29, 1816	1	39
William Brown, b. Dec. 2, 1792, at Providence, R.I.	1	39
DILLABY, Phillip, farmer, b. New London, res. Lisbon, married, d. Mar. 12, 1863, ae 61 y.	3	77
DILLON, Mary, b. Ireland, married, d. Aug. 15, 1857, ae 25 y.	3	71
-----, male, d. Aug. 21, 1857, ae 3 m.	3	71
DIMMOCK, Nancy, ae 38, of Ellington, m. 2d h. Austin **BLISS**, manufacturer, ae 54, of Lisbon, Mar. 30, 1851	2	11
DODGE, Sally, of Lisbon, m. Joseph **WETTEH**, of Goshen, Dec. 10, 1826, by Rev. Levi Nelson	1	77a
Sally, wid. Joshua, d. Dec. 29, 1832, ae 80 y.	1	41
DONALD, Michael, b. Ireland, single, d. Sept. 8, 1857, ae 25	3	71
DONEGAN, Julia, d. John, farmer, b. Apr. [ ], 1851	2	10
DONGAN, John, d. Sept. 28, 1860, ae 1	3	74
-----, st. b. s. John, minister, ae 38, & Catharine, b. Mar. 15, 1850	2	8
DONOVAN, Jerry, d. Dec. 18, 1860, ae 3	3	74

	Vol.	Page
DORRANCE, Hannah, m. Elisha HARRIS, b. of Brooklin, Mar. 31, 1829, by Rev. Levi Nelson	1	88
-----, of Hampton, m. 2d w. Mary CROSBY, ae 35, of Lisbon, Sept. [ ], 1851, by Rev. L. Nelson	2	11
DOUGLASS, Jane, ae 15, of Lisbon, m. A. Le Roy PRENTICE, carpenter, ae 28, b. Franklin, res. Lisbon, May 21, 1849, by Rev. J. M. Bidwell (His 2d w.)	2	4
Maria, of Norwich, m. Samuel T. JILLSON, of Cumberland, R.I., May 15, 1832, by Rev. Charles Hyde, of Norwich, at the house of Mr. William Sisson, Lisbon	1	88
Olney, m. Dinah WILLIAMS, Apr. 26, 1802	1	20
Olney, [s. Olney & Dinah], b. Oct. 28, 1802	1	20
DOW, Phebe A., of Franklin, m. Henry LEONARD, of Plainfield, Mar. 18, 1824, by Rev. Levi Nelson	1	71
Susan, of Plainfield, m. Dayton KIMBALL, of Preston, Oct. 20, 1825, by Rev. Levi Nelson	1	71
DOWNER, George Henry, [s. Harry & Sally], b. Feb. 20, 1815	1	21
Harry, m. Sally HAR[R]IS, Feb. 1, 1814	1	21
DOWNING, Diadama, m. Ephraim BOTTOM, b. of Lisbon, Nov. 21, 1815	1	59
Eliza A., m. Alfred C. ANSON, b. of Lisbon, Apr. 14, 1843, by Rev. B. Cook, of Jewett City	1	105
Jarusha B., m. Jedediah WATERS, b. of Lisbon, Nov. 30, 1820, by Andrew Lee, Clerk	1	43
Kezia E., m. Theron C. BUSHNELL, Mar. 8, 1831, by Rev. Barnabus Phinney	1	86
Rebecca, housekeeper, married, d. Nov. 12, 1856, ae 65	3	71
Roswell, farmer, married, d. Feb. 7, 1867, ae 78 y.	3	79
DRISCOLL, Hannah, d. Dec. 22, 1853, ae 5 m.	3	68
DROWN, Nancy, of Lisbon, m. Russel SHELDON, Sept. 2, 1821, by Rev. Levi Nelson	1	46
DYER, Ira, s. Nancy, b. Feb. 16, 1807, a mulatto	1	26
Jenny Brewster, d. Nancy, b. Apr. 2, 1802, a mulatto	1	26
EAMES, [see also AMES], Almira, [d. Cyrus & Alice], b. July 25, 1817	1	95
Amaziah B., [s. Cyrus & Alice], b. Mar. 22, 1822	1	95
Clarissa R., [d. Cyrus & Alice], b. Sept. 21, 1810	1	95
Comfort, m. Joanna PENARY, Nov. 25, 1789	1	8
Cyrus, m. Alice JAMES, b. of Lisbon, Nov. 14, 1802, by Rev. David Hale (Entered for record Aug. 17, 1838)	1	95
Cyrus, farmer, widower, d. Nov. 6, 1855, ae 84	3	69
John F. P., [s. Cyrus & Alice], b. Jan. 8, 1828	1	95
Julia Ann L., [d. Cyrus & Alice], b. Dec. 12, 1823	1	95
Lucy Kinney, [d. Rufus & Lydia], b. July 31, 1792	1	8
Rufina, b. Feb. 18, 1803	1	63
Rufina, [d. Cyrus & Alice], b. Feb. 18, 1803	1	95
Rufina Rockwell, of Lisbon, m. Augustus GREEN, of Franklin, Nov. 4, 1827, by Andrew Lee	1	81
Rufus, m. Lydia BARNES, Nov. 21, 1790	1	8
Wealthy B., [d. Cyrus & Alice], b. Jan. 11, 1809	1	95
EARL, EARLE, Henry J., m. Clarissa LAMPHERE, b. of Lisbon, May 1, 1836, by Nathan Brewster, J.P.	1	76
Henry J., [s. Henry J. & Clarissa], b. Jan. 29, 1838	1	76
ECCLESTON, Lucy A., m. W[illia]m ROBINSON, b. of Preston, May		

BARBOUR COLLECTION

	Vol.	Page
ECCLESTON, (cont.)		
31, 1843, by Nathan Brewster, J.P.	1	106
EDMOND, [see also Edmunds], Joseph A., of Griswold, m. Lucy		
BISHOP, of Lisbon, Mar. 16, 1843, by Rev. Joseph Ayer, Jr.	1	105
Lucy A., d. Joseph A., corder, b. Nov. 1, 1850	2	13
EDMUNDS, [see also Edmond], Frank, single, d. Jan. 11, 1855, ae 1	3	69
EDWARDS, Ann E., ae 20, m. George W. EDWARDS, manufacturer, ae 25, of Lisbon, [Nov. ?], 1848, by Elder Rising	2	1
Elisha, s. Elisha B., farmer, ae 38, & Ann Maria, ae 44, b. Feb. 18, 1849	2	5
George W., manufacturer, ae 25, of Lisbon, m. Ann E. EDWARDS, ae 20, [Nov. ?], 1848, by Elder Rising	2	1
Lucy, married, d. Aug. 5, 1856, ae 6 (sic)	3	70
Peleg, of Thompson, m. Mary Ann ROSE, of Lisbon, Mar. 29, 1829, by Rev. Levi Nelson	1	88
Seth, d. Oct. 30, 1850	2	9
Seth, s. Seth, blacksmith, b. Oct. 30, 1850	2	13
ELDREDGE, Annis, [d. Henry & Hannah], b. May 8, 1800	1	11
Anise, m. Erastus PARISH, b. of Canterbury, Oct. 15, 1823, by Rev. Levi Nelson	1	66
Henry, m. Hannah RATHBURN, Oct. 27, 1794	1	11
Henry, [s. Henry & Hannah], b. June 30, 1795	1	11
Lucy, m. Frederick PERKINS, Nov. 18, 1798	1	16
Mary, [d. Henry & Hannah], b. Dec. 25, 1797	1	11
Mason, [s. Henry & Hannah], b. Dec. 12, 1802	1	11
ELLIS, Almira, m. John GORTON, July 8, 1813	1	21
Jemima, m. James SIMONS, of Lisbon, Feb. 22, 1824, by Amos Read, Elder	1	68
ENSWORTH, Charles B., m. Lydia SMITH, b. of Canterbury, May 29, 1833, by Rev. Levi Nelson	1	39
Mary Elizabeth, [d. Jedediah & Joanna], b. Dec. 20, 1832	1	89
Phyllys, m. William ADAMS, Dec. 18, 1776	1	15
FAGINS, Mary E., m. Allen H. OCKNEY, b. of Lisbon, [ ], by Rev. Joseph Ayer, Jr. Recorded Jan. 4, 1845	1	111
FALVA, Ella, single, d. Aug. 14, 1860, ae 1	3	74
Honora, d. Oct. 28, 1859, ae 2	3	73
John, laborer, b. Ireland, res. Lisbon, single, d. Apr. 4, 1861, ae 20	3	75
FARNHAM, FARNUM, Abby, m. Samuel K. BUSHNELL, b. of Lisbon, Mar. 23, 1828, by Rev. [ ] Nelson	1	45
Ann K., b. Norwich, res. Lisbon, d. Oct. 11, 1850, ae 3	2	9
Anna K., m. Alanson FULLER, Feb. 23, 1818	1	53
Erastus, [s. Lucius & Sally Eliza], b. Oct. 7, 1821	1	51
Henry, d. June 20, 1799	1	3
Jared, m. Dyce LATHROP, Feb. 19, 1817	1	51
John, d. Oct. 21, 1835	1	51
Lucius, m. Sally Eliza FULLER, b. of Lisbon, Jan. 15, 1818	1	51
Lucius Fuller, [s. Lucius & Sally Eliza], b. Dec. 22, 1819	1	51
Mary, m. Josiah SMITH, Nov. 4, 1842, by C. D. Fillmore, Dea.	1	104
Ruby, m. Adonijah KNIGHT, Mar. 27, 1794	1	36
FENNER, Obadiah, of Foster, R.I., m. Sarah BEATTEY, of Lisbon, Nov. 24, 1831, by Rev. Levi Nelson	1	33
FENTON, Chancy, m. Marian PERKINS, Jan. 13, 1829, by Andrew Lee, Clerk	1	69

LISBON VITAL RECORDS

	Vol.	Page
[FERGUSON], FURGURSON, George, laborer, b. Ireland, married, d. Feb. 11, 1858, ae 42	3	72
FIELD, Ann, housekeeper, married, d. Sept. 1, 1870, ae 54 y.	3	80
Emma Maria, [d. Stephen A. & Ann E.], b. July 12, 1838	1	66
Rola Ann, [d. Stephen A. & Ann E.], b. Nov. 28, 1844	1	66
Stephen A., m. Ann E. LATHROP, b. of Lisbon, Mar. 25, 1835, by Rev. Levi Nelson	1	66
FILLMORE, Jared B., of Franklin, m. Eliza SMITH, of Lisbon, Oct. 18, 1842, by C. D. Fillmore, Dea.	1	103
FITCH, Andrew G., of Brookfield, N.Y., m. Cynthia G. BOTTOM, of Lisbon, Sept. 6, 1835, by Chester Tilden	1	76
Asa, d. Oct. 1, 1875, ae 85 y.	3	82
Calvin, of Lisbon, m. Mary Ann ROBINSON, of Middletown, Feb. 17, 1824, by Rev. Levi Nelson	1	67
David G., farmer, b. New Haven, res. Lisbon, married, d. Dec. 2, 1860, ae 23	3	74
Elisha Avery, [s. Asa], b. Mar. 9, 1832	1	67
Franklin, s. Edwin, farmer, b. July 30, 1851	2	10
George, of Preston, m. Hannah Ann STETSON, of Lisbon, Oct. 15, 1829, by Rev. Levi Nelson	1	81
Lois, m. Elijah TRACY, Feb. 21, 1788	1	6
Olive, d. Aug. 17, 1800, at Worthington	1	1
Walter, of Worthington, m. Olive MORGAN, of Lisbon, June 20, 1800	1	1
-----, w. Asa, housekeeper, married, b. Preston, d. Dec. 14, 1858	3	72
FORD, William P., of Norwich, m. Tabatha PRESTON, of Lisbon, July 14, 1850, by Rev. L. Nelson	2	7
FOWLER, Sally, of Preston, m. John TRACY, of Norwich, Aug. 31, 1834, by Rev. Levi Nelson	1	79
FRAZIER, Elizabeth, d. Nov. 19, 1839, ae 78 y.	1	99
Mary, b. Griswold, res. Lisbon, single, d. May 20, 1864, ae 35	3	78
Thomas, m. Sophia STEPHENS, b. of Lisbon, Aug. 6, 1844, by Rev. Levi Nelson	1	110
FREEMAN, Ashel, basketmaker, colored, b. Colchester, res. Lisbon, married, d. Jan. 24, 1861, ae 67	3	75
Elma S., of Lisbon, m. David D. SWEET, of Brooklyn, Sept. 29, 1831, by Rev. Barnabus Phinney	1	77
FREESTONE, Adam, baker, b. Germany, res. Lisbon, married, d. Dec. 18, 1864, ae 36 y.	3	78
Adam, laborer, single, d. Sept. 1, 1870, ae 26 y.	3	80
Augustus, laborer, b. Germany, res. Lisbon, single, d. Oct. 19, 1863, ae 24 y.	3	77
Augustus, laborer, b. Germany, res. Lisbon, married, d. Dec. 30, 1870, ae 73 y.	3	80
Catharine, d. Sept. [ ], 1874, ae 61 y.	3	82
FRINK, Betsey, housekeeper, widow, d. Aug. 20, 1873, ae 82 y.	3	81
FULLER, Abby P., d. Aug. 4, 1832	1	54
Abby Percilla, b. Sept. 22, 1812	1	54
Alanson, m. Anna K. FARNHAM, Feb. 23, 1818	1	53
Alanson, farmer, married, d. Nov. 27, 1859, ae 72	3	73
Asa Witter, b. July 31, 1817	1	54
Avander, [s. Eber & Fernandes], b. Apr. 4, 1786	1	55
Avander, of Lisbon, m. Joanna WITTER, of Canterbury, Nov. 28,		

FULLER, (cont.)

	Vol.	Page
1811, by Andrew Lee, Clerk	1	55
Avander, m. Desire ALLEN, Jan. 1, 1828, by Andrew Lee, Pastor	1	54
Charles, m. Mary BOTTOM, b. of Lisbon, Mar. 1, 1826, by Rev. D. N. Bentley, in Norwich	1	75
Charlotte, [d. Eber & Fernandes], b. Dec. 31, 1788	1	55
Chester L., [s. Eber & Fernandes], b. Sept. 15, 1800	1	55
Dolly S., of Lisbon, m. Amos LOOMIS, of Norwich, Jan. 24, 1836, by Rev. Levi Nelson	1	50
Dolly Sharp, b. Jan. 3, 1815	1	54
Dwight, [s. Pearley B.], b. Nov. 23, 1837	1	86
Ebenezer, [twin with Luther E.], [s. Eber & Fernandes], b. Dec. 23, 1783; d. Dec. 23, 1783	1	55
Ebenezer, [s. Luther & Polly], b. Sept. 16, 1813	1	55
Effie, d. July 21, 1856, ae 2	3	70
Emeline Fernandes, [d. Eber & Fernandes], b. Oct. 4, 1808	1	55
George D., [s. Eber & Fernandes], b. Sept. 8, 1804	1	55
Henry Alanson, [s. Alanson & Anna K.], b. Mar. 9, 1821	1	53
Joanna, w. Avander, d. May 19, 1826	1	54
Jesse S., [s. Eber & Fernandes], b. Sept. 1, 1795	1	55
John, m. Julia M. HASTINGS, b. of Lisbon, Dec. 31, 1820, by Andrew Lee, Clerk	1	43
John, farmer, d. Feb. 5, 1850, ae 63	2	9
Julia E., ae 17, b. Windham, m. Charles H. CUMMINGS, mechanic, ae 23, b. Hampton, res. Lisbon, Nov. 29, 1850, by Rev. James Robinson	2	7
Lora, [d. Eber & Fernandes], b. Jan. 28, 1793; d. Oct. 20, 1822	1	55
Luther, of Lisbon, m. Polly WITTER, of Canterbury, Jan. 1, 1807, by Daniel Frost, J.P., Canterbury	1	55
Luther E., [twin with Ebenezer, s. Eber & Fernandes], b. Dec. 23, 1783	1	55
Mary Ann, milliner, single, d. Apr. 18, 1859, ae 40	3	73
Mary Ann Zerniah, [d. Alanson & Anna K.], b. Aug. 30, 1819	1	53
Mary E., m. Chauncey K. BUSHNELL, b. of Lisbon, Apr. 23, 1832, by Rev. Barnabus Phinney	1	68
Mary Eliza, [d. Luther & Polly], b. July 13, 1809	1	55
Nancy, m. William TRACY, Jan. 27, 1803	1	19
Nelson, [s. Eber & Fernandes], b. [ ]; d. July 14, 1803	1	55
Pearly, [d. Luther & Polly], b. Oct. 27, 1807	1	55
Robert Bruce, [s. Pearley B.], b. Apr. 2, 1836	1	86
Sally Eliza, m. Lucius FARNHAM, b. of Lisbon, Jan. 15, 1818	1	51
Sally Kinne, b. June 12, 1819	1	54
Thomas Hart, [s. Pearley B.], b. Feb. 22, 1840	1	86
Wealthy M., m. Solomon W. BUSHNELL, Dec. 15, 1830, by Barnabus Phinney	1	84

GAGER, John P., of Windham, m. Lucy Ann BRUMLEY, of Lisbon, Sept. 25, 1844, by Rev. Levi Nelson — 1, 110

GALLUP, Lucy, housekeeper, b. Plainfield, res. Lisbon, married, d. Jan. 25, 1866, ae 65 y. — 3, 79

Moses, of Plainfield, m. Tabitha B. LEE, of Lisbon, Nov. 17, 1842, by Rev. Joseph Ayer, Jr. — 1, 104

GALVIN, -----, d. Jan. 22, 1857, ae 6 d. — 3, 71

GARDINER, Huldah D., d. May 13, 1875, ae 42 y. — 3, 82

LISBON VITAL RECORDS 205

	Vol.	Page
GATES, Larry Lathrop, b. July 19, 1804	1	25
Lydia, b. Oct. 8, 1789, in Preston	1	59
Lydia, m. Ichabod **BURNHAM**, Apr. 1, 1811	1	59
GEER, GEERS, Carrie D., d. Aug. 5, 1860, ae 3	3	74
Ruth Almira, [d. David], b. Nov. 22, 1833	1	76
GIDDINGS, Eli, millwright, married, d. Jan. 9, 1855, ae 50	3	69
George, d. Aug. 14, 1875, ae 74 y.	3	82
Joseph, of Preston, m. Fanny F. **POLLY**, of Lisbon, Apr. 8, 1827, by Rev. Levi Nelson	1	72
Joseph, d. [ ], 1874	3	82
Mary*, ae 29, of Lisbon, m. Albert A. **RAY**, farmer, res. Norwich, Aug. 12, 1849, by Rev. L. Nelson (*His 2d w.)	2	7
Sabra F., ae 21, m. William F. **KEABLES**, blacksmith, ae 19, of Lisbon, July 9, 1848, by Rev. L. Nelson	2	1
GILKEY, Charles, [s. Charles & Lucy], b. May 29, 1784	1	14
Charles, m. Lucy **AVERY**, Oct. 15, 1790* (*correction typed in bottom margin of original manuscript (Year should be <u>1780</u>. (Authority: Lisbon Town Clerk by tel. call from Mr. Burt, 9/17/48)))	1	14
James, [s. Charles & Lucy], b. Sept. 14, 1790	1	14
John, [s. Charles & Lucy], b. Nov. 24, 1787	1	14
Jonathan, [s. Charles & Lucy], b. Feb. 1782	1	14
William, [s. Charles & Lucy], b. Apr. 17, 1783	1	14
GINLE, Mary D., m. Miner G. **ATWOOD**, b. of Mansfield, Oct. 6, 1844, by Rev. Levi Nelson (Perhaps "Mary Gurle[y]")	1	111
GLEZEN, Levi, of Sheffield, Mass., m. Eunice **MORGAN**, of Lisbon, Oct. 14, 1827, by Rev. Levi Nelson	1	80
GODFREY, Eliza, of Norwich, m. Thomas M. **JEWETT**, of Lisbon, June 24, 1827, by Rev. Levi Nelson	1	78
GORDON, [see also **GORTON**], Alice, m. Jedediah **SAFFORD**, b. of Lisbon, May 15, 1788	1	70
Eleanor F., of Lisbon, m. Norman **NOBLES**, of Pittsfield, Mass., May 3, 1838, by Rev. Joseph Ayer	1	95
Emily, of Lisbon, m. Alexander **CHAPIN**, of Windham, Apr. 16, 1838, by Rev. Joseph Ayer	1	92
Esther, of Lisbon, m. Ephraim M. **BREWSTER**, of Griswold, Feb. 9, 1831, by Rev. Levi Nelson	1	89
Latham Hull, s. Daniel F., farmer, ae 35, & Hetty A., ae 28, b. Apr. 21, 1848	2	2
Louisa, of Lisbon, m. Levi M. **NELSON**, of New Glocester, Me., Oct. 29, 1827, by Rev. Levi Nelson	1	80
-----, s. Henry, farmer, ae 30, & Mariah, ae 33, b. Apr. 4, 1849	2	5
-----, d. Feb. 15, 1857, ae 6 m.	3	71
GORTON, [see also **GORDON**], John, m. Almira **ELLIS**, July 8, 1813	1	21
Levi Edgarton, [s. John & Almira], b. Jan. 12, 1814	1	21
GRADY, Frances D., s. Frances D., gardener, & Clarissa M., b. Mar. 16, 1850	2	13
GRANT, Eliza A., housekeeper, married, d. Nov. 1, 1858, ae 27	3	72
-----, female, d. Mar. 27, 1856, ae 6 m.	3	70
GRAY, Emma, [d. John & Emma], b. Sept. 22, 1830	1	85
John, m. Emma **ROBINSON**, b. of Lisbon, Oct. 15, 1827, by Samuel Sikes, J.P., Gifford (Guilford?)	1	85
John, Jr., [s. John & Emma], b. June 6, 1832	1	85

	Vol.	Page
GRAY, (cont.)		
Mary Eliza, [d. John], b. Aug. 27, 1828 (Entry crossed out)	1	85
Mary Eliza, [d. John & Emma], b. Aug. 28, 1828	1	85
GREEN, Augustus, of Franklin, m. Rufina Rockwell EAMES, of Lisbon, Nov. 4, 1827, by Andrew Lee	1	81
Benjamin C., of Griswold, m. Nancy PECKHAM, of Lisbon, May 27, 1827, by Amos Read, Elder	1	78
Electa J., d. William A., farmer, b. Aug. 21, 1847	2	2
Olive, b. Mar. 23, 1801	1	24
GREENMAN, Nathan, m. Julia Ann WILKINSON, b. of Griswold, July 26, 1835, by Chester Tilden	1	10
GREENSLIT, GREENSLET, Eleanor, m. Joseph HUNTLEY, Apr. 1, 1798	1	9
John, m. Eunice HALL, Nov. 29, 1795	1	11
GRISWOLD, Edward, d. Jan. 5, 1864, ae 2 d.	3	78
Edwin, d. Jan. 4, 1864, ae 2 d.	3	78
Emma, d. Sept. 4, 1860, ae 7	3	74
Miranda, housekeeper, widowed, d. Nov. 15, 1871, ae 70	3	81
GROOMER, Abby, m. Ceazer WEEDEN, Oct. 14, 1825, by Amos Read, Elder	1	78
GURLEY, [see under GINLE]		
HAGAR, HAGOR, HAGER, Abby, m. Stanton PHILLIPS, Feb. 21, 1816	1	23
Abigail, [d. Elisha & Sarah], b. Apr. 12, 1797	1	8
Anna, [d. Elisha & Sarah], b. Aug. 5, 1792	1	8
Elisha, of Lisbon, m. Sarah MULKINS, of Preston, Dec. 16, 1789	1	8
Hannah, [d. Elisha & Sarah], b. Sept. 10, 1789	1	8
Sally, [d. Elisha & Sarah], b. Sept. 25, 1794	1	8
HAGGETT, Moses, d. June 7, 1789	1	3
HALE, David, Rev., m. Lydia AUSTIN, May 19, 1790	1	12
David, Jr., [s. Rev. David & Lydia], b. Apr. 25, 1791	1	12
Mary, m. Rev. Levi NELSON, Aug. 31, 1809	1	19
Orrin, manufacturer, ae 22, b. in Norwich, now of Lisbon, m. Clarissa HOLTZ, ae 18, Feb. 27, 1848, by Rev. L. Nelson	2	1
HALL, Daniel A., m. Cornelia BROWN, b. of Lisbon, Mar. 22, 1840, by Comfort D. Fillmore, Dea.	1	98
Eunice, m. John GREENSLIT, Nov., 29, 1795	1	11
Lydia Ann, m. Joseph H. PHILLIPS, b. of Lisbon, July 4, 1839, by Henry R. Robbins, J.P.	1	98
Mary, m. David KNIGHT, Apr. 28, 1789	1	5
HAMILTON, Gurdon, Jr., m. Celinda K. JONES, b. of Norwich, Jan. 13, 1828, by Amos Read, Elder	1	83
Lydia, m. Solomon LAWRENCE, Apr. 21, 1791	1	24
Lydia C., m. Sala READ, Feb. 6, 1820	1	47
HANNERBELL, Sally, of Groton, m. John CONGDON, of Griswold, June 12, 1823, by Rev. Levi Nelson	1	59
HARDEN, Frederic, of New Norwich, Mass., m. Julia PETERS, of Colchester, Conn., June 6, 1824, by Joseph Jewett, J.P.	1	71
HARRINGTON, [see also HERRINGTON, YARRINGTON and YERRINGTON], Thomas, d. Sept. 1, 1860, ae 6 m.	3	74
HARRIS, HARIS, Alcott, W., of East Haddam, m. Emeline J. HARRIS, May 11, 1842, by Rev. Levi Nelson	1	102
Daniel, m. Caroline B. POLLY, b. of Lisbon, Dec. 29, 1822, by		

	Vol.	Page
HARRIS, HARIS, (cont.)		
Rev. Levi Nelson	1	63
Daniel Dorchester, [s. Daniel & Caroline B.], b. June 14, 1829	1	63
Elisha, m. Hannah **DORRANCE**, b. of Brooklin, Mar. 31, 1829, by Rev. Levi Nelson	1	88
Emeline J., m. Alcott W. **HARRIS**, of East Haddam, May 11, 1842, by Rev. Levi Nelson	1	102
Lydia, [d. Daniel & Caroline B.], b. Dec. 3, 1824	1	63
Mariah, m. John S. **JOHNSON**, Nov. 16, 1828, by Amos Read, Elder	1	88
Reuben, d. Dec. 27, 1829	1	63
Sally, m. Harry **DOWNER**, Feb. 1, 1814	1	21
Sarah, [d. Daniel & Caroline B.], b. July 4, 1826	1	63
HARTSHORN, Asa, [s. Oliver & Hannah], b. Oct. 23, 1796	1	26
Clarissa, d. Oliver & Hannah, b. June 29, 1788	1	26
Eliza, [d. Oliver & Hannah], b. June 8, 1802	1	26
Eliza, of Lisbon, m. Festus **CHAPMAN**, of Bozrah, Nov. 28, 1833, by Ebenezer Allen	1	52
Ira, [s. Oliver & Hannah], b. June 13, 1793	1	26
Merinda, [d. Oliver & Hannah], b. Mar. 19, 1795	1	26
Oliver, [s. Oliver & Hannah], b. May 15, 1791	1	26
Rial, [s. Oliver & Hannah], b. Dec. 10, 1789	1	26
Sophronia, [d. Oliver & Hannah], b. Sept. 11, 1798	1	26
HASKELL, Albert, s. Walter, farmer, ae 36, & Merebah, ae 33, b. Mar. 9, 1847	2	2
HASTINGS, Caroline, of Lisbon, m. Rev. Horace **BUSHNELL**, of Cincinnati, Ohio, June 17, 1832, by Rev. B. Phinney	1	40
Edmon, b. Mar. 30, 1806	1	46
George William, [s. Oliver & Lemira], b. Jan. 13, 1827	1	65
Harriet, m. Ezra W. **BUSHNELL**, b. of Lisbon, Apr. 12, 1834, by Rev. Philo Judson	1	68
Harriet B., b. Mar. 15, 1812	1	46
Henry E., b. Aug. 7, 1816	1	46
John, [s. Oliver & Lemira], b. Nov. 28, 1828	1	65
Julia M., m. John **FULLER**, b. of Lisbon, Dec. 31, 1820, by Andrew Lee, Clerk	1	43
Lemira Lee, [d. Oliver & Lemira], b. May 18, 1824	1	65
Oliver, m. Lemira **LEE**, b. of Lisbon, May 11, 1823, by Andrew Lee, Clerk	1	65
Oliver, farmer, b. Dec. 29, 1849, ae 79	2	6
Sally S., b. Feb. 12, 1810	1	46
HATCH, Andrew J., [s. Daniel & Susan], b. Nov. 13, 1836	1	93
Cornelia Ann R., [d. Daniel & Susan], b. Mar. 16, 1821	1	93
Cornelia Ann R., m. Russel[l] **TRACY**, b. of Lisbon, Nov. 28, 1838, by Rev. Levi Nelson	1	96
Daniel, farmer, b. Norwich, res. Lisbon, married, d. July 29, 1869, ae 77 y.	3	80
Dwight W., [s. Daniel & Susan], b. May 27, 1831	1	93
Fanny J., [d. Daniel & Susan], b. July 26, 1823	1	93
Fanny J., m. Levi S. **STEVENS**, b. Lisbon, Nov. 15, 1840, by Rev. Levi Nelson	1	101
Hannah E., [d. Daniel & Susan], b. May 25, 1829	1	93
Louisa, weaver, single, d. Oct. 13, 1860, ae 26	3	74

… BARBOUR COLLECTION

	Vol.	Page
HATCH, (cont.)		
Louisa M., [d. Daniel & Susan], b. Jan. 6, 1834	1	93
Sally Maria, [d. Daniel & Susan], b. Apr. 27, 1826	1	93
HAUGHTON, Thomas, of Thompson, m. Esther STEVENS, of Lisbon, Sept. 17, 1821, by Rev. Levi Nelson	1	44
HAYWARD, Isabell, d. Nathaniel, manufacturer, of Colchester, & Loiza, b. Apr. 13, 1848	2	2
Lucy, ae 21, m. John F. AMES, farmer, ae 20, of Lisbon, Oct. 31, 1848, by Rev. L. Nelson	2	1
Nancy, b. Boston, res. Lisbon, d. May 11, 1849, ae 91	2	6
-----, s. Daniel, India rubber mfgr., ae 41, & Mary B., ae 37, b. Jan. 29, 1849	2	5
HEBBARD, [see also HUBBARD], Brayton, b. Mar. 8, 1817; d. Mar. 22, 1817	1	40
Charles, b. May 6, 1818	1	40
Clark, b. May 9, 1802	1	32
Cornelius, b. Jan. 20, 1822	1	40
Eleazer, b. Feb. 9, 1798	1	32
Elisha, b. Sept. 8, 1805	1	32
Elizabeth, [d. Joseph B.], b. Mar. 2, 1833; d. May 20, 1835	1	42
Emeline, [d. Joseph B.], b. Jan. 22, 1835	1	42
Fanny, b. Nov. 12, 1795	1	32
Joseph Carr, [s. Joseph B.], b. Nov. 16, 1830	1	42
Mary F., ae 20, of Lisbon, m. Jonathan PERKINS, farmer, ae 34, of Lisbon, Apr. 11, 1848, by Rev. Levi Nelson, (His 2d w.)	2	1
Mary Frances, [d. Joseph B.], b. Jan. 6, 1828	1	42
Rufus J., of Canterbury, m. Celinda A. HERRINGTON, of Lisbon, Oct. 30, 1825, by Rev. Levi Nelson	1	73
Russel[l], b. Mar. 28, 1800	1	32
Samuel, b. Dec. 6, 1793	1	32
Samuel Carrington, [s. Samuel], b. June 10, 1834	1	75
Sarah Clark, [d. Joseph B.], b. May 24, 1829	1	42
HENRY, John, laborer, black, b. New York, married, d. Sept. 4, 1857, ae 75	3	71
HERRINGTON, [see also HARRINGTON, YARRINGTON and YERRINGTON], Abigail, d. Jan. 4, 1797	1	28
Celinda A., of Lisbon, m. Rufus J. HEBBARD, of Canterbury, Oct. 30, 1825, by Rev. Levi Nelson	1	73
Clarke, b. Apr. 22, 1796	1	31
Elizabeth, m. Elisha CONNER, Aug. 2, 1807	1	20
Horatio N., of Lisbon, m. Mary Ann SLY, of Lisbon, July 4, 1826, by Amos Read, Elder	1	73
Jesse, b. Dec. 11, 1792	1	31
King, b. July 22, 1798	1	31
Mary, d. Mar. 11, 1832	1	31
Nathan, b. Feb. 27, 1790	1	31
Sally, d. Joseph, b. Apr. 16, 1781	1	28
Sarah M., of Lisbon, m. John A. BLACKMER, of Mansfield, Nov. 7, 1843, by Rev. Levi Nelson	1	108
HEWITT, HEWETT, Henry, b. July 26, 1818	1	42
James Almander, b. Apr. 25, 1822	1	42
Russel[l], of Delmar, Penn., m. Wealthy SWAN, of Lisbon, Nov. 7, 1822, by Rev. Levi Nelson	1	62

LISBON VITAL RECORDS

	Vol.	Page
HEWITT, HEWETT, (cont.)		
Russel[l], of Delmar, Penn., m. Abby **SWAN**, of Lisbon, Jan. 14, 1828, by Rev. Seth Bliss, of Jewett City	1	66
Stanton, of Preston, m. Harriet **RAY**, ae 21, of Lisbon, Nov. 6, 1849, by Rev. L. Nelson	2	7
Stanton, farmer, married, d. Nov. [ ], 1860, ae 43	3	74
HILL, Abner, farmer, widowed, d. Mar. 14, 1871, ae 75 y.	3	81
HOGG, -----, female, stillborn, July 18, 1866	3	79
HOLDRIDGE, HOLDREDGE, Enos, of Groton, m. Sarah **SULLIVAN**, of Griswold, Mar. 4, 1832, by Rev. Levi Nelson	1	72
Enos, d. Oct. 19, 1832	1	72
Sarah, m. Vine A. **STARR**, b. of Griswold, Mar. 16, 1834, by Rev. Levi Nelson	1	39
HOLMES, -----, b. Norwich, res. Norwich, d. Nov. 30, 1858, ae 11 m.	3	72
HOLTZ, Clarissa, ae 18 m. Orrin **HALE**, manufacturer, ae 22, b. in Norwich, now of Lisbon, Feb. 27, 1848, by Rev. L. Nelson	2	1
Francis J., d. Apr. 22, 1848, ae 27	2	3
Henry F., s. Henry, b. Feb. 6, 1847	2	2
Nathan, farmer, b. Preston, res. Lisbon, d. Feb. 1, 1849, ae 56	2	6
HOWARD, George, [s. James & Mary Ann], b. Apr. 9, 1830, in Norwich	1	79
James, of Foster, R.I., m. Mary Ann **TRACY**, of Lisbon, Sept. 2, 1827, by Rev. Levi Nelson	1	79
HUBBARD, [see also **HEBBARD**], Mary, housekeeper, b. New York, res. Canterbury, married, d. Oct. 20, 1867, ae 68 y.	3	79
HULBART, [see also **HURLBERT**], Susan S., of Lebanon, m. William F. **TRACY**, of Lisbon, Oct. 6, 1828, by Rev. David B. Ripley, Bozrah	1	87
HULL, Abby F., m. Samuel W. **KINGSLEY**, Oct. 2, 1823, by Erastus Kipley, Lebanon	1	65
Frank, single, d. Mar. 5, 1869, ae 7 m.	3	80
-----, male, d. Dec. 9, 1863, ae 2 m.	3	77
HUNTINGTON, Barnabus, m. Abigail **PERKINS**, Nov. 13, 1788	1	7
Barnabus, Jr., [s. Barnabus & Abigail], b. June 30, 1800	1	7
Barnabus, Jr., m. Juliet **MORGAN**, b. of Lisbon, Oct. 13, 1823, by Rev. Levi Nelson	1	66
Clarissa, [d. Barnabus & Abigail], b. May 3, 1791	1	7
Clarissa, m. Martin **BOTTUM**, Feb. 7, 1810	1	17
Juliet, of Lisbon, m. Benedict **BABCOCK**, Jr., of Kirkland, N.Y., Oct. 6, 1834, by Rev. Levi Nelson	1	67
Lucy, [d. Barnabus & Abigail], b. Sept. 10, 1793	1	7
HUNTLEY, Joseph, m. Eleanor **GREENSLET**, Apr. 1, 1798	1	9
HURLBERT, [see also **HULBART**], Jennie, m. Cato **MINGO**, Mar. 17, 1808	1	22
HYDE, Althea B., housekeeper, single, d. Apr. 5, 1866, ae 74 y.	3	79
Barnabus, d. Jan. 5, 1819	1	11
Betsey, m. Daniel **BOTTUM**, May 15, 1788	1	5
Charles, [s. Lee & Lucy], b. July 14, 1810	1	10
Charles, m. Susan **STETSON**, b. of Lisbon, Feb. 2, 1831, by Rev. Levi Nelson	1	89
Christopher, of Franklin, m. Betsey **WEBB**, of Lisbon, June 1, 1824, by Andrew Lee, Clerk	1	70
Daniel Burnham, [s. Elijah & Lydia], b. May 12, 1812	1	10
Eli Elsworth, [s. Elijah & Lydia], b. June 29, 1819	1	10

	Vol.	Page
HYDE, (cont.)		
Elijah, of Lisbon, m. Lydia **BURNHAM**, of Hampton, Oct. 26, 1809	1	10
Elijah, farmer, married, d. Feb. 14, 1854, ae 75	3	67
Elizabeth, [d. Lester & Lucy], b. Feb. 10, 1828	1	77a
Elizabeth, m. Thomas **KINNEY**, b. of Lisbon, Apr. 3, [1835], by Rev. George Perkins, Jewett City	1	55
Elizabeth M., d. Joel, b. Sept. 24, 1812	1	22
Emeline, [d. Lee & Lucy], b. Sept. 15, 1806	1	10
Emeline, m. Charles **ROSE**, b. of Lisbon, Oct. 25, 1827, by Rev. Levi Nelson	1	81
Eugene A., editor, ae 25, b. Norwich, res. West Farms, N.Y., m. Lucretia **ALLEN**, ae 25, of Lisbon, [ ], 1850, by Rev. L. Nelson	2	11
Hiram **DIMMECK**, b. Apr. 23, 1806	1	25
John, m. Rh[o]da **HYDE**, Dec. 22, 1797	1	13
John Oliver, b. Oct. 14, 1805	1	33
John Oliver, [s. John & Rh[o]da], b. Oct. 14, 1805	1	13
Lee, m. Lucy **BOTTUM**, Oct. 15, 1800	1	10
Lee, farmer, widower, d. May 14, 1855, ae 78	3	69
Lester, [s. Lee & Lucy], b. June 1, 1802	1	10
Lester, m. Lucy **PALMER**, b. of Lisbon, Jan. 25, 1827, by Rev. Levi Nelson	1	77a
Lucy, farmer's wife, d. Aug. 30, 1850, ae 74	2	12
Lucy A., of Lisbon, m. Charles **PALMER**, of Preston, Dec. 12, 1842, by Rev. Levi Nelson	1	104
Lucy Ann, [d. Elijah & Lydia], b. Oct. 13, 1821	1	10
Lucy Eliza, [twin with Rhoda Loisa, d. John & Rh[o]da], b. Sept. 20, 1802	1	13
Lucy Eliza, [twin with Rhoda Loisa], b. Sept. 20, 1802	1	33
Lydia, [d. Lee & Lucy], b. Oct. 30, 1803	1	10
Lydia, m. Elias **BISHOP**, b. of Lisbon, Nov. 6, 1828, by Rev. Levi Nelson	1	87
Lydia, of Lisbon, m. Capt. Peleg **WILBUR**, of Coventry, R.I., Apr. 4, 1837, by Rev. George Perkins, of Jewett City	1	92
Lydia B., housekeeper, b. Hampton, widowed, d. Apr. 10, 1858, ae 75	3	72
Mary, [d. Lester & Lucy], b. May 15, 1830	1	77a
Mary Ann, of Lisbon, m. Zebediah **ABBOTT**, of Milton, N.H., Sept. 24, 1827, by Rev. Seth Bliss, of Jewett City	1	66
Mary Clerk, [d. John & Rh[o]da], b. Sept. 23, 1800	1	13
Melinda, [d. John & Rh[o]da], b. Nov. 4, 1798	1	13
Patty Parnele, [d. Elijah & Lydia], b. Mar. 7, 1811	1	10
Rh[o]da, m. John **HYDE**, Dec. 22, 1797	1	13
Rhoda Loisa, [twin with Lucy Eliza, d. John & Rh[o]da], b. Sept. 20, 1802	1	13
Rhoda Loisa, [twin with Lucy Eliza], b. Sept. 20, 1802	1	33
Sophronia Allen, b. Feb. 29, 1808	1	25
HYLAND, Albert S., d. Feb. [ ], 1854, ae 8 m.	3	67
INGHAM, Eunice, b. Windham, d. Sept. 25, 1855, ae 4	3	69
JACKSON, Betsey Sophia, [d. David], b. Nov. 9, 1831	1	79
Catharine, m. John **CASEY**, Jan. 12, 1795	1	21
David, d. Apr. 24, 1834	1	79
David, farmer, b. Lebanon, black, d. Mar. 22, 1850, ae 65 y.	2	9

LISBON VITAL RECORDS 211

	Vol.	Page
JACKSON, (cont.)		
John, m. Abby W. APLY, b. of Griswold, Oct. 1, 1833, by Rev. Levi Nelson	1	45
Lyman, of Stonington, m. Clarissa BUCK, of Lisbon, Jan. 23, 1823, by Rev. David N. Bentley	1	42
Phebe Esther, d. David, black, of Griswold, b. Apr. 1, 1750	2	13
JACOB, H. Elizabeth, married, d. May [ ], 1854, ae 25	3	67
JAGANS, Calista, [d. Mint & Daffa], b. Sept. 3, 1794	1	21
Mint, m. Daffa OXFORD, Dec. 29, 1793	1	21
JAMES, Alice, m. Cyrus EAMES, b. of Lisbon, Nov. 14, 1802, by Rev. David Hale. Recorded Aug. 17, 1838	1	95
Caroline, m. James H. WILSON, b. of Lisbon, Dec. 4, 1826, by Amos Read, Elder	1	77a
Charles, of Norwich, m. Lucy BUSHNELL, of Lisbon, Mar. 11, 1827, by Rev. Levi Nelson	1	77
Ezekiel, m. Sally PERIGO, Mar. 6, 1798, by Rev. Andrew Lee	1	74
George L., s. Benjamin, farmer, ae 28, & Amelia, ae 28, b. May 19, 1851	2	10
Olive D., of Lisbon, m. Ledgyard CAPRON, of Preston, Jan. 28, 1821, by Rev. Levi Nelson	1	44
JENNING, Elizabeth, m. Horatio ROSE, of Franklin, June 3, 1848, by Eld. Comfort D. Fillmore	2	1
JEWETT, JEWITT, Anna S., m. Curtis BLISS, Apr. 18, 1815	1	39
Anna Spencer, [d. Joseph & Betsey], b. Oct. 14, 1796	1	38
Arthur Nelson, [s. Thomas M. & Eliza], b. June 7, 1844	1	78
Betsey, [d. Joseph & Betsey], b. Nov. 20, 1790	1	38
Betsey, m. Daniel PALMER, Sept. 21, 1808	1	39
Charles, [s. Joseph & Betsey], b. Sept. 5, 1807	1	38
Charles, Dr., of East Greenwich, R.I., m. Lucy Adams TRACY, of Lisbon, May 5, 1830, by Rev. Levi Nelson	1	38
Charles Henry, [s. Henry & Harriet C.], b. June 27, 1827	1	79
Eleazer, [s. Joseph & Betsey], b. Jan. 11, 1799	1	38
Eleazer, m. Polly CLARK, b. of Lisbon, Mar. 28, 1820, by Rev. Levi Nelson	1	45
Eleazer, [s. Eleazer & Polly], b. Jan. 3, 1821	1	45
Harriet B., [d. Henry & Harriet C.], b. July 25, 1825	1	79
Henry, [s. Joseph & Betsey], b. Apr. 2, 1801	1	38
Henry, of Lisbon, m. Harriet C. BENTLEY, of Norwich, Sept. 27, 1824, by David N. Bentley. Witness: Joseph Jewett	1	79
Jane E., [d. Thomas M. & Eliza], b. July 24, 1828	1	78
Joseph, b. Dec. 12, 1762	1	38
Joseph, m. Sally JOHNSON, Oct. 13, 1785	1	38
Joseph, m. Betsey KING, Mar. 4, 1790	1	38
Joseph, d. Dec. 7, 1831	1	38
Joseph Edwin, [s. Joseph K. & Abigail], b. Dec. 12, 1831	1	43
Joseph K., m. Abigail SIMONS, b. of Lisbon, Mar. 6, 1831, by Rev. Levi Nelson	1	43
Joseph King, [s. Joseph & Betsey], b. Dec. 18, 1802	1	38
Laban R., [s. Eleazer & Polly], b. Apr. 12, 1833	1	45
Lydia, [d. Joseph & Betsey], b. Dec. 26, 1794	1	38
Lydia, m. Hudson BOTTUM, Dec. 31, 1812	1	19
Lydia Bottum, [d. Joseph K. & Abigail], b. June 26, 1835	1	43
Marshall, [s. Eleazer & Polly], b. Oct. 22, 1831	1	45

	Vol.	Page
JEWETT, JEWITT, (cont.)		
Mary, [d. Eleazer & Polly], b. Apr. 12, 1823; d. Apr. 17, 1824	1	45
Polly, [d. Eleazer & Polly], d. Oct. 17, 1823	1	45
Sally, d. Joseph & Sally, b. Sept. 3, 1786; d. Mar. 18, 1787	1	38
Sally, w. Joseph, d. Nov. 18, 1786	1	38
Sally, [d. Joseph & Betsey], b. Dec. 25, 1792	1	38
Sally, m. William B. **DEXTER,** Oct. 29, 1816	1	39
Thomas M., of Lisbon, m. Eliza **GODFREY,** or Norwich, June 24, 1827, by Rev. Levi Nelson	1	78
Thomas M., Jr., [s. Thomas M. & Eliza], b. Oct. 10, 1830	1	78
Thomas Murdock, [s. Joseph & Betsey], b. Sept. 30, 1804	1	38
Washington, [s. Eleazer & Polly], b. July 5, 1830	1	45
William H., [s. Eleazer & Polly], b. Mar. 3, 1835; d. Oct. 31, 1836	1	45
——, [2nd d. Joseph & Betsey], b. Feb. 15, 1792; d. in about 48 h.	1	38
JILLSON, Samuel T., of Cumberland, R.I., m. Maria **DOUGLASS,** of Norwich, May 15, 1832, by Rev. Charles Hyde, of Norwich, at the house of Mr. William Sisson, Lisbon	1	88
JOHNSON, Charles Perkins, [s. Henry & Lydia], b. Feb. 9, 1823; d. Aug. 6, 1831	1	46
Ebenezer P., m. Eunice **PERIGO,** b. of Lisbon, Jan. 14, 1841, by Rev. Levi Nelson	1	54
Ebenezer P., laborer, married, d. Sept. [ ], 1870, ae 61 y.	3	80
Eliza, m. Jesse **WILLIAMS,** b. of Lisbon, June 24, 1828, by Rev. Levi Nelson	1	86
George, [s. Benjamin W.], b. Oct. 2, 1831	1	81
Henry, m. Lydia **MORGAN,** Mar. 9, 1819	1	46
Henry, Jr., [s. Henry & Lydia], b. Mar. 12, 1819	1	46
Henry, farmer, d. Sept. [ ], 1849, ae 57	2	6
Huldah B., [d. Nathan & Dimmis], b. Dec. 13, 1817	1	97
Huldah B., of Lisbon, m. Henry R. **ROBBINS,** of Norwich, Jan. 1, 1833, by Rev. Levi Nelson	1	78
James, of Griswold, m. Susannah **ADAMS,** of Lisbon, Feb. 7, 1837, by Rev. Levi Nelson	1	39
James H., of Franklin, m. Almira **RATHBURN,** of Lisbon, Nov. 1, 1835, by Rev. Levi Nelson	1	92
John S., m. Mariah **HARRIS,** Nov. 16, 1828, by Amos Read, Elder	1	88
Josiah Quincy, [s. Henry & Lydia], b. June 7, 1829	1	46
Lucy Bishop, [d. Henry & Lydia], b. Aug. 9, 1837, in Canterbury	1	46
Lydia M., single, d. June 25, 1863, ae 27 y.	3	77
Lydia Maria, [d. William A. & Lydia E.], b. July 24, 1835	1	72
Mary Elizabeth, [d. Henry & Lydia], b. July 3, 1837	1	46
Nathan, m. Dimmis **WILLIAMS,** b. of Lisbon, May 12, 1816, by Rev. Levi Nelson	1	97
Richard M., [s. Henry & Lydia], b. Apr. 19, 1834, in Canterbury	1	46
Sally, b. July 2, 1764	1	38
Sally, m. Joseph **JEWETT,** Oct. 13, 1785	1	38
Sally, m. Gurdon B. **PHILLIPS,** b. of Lisbon, Apr. 17, 1828, by Rev. Levi Nelson	1	86
Stephen Decatur, [s. Henry & Lydia], b. Jan. 29, 1821	1	46
William A., of Franklin, m. Lydia E. **LATHROP,** of Lisbon, Nov. 28, 1833, by Rev. Levi Nelson	1	72
Winslow, [s. Henry & Lydia], b. Aug. 27, 1831	1	46
JOIST, James, housekeeper, single, d. Oct. 11, 1860, ae 25	3	74

LISBON VITAL RECORDS

	Vol.	Page
JONES, Celinda K., m. Gurdon HAMILTON, Jr., b. of Norwich, Jan. 13, 1828, by Amos Read, Elder	1	83
JUDSON, Jane C., [d. Rev. Philo], d. Oct. 12, 1833	1	92
JUSTIN, Frances, child Hamlet, blacksmith, & Ruth, b. Jan. 31, 1849	2	5
Hemblet, m. Ruth C. SNOW, Sept. 3, 1843, by Levi C. Corning, J.P.	1	106
Julia E., d. Mar. 12, 1849, ae 2	2	6
Merabah, m. Testus APLY, b. of Canterbury, July 10, 1821, by Amos Read, Elder	1	44
KAZAR, Hannah, of Lisbon, m. Hugh ASHTON, of Blackburn, England, Sept. 20, 1829, by Rev. Herotio Waldo	1	67
KEABLES, William F., blacksmith, ae 19, of Lisbon, m. Sabra F. GIDDINGS, ae 21, July 9, 1848, by Rev. L. Nelson	2	1
KEIS, John, m. Maria ROBINSON, Nov. 25, 1826, by Rev. Andrew Lee	1	69
KEIZER, C[h]loe, of Lisbon, m. John PHILLIPS, of Preston, Mar. 16, 1803, by Nath[anie]l Lord, J.P., Preston	1	58
KELLY, Anna, ae 22, b. Liverpool, Eng., m. Albert M. RATHBUN, farmer, ae 20, b. Voluntown, Oct. 12, 1850, by Rev. Hunt	2	11
KENNEDY, James, b. Mansfield, d. Dec. 25, 1857, ae 5	3	71
James H., carpenter, b. Voluntown, res. Lisbon, d. Oct. 5, 1850, ae 47	2	12
James H., s. James H., mechanic, & Patty P., ae 39, b. Oct. 31, 1850	2	10
John, farmer, b. Voluntown, res. Lisbon, d. June 22, 1851, ae 74	2	12
Mary L., b. Griswold, d. Sept. 7, 1849, ae 73	2	9
KENT, Lydia, b. Sept. 19, 1752	1	34
Lydia, m. Jedediah BURNHAM, Apr. 27, 1779	1	34
KENYON, Jabez, m. Roxa MAYNARD, Nov. 28, 1849, by Rev. L. Nelson	2	4
KIMBALL, Dayton, of Preston, m. Susan DOW, of Plainfield, Oct. 20, 1825, by Rev. Levi Nelson	1	71
Ruth, m. Asa RATHBUN, Apr. 29, 1784	1	23
KING, Betsey, b. June 13, 1767	1	38
Betsey, m. Joseph JEWETT, Mar. 4, 1790	1	38
Joseph, m. Lydia CRESE, b. of Lisbon, July 29, 1824, by Rev. Levi Nelson	1	69
Joseph, d. June 22, 1830	1	69
Lucy, w. Joseph, d. Dec. 6, 1823	1	69
Miles, d. Sept. 2, 1860, ae 4 m.	3	74
KINGSLEY, KINSLEY, Hannah, d. Dec. 22, 1850, ae 75	2	12
Lydia, b. Dec. 4, 1813	1	48
Lydia, m. Edward D. THOMPSON, b. of Lisbon, Jan. 11, 1835, by Rev. Levi Nelson	1	52
Sally Eliza, b. Nov. 8, 1803	1	48
Samuel W., b. Feb. 18, 1799	1	48
Samuel W., m. Abby F. HULL, Oct. 2, 1823, by Erastus Kipley, Lebanon	1	65
Sam[ue]l W., single, d. July [ ], 1854, ae 53	3	67
KINNEY, Mercy, b. July 29, 1776	1	31
Thomas, m. Elizabeth HYDE, b. of Lisbon, Apr. 3, [1835], by Rev. George Perkins, Jewett City	1	55
KINSMAN, Jeremiah, b. Feb. 25, 1720	1	91
Jeremiah, m. Sarah THOMAS, Mar. 19, 1752	1	91
Jeremiah, Jr., [s. Jeremiah & Sarah], b. July 12, 1759; d. Jan. 1, 1832, [in Plainfield]	1	91

	Vol.	Page

KINSMAN, (cont.)
Jeremiah, Capt., d. June 24, 1801 — 1, 91
Jeremiah, of Plainfield, m. Mary LEE, of Windham, Dec. 12, 1827, by Andrew Lee — 1, 66
Joanna Fanning, [d. Jeremiah & Sarah], b. Nov. 19, 1756; d. July 7, 1819 — 1, 91
John, [s. Jeremiah & Sarah], b. May 7, 1753; d. Aug. 19, 1813, in Ohio — 1, 91
Joseph, [s. Jeremiah & Sarah], b. Jan. 15, 1755; d. Mar. 5, 1777 — 1, 91
Polly, b. Norwich, res. Lisbon, d. Feb. 2, 1851, ae 77 — 2, 12
Sally, m. Frederick PERKINS, Mar. 29, 1791 — 1, 16
Sarah, [twin with Thomas, Jr., d. Jeremiah & Sarah], b. Dec. 14, 1767 — 1, 91
Sarah, w. Jeremiah, d. Sept. 23, 1798 — 1, 91
Sarah, of Plainfield, m. Roswell ADAMS, of Lisbon, Feb. 7, 1810, by Rev. Joel Benedict, Plainfield — 1, 56
Tho[ma]s, [s. Jeremiah & Sarah], b. Aug. 31, 1764; d. Feb. 12, 1765 — 1, 91
Thomas, Jr., [twin with Sarah, s. Jeremiah & Sarah], b. Dec. 14, 1767 — 1, 91
Thomas, m. Polly TRACY, Oct. 13, 1802, by Rev. Henry Channing, of New London — 1, 47

KNIGHT, Adonijah, m. Ruby FARNHAM, Mar. 27, 1794 — 1, 36
Adonijah, d. June 24, 1807 — 1, 36
Anne Cahoon, [d. Daniel Whitman & Elizabeth], b. Aug. 20, 1788 — 1, 12
Crane, m. Margaret BUSHNELL, Jan. 23, 1794 — 1, 9
Daniel Whitman, m. Elizabeth CAHOON, Dec. 6, 1787 — 1, 12
David, m. Mary HALL, Apr. 28, 1789 — 1, 5
Earl, [s. Adonijah & Ruby], b. Oct. 24, 1795 — 1, 36
Lucius, b. Dec. 22, 1794 — 1, 25
W[illia]m, shoemaker, b. Stoneham, Mass., res. Lisbon, married, d. Dec. 22, 1864, ae 63 y. — 3, 78

LADD, George, s. Daniel, farmer, b. Jan. 14, 1851 — 2, 10

LAMPHERE, Clarissa, m. Henry J. EARL, b. of Lisbon, May 1, 1836, by Nathan Brewster, J.P. — 1, 76
Matilda, ae 21, m. Benjamin B. BAKER, butcher, ae 38, b. Dorchester, Mass., res. Colchester, Nov. 5, 1849, by Rev. C. D. Fillmore — 2, 4

LAPHAM, David, d. July 24, 1813 — 1, 36
Deborah, d. David & Mary, d. July 18, 1791 — 1, 36
Mary, d. Mar. 25, 1814 — 1, 36

LASEL, Patty, m. Jeremiah TRACY, May 19, 1785 — 1, 4

LATHAM, Abigail, m. Elisha P. POTTER, b. of Lisbon, Dec. 30, 1824, by Rev. Levi Nelson — 1, 72
Joseph B., carpenter, ae 22, b. Eastford, Ct., res. Ashford, m. Hannah Emeline CUTLER, ae 19, of Lisbon, [   ], 1850, by Comfort D. Fillmore — 2, 11

LATHROP, Ann E., m. Stephen A. FIELD, b. of Lisbon, Mar. 25, 1835, by Rev. Levi Nelson — 1, 66
Anna Esther, [d. Simon & Lydia], b. Oct. 13, 1816 — 1, 22
Appleton, laborer, single, d. Oct. 24, 1859, ae 70 — 3, 73
Charity, m. Freeman TRACY, May 17, 1796 — 1, 14
Daniel D., blacksmith, b. New Hampshire, res. Norwich, single, d. Nov. 29, 1859, ae 66 — 3, 73

LISBON VITAL RECORDS 215

	Vol.	Page
LATHROP, (cont.)		
Dyce, m. Jared FARNHAM, Feb. 19, 1817	1	51
Erastus, [s. Jared & Dyce], b. Dec. 1, 1817; d. Mar. 29, 1819	1	51
Harriet E., ae 21, b. in Norwich, m. Charles T. SMITH, wagonmaker, ae 20, b. in Franklin, res. of Franklin, Apr. 19, 1848, by Rev. Joseph Ayres	2	1
Harriet E., d. Oct. 3, 1875, ae 43 y.	3	82
Henry, m. Mary PALMER, Apr. 10, 1816	1	50
John B., farmer, b. Norwich, married, d. Sept. [ ], 1854, ae 54	3	67
Leverett Minor, [d. Simon & Lydia], b. May 7, 1819	1	22
Lydia E., of Lisbon, m. William A. JOHNSON, of Franklin, Nov. 28, 1833, by Rev. Levi Nelson	1	72
Lydia Elmira, [d. Simon & Lydia], b. Oct. 11, 1814	1	22
Mary K., [d. Henry & Mary], b. Mar. 18, 1817	1	50
Mary Maria, d. Solomon & Asenatha, b. Sept. 18, 1813	1	32
Rebecah, m. Russel[l] ROSE, Nov. 10, 1799	1	48
Rhoda Cordelia, [d. Simon & Lydia], b. June 15, 1821	1	22
Richard B., farmer, b. Norwich, married, d. Nov. 10, 1859, ae 34	3	73
Sarah, m. Benjamin CURTIN, Aug. 27, 1797	1	11
Simon, m. Lydia BOTTUM, Jan. 9, 1814	1	22
Simon, d. Jan. 31, 1849	1	22
Simon, mechanic, d. Jan. 31, 1849, ae 60	2	6
Solomon, d. [ ], 1853	3	68
LAWRENCE, Joanna, d. Apr. 24, 1851, ae 86	2	12
Lydia, m. Darius BOTTUM, b. of Lisbon, Feb. 14, 1788, by Andr[ew] Lee, Clerk	1	2
Orrila, m. Jedediah WATERS, b. of Lisbon, Hanover Society, Feb. 10, 1834, by Rev. Philo Judson, at Hanover	1	77
Samuel, [s. Solomon & Lydia], b. Dec. 22, 1794	1	24
Solomon, m. Lydia HAMILTON, Apr. 21, 1791	1	24
LAWTON, Lucretia, single, d. Aug. 30, 1856, ae 33	3	70
LEE, Abigail, w. Andrew, d. May 23, 1831	1	51
Abigail Williams, m. Stiles STANTON, June 2, 1828, by Rev. Andrew Lee	1	69
Andrew, Jr., [s. William & Nancy], b. Jan. 25, 1820	1	51
Andrew, Rev., d. Aug. 23, 1832	1	51
Eleanor Perkins, m. Frederick Fanning PERKINS, b. of Lisbon, Apr. 24, 1822, by Andrew Lee, Clerk	1	58
Elizabeth Williams, [d. William & Nancy], b. Mar. 17, 1813	1	51
Eunice H., m. Levi P. ROWLAND, b. of Lisbon, Feb. 3, 1835, by Rev. Daniel Waldo	1	80
Eunice Hall, [d. William & Nancy], b. Dec. 4, 1815	1	51
Lemira, m. Oliver HASTINGS, b. of Lisbon, May 11, 1823, by Andrew Lee, Clerk	1	65
Lucy Perkins, [d. William & Nancy], b. Jan. 4, 1825	1	51
Mary, of Windham, m. Jeremiah KINSMAN, of Plainfield, Dec. 12, 1827, by Andrew Lee	1	66
Nancy, [d. William & Nancy], b. Sept. 19, 1817	1	51
Nancy, m. Nathan P. BISHOP, b. of Lisbon, Feb. 16, 1840, by Rev. Joseph Ayer	1	100
Samuel Henry, [s. William & Nancy], b. Dec. 22, 1832	1	51
Tabitha, [d. William & Nancy], b. July 10, 1822	1	51
Tabitha B., of Lisbon, m. Moses GALLUP, of Plainfield, Nov. 17,		

	Vol.	Page
LEE, (cont.)		
1842, by Rev. Joseph Ayer, Jr.	1	104
William, m. Nancy **BINGHAM**, Apr. 9, 1812	1	51
W[illia]m, m. Thankful **AYER**, May 27, 1840, by Rev. Joseph Ayer, Jr.	1	99
William Storrs, [s. William & Nancy], b. Dec. 15, 1827	1	51
LEEDS, Thomas, b. June 26, 1809	1	31
LEFFINGWELL, Mary, of Montville, m. Caleb **READ**, of Lisbon, Sept. 6, 1804	1	60
LEONARD, Henry, of Plainfield, m. Phebe A. **DOW**, of Franklin, Mar. 18, 1824, by Rev. Levi Nelson	1	71
LESTER, Joseph P., m. Florina B. **STEVENS**, b. of Canterbury, Sept. 14, 1831, by Rev. Levi Nelson	1	42
LEWIS, Daniel L., m. Ann G. **STEERE**, b. of Lisbon, Oct. 12, 1840, by Rev. Levi Nelson	1	63
Esther, housewife, b. Coventry, R.I., res. Lisbon, married, d. Dec. 18, 1863, ae 71 y.	3	77
Frances M., housekeeper, married, d. Dec. 25, 1872, ae 51 y.	3	81
Jessee, farmer, b. Exeter, R.I., res. Lisbon, married, d. Dec. 19, 1863, ae 73 y.	3	77
Joseph B., of Norwich, m. Deborah **RATHBUN**, of Lisbon, Dec. 18, 1828, by Rev. Levi Nelson	1	85
LILLIBRIDGE, -----, child of Henry, farmer, ae 42, & Mary, ae 39, b. Feb. [ ], 1850	2	8
LOOMIS, Alvin, of Canterbury, m. Ruhamah **POTTER**, of Lisbon, Sept. 16, 1823, by Rev. Levi Nelson	1	40
Amos, of Norwich, m. Dolly S. **FULLER**, of Lisbon, Jan. 24, 1836, by Rev. Levi Nelson	1	50
Elizabeth W., d. Dalla S., farmer, ae 37, b. Sept. 15, 1850	2	13
LORD, Hannah, of Franklin, m. Asa **BINGHAM**, of Lisbon, Dec. 12, 1793, by And[re]w Lee, Clerk	1	6
Henry, of Franklin, m. Sally **BROOKS**, of Lisbon, May 20, 1822, by Andrew Lee, Clerk	1	60
Lucy, m. Samuel **BISHOP**, Jan. 3, 1792	1	17
Lynde, of Norwich, m. Priscilla **POTTER**, of Lisbon, Jan. 31, 1821, by Rev. Levi Nelson	1	34
Thomas, b. Dec. 19, 1801	1	25
LOVETT, Albert, [s. Jedediah, 2d, & Polly], b. Sept. 7, 1839	1	58
Albert H., clerk, single, d. June 12, 1864, ae 25 y.	3	78
Charity, w. Capt. Samuel, d. Feb. 20, 1831, ae 94	1	52
Charles E., [s. Julia Louisa Lyon], b. Aug. 31, 1862	1	74
Daniel B., m. Maria C. **BRUMLEY**, b. of Lisbon, Jan. 1, 1828, by Rev. Levi Nelson	1	82
Daniel Leonard, [s. Daniel B. & Maria C.], b. July 10, 1829	1	82
David B., [s. Jabez & Sabra], b. Aug. 15, 1807	1	64
George, [s. Samuel, Jr. & Joanna], b. May 21, 1812	1	30
George, of Parma, N.Y., m. Desire **SMITH**, of Canterbury, Aug. 6, 1838, by Rev. Joseph Ayer	1	95
Hannah Apphillia, [d. Samuel, 3d, & Elizabeth A.], b. Dec. 4, 1833	1	57
Henry, [s. Samuel], Jr. & Joanna], b. Aug. 4, 1814	1	30
Henry Barstow, [s. Daniel B. & Maria C.], b. Oct. 9, 1832	1	82
Herman L., [s. Julia Louisa Lyon], b. Mar. 29, 1860; d. Mar. 13, 1880	1	74

LISBON VITAL RECORDS

	Vol.	Page
LOVETT, (cont.)		
Jabez, m. Sabra **BRAMAN**, b. of Lisbon, Apr. 27, 1806, by Rev. Levi Nelson	1	64
Jabez, m. Lydia **BRAMAN**, b. of Lisbon, Jan. 30, 1823, by Andrew Lee, Clerk	1	64
Jabez, d. Aug. 1, 1833	1	64
Jedediah, [s. Samuel, Jr. & Joanna], b. May 15, 1810	1	30
Jedediah, 2d, m. Polly **RATHBUN**, b. of Lisbon, Jan. 1, 1835, by Rev. Levi Nelson	1	58
Joanna, [d. Samuel, Jr. & Joanna], b. Mar. 15, 1801	1	30
Joanna, Sr., d. Mar. 3, 1818	1	30
Joanna E., [d. Samuel, 3d, & Elizabeth A.], b. Oct. 26, 1831	1	57
John D., m. Olive **TUBBS**, b. of Lisbon, Nov. 7, 1842, by Rev. Levi Nelson	1	103
John Douglass, [s. Samuel, Jr. & Joanna], b. Sept. 12, 1807	1	30
John Duane, [s. Daniel B. & Maria C.], b. Jan. 15, 1831	1	82
Julia Louisa Lyon, [d. John & Loisa Lyon], d. Nov. 14, 1875	1	74
Lydia, w. Jabez, d. Oct. 16, 1824	1	64
Mary Jane, [d. Jedediah, 2d, & Polly], b. Oct. 10, 1835	1	58
Olive Perkins, [d. Samuel, Jr. & Joanna], b. July 14, 1817	1	30
Polly, d. Feb. 27, 1875, ae 64 y.	3	82
Ruby, [d. Samuel, Jr. & Joanna], b. Aug. 6, 1805	1	30
Ruby, m. Ebenezer **LYON**, b. of Lisbon, Nov. 20, 1843, by Rev. Levi Nelson	1	108
Sabra, w. Jabez, d. Oct. 4, 1809	1	64
Samuel, Jr., m. Joanna **PERKINS**, Jan. 1, 1796	1	30
Samuel, 3d, [s. Samuel, Jr. & Joanna], b. Nov. 29, 1798	1	30
Samuel, 3rd, m. Elizabeth A. **TRACY**, b. of Lisbon, Jan. 5, 1830, by Rev. Levi Nelson	1	57
Samuel, Capt., d. Aug. 1, 1831, ae 96	1	52
Samuel Kinsman, [s. Samuel, 3d, & Elizabeth A.], b. June 12, 1840	1	57
Samuel S., [s. Jabez & Sabra], b. May 27, 1809; d. Feb. 22, 1810	1	64
Simon Perkins, [s. Samuel, Jr. & Joanna], b. July 11, 1803	1	30
-----, [s. Samuel, Jr. & Joanna], b. Nov. 18, [ ]; d. Jan. 9, 1797	1	30
LYNCH, Michael, b. Ireland, res. Lisbon, d. Mar. 5, 1849, ae 43	2	6
Patrick, b. Ireland, res. Lisbon, single, d. Oct. 15, 1857, ae 21	3	71
LYON, Carrie B., d. Sept. 13, 1862, ae 1 d.	3	76
Charles, b. Mar. 26, 1803	1	48
Charles Edwin, [s. John & Loisa], b. Feb. 21, 1838; d. Nov. 12, 1899	1	74
Dwight A., [s. John & Loisa], b. Jan. 8, 1834; d. Jan. 24, 1898	1	74
Ebenezer, m. Lydia Hyde **WATERS**, b. of Lisbon, Feb. 21, 1822, by Andrew Lee, Clerk	1	54
Ebenezer, m. Ruby **LOVETT**, b. of Lisbon, Nov. 20, 1843, by Rev. Levi Nelson	1	108
Eunice, b. Jan. 14, 1807	1	48
George, b. Apr. 5, 1805	1	48
George, m. Marandy **WATERS**, Oct. 14, 1827, by Andrew Lee	1	80
George W., of Canterbury, m. Mary Ann **BOTTOM**, of Lisbon, Mar. 22, 1842, by Comfort D. Fillmore, Dea.	1	89
Harriet, [d. John & Loisa], b. Dec. 3, 1826	1	74
Henry, [s. John & Loisa], b. Feb. 29, 1832	1	74
John, m. Loisa **RATHBURN**, b. of Lisbon, Feb. 16, 1826, by Rev. Levi Nelson	1	74

	Vol.	Page
LYON, (cont.)		
John Leach, [s. Ebenezer & Lydia Hyde], b. July 13, 1823	1	54
John Lyman, [s. George & Marandy], b. Feb. 17, 1832	1	80
Joseph L., farmer, b. Canterbury, d. Aug. 4, 1850, ae 74	2	9
Joseph Leach, [s. George & Marandy], b. May 5, 1830	1	80
Julia Louisa, [d. John & Loisa], b. June 17, 1840	1	74
Lydia Jane, [d. John & Loisa], b. Dec. 15, 1844	1	74
Lydia Lucyette, [d. Ebenezer & Lydia Hyde], b. July 18, 1825	1	54
Lydia Lucy M., of Lisbon, m. George G. **WILCOX**, of New London, Oct. 30, 1843, by Rev. Joseph Ayer, Jr.	1	108
Marian, m. John Frances **ADAMS**, Oct. 13, 1824, by Andrew Lee, Clerk	1	69
Nelson Alonzo, [s. Ebenezer & Lucy Hyde], b. Feb. 4, 1836	1	54
Sarah, of Lisbon, m. Elijah A. **WILLIAMS**, of Canterbury, Sept. 30, 1832, by Rev. Levi Nelson	1	67
Susannah, [d. John & Loisa], b. Dec. 13, 1828	1	74
-----, s. Alexander, farmer, ae 38, & Zerviah M., ae 32, b. July 31, 1851	2	10
MACHUE, Sarah Jane, d. Patrick, manufacturer, ae 25, & El[l]en, ae 23, b. Feb. 26, 1848	2	2
MACK, Bridget, ae 22, m. Mich[a]el **RYAN**, laborer, ae 27, b. Ireland, res. Lisbon, Aug. 3, 1851, by Rev. E. W. Robinson	2	11
MALASON, George, m. Rebecca **WILSON**, June 3, 1796	1	5
Sibbel Augusta, b. Jan. 25, 1812	1	24
MANNING, Luther, m. Lydia **BURNHAM**, Jan. 10, 1810	1	34
Lydia, d. Dec. 11, 1811	1	34
Lydia Burnham, [d. Luther & Lydia], b. Dec. 11, 1811; d. Sept. 9, 1812	1	34
MARYOTT, MARIOT, Ann, [d. James & Lucinda], b. Apr. 22, 1835	1	62
Charles, [s. James & Lucinda], b. Sept. 10, 1839	1	62
Elizabeth Collins, [d. Henry & Frances], b. Sept. 30, 1820	1	60
Emily Maria, [d. James & Lucinda], b. Dec. 10, 1832	1	62
Frances, m. Simeon L. **ROSE**, b. of Lisbon, May 14, 1833, by Rev. Levi Nelson	1	82
Frances, [s. Henry & Frances], b. [ ], in Griswold	1	60
Harriet N., [d. James & Lucinda], b. Nov. 28, 1823	1	62
Henry, m. Frances **STANTON**, [ ]	1	60
Henry Collins, [s. Henry & Frances], b. Nov. 14, 1816; d. Aug. 30, 1818	1	60
Ichabod Burnham, b. Aug. 4, 1810	1	26
James, of Hopkinton, R.I., m. Lucinda **TRACY**, of Lisbon, Nov. 28, 1822, by Rev. Levi Nelson	1	62
James, [s. James & Lucinda], b. Mar. 23, 1826	1	62
Lucy, [d. James & Lucinda], b. May 24, 1828	1	62
Lydia, d. Henry & Frances, b. Apr. 10, 1810	1	26
Lydia, [d. Henry & Frances], b. Apr. 10, 1810	1	60
Olive, [d. Henry & Frances], b. Mar. 30, 1818	1	60
Sarah, [d. James & Lucinda], b. Sept. 3, 1830	1	62
Thomas, [s. James & Lucinda], b. Apr. 4, 1837	1	62
William Champlain, b. Dec. 9, 1808	1	26
MATHEWSON, Andrew, carpenter, ae 22, b. W. Greenwich, R.I., res. Canterbury, m. Jane C. **RATHBOURN**, ae 19, b. Voluntown, res. Lisbon, Oct. 20, 1850, by Rev. Emerson	2	11

LISBON VITAL RECORDS 219

Page

MATHEWSON, (cont.)
Jeffrey, d. Nov. 10, 1833   1   89
Phillip, [s. Bucklin & Cifuentis(?)], b. Dec. 26, 1828   1   89
Robert K., farmer, married, d. Apr. 4, 1860, ae 32   3   74
Robert Knight, [s. Bucklin & Cifuentis(?)], b. Sept. 22, 1827   1   89
Sarah Harris, [d. Bucklin & Cifuentis(?)], b. June 2, 1826, in
     Wickford, R.I.   1   89
MA[Y]NARD, Mary F., ae 17, m. John C. BUSHNELL, farmer, ae 27, b.
     in Norwich, res. of Lisbon, June 18, 1848, by Rev. L. Nelson   2   1
Roxa, m. Jabez KENYON, Nov. 28, 1849, by Rev. L. Nelson   2   4
McDANIEL, Charles, farmer, b. Ireland, res. Lisbon, d. Oct. 24, 1849, ae
     38   2   6
McGAVIN, Hugh, laborer, b. Ireland, res. Lisbon, single, d. Dec. [ ],
     1865, ae 88   3   79
McMULLEN, Honora, d. Feb. 21, 1861, ae 8 m.   3   75
MEECH, Harriet M., of Lisbon, m. Luther S. YERRINGTON, of
     Norwich, Mar. 17, 1841, by Rev. Levi Nelson   1   101
Lydia, m. A[a]ron STEVENS, Jr., b. of Lisbon, Oct. 7, 1824, by
     Rev. Levi Nelson   1   71
Sarah, m. Silas READ, b. of Lisbon, Oct. 4, 1826, by Rev. Levi
     Nelson   1   76
MELL, Clarence H., d. June 6, 1861, ae 2   3   75
MELLSOP, Dudama Louisa, d. Thomas & Susan, ae 44, b. Oct. 15, 1849   2   8
MERRORS, Samuel, b. Nov. 24, 1781   1   31
Susanna, b. Aug. 3, 1779   1   31
MILLER, Erastus, b. Jan. 23, 1770   1   55
Edward M., [s. Samuel D.], b. Sept. 6, 1834, in Plainfield   1   88
MINGO, Anna, [d. Aaron], b. Mar. 28, 1787   1   25
Cato, m. Jennie HURLBERT, Mar. 17, 1808   1   22
John, s. Aaron, b. July 14, 1779   1   25
Jonathan, [s. Aaron], b. Nov. 13, 1782   1   25
Polly, m. Ambros[e] BELDEN, July 28, 1793   1   12
Sabra, [d. Aaron], b. Oct. 12,1789   1   25
Sally, [d. Aaron], b. Feb. 4, 1785   1   25
MINOR, Philo S., of Hebron, m. Sophia L. POLLEY, of Lisbon, Oct. 14,
     1834, by Rev. Levi Nelson   1   40
MORAN, John, factory operative, b. Ireland, res. Lisbon, married, d. Apr.
     18, 1861, ae 28   3   75
MORGAN, Edward, m. Thedo STEAVENS, Dec. 23, 1789   1   13
Elisha, m. Olive COIT, b. of Preston, June 6, 1771   1   1
Elisha, Jr., [s. Elisha & Olive], b. Mar. 14, 1772   1   1
Elisha, Dr., of Cincinnati, Ohio, m. Catharine COIT, of Plainfield,
     Sept. 19, 1836, by Rev. Levi Nelson   1   6
Elizabeth, [d. Elisha & Olive], b. July 12, 1799   1   1
Emmilla, [d. Edward & Thedo], b. Aug. 6, 1811   1   13
Eunice, [d. Elisha & Olive], b. May 4, 1779   1   1
Eunice, of Lisbon, m. Levi GLEZEN, of Sheffield, Mass., Oct. 14,
     1827, by Rev. Levi Nelson   1   80
George Washington, [s. William], b. Apr. 6, 1830   1   20
Hannah, m. Jesse TRACY, Dec. 30, 1807   1   11
Harriet, [d. Elisha & Olive], b. Nov. 27, 1791   1   1
Harriet, m. Ebenezer ALLEN, b. of Lisbon, Nov. 21, 1821, by Rev.
     Levi Nelson   1   37

	Vol.	Page
MORGAN, (cont.)		
Joanna, [d. Elisha & Olive], b. Apr. 20, 1795	1	1
John Adams, of Canterbury, m. Aurilla **WATERS**, of Lisbon, Aug. 9, 1821, by Andrew Lee, Clerk	1	44
Josiah, of New London, m. Elizabeth K. **SMITH**, of Lisbon, Oct. 29, 1843, by Comfort D. Fillmore, Dea.	1	108
Juliaette, [d. Elisha & Olive], b. Apr. 24, 1797	1	1
Juliet, m. Barnabus **HUNTINGTON**, Jr., b. of Lisbon, Oct. 13, 1823, by Rev. Levi Nelson	1	66
Laura, m. James **BOTTOM**, Nov. 27, 1811	1	40
Lydia, [d. Elisha & Olive], b. Aug. 21, 1781	1	1
Lydia, [d. Edward & Thedo], b. Aug. 23, 1798	1	13
Lydia, m. Henry **JOHNSON**, Mar. 9, 1819	1	46
Martha, [d. Elisha & Olive], b. Apr. 21, 1786	1	1
Mary, [d. Elisha & Olive], b. Aug. 28, 1784	1	1
Olive, [d. Elisha & Olive], b. Sept. 2, 1774	1	1
Olive, of Lisbon, m. Walter **FITCH**, of Worthington, June 20, 1800	1	1
Orray, [child of Edward & Thedo], b. Aug. 4, 1789	1	13
Rhoda, m. Tyler **BROWN**, Feb. 22, 1810, by Lemuel Tylor	1	32
Sam[ue]ll, [s. Elisha & Olive], b. Aug. 15, 1788	1	1
Sarah, [d. Elisha & Olive], b. Dec. 28, 1776	1	1
Shadrack, [s. Edward & Thedo], b. Apr. 6, 1800	1	13
Sophia, m. Henry **PRENTICE**, b. of Lisbon, Dec. 28, 1806	1	52
MORSE, Adaline, b. Nov. 2, 1803; d. Oct. [ ], 1805	1	28
Clark, b. Feb. 8, 1801	1	28
Dillis, of Canterbury, m. Sally **RATHBURN**, of Lisbon, June 27, 1824, by Rev. Levi Nelson	1	70
Eliza, b. May 15, 1796	1	28
Ellen, [d. Dillis & Sally], b. June 8, 1824	1	70
Fanny, b. May 22, 1793	1	28
Meriam, b. Sept. 19, 1799	1	28
Sophia, b. Norwich, single, d. Sept. [ ], 1854, ae 65	3	67
Tyler, b. Nov. 5, 1797	1	28
MORY, MOREY, Catharine, of Lisbon, m. Samuel S. **BROWNING**, of South Kingston, R.I., Nov. 29, 1821, by Rev. Levi Nelson	1	46
Ephraim B., m. Emily **BRAMAN**, b. of Lisbon, Feb. 20, 1821, by Rev. Levi Nelson	1	44
Joseph, [s. Ephraim B. & Emily], b. Dec. 13, 1821	1	44
Robert, b. Newport, R.I., d. Nov. 3, 1849, ae 91	2	9
Sarah, of Lisbon, m. Tho[ma]s J. **CLARK**, of Canterbury, Mar. 23, 1826, by Rev. Levi Nelson	1	81
MOSELEY, George Frederick, [s. Luciuc H.], b. Mar. 1, 1833	1	84
MULKINS, Sarah, of Preston, m. Elisha **HAGER**, of Lisbon, Dec. 16, 1789	1	8
MULLEN, Thomas, single, d. June 22, 1860, ae 1	3	74
MURPHY, Julia, b. Ireland, res. Griswold, widow, d. Mar. 1, 1868, ae 72	3	80
Mary, d. Jan. 26, 1859, ae 14 y.	3	73
NEFF, Marina, of Windham, m. Jason **SMITH**, of Canterbury, Apr. 1, 1832, by Rev. Barnabus Phinney	1	68
NELSON, Anna T., of Lisbon, m. David S. **NELSON**, of New Glocester, Me., Jan. 29, 1826, by Rev. Levi Nelson	1	74
Anna Tyler, d. Levi & Abigail, b. Sept. 29, 1806	1	19
David S., of New Glocester, Me., m. Anna T. **NELSON**, of Lisbon,		

LISBON VITAL RECORDS

	Vol.	Page
NELSON, (cont.)		
Jan. 29, 1826, by Rev. Levi Nelson	1	74
Levi, Rev. m. Mary HALE, Aug. 31, 1809	1	19
Levi, clergyman, b. Milford, Mass., res. Lisbon, widower, d. Dec. 18, 1855, ae 71	3	69
Levi M., of New Glocester, Me., m. Louisa GORDON, of Lisbon, Oct. 29, 1827, by Rev. Levi Nelson	1	80
Mary H., b. Coventry, res. Lisbon, d. May 2, 1851, ae 68	2	12
Seth, Jr., m. Sophia ASPENWALL, Oct. 23, 1810	1	20
NICHOLS, Willie, scholar, b. Colchester, res. Lisbon, d. Apr. 12, 1870, ae 15 y.	3	80
NOBLES, Norman, of Pittsfield, Mass., m. Eleanor F. GORDON, of Lisbon, May 3, 1838, by Rev. Joseph Ayer	1	95
NORRIS, Joseph M., of Enfield, m. Ruth THOMPSON, of Norwich, May 3, 1842, by Dea. Comfort D. Fillmore	1	102
NORTH[R]UP, George, of Griswold, m. Rebecca H. TRACY, of Lisbon, Dec. 7, 1824, by Rev. Levi Nelson	1	61
NOYES, NOYCE, Barker W., s. Robert B., farmer, b. Apr. 3, 1851	2	10
Margaret, housekeeper, widowed, d. July 16, 1871, ae 80	3	81
Mary Elizabeth, [d. Barker, of R.I.], b. Jan. 19, 1832, in Lisbon	1	55
William B., d. (?) John D., farmer, b. Feb. 17, 1851	2	10
OBENEAR, OBENEUR, Isabella, b. Norwich, single, d. Dec. 13, 1856, ae 21	3	70
Martin, farmer, b. Germany, res. Lisbon, married, d. June 15, 1860, ae 78	3	74
OCKNEY, OCKEY, [see also ORKERY], Allen H., m. Mary E. FAGINS, b. of Lisbon, [ ], by Rev. Joseph Ayer, Jr. Recorded Jan. 4, 1845	1	111
Sarah Jane, d. William, farmer, black, of Canterbury, & Hannah, b. Jan. 10, 1848	2	2
O'DONOVAN, Jeremiah, b. Norwich, res. Lisbon, d. Dec. 12, 1860, ae 2	3	74
OLIN, Susanna, m. Thomas PHILLIPS, b. of Griswold, Sept. 21, 1825, by Amos Read, Elder	1	71
ORKERY, [see also OCKNEY], Levi, of Lisbon, m. Fanny A. DARROW, of Lyme, Sept. 6, 1835, by Rev. Levi Nelson	1	70
ORSBORN, Martha L., m. Peter BARRET, b. of Lisbon, Nov. 18, 1822, by Andrew Lee, Clerk	1	62
OXFORD, Daffa, m. Mint JAGANS, Dec. 29, 1793	1	21
[PAINE], PAYNE, Betsey, m. Charles PERKINS, Oct. 26, 1812	1	48
PALMER, Amos F., teacher, b. Stonington, res. Lisbon, married, d. June 6, 1870, ae 27	3	80
Benj[ami]n W., farmer, b. Voluntown, res. Lisbon, widowed, d. July 14, 1873, ae 60 y.	3	81
Betsey A., housekeeper, married, d. Dec. 1, 1871, ae 52 y.	3	81
Charles, [s. Daniel & Betsey], b. May 17, 1826, at Norwich	1	39
Charles, of Preston, m. Lucy A. HYDE, of Lisbon, Dec. 12, 1842, by Rev. Levi Nelson	1	104
Daniel, b. July 17, 1783	1	39
Daniel, m. Betsey JEWETT, Sept. 21, 1808	1	39
Daniel, Jr., [s. Daniel & Betsey], b. May 22, 1829	1	39
Dora, teacher, single, d. June 6, 1871, ae 22 y.	3	81
Eleazer Jewett, [s. Daniel & Betsey], b. Mar. 8, 1818; d. Oct. 20, 1822	1	39

BARBOUR COLLECTION

	Vol.	Page
PALMER, (cont.)		
Eleazer Jewett, 2d, [s. Daniel & Betsey], b. Sept. 30, 1823, at Norwich; d. Sept. 21, 1824, at Norwich	1	39
Eliza, [d. Daniel & Betsey], b. Sept. 30, 1809, at New London	1	39
Emelia, m. Elder Amos **READ**, b. of Lisbon, June 28, 1831, by Rev. Levi Nelson	1	27
Hamden, [s. Daniel & Betsey], b. Nov. 18, 1811, at Griswold	1	39
Irving, laborer, single, d. Sept. 17, 1859, ae 16	3	73
Jared Benjamin, [s. Asher], b. Dec. 17, 1831	1	90
Lucy, m. Lester **HYDE**, b. of Lisbon, Jan. 25, 1827, by Rev. Levi Nelson	1	77a
Lucy King, [d. Daniel & Betsey], b. Dec. 15, 1813, at Griswold	1	39
Maria E., teacher, single, d. Dec. 29, 1870, ae 24	3	80
Mary, m. Henry **LATHROP**, Apr. 10, 1816	1	50
Mary Kingsbury, [d. Daniel & Betsey], b. Dec. 23, 1815	1	39
Nathan, farmer, b. Voluntown, res. Lisbon, married, d. Apr. 2, 1868, ae 80 y.	3	80
Sarah, housekeeper, married, d. Feb. 3, 1870, ae 78 y.	3	80
Tones, m. Elsie Ann **WILBUR**, b. of Lisbon, July 5, 1841, by Rev. Joseph Ayer, Jr. (*Perhaps "Fones"?)	1	101
William M., m. Elizabeth **TRACY**, b. of Lisbon, Jan. 9, 1843, by Rev. Levi Nelson	1	105
-----, male, d. Nov. 15, 1873, ae 4 d.	3	81
PARK, PARKS, Charles H., s. Charles, farmer, b. Apr. 14, 1849	2	5
Dimmis, m. Asa **WILLIAMS**, b. of Preston, Sept. 26, 1799, by Elias Brown, J.P., in Preston	1	97
PARKER, Elizabeth, b. Jan. 14, 1817	1	40
John, laborer, b. Plainfield, res. Lisbon, single, d. Oct. 27, 1862, ae 18	3	76
Rebecca, m. Asael **BOTTOM**, May 29, 1788, Mansfield	1	3
PARKHURST, Lottie, d. June 14, 1868, ae 14 y.	3	80
[PARRISH], PARISH, Erastus, m. Anise **ELDREDGE**, b. of Canterbury, Oct. 15, 1823, by Rev. Levi Nelson	1	66
PARTRIDGE, Asa, d. May 31, 1822	1	48
Eliphal, w. Asa, d. Oct. 16, 1817	1	48
Eliza Ann, sister to Samuel, d. Jan. 5, 1832	1	73
Eliza Maria, [d. Samuel], b. Mar. 28, 1824	1	73
Elizabeth, [d. Cyrus], b. June 22, 1821, in Griswold	1	60
Elizabeth, of Lisbon, m. Eleazer **BUSHNELL**, of Norwich, Nov. 18, 1839, by Rev. Levi Nelson	1	98
Emeline H., housekeeper, b. Lisbon, res. Griswold, married, d. Dec. 18, 1867, ae 33 y.	3	79
Faith Bingham, [d. Samuel], b. June 25, 1822	1	73
Frances Adeline, [d. Samuel], b. Mar. 14, 1826	1	73
Frederick Pearl, [s. Samuel], b. Mar. 20, 1820	1	73
George Lester, [s. Samuel], b. Mar. 18, 1830	1	73
Mary, of Lisbon, m. William **SPICER**, of Canterbury, Dec. 7, 1834, by Rev. Levi Nelson	1	5
Mary Ann, [d. Cyrus], b. Aug. 2, 1823, in Griswold	1	60
Samuel, stovemaker, b. Griswold, res. Lisbon, widowed, d. Apr. [ ], 1864, ae 72	3	78
PAYNE, [see under **PAINE**]		
PECK, Newton, of Canterbury, m. Frances **ADAMS**, Sept. 12, 1836, by		

LISBON VITAL RECORDS 223

	Vol.	Page
PECK, (cont.)		
Rev. Levi Nelson	1	75
Sarah, m. Elijah **READ**, Jan. 3, 1805	1	20
PECKHAM, Andrew Clark, [s. Samuel, Jr. & Peggy], b. July 30, 1821, in Lisbon	1	50
John Brown, [s. Samuel, Jr. & Peggy], b. Mar. 25, 1828	1	50
Nancy, of Lisbon, m. Benjamin C. **GREEN**, of Griswold, May 27, 1827, by Amos Read, Elder	1	78
Nathan Brown, [s. Samuel, Jr. & Peggy], b. Nov. 25, 1812; in Hopkinton, R.I.	1	50
Peleg, [s. Samuel, Jr. & Peggy], b. June 26, 1818; in Hopkinton, R.I.	1	50
Samuel, Jr., m. Peggy **BROWN**, d. of Capt. Nathan, Nov. 8, 1807, by B. Lawton, J.P., Wickford. Witnesses: Daniel Thomas, John Slocum	1	50
Samuel Stanton, [s. Samuel, Jr. & Peggy], b. Apr. 8, 1811, in Hopkinton, R.I.	1	50
William Abijah, [s. Samuel, Jr. & Peggy], d. Sept. 14, 1832, ae 1 y. 10 m.	1	50
PENARY, Joanna, m. Comfort **EAMES**, Nov. 25, 1789	1	8
PERIGO, PEREGO, Caroline, b. Feb. 14, 1811	1	36
Ebenezer, m. Mary **RUDE**, [ ]	1	22
Eunice, b. Aug. 29, 1806	1	36
Eunice, m. Ebenezer P. **JOHNSON**, b. of Lisbon, Jan. 14, 1841, by Rev. Levi Nelson	1	54
George, m. Anna **TUBBS**, Mar. 7, 1793	1	18
Gurdon, [s. George & Anna], b. Sept. 1, 1793	1	18
John, b. Apr. 5, 1813	1	36
Mary, [d. George & Anna], b. July 29, 1801	1	18
Mary, m. Archibald **TRACY**, Feb. 4, 1807	1	88
Mary, m. Chester **RATHBURN**, Sept. 8, 1822, by Amos Read, Elder	1	61
Nancy, [d. George & Anna], b. Aug. 2, 1794; d. Nov. 2, 1795	1	18
Nancy, 2d, [d. George & Anna], b. Apr. 10, 1796	1	18
Orrin, b. Mar. 15, 1804	1	36
Philura, [d. George & Anna], b. Nov. 28, 1797	1	18
Sally, m. Ezekiel **JAMES**, Mar. 6, 1798, by Rev. Andrew Lee	1	74
Sally, [d. George & Anna], b. Nov. 16, 1799	1	18
Sarah, of Lisbon, m. Asa **RATHBUN**, of Woodstock, Oct. 16, 1832, by Rev. Levi Nelson	1	78
Susanna, b. Dec. 2, 1808	1	36
PERKINS, Abigail, m. Barnabus **HUNTINGTON**, Nov. 13, 1788	1	7
Abigail, w. Joshua, d. Apr. 6, 1825	1	74
Abigail Bishop, [d. Charles & Betsey], b. Sept. 3, 1828	1	48
Abijah, [s. Milton M. & Josephine L.], b. June 22, 1833	1	73
Aletha, m. Benjamin **BURNHAM**, Jr., Jan. 26, 1792	1	15
Alfred James, [s. Frederick & Lucy], b. Mar. 31, 1807	1	16
Arthur Lewis, s. Jonathan, farmer, ae 37, & Mary, ae 32, b. Nov. 24, 1850	2	10
Charles, m. Betsey **PAYNE**, Oct. 26, 1812	1	48
Charles Albert, b. Hanover Soc., d. Oct. 24, 1850; ae 3 1/2 m.	2	9
Daniel Bishop, b. Nov. [ ], 1777	1	49
Daniel Bishop, d. June 10, 1848, ae 70	2	3

PERKINS, (cont.)

	Vol.	Page
Edward Eldredge, [s. Frederick Fanning & Eleanor Perkins], b. Oct. 30, 1833	1	58
Eliza Maria, [d. Abijah & Olive], b. Mar. 17, 1802	1	16
Elizabeth, [d. Charles & Betsey], b. May 28, 1816	1	48
Elizabeth, of Lisbon, m. John P. CHAMBERLIN, of Cincinnati, O., Aug. 3, 1841, by Rev. Joseph Ayer, Jr.	1	102
Frederick, m. Sally KINSMAN, Mar. 29, 1791	1	16
Frederick, m. Lucy ELDREDGE, Nov. 18, 1798	1	16
Frederick Fanning, [s. Frederick & Lucy], b. Oct. 30, 1799	1	16
Frederick Fanning, m. Eleanor Perkins LEE, b. of Lisbon, Apr. 24, 1822, by Andrew Lee, Clerk	1	58
James Eldredge, [s. Frederick & Lucy], b. Feb. 3, 1802; d. May 28, 1803	1	16
Joanna, m. Samuel LOVETT, Jr., Jan. 1, 1796	1	30
John Abijah, [s. Abijah & Olive], b. Jan. 15, 1809	1	16
Jonathan, [s. Charles & Betsey], b. May 15, 1814	1	48
Jonathan, farmer, ae 34, of Lisbon, m. 2d w. Mary F. HEBBARD, ae 20, of Lisbon, Apr. 11, 1848, by Rev. Levi Nelson	2	1
Joshua, [s. Charles & Betsey], b. Apr. 16, 1818	1	48
Joshua, of Lisbon, m. Amy SHEPARD, of [Plainfield], July 10, 1826, by Rev. Orin Fowler, Plainfield	1	74
Joshua, d. Nov. 13, 1832, ae 92	1	74
Lucy G., of Lisbon, m. William TRACY, of Utica, N.Y., May 23, 1831, by Rev. Barnabus Phinney	1	44
Lucy Gallup, [d. Frederick & Lucy], b. May 6, 1804	1	16
Marian, m. Chancy FENTON, Jan. 13, 1829, by Andrew Lee, Clerk	1	69
Mary Ann, [d. Abijah & Olive], b. Feb. 17, 1804	1	16
Milton M., m. Josephine L. TIBBETTS, b. of Lisbon, May 27, 1832, by Ebenezer Allen, J.P.	1	73
Milton Manning, s. Abijah & Olive, b. Oct. 16, 1800	1	16
Olive, [d. Charles & Betsey], b. Dec. 17, 1819; d. Sept. 18, 1826	1	48
Pheletus, m. Lydia PORTER, Apr. 6, 1806	1	16
Sally, [w. Frederick], d. Apr. 10, 1798	1	16
Sally Ann, [d. Pheletus & Lydia], b. May 19, 1807	1	16
Sarah, w. Frederick, d. Jeremiah [& Sarah Kinsman], d. Apr. 10, 1798	1	91
Susan, of Lisbon, m. Asahel ADGET, of Montville, Dec. 12, 1826, by Rev. Levi Nelson	1	77a
William Tracy, [s. Frederick Fanning & Eleanor Perkins], b. Aug. 1, 1832; d. Nov. 22, 1832	1	58
-----, female, single, d. Mar. 28, 1854	3	67
PERRY, Lydia Ann, m. Merrell ALLEN, farmer, b. Canterbury, res. Canterbury, Sept. 2, 1850, by Rev. E. W. Robinson	2	11
*-----, s. James B., blacksmith, ae 27, & Adaline, ae 25, b. July 15, 1849 (*correction (Julian Edgar), see copy of affidavit on following page of this manuscript)	2	5
PETERS, Eveline, [d. Sam[ue]ll & Huldah], b. Oct. 9, 1806	1	18
Julia, of Colchester, Conn., m. Frederic HARDEN, of New Norwich, Mass., June 6, 1824, by Joseph Jewett, J.P.	1	71
Sam[ue]ll, m. Huldah CEERA, Feb. 23, 1806	1	18
PHILLIPS, Abby Ann, [d. Stanton & Abby], b. Mar. 13, 1821	1	23
Abby Ann, of Lisbon, m. W. W. ROSS, of Stonington, Jan. 1, 1839,		

	Vol.	Page
PHILLIPS, (cont.)		
by Rev. Levi Nelson	1	96
Alton Edwin, [s. Henry B. & Betsey], b. June 25, 1838	1	38
Betsey Ann, [d. Henry B. & Betsey], b. June 22, 1843	1	38
Charles Barnard, d. Jan. 14, 1857, ae 1	3	71
Clarissa Fuller, [d. Gurdon B. & Sally], b. Oct. [ ], 1837	1	86
Eliza Jane, [d. Stanton & Abby], b. Mar. 16, 1830	1	23
Eliza Maria, [d. Henry B. & Betsey], b. Oct. 2, 1831	1	38
Elizabeth, of Lisbon, m. John **SMITH**, of Sandbornton, N.H., Nov. 24, 1831, by Amos Read, Eld[e]r	1	61
Elizabeth Kingsley, [d. John & Cloe], b. Mar. 28, 1814	1	58
George Atmore, [s. John & Cloe], b. Aug. 27, 1811	1	58
Gurdon B., m. Sally **JOHNSON**, b. of Lisbon, Apr. 17, 1828, by Rev. Levi Nelson	1	86
Gurdon Benjamin, [s. John & Cloe], b. July 7, 1807	1	58
Gurdon, Francis, [s. Gurdon B. & Sally], b. Aug. 2, 1828	1	86
Henry B., of Lisbon, m. Betsey **SULLIVAN**, of Griswold, Nov. 25, 1830, by Amos Read, Elder	1	38
Henry Bishop, [s. John & Cloe], b. May 27, 1809	1	58
James Henry, [s. Gurdon B. & Sally], b. Oct. 7, 1830	1	86
Jerusha Buddington, [d. John & Cloe], b. Mar. 3, 1824	1	58
John, of Preston, m. Cloe **KEIZER**, of Lisbon, Mar. 16, 1803, by Nath[anie]l Lord, J.P., Preston	1	58
John Frances, [s. John & Cloe], b. Nov. 1, 1805	1	58
Joseph H., m. Lydia Ann **HALL**, b. of Lisbon, July 4, 1839, by Henry R. Robbins, J.P.	1	98
Joseph Hebbard, [s. John & Cloe], b. Nov. 28, 1819	1	58
Lester Stanton, [s. Stanton & Abby], b. July 3, 1818	1	23
Mary Dimmis, d. Gurdon B. & Sally, b. June 17, 1833; d. Oct. 10, 1834	1	86
Mary Dimis, [d. Henry B. & Betsey], b. Mar. 9, 1836	1	38
Olive A., of Lisbon, m. Abel N. **ROGERS**, of Lyme, Jan. 3, 1836, by Rev. Levi Nelson	1	40
Olive Abbott, [d. John & Cloe], b. Dec. 15, 1816	1	58
Sarah Jane, [d. Henry B. & Betsey], b. Mar. 22, 1833	1	38
Sophronia, housekeeper, married, d. Dec. 3, 1857, ae 37	3	71
Stanton, m. Abby **HAGOR**, Feb. 21, 1816	1	23
Stanton, farmer, married, d. Oct. 26, 1867, ae 80 y.	3	79
Thomas, m. Susanna **OLIN**, b. of Griswold, Sept. 21, 1825, by Amos Read, Elder	1	71
-----, d. Joseph H., ae 35, & Lydia A., b. Aug. 6, 1850	2	8
PHINNEY, Frederic Eldredge, s. Rev. Barnabus, d. Oct. 20, 1832, ae 3 y.	1	65
PIERCE, PEIRCE, Frank K. Julius, s. Elizabeth, b. Jan. 26, 1850	2	8
Mial, of Franklin, m. Betsey **ABELL**, of Lisbon, May 17, 1841, by Comfort D. Fillmore, Dea.	1	87
PITCHER, Ephraim, or Norwich, m. Charlotte **CROCKER**, of Lisbon, May 9, 1822, by Rev. Samuel Nott	1	59
POLLOCK, Thomas L., b. Voluntown, d. Sept. 23, 1850, ae 3	2	12
POLLY, POLLEY, Amanda, of Lisbon, m. David **BUSHNELL**, of Norwich, Dec. 23, 1824, by Freeman Tracy, J.P.	1	72
Amos, b. July 1, 1825	1	49
Caroline B., m. Daniel **HARRIS**, b. of Lisbon, Dec. 29, 1822, by Rev. Levi Nelson	1	63

	Vol.	Page
POLLY, POLLEY, (cont.)		
Fanny F., of Lisbon, m. Joseph **GIDDINGS**, of Preston, Apr. 8, 1827, by Rev. Levi Nelson	1	72
George Augustus, b. Oct. 18, 1816	1	49
Oliver Cromwell, b. Mar. 17, 1821	1	49
Sophia L., of Lisbon, m. Philo S. **MINOR**, of Hebron, Oct. 14, 1834, by Rev. Levi Nelson	1	40
PORTER, Emily, of Lisbon, m. Elijah S. **BARNES**, of Willimantic, Nov. 20, 1832, by Rev. Barnabus Phinney, Hanover Society	1	84
Gideon, d. Sept. 4, 1828	1	40
John Gideon, [s. Gideon & Sarah], b. Dec. 3, 1817	1	40
Lucy Addeline, [d. Gideon & Sarah], b. Dec. 30, 1814	1	40
Lydia, m. Pheletus **PERKINS**, Apr. 6, 1806	1	16
Nancy Ann Arnold, [d. Gideon & Sarah], b. Mar. 14, 1813	1	40
Sibel Emily, d. Gideon & Sarah, b. Dec. 29, 1811	1	40
POTTER, Elisha Lathrop, [s. Elisha P. & Abigail], b. Aug. 5, 1827	1	72
Elisha P., m. Abigail **LATHAM**, b. of Lisbon, Dec. 30, 1824, by Rev. Levi Nelson	1	72
Elisha P., farmer, married, d. Dec. 12, 1860, ae 62	3	74
Giles, [s. Elisha P. & Abigail], b. Feb. 22, 1829	1	72
Phebe, [d. W[illia]m], b. July 15, 1782	1	77
Priscilla, of Lisbon, m. Lynde **LORD**, of Norwich, Jan. 31, 1821, by Rev. Levi Nelson	1	34
Ruhamah, of Lisbon, m. Alvin **LOOMIS**, of Canterbury, Sept. 16, 1823, by Rev. Levi Nelson	1	40
Sarah, m. John **RATHBUN**, Apr. 6, 1816	1	63
Septimus, [s. Elisha P. & Abigail], b. Apr. 15, 1831; d. Feb. 25, 1833	1	72
William, d. May 27, 1832, ae 74	1	77
PRENTICE, A. Le Roy, carpenter, ae 28, b. Franklin, res. Lisbon, m. 2d w. Jane **DOUGLASS**, ae 15, of Lisbon, May 21, 1849, by Rev. J. M. Bidwell	2	4
Eunice, d. Dec. 4, 1848, ae 25	2	3
Henry, m. Sophia **MORGAN**, b. of Lisbon, Dec. 28, 1806	1	52
Henry Mason, [s. Henry & Sophia], b. July 8, 1821	1	52
Joseph B., m. Caroline E. **TARBOX**, b. of Lisbon, Dec. 21, 1840, by Rev. Levi Nelson	1	101
Laura, [d. Henry & Sophia], b. Oct. 4, 1815	1	52
La Roy, s. A. Le Roy, carpenter, b. Nov. 17, 1847	2	2
Le Roy, d. Dec. 9, 1848, ae 23 d.	2	3
Lucy Eliza, [d. Henry & Sophia], b. Dec. 24, 1809	1	52
Maria, d. Joseph B., manufacturer, & Caroline, b. Sept. 6, 1849	2	5
Mariah, d. Oct. 1, 1849, ae 20 d.	2	6
Mary Ann, [d. Henry & Sophia], b. Nov. 27, 1813	1	52
Samuel Roberts Gager, [s. Henry & Sophia], b. Nov. 27, 1807	1	52
Sophia, [d. Henry & Sophia], b. June 24, 1819	1	52
Sophronia, [d. Henry & Sophia], b. Oct. 7, 1811	1	52
Susan, [d. Henry & Sophia], b. May 8, 1817	1	52
PRESTON, PRESTEN, Aaron Lee, [s. Elisha & Mary H.], b. Mar. 19, 1826	1	93
Alfred Huntington, [s. Elisha & Mary H.], b. Feb. 17, 1837	1	93
Deborah Morgan Killand, [d. Elisha & Mary H.], b. July 18, 1822	1	93
Elisha H., farmer, d. Aug. 8, 1867, ae 14	3	79
Eliza Jane, [d. Elisha & Mary H.], b. Sept. 14, 1818	1	93

	Vol.	Page
PRESTON, PRESTEN, (cont.)		
Eliza Jane, m. Harvey G. **ALEXANDER**, b. of Lisbon, Apr. 19, 1843, by Rev. A. L. Whitman	1	105
Huldah Pride, [d. Elisha & Mary H.], b. May 27, 1834	1	93
Isabella, d. Elisha A., farmer, ae 30, & Isabella, ae 27, b. Apr. 1, 1849	2	5
Joseph Tyler, [s. Elisha & Mary H.], b. Apr. 3, 1824	1	93
Lydia M., d. Apr. 29, 1851, ae 31	2	12
Lydia Maria, [d. Elisha & Mary H.], b. July 17, 1820	1	93
Martha Elizabeth, [d. Elisha & Mary H.], b. July 22, 1832	1	93
Sarah Ann, [d. Elisha & Mary H.], b. July 27, 1830	1	93
Tabitha, [d. Elisha & Mary H.], b. Mar. 11, 1828	1	93
Tabatha, of Lisbon, m. William P. **FORD**, of Norwich, July 14, 1850, by Rev. L. Nelson	2	7
RANDALL, Susan, married, d. Nov. 13, 1854, ae 31	3	67
RATHBUN, RATHBURN, RATHURN, Aaron, [s. Thomas & Priscilla], b. July 28, 1764; d. Oct. 25, 1815	1	35
Aaron, of Lisbon, m. Deborah **ROSE**, of Canterbury, Sept. 6, 1792	1	4
Aaron, [s. Aaron & Deborah], b. Apr. 24, 1804	1	4
Abigail, [d. Thomas & Priscilla], b. Aug. 21, 1768; d. Jan. 5, 1769	1	35
Abigail, [d. Thomas & Priscilla], b. Oct. 14, 1776	1	35
Albert M., farmer, b. Voluntown, ae 20, m. Anna **KELLY**, ae 22, b. Liverpool, Eng., Oct. 12, 1850, by Rev. Hunt	2	11
Almira, [d. Elijah & Bathsheba], b. Dec. 14, 1809	1	57
Almira, of Lisbon, m. James H. **JOHNSON**, of Franklin, Nov. 1, 1835, by Rev. Levi Nelson	1	92
Ammasa, [eldest s. Thomas & Priscilla], b. Apr. 2, 1763; d. May 5, 1763	1	35
Angeline Battey, [d. Chester & Mary], b. Mar. 7, 1827	1	61
Anna, [d. Will[iam]], b. Dec. 25, 1786	1	24
Asa, m. Ruth **KIMBALL**, Apr. 29, 1784	1	23
Asa, [twin with Ruth, s. Asa & Ruth], b. Mar. 27, 1800	1	23
Asa, of Woodstock, m. Sarah **PERIGO**, of Lisbon, Oct. 16, 1832, by Rev. Levi Nelson	1	78
Baldwin, [s. Thomas & Priscilla], b. Sept. 15, 1785	1	35
Chester, [s. Asa & Ruth], b. Feb. 10, 1790	1	23
Chester, m. Mary **PERIGO**, Sept. 8, 1822, by Amos Read, Elder	1	61
Chris[topher], farmer, b. Warwick, res. Lisbon, single, d. Aug. 21, 1861, ae 22	3	75
Clarissa, [d. Aaron & Deborah], b. Apr. 22, 1793	1	4
Cyrus, [s. Thomas & Priscilla], b. July 31, 1774; d. Sept. 18, 1774	1	35
Cyrus, [s. Asa & Ruth], b. Apr. 30, 1796	1	23
Daniel, [s. Will[iam]], b. July 22, 1787	1	24
Daniel Kimball, [s. John & Sarah], b. July 5, 1830	1	63
Deborah, [d. Aaron & Deborah], b. Aug. 14, 1806	1	4
Deborah, of Lisbon, m. Joseph B. **LEWIS**, of Norwich, Dec. 18, 1828, by Rev. Levi Nelson	1	85
Duane K., [s. Chester & Mary], b. Feb. 27, 1825	1	61
Ebenezer Potter, [s. John & Sarah], b. Oct. 29, 1825	1	63
Elias, [s. Aaron & Deborah], b. Mar. 30, 1800	1	4
Elias, m. Betsey **CAMPBELL**, b. of Lisbon, Feb. 10, 1824, by Rev. Levi Nelson	1	67
Elias, laborer, b. Voluntown, res. Lisbon, married, d. Apr. 11,		

	Vol.	Page
RATHBUN, RATHBURN, RATHURN, (cont.)		
1860, ae 67	3	74
Elijah, [s. Thomas & Priscilla], b. June 14, 1783	1	35
Elijah, m. Bathsheba ROSE, Sept. 9, 1804	1	57
Elijah, Jr., [s. Elijah & Bathsheba], b. Apr. 16, 1805	1	57
Elijah, farmer, widower, d. Nov. 26, 1861, ae 78	3	75
Elizabeth, [d. Asa & Ruth], b. Feb. 16, 1786	1	23
Elizabeth Burnham, [d. Chester & Mary], b. Jan. 4, 1829	1	61
Erastus, [s. Thomas & Priscilla], b. Apr. 5, 1777	1	35
Esther, [d. Thomas & Priscilla], b. Nov. 27, 1769; d. Jan. 9, 1814	1	35
George, [s. Chester & Mary], b. Jan. 22, 1831	1	61
George Washington, [s. Asa & Ruth], b. Oct. 3, 1797	1	23
Hannah, [d. Thomas & Priscilla], b. May 9, 1772	1	35
Hannah, m. Henry ELDREDGE, Oct. 27, 1794	1	11
Henry, [s. Thomas & Priscilla], b. Sept. 9, 1780	1	35
Isaac, [s. Will[iam]], b. Apr. 3, 1789	1	24
James, [s. Asa & Ruth], b. Mar. 8, 1787	1	23
James M., b. Voluntown, d. Oct. 4, 1850, ae 6	2	12
Jane C., ae 19, b. Voluntown, res. Lisbon, m. Andrew MATHEWSON, carpenter, ae 22, b. W. Greenwich, R.I., res. Canterbury, Oct. 20, 1850, by Rev. Emerson	2	11
John, [s. Asa & Ruth], b. Aug. 21, 1792	1	23
John, m. Sarah POTTER, Apr. 6, 1816	1	63
John H., of Hopkinton, R.I., m. Sarah H. BURNHAM, of Lisbon, Aug. 28, 1836, by Tho[ma]s A. Clarke, J.P.	1	74
Juliet, [d. Elijah & Bathsheba], b. July 6, 1813	1	57
Louisa, [d. Elijah & Bathsheba], b. Feb. 15, 1807	1	57
Loisa, m. John LYON, b. of Lisbon, Feb. 16, 1826, by Rev. Levi Nelson	1	74
Lucinda, [d. Asa & Ruth], b. Dec. 14, 1784	1	23
Lucy, [d. Asa & Ruth], b. May 6, 1788	1	23
Lydia, [d. Elijah & Bathsheba], b. May 29, 1820	1	57
Lydia Maria, [d. John & Sarah], b. Feb. 2, 1817; d. Oct. 22, 1831	1	63
Mary, m. W[illia]m DAVIS, Oct. 25, 1781	1	2
Mary, [w. Chester], d. Nov. 27, 1834, ae 33 y.	1	61
Mary, b. Plainfield, res. Lisbon, d. Apr. 28, 1860, ae 14	3	74
Mary A., m. Clark CHAMPLAIN, b. of Griswold, May 6, 1832, by Rev. Levi Nelson	1	70
Mercy, [d. Thomas & Priscilla], b. Apr. 15, 1770	1	35
Millen, [s. Aaron & Deborah], b. Jan. 18, 1809	1	4
Mohelath, [d. Will[iam]], b. May 31, 1792	1	24
Myrna, [d. Aaron & Deborah], b. Jan. 26, 1811	1	4
Nelson, [s. Asa & Ruth], b. June 8, 1802	1	23
Olive Fitch, [d. John & Sarah], b. Jan. 28, 1819	1	63
Partrick, [s. Aaron & Deborah], b. Apr. 25, 1802	1	4
Phebe Paine, [d. John & Sarah], b. Mar. 16, 1828	1	63
Philetus, [s. Elijah & Bathsheba], b. Apr. 1, 1818	1	57
Polly, [d. Elijah & Bathsheba], b. Feb. 12, 1811	1	57
Polly, m. Jedediah LOVETT, 2d, b. of Lisbon, Jan. 1, 1835, by Rev. Levi Nelson	1	58
Rachell W., [d. Chester & Mary], b. Apr. 2, 1823	1	61
Rebecca, [d. Elijah & Bathsheba], b. Mar. 2, 1816; d. Sept. 19, 1829	1	57
Ruth, [twin with Asa, d. Asa & Ruth], b. Mar. 27, 1800	1	23

LISBON VITAL RECORDS 229

	Vol.	Page
RATHBUN, RATHBURN, RATHURN, (cont.)		
Sally, [d. Aaron & Deborah], b. Aug. 6, 1795	1	4
Sally, of Lisbon, m. Dillis **MORSE**, of Canterbury, June 27, 1824, by Rev. Levi Nelson	1	70
Sarah G., [d. Elijah & Bathsheba], b. Sept. 27, 1822	1	57
Stephen, [s. Will[iam]], b. May 25, 1794	1	24
Thomas, m. Priscilla **BALDWIN**, July 19, 1762	1	35
Thomas, [s. Thomas & Priscilla], b. Jan. 25, 1766	1	35
Thomas, [s. Asa & Ruth], b. Apr. 24, 1791	1	23
Thomas, d. Dec. 29, 1793	1	35
Thomas, [s. Aaron & Deborah], b. Feb. 20, 1798	1	4
Thurza, [s. Will[iam]], b. June 28, 1790	1	24
William, [s. Thomas & Priscilla], b. Oct. 3, 1778	1	35
RAY, Albert A., farmer, res. Norwich, m. Mary **GIDDINGS**, ae 29, of Lisbon, Aug. 12, 1849, by Rev. L. Nelson (His 2d w.)	2	7
Anna, housekeeper, married, d. Apr. 28, 1861, ae 66	3	75
Harriet, ae 21, of Lisbon, m. Stanton **HEWETT**, of Preston, Nov. 6, 1849, by Rev. L. Nelson	2	7
Henry K., s. Henry P., farmer, & Ann, b. Jan. 2, 1849	2	5
Stephen B., of Norwich, m. Lucinda **BUSHNELL**, of Lisbon, Nov. 17, 1842, by Rev. Levi Nelson	1	104
READ, Allen Leonard, [s. Caleb & Mary], b. Oct. 24, 1812	1	60
Amos, [s. Amos], b. July 27, 1796	1	27
Amos, Elder, m. Emelia **PALMER**, b. of Lisbon, June 28, 1831, by Rev. Levi Nelson	1	27
Amos Henry, [s. Caleb & Mary], b. Feb. 22, 1811	1	60
Asa, m. Jerusha **BUD[D]INGTON**, Oct. 19, 1797	1	8
Asha, [s. Amos], b. Nov. 27, 1800	1	27
Augustus Foster, [s. Thomas G.], b. Oct. 16, 1841	1	102
Avery, [s. John & Rachel], b. Mar. 18, 1792	1	28
Benjamin Leffingwell, [s. Caleb & Mary], b. Jan. 14, 1809, in German, N. Y.	1	60
Betsey Hamilton, [d. Sala & Lydia C.], b. Sept. 1, 1823	1	47
Caleb, [s. Amos], b. Nov. 24, 1780	1	27
Caleb, of Lisbon, m. Mary **LEFFINGWELL**, of Montville, Sept. 6, 1804	1	60
Caleb, Jr., [s. Caleb & Mary], b. July 10, 1807, in German, N.Y.	1	60
Charles, [s. Asa & Jerusha], b. Feb. 4, 1805	1	8
Daniel, [s. Amos], b. May 17, 1779	1	27
Darius, [s. John & Rachel], b. Apr. 17, 1787	1	28
Dolly, [d. John & Rachel], b. Apr. 17, 1782	1	28
Dolly, m. Freeman **TRACY**, Dec. 31, 1801	1	14
Duane Brumley, [s. Thomas G.], b. Apr. 20, 1831	1	102
Elijah, m. Sarah **PECK**, Jan. 3, 1805	1	20
Elisha, [s. Elijah & Sarah], b. Nov. 3, 1807	1	20
Eliza, [d. Asa & Jerusha], b. Apr. 1, 1811	1	76
Emily, farmer, married, d. June 23, 1854, ae 51	3	67
Emily Maria, [d. Thomas G.], b. May 16, 1829	1	102
Esther, [d. Asa & Jerusha], b. Oct. [ ], 1782	1	8
Esther, d. Oct. 26, 1867, ae 85 y.	3	79
George, [s. Asa & Jerusha], b. Aug. 17, 1800	1	8
Hannah, [d. Asa & Jerusha], b. Oct. 8, 1775	1	8
Hannah Bennett, [d. Sala & Lydia C.], b. Jan. 1, 1829	1	47

	Vol.	Page
READ, (cont.)		
Harriet N., b. Mar. 17, 1809, [d. Asa & Jerusha]	1	76
Hezekiah L., [s. Silas & Sarah], b. Oct. 1, 1827	1	76
Hiram, [s. Caleb & Mary], b. July 17, 1819, in Griswold	1	60
Horace, [s. Asa & Jerusha], b. Apr. 9, 1807	1	8
Horatio, d. Apr. 9, 1872, ae 1 d.	3	81
Horatio M., [s. Thomas G.], b.[ ], 1844	1	102
Huldah D., ae 18, m. Richmond D. WATTERS, farmer, ae 24, b. Lisbon, res. Griswold, July 4, 1851, by Rev. T. L. Shipman	2	11
Huldah Dimmis, [d. Thomas G.], b. May 30, 1833	1	102
James, [s. Amos], b. Sept. 8, 1793	1	27
Jemima, [d. Elijah & Sarah], b. Oct. 20, 1809	1	20
Jerusha, m. Thomas WHEELER, of Norwich, Mar. 29, 1829, by Amos Read, Elder	1	65
John, Jr., [s. John & Rachel], b. Sept. 1, 1777	1	28
John, m. Ruth CHAPPELL, Mar. 29, 1804	1	18
John, [s. Caleb & Mary], b. Feb. 6, 1814	1	60
John, d. Nov. 2, 1829	1	76
John Peck, [s. Elijah & Sarah], b. Dec. 24, 1805	1	20
Johnothan Hamilton, [s. Sala & Lydia C.], b. Feb. 22, 1827	1	47
Josiah, [s. Amos], b. Apr. 22, 1788	1	27
Lemuel, s. Daniel & Hester, b. Jan. 24, 1801	1	27
Levi, [s. Amos], b. Mar. 16, 1783	1	27
Lois, [d. Caleb & Mary], b. Apr. 21, 1817, in Colchester	1	60
Loren, [s. Solomon], b. Oct. 8, 1808	1	33
Lucy, d. John & Rachel, b. Oct. 19, 1775	1	28
Lucy, m. Nathan BUSHNELL, Jr., b. of Lisbon, Apr. 5, 1802, by David Hale, V.D.M.	1	54
Lura, [d. Asa & Jerusha], b. Apr. 27, 1786	1	8
Lura, [d. Solomon], b. Aug. 6, 1813	1	33
Lydia, [d. Amos], b. July 27, 1790	1	27
Lydia Ann, [d. Sala & Lydia C.], b. June 8, 1821	1	47
Mary, Jr., [d. Caleb & Mary], b. July 28, 1805, in Brookfield, N.Y.	1	60
Mercy Ann, [d. Thomas G.], b. July 28, 1835	1	102
Nelson, [s. Thomas G.], b. Aug. 26, 1838	1	102
Ozias, [s. Asa & Jerusha], b. Dec. 28, 1802	1	8
Rachel, [d. John & Rachel], b. July 15, 1779	1	28
Rachel, of Lisbon, m. Capt. Joseph BUTTON, of Griswold, Sept. 12, 1827, by Rev. Levi Nelson	1	80
Russell, [s. Caleb & Mary], b. Mar. 26, 1816	1	60
Sala, [d. Amos], b. Aug. 17, 1798	1	27
Sala, m. Lydia C. HAMILTON, Feb. 6, 1820	1	47
Sala Hamilton, [s. Sala & Lydia C.], b. Aug. 24, 1825	1	47
Salinda, [d. Asa & Jerusha], b. Sept. 6, 1798	1	8
Sally Duleena, [d. Elijah & Sarah], b. July 8, 1814	1	20
Samuel, d. Jan. 17, 1801	1	2
Sarah Sophronia, [d. Sala & Lydia C.], b. Sept. 19, 1831	1	47
Silas, [s. John & Rachel], b. Mar. 22, 1784	1	28
Silas, m. Sarah MEECH, b. of Lisbon, Oct. 4, 1826, by Rev. Levi Nelson	1	76
Silas, of Lisbon, m. Betsey AVERY, of Griswold, Dec. 20, 1836, by Rev. Levi Nelson	1	76
Silas, farmer, married, d. Mar. 29, 1867, ae 83 y.	3	79

	Vol.	Page
READ, (cont.)		
Solomon, [s. Asa & Jerusha], b. Apr. 1, 1777	1	8
Stephen, [s. Asa & Jerusha], b. May 25, 1779	1	8
Thomas G., m. Emily WILLIAMS, b. of Lisbon, Apr. 6, 1826, by Amos Read, Elder	1	77
Thomas Godard, [s. Daniel & Hester], b. Aug. 7, 1803	1	27
Thomas Henry, [s. Thomas G.], b. Feb. 11, 1826	1	102
Thomas Newton, [s. Elijah & Sarah], b. Aug. 11, 1811	1	20
Walter, [s. Amos], b. June 5, 1785	1	27
Weltha, [d. Asa & Jerusha], b. Apr. 30, 1790	1	8
REYNOLDS, Eunice Almira, [d. Joseph], b. Sept. 8, 1832	1	90
RICHMOND, George W., farmer, ae 42, b. R. Island, res. Preston, m. Ann E. COLEGROVE, ae 22, of Preston, Dec. 17, 1849, by Rev. C. D. Fillmore (His 2d w.)	2	4
ROBBINS, Henry Clay, [s. Henry R. & Huldah B.], b. June 25, 1838	1	78
Henry R., of Norwich, m. Huldah B. JOHNSON, of Lisbon, Jan. 1, 1833, by Rev. Levi Nelson	1	78
Henry R., farmer, b. Norwich, res. Lisbon, married, d. Dec. 19, 1863, ae 50 y.	3	77
Huldah B., d. Mar. 24, 1851, ae 33	2	12
Huldah M., [d. Henry R. & Huldah B.], b. Jan. 1, 1835; d. Feb. 8, 1836	1	78
Nathan Johnson, [s. Henry R. & Huldah B.], b. July 2, 1836	1	78
ROBINSON, ROBENSON, Emma, m. John GRAY, b. of Lisbon, Oct. 15, 1827, by Samuel Sikes, J.P., Gifford	1	85
Frances, b. Windham, married, d. June [ ], 1854	3	67
Horace, of Glastonbury, m. Elizabeth T. BATTEY, of Norwich, Oct. 24, 1831, by Rev. Levi Nelson	1	49
Maria, m. John KEIS, Nov. 25, 1826, by Rev. Andrew Lee	1	69
Mary, of Lisbon, m. John WILLIAMS, of Griswold, May 27, 1824, by Joseph Jewett, J.P.	1	69
Mary Ann, of Middletown, m. Calvin FITCH, of Lisbon, Feb. 17, 1824, by Rev. Levi Nelson	1	67
Nellie W., d. July 30, 1867, ae 3 y.	3	79
Pamelia, d. Nov. 20, 1848, ae 26	2	3
W[illia]m, m. Lucy A. ECCLESTON, b. of Preston, May 31, 1843, by Nathan Brewster, J.P.	1	106
Zilpha, d. Oct. 31, 1848, ae 62	2	3
-----, d. Newcome, b. Jan. 2, 1850	2	8
-----, d. Ebenezer W., stone mason, b. May 5, 1850	2	13
ROCKWELL, Joseph P., d. Dec. 31, 1875, ae 8 m.	3	82
ROGERS, Abel N., of Lyme, m. Olive A. PHILLIPS, of Lisbon, Jan. 3, 1836, by Rev. Levi Nelson	1	40
ROSE, Bathsheba, m. Elijah RATHBUN, Sept. 9, 1804	1	57
Charles, [s. Russel & Rebecah], b. July 3, 1802	1	48
Charles, m. Emeline HYDE, b. of Lisbon, Oct. 25, 1827, by Rev. Levi Nelson	1	81
Charles, m. Hannah P. WILLIAMS, b. of Lisbon, Mar. 8, 1835, by Rev. Levi Nelson	1	81
Charles Lester, [s. Charles & Emeline], b. Jan. 3, 1834	1	81
Deborah, of Canterbury, m. Aaron RATHBUN, of Lisbon, Sept. 6, 1792	1	4
Delia M., [d. Duane & Celia Maria], b. Apr. 4, 1830	1	82

	Vol.	Page
ROSE, (cont.)		
Duane, [s. Russel & Rebecah], b. July 12, 1804	1	48
Duane, m. Celia Maria **CLARK**, b. of Lisbon, Jan. 2, 1828, by Rev. Levi Nelson	1	82
Dwight C., [s. Duane & Celia Maria], b. Oct. 16, 1828, at Norwich	1	82
Elijah, [s. Russel & Rebecah], b. Feb. 10, 1801	1	48
Elijah, m. Lydia **BROWN**, b. of Lisbon, Feb. 20, 1828, by Rev. Levi Nelson	1	84
Eliza Ann, [d. Russel & Rebecah], b. Dec. 26, 1810	1	48
Emeline, [w. Charles], d. Jan. 12, 1834	1	81
Emeline, d. Charles & Hannah, b. May 24, 1850	2	8
Horatio, of Franklin, m. Elizabeth **JENNING**, June 3, 1848, by Eld. Comfort D. Fillmore	2	1
Mary Ann, of Lisbon, m. Peleg **EDWARDS**, of Thompson, Mar. 29, 1829, by Rev. Levi Nelson	1	88
Rebecca L., m. Sanford **BRUMLEY**, b. of Lisbon, Nov. 26, 1835, by Rev. Levi Nelson	1	41
Rebeckah Lathrop, [d. Russel & Rebecah], b. Sept. 26, 1814	1	48
Russel[l], m. Rebecah **LATHROP**, Nov. 10, 1799	1	48
Simeon L., m. Frances **MARYOTT**, b. of Lisbon, May 14, 1833, by Rev. Levi Nelson	1	82
Simeon Lathrop, [s. Russel & Rebecah], b. Feb. 4, 1808	1	48
William Lathrop, [s. Elijah & Lydia], b. Nov. 8, 1833	1	84
ROSS, Catharine, b. Scotland, Eng., single, d. Oct. 30, 1873	3	81
W. W., of Stonington, m. Abby Ann **PHILLIPS**, of Lisbon, Jan. 1, 1839, by Rev. Levi Nelson	1	96
ROSWELL, Mary Ann, d. Oct. 26, 1848, ae 16 m.	2	3
ROWLAND, Levi P., b. Feb. 3, 1805	1	80
Levi P., m. Eunice H. **LEE**, b. of Lisbon, Feb. 3, 1835, by Rev. Daniel Waldo	1	80
RUDE, Mary, b. Jan. 25, 1761, in Norwich, Newent Society; m. Ebenezer **PERIGO**	1	22
RUSSEL, Elizabeth, [d. George, an English man], b. [ ], 1832	1	76
RYAN, Mich[a]el, laborer, ae 27, b. Ireland, res. Lisbon, m. Bridget **MACK**, ae 22, Aug. 3, 1851, by Rev. E. W. Robinson	2	11
Thomas, d. Oct. 21, 1860, ae 2	3	74
SAFFORD, Jedediah, m. Alice **GORDON**, b. of Lisbon, May 15, 1788	1	70
SAMPLE, Elener, d. May 25, 1848, ae 16	2	3
SCOFIELD, -----, female, d. Apr. 15, 1864, ae 24 d.	3	78
SCOVILLE, David, of Salisbury, m. Mary Strong **CUTLER**, of Lisbon, Sept. 25, 1822, by Andrew Lee, Clerk	1	49
SCRANTON, Thomas, m. Sophie **STETSON**, Oct. 8, 1843, by Levi C. Corning, J.P.	1	107
SEARS, Henry B., [s. Nathan], b. Feb. 22, 1830	1	67
Mary Elizabeth, [d. Nathan], b. Jan. 20, 1827, at East Haddam	1	67
William Henry, [s. Nathan], b. Apr. 2, 1825, at East Haddam	1	67
SHARP, John, b. Norwich, res. Lisbon, d. Feb. 19, 1863, ae 5 y.	3	77
Sarah, d. Mac, manufacturer, ae 30, & Mary, ae 31, b. June 15, 1849	2	5
SHAY, SHEA, Catharine, b. N. Haverhill, N.H., d. Sept. 13, 1856, ae 4	3	70
Michael, b. N. Haverhill, N.H., d. Sept. 28, 1856, ae 4	3	70
Patrick, d. Sept. 26, 1856, ae 2	3	70
Patrick, b. Ireland, res. Lisbon, single, d. Jan. 20, 1859	3	73
Timothy, farmer, b. Ireland, res. Lisbon, married, d. Aug. 7, 1863,		

LISBON VITAL RECORDS   233

	Vol.	Page
SHAY, SHEA, (cont.)		
ae 70 y.	3	77
-----, male, d. July 4, 1855, ae 3 d.	3	69
-----, d. Sept. [ ], 1856, ae 2	3	70
-----, laborer, (sic), d. Sept. 26, 1857, ae 1	3	71
SHEHAN, Dennis, d. Nov. 28, 1859, ae 3	3	73
Peter, d. Apr. 15, 1860	3	72
Peter, laborer, b. Ireland, res. Lisbon, married, d. Oct. 17, 1860, ae 56	3	74
SHELDON, Darius, [s. William & Ruth], b. Feb. 24, 1785	1	3
John, [s. William & Ruth], b. July 22, 1781	1	3
Joseph, [s. William & Ruth], b. Apr. 19, 1783	1	3
Lucinda, [d. William & Ruth], b. June 1, 1791	1	3
Polly, [d. William & Ruth], b. Jan. 12, 1789	1	3
Russel[l], m. Nancy DROWN, of Lisbon, Sept. 2, 1821, by Rev. Levi Nelson	1	46
Susanna, [d. William & Ruth], b. Jan. 17, 1787	1	3
William, m. Ruth BISHOP, Oct. 9, 1780	1	3
William, Jr., [s. William & Ruth], b. Dec. 9, 1780; d. Aug. 4, 1785	1	3
William, Jr., [s. William & Ruth], b. July 22, 1793	1	3
SHEPARD, Amy, of [Plainfield], m. Joshua PERKINS, of Lisbon, July 10, 1826, by Rev. Orin Fowler, Plainfield	1	74
SHUMWAY, -----, d. May 21, 1863, ae 1 d. male	3	77
SIMONS, Abigail, b. June 23, 1793	1	25
Abigail, m. Joseph K. JEWETT, b. of Lisbon, Mar. 6, 1831, by Rev. Levi Nelson	1	43
James, of Lisbon, m. Jemima ELLIS, Feb. 22, 1824, by Amos Read, Elder	1	68
James Tyler, b. May 7, 1797	1	25
Mary Ann, [d. James & Jemima], b. Jan. 25, 1825	1	68
Susanna, b. Aug. 14, 1791	1	25
Susanna, m. Moses STEAVENS, 3d, June 23, 1793	1	17
William, b. July 20, 1789	1	25
SIM[P]SON, Elisha, b. Jan. 27, 1804	1	40
Elisha, of Lisbon, m. Eliza VAN FRANCIS, of Plainfield, Apr. 7, 1822, by Joseph Jewett, J.P.	1	40
SIMS, Alfred Leonard, b. Plainfield, res. Lisbon, d. Feb. 28, 1851, ae 10 m.	2	12
SLY, Almira, [d. John], b. Feb. 22, 1817	1	55
Caroline, [d. John], b. Dec. 3, 1809	1	55
Elizabeth, [d. John], b. May 19, 1821	1	55
Harriet, of Lisbon, m. William BEBEE, of Norwich, Jan. 14, 1841, by J. V. Wilson, Norwich	1	97
Joanna, [d. John], b. Jan. 31, 1815, at Canterbury	1	55
Mary Ann, [d. John], b. Mar. 11, 1812, at Canterbury	1	55
Mary Ann, m. Horatio N. HERRINGTON, b. of Lisbon, July 4, 1826, by Amos Read, Elder	1	73
Ruth, [d. John], b. May 30, 1819	1	55
SMITH, Adeline, b. New York, res. Lisbon, married, d. Mar. 23, 1861, ae 38	3	75
Caroline, [d. Daniel & Eunice], b. Jan. 5, 1804	1	75
Caroline, d. [ ]	1	75
Charles P., [s. John & Elizabeth], b. Nov. 24, 1832	1	61

SMITH, (cont.)

	Vol.	Page
Charles T., wagon-maker, ae 20, b. in Franklin, res. of Franklin, m. Harriet E. LATHROP, ae 21, b. in Norwich, Apr. 19, 1848, by Rev. Joseph Ayres	2	1
Daniel, [s. Daniel & Eunice], b. July 30, 1789	1	75
Daniel, d. Jan. 7, 1826	1	75
Daniel, farmer, single, d. Sept. 2, 1859, ae 71	3	73
Desire, of Canterbury, m. George LOVETT, of Parma, N.Y., Aug. 6, 1838, by Rev. Joseph Ayer	1	95
Dwight, farmer, b. in Windham, d. Sept. 25, 1847, ae 20	2	3
Elijah Barnes, s. Eunice, b. Apr. 10, 1810 (See under BARNES)	1	75
Eliza, [d. Vine], b. May 22, 1823	1	84
Eliza, of Lisbon, m. Jared B. FILLMORE, of Franklin, Oct. 18, 1842, by C. D. Fillmore, Dea.	1	103
Eliza Ann, [d. John & Elizabeth], b. Oct. 22, 1834	1	61
Elizabeth K., of Lisbon, m. Josiah MORGAN, of New London, Oct. 29, 1843, by Comfort D. Fillmore, Dea.	1	108
Elnathan G., [s. Rufus], b. Feb. 13, 1828; d. June 27, 1828	1	65
Eunice, [d. Daniel & Eunice], b. Jan. 24, 1784	1	75
Eunice, had s. Elijah Smith Barnes, b. Apr. 10, 1810	1	75
Happy, [d. Daniel & Eunice], b. May 21, 1801	1	75
Harriet, [d. Daniel & Eunice], b. Apr. 2, 1799	1	75
Harriet, m. Ebenezer WEBB, b. of Lisbon, Sept. 26, 1819, by Rev. Levi Nelson	1	70
Jason, of Canterbury, m. Marina NEFF, of Windham, Apr. 1, 1832, by Rev. Barnabus Phinney	1	68
Jedediah, [s. Daniel & Eunice], b. Dec. 19, 1796	1	75
John, of Sandbornton, N.H., m. Elizabeth PHILLIPS, of Lisbon, Nov. 24, 1831, by Amos Read, Eld[e]r	1	61
John, [s. Rufus], b. Dec. 13, 1832	1	65
Josiah, m. Mary FARNHAM, Nov. 4, 1842, by C. D. Fillmore, Dea.	1	104
Lora, [d. Daniel & Eunice], b. Oct. 9, 1791	1	75
Lydia, m. Charles B. ENSWORTH, b. of Canterbury, May 29, 1833, by Rev. Levi Nelson	1	39
Maria, b. Windham, res. Lisbon, d. Nov. 21, 1851, ae 48	2	12
Nancy, [d. Daniel & Eunice], b. Feb. 14, 1794	1	75
Norman, [s. Vine], b. June 8, 1826	1	84
Norman, farmer, ae 23, b. Lisbon, m. Sarah A. CUTLER, ae 19, b. New York, res. Lisbon, Nov. 15, 1850, by Rev. C. D. Fillmore	2	7
Sabra, of Lisbon, m. Daniel WALTON, of Griswold, Oct. 8, 1827, by Freeman Tracy, J.P.	1	80
Sally, housekeeper, widowed, d. Mar. 30, 1871, ae 80	3	81
Sam[ue]l, [s. Rufus], b. Sept. 21, 1829; d. Sept. 27, 1830	1	65
Sarah, of Norwich, m. Charles BENNETT, of Lisbon, Oct. 26, 1831, by Rev. Levi Nelson	1	53
Sarah, b. Windham, d. May 25, 1850, ae 21	2	9
Sophia, [d. Daniel & Eunice], b. Mar. 16, 1786	1	75

SNOW, Annie, housekeeper, married, d. Nov. [ ], 1870   3   80

Frances, farmer, married, d. Dec. 22, 1859, ae 64	3	73
Harriet, d. Jan. 30, 1875, ae 75 y.	3	82
Mary Ann, [d. Francis & Harriet], b. Sept. 24, 1830; d. May 10, 1832	1	90
Noah L., of Columbia, m. Sarah BUSHNELL, of Lisbon, Nov. 28, 1844, by Comfort D. Fillmore, Elder	1	111

LISBON VITAL RECORDS 235

	Vol.	Page
SNOW, (cont.)		
Ruth C., m. Hemblet JUSTIN, Sept. 3, 1843, by Levi C. Corning, J.P.	1	106
Zeriah, laborer, married, d. June 24, 1856, ae 22 1/2	3	70
Zurial Hartshorn, [s. Francis & Harriet], b. Oct. 6, 1832	1	90
SPAULDING, Edward, of Brooklin, m. Sibil M. ADAMS, of Lisbon, May 4, 1841, by Rev. Levi Nelson	1	97
SPENCER, George W., b. Jan. 27, 1813	1	62
Lucius W., b. Aug. 5, 1810	1	62
Mary Adalaide, d. Charles, farmer, ae 28, & Eliza A., b. Mar. 3, 1851	2	10
Mary Elizabeth, b. May 20, 1817	1	62
SPICER, Benjamin, farmer, married, d. Apr. [ ], 1854	3	67
Mary, d. Mar. 5, 1875, ae 84 y.	3	82
Pratt Allen, [s. William P.], b. Mar. 21, 1830	1	69
Rhoda Witter, [d. William P.], b. Nov. 3, 1831	1	69
William, of Canterbury, m. Mary PARTRIDGE, of Lisbon, Dec. 7, 1834, by Rev. Levi Nelson	1	5
W[illia]m, farmer, married, d. Sept. [ ], 1869, ae [ ]	3	80
William P., m. Rhoda ALLEN, Jr., Sept. 7, 1826, by Andrew Lee, Pastor	1	69
SQUIRES, SQUIER, Amasa, b. Lisbon, res. Norwich, m. Mary BUSHNELL, Jan. 12, 1849, by Rev. L. Nelson	2	4
Mary, d. Sept. [ ], 1849, ae 18	2	9
STACY, Sibbel, b. Jan. 24, 1798	1	28
Timothy, b. Jan. 20, 1800	1	28
STANTON, Abby K., [d. Turner], b. Jan. 20, 1839	1	109
Daniel P., [s. Turner], b. Nov. 12, 1837	1	109
Frances, m. Henry MARYOTT, [ ]	1	60
George P., [s. Turner], b. Aug. 18, 1841	1	109
Lydia, [d. Turner], b. Mar. 16, 1842	1	109
Stiles, m. Abigail Williams LEE, June 2, 1828, by Rev. Andrew Lee	1	69
STARKWEATHER, STEARKWEATHER, Betsey, [d. Belcher], b. Oct. 25, 1797	1	25
John, [s. Belcher], b. Aug. 17, 1793	1	25
Samuel, [s. Belcher], b. Oct. 26, 1795	1	25
STARR, Vine A., m. Sarah HOLDREDGE, b. of Griswold, Mar. 16, 1834, by Rev. Levi Nelson	1	39
STEERE, Ann G., m. Daniel L. LEWIS, b. of Lisbon, Oct. 12, 1840, by Rev. Levi Nelson	1	63
STEPHENS, Mary, m. Zachariah P. BOTTOM, Apr. 27, 1834, by Rev. S. D. Jewett	1	83
Sophia, m. Thomas FRAZIER, b. of Lisbon, Aug. 6, 1844, by Rev. Levi Nelson	1	110
STERRY, Thomas Vernon, [s. James M.], b. Oct. 21, 1833	1	87
STETSON, Caroline P., [d. Bela P.], b. Aug. 1, 1831	1	90
Charles Cornelius, b. Feb. 23, 1823	1	41
Dwight Ripley, b. May 12, 1812	1	24
Fanny G., [d. Bela P.], b. Aug. 11, 1833	1	90
George B., b. Oct. 12, 1825	1	41
Hannah, housekeeper, b. Westerly, R.I., widowed, d. Feb. 19, 1857, ae 71 y.	3	71
Hannah Ann, of Lisbon, m. George FITCH, of Preston, Oct. 15,		

	Vol.	Page
STETSON, (cont.)		
1829, by Rev. Levi Nelson	1	81
Harriet Elizabeth, b. Aug. 18, 1827	1	41
Henry R., [s. James R.], b. Jan. 13, 1832	1	77
Horace Waldo, b. Feb. 28, 1821	1	41
Isaac R., [s. Bela P.,], b. Apr. 15, 1825	1	90
Lydia S., [d. Bela P.], b. May 2, 1829	1	90
Martha Ann, [d. Bela P.], b. Apr. 23, 1827	1	90
Mary Ann B., [d. James R.], d. June 26, 1832	1	77
Mary W., b. Jan. 28, 1819	1	41
Rhoda, teacher, single, d. June 26, 1855, ae 38	3	69
Rhoda S., b. Nov. 16, 1816	1	41
Sophia, [d. Bela P.], b. Mar. 6, 1823, in Norwich	1	90
Sophie, m. Thomas SCRANTON, Oct. 8, 1843, by Levi C. Corning, J.P.	1	107
Susan, m. Charles HYDE, b. of Lisbon, Feb. 2, 1831, by Rev. Levi Nelson	1	89
Thomas, b. July 22, 1814	1	24
Vine Smith, [s. Bela P.], b. [ ]	1	90
STEVENS, STEVEN, STEAVENS, Aaron, [s. Aaron], b. Aug. 3, 1803	1	32
A[a]ron, Jr., m. Lydia MEECH, b. of Lisbon, Oct. 7, 1824, by Rev. Levi Nelson	1	71
Aaron Dwight, [s. A[a]ron, Jr. & Lydia], b. Mar. 16, 1831	1	71
Betsey, [d. John, Jr. & Florina], b. Feb. 18, 1802, at Hampton	1	53
Charles Lester, [s. A[a]ron, Jr. & Lydia], b. July 15, 1828, at Griswold; d. Feb. 27, 1833	1	71
Eltea, [d. Moses, 3d, & Susanna], b. Feb. 9, 1794	1	17
Esther, of Lisbon, m. Thomas HAUGHTON, of Thompson, Sept. 17, 1821, by Rev. Levi Nelson	1	44
Florine, [d. John, Jr. & Florina], b. Sept. 16, 1805	1	53
Florina B., m. Joseph P. LESTER, b. of Canterbury, Sept. 14, 1831, by Rev. Levi Nelson	1	42
Henry E., [s. A[a]ron, Jr. & Lydia], b. Jan. 16, 1827	1	71
John, Jr., of Lisbon, m. Florina BREWSTER, of Canterbury, Dec. 22, 1796, by Daniel Frost, J.P., Canterbury	1	53
John, d. Mar. 26, 1797	1	3
Levi, [s. Levi & 2d w.], b. Jan. 28, 1818	1	41
Levi, d. Sept. 22, 1831, ae 65	1	41
Levi S., m. Fanny J. HATCH, b. of Lisbon, Nov. 15, 1840, by Rev. Levi Nelson	1	101
Lydia M., [d. A[a]ron, Jr. & Lydia], b. Sept. 23, 1825	1	71
Meriah, d. Clarissa, b. Feb. 23, 1815	1	32
Mary, [d. Levi & 2d w.], b. May 18, 1813	1	41
Moses, 3d, m. Susanna SIMONS, June 23, 1793	1	17
Moses, [s. John, Jr. & Florina], b. Aug. 31, 1814	1	53
Ruth, m. James BARBER, July 12, 1787	1	9
Samuel, [s. John, Jr. & Florina], b. May 10, 1809	1	53
Sarah, d. Dec. 3, 1834	1	3
Sophia, [d. Aaron], b. May 22, 1800	1	32
Thedo, m. Edward MORGAN, Dec. 23, 1789	1	13
STREET, Edward, d. July 29, 1875, ae 67	3	82
STRONG, Mary, m. Daniel J. CUTLER, Jan. 1, 1799	1	5
SULLIVAN, Betsey, of Griswold, m. Henry B. PHILLIPS, of Lisbon,		

LISBON VITAL RECORDS   237

	Vol.	Page
SULLIVAN, (cont.)		
Nov. 25, 1830, by Amos Read, Elder	1	38
Catharine, d. Nov. 2, 1859, ae 4	3	73
Dennis, laborer, b. Ireland, married, d. Dec. 4, 1858, ae 22 y.	3	72
Hanna[h], d. Sept. 20, 1856, ae 1	3	70
Katie, d. Dec. 23, 1874	3	82
Sarah, of Griswold, m. Enos HOLDRIDGE, of Groton, Mar. 4, 1832, by Rev. Levi Nelson	1	72
-----, female, d. Sept. 17, 1855, ae 7 d.	3	69
SWAN, Abby, of Lisbon, m. Russel[l] HEWETT, of Delmar, Penn., Jan. 14, 1828, by Rev. Seth Bliss, of Jewett City	1	66
Nelson, of North Stonington, m. Julia BENNETT, of Lisbon, Dec. 9, 1840, by Rev. Charles E. Shailer, Preston	1	83
Wealthy, of Lisbon, m. Russel HEWETT, of Delmar, Penn., Nov. 7, 1822, by Rev. Levi Nelson	1	62
SWEET, David D., of Brooklyn, m. Elma S. FREEMAN, of Lisbon, Sept. 29, 1831, by Rev. Barnabus Phinney	1	77a
Francis A., d. July 21, 1851, ae 1	2	12
Varnum, farmer, (sic), ae 4, b. Voluntown, res. Lisbon, d. Apr. 29, 1851	2	12
-----, s. Varnham, farmer, ae 34, b. July 5, 1850	2	13
SYDLEMAN, John, d. July [ ], 1867	3	79
TANNAHILL, Margaret, m. Gurdon A. BUSHNELL, b. of Lisbon, Mar. 22, 1840, by Rev. Joseph Ayer	1	99
TARBOX, Caroline E., m. Joseph B. PRENTICE, b. of Lisbon, Dec. 21, 1840, by Rev. Levi Nelson	1	101
Eliphel D., farmer, b. Brooklyn, res. Lisbon, d. July 25, 1851, ae 48	2	12
Eunice, b. Brooklyn, res. Lisbon, d. Mar. 30, 1849, ae 53	2	6
Hiram T., [s. Hiram], b. Aug. 29, 1842	1	106
Mary C., [d. Hiram], b. Dec. 31, 1840	1	106
-----, female, d. [ ], 1865, ae 2 y.	3	79
TATE, -----, d. Feb. 25, 1875, ae 74 y.	3	82
THOMAS, Sarah, b. Nov. 23, 1727	1	91
Sarah, m. Jeremiah KINSMAN, Mar. 19, 1752	1	91
THOMPSON, Abby Denison, [d. Edward D. & Lydia], b. July 3, 1838	1	52
Cha[rle]s Willis, [s. Edward D. & Lydia], b. June 15, 1840	1	52
Edward D., m. Lydia KINGSLEY, b. of Lisbon, Jan. 11, 1835, by Rev. Levi Nelson	1	52
Ruth, of Norwich, m. Joseph M. NORRIS, of Enfield, May 3, 1842, by Comfort D. Fillmore, Dea.	1	102
Sarah, [d. Edward D. & Lydia], b. Feb. 7, 1836	1	52
TIBBETTS, Josephine L., m. Milton M. PERKINS, b. of Lisbon, May 27, 1832, by Ebenezer Allen, J.P.	1	73
Josephine Louisa, d. La Fayette, b. Sept. 5, 1814	1	27
Lydia, m. Zachariah P. BOTTOM, b. of Lisbon, Feb. 3, 1828, by Rev. Levi Nelson	1	83
TIFT, Sarah, m. Nathan CHAPMAN, Nov. 28, 1849, by Rev. B. Cook	2	4
TILLINERS, Harriet, b. Aug. 20, 1791	1	24
TINDAL, Benony Marshall, b. Feb. 17, 1796	1	24
TINKHAM, Albert, s. Welcome E., clothier, ae 47, & Sarah, ae 35, b. Nov. 2, 1849	2	5
Leslie, s. Welcome E., clothier, ae 46, & Sarah, ae 36, b. June 25, 1851	2	10

BARBOUR COLLECTION

	Vol.	Page
TINKHAM, (cont.)		
-----, d. Mar. 3, 1857, ae 30 d (male)	3	71
TRACY, Albert, [s. Freeman & Charity], b. Jan. 23, 1801	1	14
Andrew Russel[l], [s. Freeman & Dolly], b. Nov. 8, 1827	1	14
Angeline, [d. Freeman & Dolly], b. June 9, 1815	1	14
Anna, b. Feb. 19, 1791	1	32
Apphia, b. Bozrah, d. Oct. 31, 1849, ae 74	2	9
Archibald, m. Mary PERIGO, Feb. 4, 1807	1	88
Charity, [w. Freeman], d. Jan. 26, 1801	1	14
Charles, farmer, b. Norwich, married, d. Oct. 5, 1856, ae 37	3	70
Charles Allen, [s. Russel & Cornelia Ann R.], b. Nov. 21, 1841	1	96
David Burnham, [s. William F. & Susan S.], b. July 5, 1829	1	87
David Dwight, [s. Thomas & Zerviah], b. Apr. 13, 1836	1	59
Douglass, [s. Freeman & Dolly], b. Apr. 25, 1813	1	14
Ebenezer, [s. Freeman & Dolly], b. June 29, 1822	1	14
Edmund F., [s. Freeman & Dolly], b. Sept. 29, 1818	1	14
Edmund F., farmer, married, d. Aug. 7, 1871, ae 53 y.	3	81
Elijah, m. Lois FITCH, Feb. 21, 1788	1	6
Elijah Fitch, [s. Elijah & Lois], b. May 18, 1790	1	6
Elizabeth, [d. Archibald & Mary], b. Aug. 9, 1818	1	88
Elizabeth, m. William M. PALMER, b. of Lisbon, Jan. 9, 1843, by Rev. Levi Nelson	1	105
Elizabeth A., m. Samuel LOVETT, 3rd, b. of Lisbon, Jan. 5, 1830, by Rev. Levi Nelson	1	57
Elizabeth Avery, b. Nov. 19, 1806	1	61
Emeline Amanda, [d. William F. & Susan S.], b. July 5, 1833	1	87
Faith, w. Jesse, d. Oct. 24, 1806	1	11
Frances, farmer, married, d. Oct. 24, 1855, ae 80	3	69
Frederick, b. June 1, 1792	1	31
Freeman, m. Charity LATHROP, May 17, 1796	1	14
Freeman, m. Dolly READ, Dec. 31, 1801	1	14
George, [s. Archibald & Mary], b. Nov. 29, 1809	1	88
Hannah, m. Royal BRIGHAM, Aug. 26, 1804	1	24
Henry M., single, d. Feb. 15, 1869, ae 18 y.	3	80
Henry Morris, s. Edmond F., farmer, ae 32, & Mary W., ae 32, b. Nov. 29, 1850	2	10
Hiram A., [s. Freeman & Dolly], b. Sept. 20, 1804	1	14
Jabez H., farmer, b. Franklin, married, d. Aug. 17, 1855, ae 45	3	69
James, [s. Archibald & Mary], b. Mar. 10, 1813	1	88
Jeremiah, m. Patty LASEL, May 19, 1785	1	4
Jeremiah, Jr., [s. Jeremiah & Patty], b. Apr. 21, 1788	1	4
Jesse, [s. Freeman & Dolly], b. Nov. 1, 1806	1	14
Jesse, m. Hannah MORGAN, Dec. 30, 1807	1	11
Jesse, d. Nov. 6, 1828	1	11
John, of Norwich, m. Sally FOWLER, of Preston, Aug. 31, 1834, by Rev. Levi Nelson	1	79
John Harris, [s. William & Nancy], b. Jan. 7, 1818	1	19
John K., [s. Freeman & Dolly], b. Jan. 7, 1809	1	14
Lois, [d. Elijah & Lois], b. Sept. 6, 1791	1	6
Lucinda, of Lisbon, m. James MARYOTT, of Hopkinton, R.I., Nov. 28, 1822, by Rev. Levi Nelson	1	62
Lucretia, [d. Archibald & Mary], b. Aug. 10, 1816	1	88
Lucy Adams, of Lisbon, m. Dr. Charles JEWETT, of East		

LISBON VITAL RECORDS 239

	Vol.	Page
TRACY, (cont.)		
Greenwich, R.I., May 5, 1830, by Rev. Levi Nelson	1	38
Lucy Almira, [d. Freeman & Dolly], b. July 24, 1824	1	14
Mary, d. Capt. Benj[amin] Burnham, d. July 30, 1834, ae 77 y. 7 m.	1	13
Mary Ann, [d. Archibald & Mary], b. Jan. 11, 1808	1	88
Mary Ann, of Lisbon, m. James HOWARD, of Foster, R.I., Sept. 2, 1827, by Rev. Levi Nelson	1	79
Mary Ann, [d. Russel & Cornelia Ann R.], b. June 21, 1840	1	96
Mary Ann, d. Sept. 13, 1860, ae 3 m.	3	74
Nancy, d. Jan. 20, 1833	1	19
Nancy Almanda, [d. William & Nancy], b. Aug. 26, 1814	1	19
Olive, [d. Jeremiah & Patty], b. July 4, 1786	1	4
Patty, [d. Jeremiah & Patty], b. July 2, 1792	1	4
Polly, m. Thomas KINSMAN, Oct. 13, 1802, by Rev. Henry Channing, of New London	1	47
Rebecca, m. Stephen TRACY, May 17, 1804	1	19
Rebecca H., of Lisbon, m. George NORTH[R]UP, of Griswold, Dec. 7, 1824, by Rev. Levi Nelson	1	61
Rebecca Harris, b. Nov. 23, 1804	1	61
Russel[l], m. Cornelia Ann R. HATCH, b. of Lisbon, Nov. 28, 1838, by Rev. Levi Nelson	1	96
Russell Harris, b. July 9, 1815	1	61
Sarah, m. Elisha BURNHAM, Nov. 28, 1793	1	13
Sarah J., [d. Archibald & Mary], b. May 16, 1828	1	88
Simeon Thomas, [s. Thomas & Zerviah], b. May 26, 1833	1	59
Simon, b. [ ]	1	61
Simon, farmer, d. Mar. 3, 1848, ae 71	2	3
Sophronia, [d. Freeman & Dolly], b. Nov. 27, 1802	1	14
Stephen, m. Rebecca TRACY, May 17, 1804	1	19
Susanna, [d. Jeremiah & Patty], b. June 9, 1790	1	4
Thomas, b. Apr. 3, 1809	1	61
Thomas, [s. Freeman & Dolly], b. Mar. 11, 1811	1	14
Thomas, m. Zerviah BUSHNELL, b. of Lisbon, Apr. 2, 1832, by Rev. Levi Nelson	1	59
William, m. Nancy FULLER, Jan. 27, 1803	1	19
William, d. May 30, 1826, ae 50	1	19
William, of Utica, N.Y., m. Lucy G. PERKINS, of Lisbon, May 23, 1831, by Rev. Barnabus Phinney	1	44
William F., [s. William & Nancy], b. Dec. 3, 1803	1	19
William F., of Lisbon, m. Susan S. HULBART, of Lebanon, Oct. 6, 1828, by Rev. David B. Ripley, Bozrah	1	87
Ziporah, m. Caleb BISHOP, Apr. 21, 1791	1	7
-----, s. Russell H., farmer, ae 36, & Cornelia A., b. June 27, 1850	2	8
TRUCK, Violet, m. John CORY, Nov. 17, 1799	1	22
TUBBS, Anna, m. George PERIGO, Mar. 7, 1793	1	18
Elizabeth Fitch, [d. Eunice], b. Feb. 27, 1797	1	69
Emegrine, female, d. Nov. 7, 1857, ae 2 y.	3	71
Eunice, [d. Eunice], b. Mar. 20, 1776	1	69
Eunice, d. Mar. [ ], 1850, ae 74	2	9
Fanny, of Lisbon, m. John ADAMS, of Norwich, May 8, 1833, by Rev. Levi Nelson	1	82
Jedediah P., farmer, d. Apr. 10, 1848, ae 76	2	3
John Adams, s. Joseph, farmer, ae 36, & Jane, ae 34, b. Jan. 24, 1851	2	10

	Vol.	Page
TUBBS, (cont.)		
Joseph, stone-mason, married, d. July 3, 1856, ae 41	3	70
Melvin, [s. Eunice], b. June 13, 1809	1	69
Olive, d. Samuel, b. Nov. 22, 1812	1	75
Olive, m. John D. **LOVETT**, b. of Lisbon, Nov. 7, 1842, by Rev. Levi Nelson	1	103
Susan, married, d. Mar. 11, 1859, ae 73	3	73
TUCKERMAN, Susan, b. Dec. 1, 1791	1	53
Susan, m. Charles **BUSHNELL**, May 7, 1816	1	53
TWISS, John, d. Jan. 23, 1859, ae 6 m.	3	73
VAN FRANCIS, Eliza, of Plainfield, m. Elisha **SIMPSON**, of Lisbon, Apr. 7, 1822, by Joseph Jewett, J.P.	1	40
WALTON, Daniel, of Griswold, m. Sabra **SMITH**, of Lisbon, Oct. 8, 1827, by Freeman Tracy, J.P.	1	80
WARD, Thomas, b. New York, res.. Lisbon, d. Nov. 21, 1860, ae 4	3	74
-----, Mrs., widow, d. Oct. [ ], 1858, ae 72	3	72
WARREN, Elisha, Capt., m. Mary **BRAMAN**, b. of Lisbon, Nov. 20, 1823, by Rev. Levi Nelson	1	65
Martin, farmer, single, d. Mar. 26, 1858, ae 75	3	72
Mary, m. Ezra **CROSBY**, Dec. 20, 1807	1	46
WATERS, WATTERS, Abby, w. Marvin, d. Mar. 24, 1833	1	83
Abby Maria, [d. Marvin & Abby], b. Jan. 6, 1828	1	83
Angeline, [d. William], b. Apr. 4, 1811	1	47
Anis T., d. Jedediah, farmer, ae 50, & Orrilla, ae 40, b. May 31, 1848	2	2
Aurilla, [d. William], b. Apr. 13, 1805	1	47
Aurilla, of Lisbon, m. John Adams **MORGAN**, of Canterbury, Aug. 9, 1821, by Andrew Lee, Clerk	1	44
Barnabus Hyde, [s. William], b. Aug. 15, 1808	1	47
Clement Stevens, [s. Jedediah & Jarusha B.], b. Dec. 27, 1829; d. Dec. 16, 1830	1	43
Douglass Fowler, [s. Jedediah & Jarusha B.], b. Jan. 20, 1824	1	43
Henry J., [s. William], b. July 5, 1818; d. Apr. 5, 1819	1	47
Horatio Nelson, [s. Jedediah & Jarusha B.], b. June 3, 1825	1	43
Jedediah, [s. William], b. Aug. 17, 1798	1	47
Jedediah, m. Jarusha B. **DOWNING**, b. of Lisbon, Nov. 30, 1820, by Andrew Lee, Clerk	1	43
Jedediah, m. Orrila **LAWRENCE**, b. of Lisbon, Hanover Society, Feb. 10, 1834, by Rev. Philo Judson, at Hanover	1	77
Jedediah Henry, [s. Jedediah & Jarusha B.], b. Oct. 29, 1822	1	43
Jerusha Butler, [w. Jedediah], d. Nov. 5, 1830	1	43
Jerusha Minerva, [d. Jedediah & Jarusha B.], b. June 21, 1821	1	43
John Liman, [s. William], b. Jan. 20, 1814; d. Sept. 11, 1830	1	47
Katharine, [d. Marvin & Abby], b. Dec. 6, 1832	1	83
Lucretia Adeline, [d. Jedediah & Jarusha B.], b. Sept. 26, 1828	1	43
Lucy Louisa, [d. William], b. Feb. 25, 1817	1	47
Lydia H., [d. William], b. May 6, 1800	1	47
Lydia Hyde, m. Ebenezer **LYON**, b. of Lisbon, Feb. 21, 1822, by Andrew Lee, Clerk	1	54
Marandy, [d. William], b. Feb. 26, 1804	1	47
Marandy, m. George **LYON**, Oct. 14, 1827, by Andrew Lee	1	80
Marvin, [s. William], b. Sept. 22, 1797	1	47
Richmond D., farmer, ae 24, b. Lisbon, res. Griswold, m. Huldah D. **READ**, ae 18, July 4, 1851, by Rev. T. L. Shipman	2	11

LISBON VITAL RECORDS 241

	Vol.	Page
WATERS, WATTERS, (cont.)		
Richmond D., farmer, married, d. Sept. 23, 1873, ae 46 y.	3	81
Richmond Downing, [s. Jedediah & Jarusha B.], b. Feb. 7, 1827	1	43
Sally, [d. William], b. Jan. 10, 1803	1	47
Sophronia, [d. William], b. Aug. 10, 1806	1	47
WATSON, Candis, of Canterbury, m. Thomas **WEST,** of Lisbon, Dec. 15, 1840, by Rev. Levi Nelson	1	61
Thomas Simons, b. Dec. 21, 1801	1	26
WATT, Robert, m. Clarissa **BUGBEE,** b. of Lisbon, Nov. 28, 1839, by A. L. Whitman, Greenville	1	98
WEBB, Betsey, of Lisbon, m. Christopher **HYDE,** of Franklin, June 1, 1824, by Andrew Lee, Clerk	1	70
Ebenezer, m. Harriet **SMITH,** b. of Lisbon, Sept. 26, 1819, by Rev. Levi Nelson	1	70
Harriet Smith, [d. Ebenezer & Harriet], b. Nov. 8, 1821, in Canterbury	1	70
John Curtiss, [s. Ebenezer & Harriet], b. Mar. 27, 1824	1	70
WEEDEN, Ceazer, m. Abby **GROOMER,** Oct. 14, 1825, by Amos Read, Elder	1	78
WELCH, James, laborer, b. Ireland, married, d. Sept. 30, 1856, ae 48	3	70
William, d. Oct. 10, 1860, ae 1 d.	3	74
WESCOTT, Lewis, ae 23, m. Hope **CARPENTER,** ae 23, Apr. 1, 1849, by Rev. L. Nelson	2	4
WEST, Thomas, of Lisbon, m. Candis **WATSON,** of Canterbury, Dec. 15, 1840, by Rev. Levi Nelson	1	61
WETTEH, Joseph, of Goshen, m. Sally **DODGE,** of Lisbon, Dec. 10, 1826, by Rev. Levi Nelson (Witter ?)	1	77a
WHEELER, Jerusha, d. May 4, 1839, ae 61 y.	1	54
Thomas, of Norwich, m. Jerusha **READ,** Mar. 29, 1829, by Amos Read, Elder	1	65
WHIPPLE, London, s. Hannah, b. June 11, 1799, a mulatto	1	26
WILBUR, Elsie Ann, m. Tones **PALMER,** b. of Lisbon, July 5, 1841, by Rev. Joseph Ayer, Jr.	1	101
Hannah, of Lisbon, m. Elias T. **CARPENTER,** of South Kingston, R.I., Feb. 24, 1825, by Rev. Levi Nelson	1	73
Peleg, Capt., of Coventry, R.I., m. Lydia **HYDE,** of Lisbon, Apr. 4, 1837, by Rev. George Perkins, of Jewett City	1	92
WILCOX, Ann A., d. John H., carpenter, & Mary T., b. Apr. 3, 1849	2	5
Betsey, m. Hudson **BOTTUM,** b. of Lisbon, May 14, 1837, by Rev. Levi Nelson	1	43
George G., of New London, m. Lydia Lucy M. **LYON,** of Lisbon, Oct. 30, 1843, by Rev. Joseph Ayer, Jr.	1	108
-----, male, single, d. Apr. 8, 1854	3	67
WILKINSON, Julia Ann, m. Nathan **GREENSMAN,** b. of Griswold, July 26, 1835, by Chester Tilden	1	10
WILLIAMS, Asa, m. Dimmis **PARKS,** b. of Preston, Sept. 26, 1799, by Elias Brown, J.P., in Preston	1	97
Asa, d. Feb. 29, 1811, at Sea	1	97
Dimmis, m. Nathan **JOHNSON,** b. of Lisbon, May 12, 1816, by Rev. Levi Nelson	1	97
Dinah, m. Olney **DOUGLASS,** Apr. 26, 1802	1	20
Elijah A., of Canterbury, m. Sarah **LYON,** of Lisbon, Sept. 30, 1832, by Rev. Levi Nelson	1	67

	Vol.	Page
WILLIAMS, (cont.)		
Elisha H., [s. Elijah A. & Sarah], b. Oct. 21, 1835	1	67
Emily, [d. Asa & Dimmis], b. July 8, 1803, in Preston	1	97
Emily, m. Thomas G. **READ**, b. of Lisbon, Apr. 6, 1826, by Amos Read, Elder	1	77
Hannah P., [d. Asa & Dimmis], b. Apr. 25, 1811	1	97
Hannah P., m. Charles **ROSE**, b. of Lisbon, Mar. 8, 1835, by Rev. Levi Nelson	1	81
Isaac, Jr., of North Stonington, m. Susannah **BURNHAM**, of Lisbon, Apr. 14, 1828, by Rev. Levi Nelson	1	86
Jesse, [s. Asa & Dimmis], b. Mar. 7, 1805, in Preston	1	97
Jesse, m. Eliza **JOHNSON**, b. of Lisbon, June 24, 1828, by Rev. Levi Nelson	1	86
John, of Griswold, m. Mary **ROBINSON**, of Lisbon, May 27, 1824, by Joseph Jewett, J.P.	1	69
Joseph B., [s. Asa & Dimmis], b. Dec. 9, 1807, in Preston	1	97
Maria E., [d. Asa & Dimmis], b. June 19, 1809	1	97
Mehitable, m. Joshua **BISHOP**, b. of Lisbon, Aug. 10, 1840, by Rev. Levi Nelson	1	100
Sally, housekeeper, married, d. Mar. [ ], 1848, ae [ ]	3	80
WILSON, Dwight Collins, s. James, b. Nov. 13, 1828	1	77a
James, d. Oct. 2, 1829	1	77a
James H., m. Caroline **JAMES**, b. of Lisbon, Dec. 4, 1826, by Amos Read, Elder	1	77a
Rebecca, m. George **MALASON**, June 3, 1796	1	5
WITTER, [see also **WETTEH**], Joanna, of Canterbury, m. Avander **FULLER**, Lisbon, Nov. 28, 1811, by Andrew Lee, Clerk	1	55
Joanna, d. Mar. 12, 1829	1	54
Polly, of Canterbury, m. Luther **FULLER**, of Lisbon, Jan. 1, 1807, by Daniel Frost, J.P., Canterbury	1	55
William, of Windham, m. Emily **BINGHAM**, of Lisbon, Jan. 28, 1829, by Andrew Lee	1	88
WOLFE, -----, female, d. June 7, 1863, ae 10 m.	3	77
WOOD, Charles J., of Kinsman, Ohio, m. Abby M. **BUSHNELL**, of Norwich, May 22, 1831, by Rev. Levi Nelson	1	44
Cornelia, ae 19, b. Colchester, res. Lisbon, m. William F. **BANNING**, painter, ae 22, of Lyme, Nov. 28, 1849, by Rev. L. Nelson	2	4
WOODMANSEE, Sylvester B., farmer, widowed, d. June [ ], 1870	3	80
-----, d. Sylvester B., & Sarah M., b. Dec. 2, 1849	2	8
YERRINGTON, YARRINGTON, [see also **HARRINGTON** and **HERRINGTON**], Luther S., of Norwich, m. Harriet M. **MEECH**, of Lisbon, Mar. 17, 1841, by Rev. Levi Nelson	1	101
Nancy, m. Barstow **BRUMLEY**, Mar. 28, 1802	1	64
YOUNG, Alice Maria, d. Thomas L., mechanic, ae 24, of Griswold, & Emily M., ae 22, b. Sept. 4, 1850	2	10
Clarissa, housekeeper, b. Ledyard, res. Lisbon, widow, d. Apr. 17, 1871, ae 67 y.	3	81
James Munro, [s. Nicholas], b. Nov. 11, 1831	1	90
John J., farmer, married, d. Feb. 17, 1871, ae 61 y.	3	81
NO SURNAME, Anna, [twin with James, d. Phariah & Catharine], b. Feb. 10, 1782	1	29
Charles, s. Pharoah & Catharine, b. Apr. 10, 1779	1	29

	Vol.	Page
NO SURNAME, (cont.)		
Esther, [d. Pharoah & Catharine], b. May 22, 1788	1	29
James, [twin with Anna, s. Pharoah & Catharine], b. Feb. 10, 1782	1	29
Thomas, [s. Pharoah & Catharine], b. Feb. 10, 1782	1	29

www.ingramcontent.com/pod-product-compliance
Lightning Source LLC
Chambersburg PA
CBHW050852230426
43667CB00012B/2253